Christian Grethe

Restrukturierung von Krisenunternehmen durch Private-Equity-Gesellschaften

GABLER RESEARCH

Christian Grethe

Restrukturierung von Krisenunternehmen durch Private-Equity-Gesellschaften

Theoretische Grundlagen
und empirische Analyse

Mit einem Geleitwort von Prof. Dr. Ulrich Krystek

RESEARCH

Bibliografische Information der Deutschen Nationalbibliothek
Die Deutsche Nationalbibliothek verzeichnet diese Publikation in der
Deutschen Nationalbibliografie; detaillierte bibliografische Daten sind im Internet über
<http://dnb.d-nb.de> abrufbar.

Dissertation Technische Universität Berlin, 2010
D 83

1. Auflage 2010

Alle Rechte vorbehalten
© Gabler Verlag | Springer Fachmedien Wiesbaden GmbH 2010

Lektorat: Ute Wrasmann | Jutta Hinrichsen

Gabler Verlag ist eine Marke von Springer Fachmedien.
Springer Fachmedien ist Teil der Fachverlagsgruppe Springer Science+Business Media.
www.gabler.de

Das Werk einschließlich aller seiner Teile ist urheberrechtlich geschützt. Jede Verwertung außerhalb der engen Grenzen des Urheberrechtsgesetzes ist ohne Zustimmung des Verlags unzulässig und strafbar. Das gilt insbesondere für Vervielfältigungen, Übersetzungen, Mikroverfilmungen und die Einspeicherung und Verarbeitung in elektronischen Systemen.

Die Wiedergabe von Gebrauchsnamen, Handelsnamen, Warenbezeichnungen usw. in diesem Werk berechtigt auch ohne besondere Kennzeichnung nicht zu der Annahme, dass solche Namen im Sinne der Warenzeichen- und Markenschutz-Gesetzgebung als frei zu betrachten wären und daher von jedermann benutzt werden dürften.

Umschlaggestaltung: KünkelLopka Medienentwicklung, Heidelberg
Gedruckt auf säurefreiem und chlorfrei gebleichtem Papier
Printed in Germany

ISBN 978-3-8349-2607-4

Geleitwort

Die Bewältigung von Unternehmenskrisen stellt nach wie vor eine der anspruchsvollsten unternehmerischen Aufgaben dar. Die gegenwärtig hohe Zahl existenzgefährdeter Unternehmen und fehlgeschlagener Krisenbewältigungsversuche bestätigt eindrucksvoll die hohe Aktualität dieser generellen Thematik. Zudem belegen die aus Unternehmenskrisen resultierenden wirtschaftlichen und sozialen Kosten, dass eine erfolgreiche Restrukturierung von Unternehmen in marktwirtschaftlich geprägten Wirtschaftsordnungen nicht nur aus unternehmensspezifischen, sondern auch aus volkswirtschaftlichen und gesellschaftlichen Gesichtspunkten von großem Interesse ist. Voraussetzung für eine effektive Bewältigung von Unternehmenskrisen ist jedoch ein genaues Verständnis der kritischen Einflussfaktoren, die auf den Krisenverlauf wirken.

Demgegenüber steht die Tatsache, dass in den Konzepten und Theorien für Krisen und Krisenmanagement innerhalb der betriebswirtschaftlichen Krisenforschung nach wie vor beträchtliche Erkenntnislücken existieren. Zudem betrachten die vorhandenen empirischen Untersuchungen das Krisenmanagement traditionellerweise aus Sicht der Unternehmensführung, womit sie aus Stakeholdersicht nur eine interne Perspektive einnehmen. Externe Stakeholder – wie die Eigenkapitalgeber – wurden bislang weitgehend vernachlässigt. Dabei sind sie es gerade, die aufgrund ihrer Gesellschafterstellung über erheblichen Einfluss auf die Unternehmensführung verfügen und folglich – über die Bereitstellung finanzieller Mittel hinaus – einen entscheidenden Beitrag zur Krisenbewältigung leisten können.

Genau an dieser Stelle setzt die vorliegende Arbeit an. Sie erforscht die Bewältigung von Unternehmenskrisen aus der Sicht von Finanzinvestoren und damit aus einem externen Blickwinkel. Der Autor geht den Fragen nach, welche Krisenbewältigungsmaßnahmen die Finanzinvestoren ergreifen, wie die Investitionen in Krisenunternehmen hinsichtlich ihres Erfolges zu bewerten sind und welche Rückschlüsse sich für die Restrukturierungspraxis ziehen lassen. Dabei entwickelt er zunächst einen theoretischen Bezugsrahmen für Unternehmenskrisen und greift auf existierende Restrukturierungsansätze zurück. Er unterzieht die Finanzierungsbeziehungen zwischen Wirtschaftssubjekten einer theoretischen Untersuchung und verdeutlicht die Rolle der Finanzintermediäre. Im empirischen Teil seiner Arbeit führt der Autor auf Basis von Interviews mit Finanzinvestoren und einer schriftlichen Befragung von mehr als 300 Private-Equity-Gesellschaften in Europa eine fundierte Analyse der eingesetzten Restrukturierungshebel durch.

Die Ergebnisse der Untersuchung führen zu den folgenden wichtigen Erkenntnissen: Erstens lag der Fokus der Restrukturierungsmaßnahmen nicht auf Kostensenkungen, sondern auf Wachstum und Innovation, zweitens kam der Incentivierung und dem Monitoring des Managements bei der Krisenbewältigung eine entscheidende Rolle zu und drittens konnten die Krisenunternehmen in hohem Maße von der strategischen und finanziellen Beratung seitens der Private-Equity-Gesellschaften profitierten. Damit zeigt die Arbeit neue Akzente für erfolgversprechende Krisenbewältigungsstrategien auf und gibt entscheidende Impulse und Denkanstöße, bisher vernachlässigte Aspekte stärker zu akzentuieren. Zukünftig sollte bei der Planung und Implementierung von Unternehmensrestrukturierungen der Fokus mehr auf Wachstum, Innovation und neuen Produkten liegen und der Incentivierung und dem Monitoring des Managements eine besondere Beachtung geschenkt werden. Dies nicht nur um Krisen zu bewältigen, sondern auch, um sie im Idealfall von vornherein vermeiden zu können.

Diese Dissertationsschrift greift vor dem Hintergrund der immer noch vorherrschenden Auswirkungen der Wirtschafts- und Finanzkrise ein hochaktuelles Thema auf. Sie zeichnet sich durch eine gründliche und präzise Auswertung der relevanten Literatur und eine praxisrelevante Analyse der empirischen Ergebnisse aus und empfiehlt sich damit auch einem breiten Leserkreis aus der unternehmerischen Praxis, die an der zielgerichteten Bewältigung und Vermeidung von Unternehmenskrisen arbeitet.

Prof. Dr. Ulrich Krystek

Vorwort

„Man muss nur wollen und daran glauben, dann wird es gelingen."

Ferdinand Graf von Zeppelin (1838-1917)

Die Doktorandenzeit war für mich eine herausfordernde und vergnügliche Phase zugleich. Ich hatte das Glück, mich mit der Freiheit der Forschung einem interessanten und komplexen Thema zu widmen und dabei meinem persönlichen Erkenntnisdrang nachgehen zu können. Gleichzeitig prägten aber auch mit meinem Beruf als Unternehmensberater und dem Abschluss des Chartered Financial Analyst (CFA) Programms zwei Elemente diesen Lebensabschnitt, die mit der äußerst zeitintensiven wissenschaftlichen Arbeit in Einklang zu bringen waren. Dem obigen Zitat kommt insofern eine zweifache Bedeutung zu, als dass es nicht nur in Bezug auf Krisenbewältigungen, sondern auch hinsichtlich der erfolgreichen Fertigstellung dieser Arbeit zutreffend erscheint.

Dabei wurde mir die Unterstützung und Hilfe vieler Menschen zuteil, ohne die eine solche Arbeit nicht realisierbar wäre. Ich möchte die Gelegenheit nutzen, ihnen an dieser Stelle meinen Dank für ihre Mitwirkung auszusprechen.

Auf der akademischen Seite danke ich meinem Doktorvater, Prof. Dr. Ulrich Krystek, für die verlässliche wissenschaftliche Betreuung meiner Arbeit und die hilfreichen Anmerkungen und Hinweise. Herrn Dipl.-Ing. Marko Reimer vom Lehrgebiet Strategisches Controlling möchte ich für die von Beginn an entgegenkommende Unterstützung meines Promotionsvorhabens danken. Ebenfalls zu danken habe ich Prof. Dr. Eckart Zwicker für die Übernahme des Zweitgutachtens sowie Prof. Dr. Hans Hirth für die freundliche Leitung und den Vorsitz des Promotionsverfahrens.

Der Wirtschaftsprüfungsgesellschaft Deloitte danke ich für die Kooperation beim empirischen Teil der Arbeit. Hier bin ich meinem Betreuer Stefan Sanne und dem für den Bereich Corporate Finance / Reorganisation Services verantwortlichen Partner Jochen Wentzler für die konstruktive Zusammenarbeit und die höchst wertvolle Vermittlung von Kontakten zu internationalen Finanzinvestoren zu großem Dank verpflichtet. Dank geht auch an die Partner und Manager der Private-Equity-Gesellschaften, Investmentbanken und Unternehmensberatungen, die sich an der Studie beteiligt haben und für Interviews zur Verfügung standen. Wertvolle Anregungen aus der Unternehmenspraxis kamen mir auch von ehemaligen Kollegen bei L.E.K. Consulting und Stern Stewart & Co. zugute.

Vom Gabler Verlag möchte ich insbesondere Frau Ingrid Walther für das Textlektorat danken. Frau Jutta Hinrichsen danke ich für die Betreuung bei der Veröffentlichung.

Abschließend möchte ich all jenen meinen persönlichen Dank aussprechen, die mich während meiner Promotionszeit in meinem privaten Umfeld begleitet und unterstützt haben. Hier sei zunächst den Herren Dr. Matthias Dill und Wolfgang Schneider aus meinem Doktorandenzirkel gedankt, für ihre ständige Diskussionsbereitschaft, ihre fundierten Anmerkungen zu meinem Manuskript und den zahlreichen inspirierenden Gesprächsrunden in Hamburger Bibliotheken und Kaffeehäusern.

Ganz besonders möchte ich meiner Familie und vor allem meinen Eltern Hubertus und Isabella Grethe für ihre Unterstützung während meines gesamten Bildungsweges danken. Mir ist bewusst, dass ohne die hervorragende Ausbildung, die sie mir ermöglicht haben, eine Promotion nicht denkbar gewesen wäre.

Größter Dank gebührt jedoch meiner Verlobten Claudia Beneke für ihre liebevolle Unterstützung meines Promotionsvorhabens. Auch während der beruflich bedingt knappen gemeinsamen Zeit hat sie sich mit viel Geduld aber auch sanftem Nachdruck stets für den Fortschritt und den erfolgreichen Abschluss meiner Arbeit eingesetzt.

Hamburg, Juli 2010   Christian Grethe

Inhaltsverzeichnis

Geleitwort	V
Vorwort	VII
Inhaltsverzeichnis	IX
Abkürzungsverzeichnis	XV
Abbildungsverzeichnis	XIX
Tabellenverzeichnis	XXI

1 Einleitung   **1**
    1.1 Motivation und Zielsetzung 5
    1.2 Wissenschaftstheoretische Positionierung 8
    1.3 Aufbau der Arbeit 11

2 Unternehmenskrisen   **13**
    2.1 Definition und Abgrenzung 13
    2.2 Prozess und Arten von Unternehmenskrisen 16
       2.2.1 Klassifikation nach Art der bedrohten Unternehmensziele 17
       2.2.2 Klassifikation nach Aggregatzustand und Beeinflussbarkeit 20
    2.3 Erforschung der Krisenursachen 21
       2.3.1 Komplexität von Krisenursachen 21
       2.3.2 Abgrenzung zu Krisensymptomen 22
       2.3.3 Forschungsansätze 23
       2.3.4 Krisenfaktoren 24
          2.3.4.1 Der Einfluss externer Krisenfaktoren 24
          2.3.4.2 Der Einfluss von internen Krisenfaktoren 25
          2.3.4.3 Zusammenfassende Betrachtung 26
    2.4 Identifikation von Unternehmenskrisen 27
       2.4.1 Eigenorientierte Früherkennung 28
          2.4.1.1 Operative Früherkennung 29
          2.4.1.2 Strategische Früherkennung 30
       2.4.2 Fremdorientierte Früherkennung 31
          2.4.2.1 Bilanzanalyse 32
          2.4.2.2 Unternehmensrating 34

2.5 Krisenbewältigung und Restrukturierung 36
   2.5.1 Begriffsbestimmungen 36
      2.5.1.1 Krisenmanagement 36
      2.5.1.2 Restrukturierung 38
      2.5.1.3 Turnaround 38
      2.5.1.4 Sanierung 39
   2.5.2 Dimensionen der Krisenbewältigung 40
      2.5.2.1 Methodische Dimension 40
      2.5.2.2 Institutionelle Dimension 42
      2.5.2.3 Inhaltliche Dimension 44

3 Finanzintermediäre und Unternehmensfinanzierung 45
3.1 Theoretische Grundlagen 45
   3.1.1 Finanzierungsperspektive der Kapitalnehmer 46
      3.1.1.1 Finanzierungsanlässe 47
      3.1.1.2 Rechtsstellung und Handelbarkeit von Finanzkontrakten . 49
      3.1.1.3 Gründe bei der Wahl von Finanzierungsalternativen ... 50
   3.1.2 Investitionsperspektive der Kapitalgeber 52
      3.1.2.1 Investitionskriterien 53
      3.1.2.2 Portfoliotheorie 55
   3.1.3 Die Rolle von Finanzmärkten- und -intermediären 57
      3.1.3.1 Funktionen von Finanzmärkten 57
      3.1.3.2 Beitrag von Finanzintermediären zu Finanzierungsbeziehungen 59
3.2 Private Equity 64
   3.2.1 Beteiligungsstrukturen und -elemente 65
      3.2.1.1 Investoren 67
      3.2.1.2 Private-Equity-Gesellschaften 68
      3.2.1.3 Private-Equity-Fonds 69
      3.2.1.4 Portfolio-Unternehmen 72
   3.2.2 Der deutsche Private-Equity-Markt im internationalen Kontext .. 73
      3.2.2.1 Fundraising-Markt 73
      3.2.2.2 Markt für Unternehmensbeteiligungen 74
   3.2.3 Abgrenzung zu Hedgefonds 75

4 Investitionen in Krisenunternehmen 79
4.1 Systematisierung von Investitionen in Krisenunternehmen 79
   4.1.1 Differenzierung nach Investitionsansatz 79
      4.1.1.1 Aktive Investitionsstrategien 80
      4.1.1.2 Passive Investitionsstrategien 80

	4.1.2	Differenzierung nach Art des erworbenen Distressed Capitals	81
		4.1.2.1 Distressed Debt	81
		4.1.2.2 Distressed Equity	83
		4.1.2.3 Debt-Equity Swap	84
4.2	Charakteristika von Distressed Securities		85
	4.2.1	Aktuelle Marktgröße und -entwicklung	85
		4.2.1.1 Markt für Corporate Distressed Debt	85
		4.2.1.2 Markt für Corporate Distressed Equity	87
	4.2.2	Rendite-Risiko-Profil	88
	4.2.3	Korrelation mit anderen Anlageklassen	90
	4.2.4	Weitere Charakteristika des Marktes	91
4.3	Distressed-Investing-Prozess		92
	4.3.1	Fondsgründung und Kapitalaufnahme	92
	4.3.2	Akquisition von Portfolio-Unternehmen	94
		4.3.2.1 Kontaktaufnahme, Vorprüfung und Potentialanalyse	95
		4.3.2.2 Due Diligence	96
		4.3.2.3 Verhandlung, Finanzierung und Closing	99
		4.3.2.4 Restrukturierungskonzept	100
		4.3.2.5 Unternehmensbewertung	102
	4.3.3	Betreuung und Restrukturierung von Portfolio-Unternehmen, Veräußerung und Kapitalrückzahlung	105

5 Empirische Untersuchung von Unternehmensrestrukturierungen 107

5.1	Methodische Anlage der empirischen Untersuchung		107
	5.1.1	Wahl der Befragung als Erhebungsinstrument	107
	5.1.2	Spezifizierung des Erhebungsinstruments	109
	5.1.3	Bestimmung von Grund- und Erhebungsgesamtheit	111
	5.1.4	Pretest und Versand	113
	5.1.5	Analyse und Bewertung des Rücklaufes	114
5.2	Deskription des Untersuchungsfeldes		116
	5.2.1	Charakteristika der Private-Equity-Gesellschaften	116
	5.2.2	Charakteristika der Investitionen	117
		5.2.2.1 Status und Branche der Investition	117
		5.2.2.2 Art und Höhe der Kapitalbeteiligung	118
		5.2.2.3 Investment, Haltedauer und Exit	119
	5.2.3	Charakteristika der Krisenunternehmen	122
5.3	Ergebnisse der empirischen Untersuchung		125
	5.3.1	Operative Effizienz	127
		5.3.1.1 Maßnahmen mit Fokus Kostensenkung	127
		5.3.1.2 Maßnahmen mit Fokus Umsatzsteigerung	130

        5.3.1.3   Darstellung und Vergleich der Ergebnisse der empirischen Untersuchung 132
    5.3.2   Desinvestition von strategischen Geschäftseinheiten 135
        5.3.2.1   Desinvestitionen aus strategischen Gründen 136
        5.3.2.2   Desinvestitionen aus finanzwirtschaftlichen Gründen ... 138
        5.3.2.3   Darstellung und Vergleich der Ergebnisse der empirischen Untersuchung 140
    5.3.3   Profitables Wachstum 142
        5.3.3.1   Wachstumsstrategien 142
        5.3.3.2   Wachstumsarten 145
        5.3.3.3   Darstellung und Vergleich der Ergebnisse der empirischen Untersuchung 149
    5.3.4   Optimierung der Kapital- und Vermögensstruktur 152
        5.3.4.1   Maßnahmen auf der Vermögensseite 152
        5.3.4.2   Maßnahmen auf der Kapitalseite 155
        5.3.4.3   Darstellung und Vergleich der Ergebnisse der empirischen Untersuchung 157
    5.3.5   Corporate Governance 161
        5.3.5.1   Erhöhung der Unternehmenskontrolle 163
        5.3.5.2   Unternehmenszielkonforme Managementanreizsysteme .. 165
        5.3.5.3   Reduzierung der freien Cash Flows durch Aufnahme von Fremdkapital 167
        5.3.5.4   Darstellung und Vergleich der Ergebnisse der empirischen Untersuchung 168
    5.3.6   Unternehmerische Betreuung 171
        5.3.6.1   Inhaltliche Schwerpunkte der Betreuung 172
        5.3.6.2   Institutionelle Form der Betreuung 174
        5.3.6.3   Intensität der Betreuung 176
5.4   Zusammenfassende Betrachtung und Zwischenfazit 178

6   Determinanten des Erfolgs von Investitionen in Krisenunternehmen   181
6.1   Grundsätzliches zur Erfolgsfaktorenforschung 181
    6.1.1   Begrifflichkeiten 181
        6.1.1.1   Der Erfolg 181
        6.1.1.2   Der Erfolgsfaktor 183
    6.1.2   Ansätze der Erfolgsfaktorenforschung 183
6.2   Kriterien und Ausprägungen des Erfolgs 185
    6.2.1   Perspektive der Private-Equity-Gesellschaften 186
        6.2.1.1   Internal Rate of Return (IRR) als Erfolgsmaß 186

		6.2.1.2	Darstellung und Vergleich der Ergebnisse der empirischen Untersuchung 188
	6.2.2	Perspektive der Krisenunternehmen 192	
		6.2.2.1	Unternehmenskennzahlen 192
		6.2.2.2	Marktposition 194
	6.2.3	Zusammenfassende Betrachtung 195	
6.3	Erfolgsfaktoren bei Investitionen in Krisenunternehmen 196		
	6.3.1	Restrukturierungsbezogene Faktoren 196	
	6.3.2	Transaktionsbezogene Faktoren 197	
		6.3.2.1	Vorgelagerte Faktoren 197
		6.3.2.2	Nachgelagerte Faktoren 199
	6.3.3	Unternehmensumfeldbezogene Faktoren 199	
6.4	Handlungsempfehlungen für Stakeholder von Krisenunternehmen 202		
	6.4.1	Handlungsempfehlungen für Private-Equity-Gesellschaften 202	
	6.4.2	Handlungsempfehlungen für (Krisen-)Unternehmen 206	
	6.4.3	Handlungsempfehlungen für Unternehmenseigentümer 207	
	6.4.4	Handlungsempfehlungen für Investoren 207	
	6.4.5	Handlungsempfehlungen für Staat und Gesellschaft 208	

7 Schlussbetrachtung   **209**

7.1 Zusammenfassung und Schlussfolgerungen 209

7.2 Weiterführender Forschungsbedarf 212

7.3 Ausblick 213

Literaturverzeichnis   **215**

Anhang   **261**

Abkürzungsverzeichnis

Abb.	Abbildung
AG	Aktiengesellschaft
AktG	Aktiengesetz
APV	Adjusted Present Value
BaFin	Bundesanstalt für Finanzdienstleistungsaufsicht
BAI	Bundesverband Alternative Investments
BIMBO	Buyin-Management-Buyout
BRSI	Bundesvereinigung Restrukturierung, Sanierung und Interim Management
bspw.	beispielsweise
BVerfGE	Entscheidungen des Bundesverfassungsgerichts
BVK	Bundesverband Deutscher Kapitalbeteiligungsgesellschaften
bzgl.	bezüglich
bzw.	beziehungsweise
c.p.	ceteris paribus
ca.	circa
CAPM	Capital Asset Pricing Model
CDD	Commercial Due Diligence
CEO	Chief Executive Officer (engl. für Vorstandsvorsitzender)
CFA	Chartered Financial Analyst
CFO	Chief Financial Officer (engl. für Finanzvorstand)
CRO	Chief Restructuring Officer
CVA	Cash Value Added
d.h.	das heißt
DCF	Discounted Cash Flow
DPI	Distributed Capital to Paid-in Capital
EBIT	Earnings before Interest and Tax (engl. für Ergebnis vor Zinsen und Steuern)
EBITDA	Earnings before Interest, Tax, Depreciation and Amortisation (engl. für Ergebnis vor Zinsen, Steuern und Abschreibungen)
engl.	englisch
EP	Economic Profit
etc.	et cetera
EUR	Euro
EVA	Economic Value Added
EVCA	European Private Equity & Venture Capital Association
evtl.	eventuellInternational Financial Reporting Standards
FCF	Free Cash Flow

FDD	Financial Due Diligence
ggü.	gegenüber
GKK	Grundstrategie der kostenorientierten Konsolidierung
GLW	Grundstrategie des leistungsorientierten Wachstums
GmbH	Gesellschaft mit beschränkter Haftung
griech.	griechisch
GuV	Gewinn- und Verlustrechnung
i.d.R.	in der Regel
i.e.S.	im engeren Sinne
i.w.S.	im weiteren Sinne
IBO	Institutional Buyout
IFRS	International Financial Reporting Standards
insbes.	insbesondere
InsO	Insolvenzordnung
IRR	Internal Rate of Return
Jg.	Jahrgang
k.A.	keine Angabe
KG	Kommanditgesellschaft
LA	Lenkungsausschuss
lat.	lateinisch
LBIMBO	Leveraged Buyin-Management-Buyout
LBO	Leveraged Buyout
LoI	Letter of Intent
MaK	Mindestanforderungen an das Kreditgeschäft der Kreditinstitute
MBI	Management Buyin
MBO	Management Buyout
Mio.	Million, Millionen
MPT	Moderne Portfolio Theorie
Mrd.	Milliarde, Milliarden
MVA	Market Value Added
NPL	Non-Performing Loans
NR	Not rated
NVCA	National Venture Capital Association
PIC	Paid-in Capital to Committed Capital
PIPE	Private Investments in Public Equity
PL	Projektleiter
RoCE	Return on Capital Employed
RVPI	Residual Value to Paid-in Capital
S.	Seite

SAA	Strategische Asset Allocation
SGE	Strategische Geschäftseinheit
SGF	Strategisches Geschäftsfeld
sog.	sogenannt
TAA	Taktische Asset Allocation
Tab.	Tabelle
TF	Task Force
TMA	Turnaround Management Association
Tsd.	Tausend
TVPI	Total Value to Paid-in Capital
u.a.	unter anderem
USD	US-Dollar
v.a.	vor allem
VaR	Value at Risk
vgl.	vergleiche
vs.	versus
WACC	Weighted Average Cost of Capital
z.T.	zum Teil

Abbildungsverzeichnis

1.1 Entwicklung von Unternehmensinsolvenzen in Deutschland 2
1.2 Entwicklung von Private Equity in Europa 4

2.1 Abgrenzung des betriebswirtschaftlichen Krisenbegriffs 15
2.2 Krisenarten und Krisenverlauf 19
2.3 Krisenprozessdarstellungen von MÜLLER und KRYSTEK 21
2.4 Idealtypischer Krisenbewältigungsprozess 41

3.1 Beziehungen zwischen Kapitalgebern, -nehmern und Finanzintermediären . . . 45
3.2 Private Equity als Form der externen Kapitalbeschaffung 49
3.3 Beispielhafte Darstellung des Portfolioansatzes 56
3.4 Zweistufige Principal-Agent-Beziehung 61
3.5 Private-Equity-Beteiligungsstrukturen und -elemente 65
3.6 Kapitalgeber deutscher und europäischer Private-Equity-Gesellschaften 67
3.7 Typologisierung von Private-Equity-Gesellschaften nach Eigentümerschaft . . 68
3.8 Finanzierungsanlässe von Private-Equity-Investitionen 69
3.9 Branchenzugehörigkeit der Portfolio-Unternehmen 72
3.10 Größenordnungen internationaler Fundraising-Märkte im Vergleich 73
3.11 Anzahl und Transaktionswert von Buyouts in Deutschland 75

4.1 Entwicklung des US-Corporate-Distressed-Debt-Marktes 86
4.2 Risiko und Rendite von Distressed Investments im Vergleich 88
4.3 Distressed-Investing-Prozess 92
4.4 Akquisitionsprozess von Portfolio-Unternehmen 94
4.5 Exit-Kanäle in Deutschland und Europa 106

5.1 Zweistufiger Erhebungsprozess 108
5.2 Auswahlgesamtheit und Rücklauf 114
5.3 Status der Investition und Branchenzugehörigkeit der Krisenunternehmen . . . 117
5.4 Art und Höhe der Kapitalbeteiligung 118
5.5 Veräußerer der Krisenunternehmen und Exit-Kanäle 120
5.6 Haltedauer von Krisenunternehmen in Jahren 121
5.7 Umsätze der Krisenunternehmen zum Investitionszeitpunkt 122
5.8 Umsatzrenditen der Krisenunternehmen zum Investitionszeitpunkt 123
5.9 Konzeptioneller Rahmen des Untersuchungsgegenstandes 125
5.10 Wertsteigerung durch Desinvestition 137
5.11 Umsatzentwicklung erfolgreiche vs. nicht erfolgreiche Krisenunternehmen . . . 150
5.12 Intensität der Betreuung 177

5.13 Restrukturierungshebel im Vergleich 179
6.1 Methodische Ansätze der Erfolgsfaktorenforschung 184
6.2 Verteilung der erzielten Renditen (IRR) je Unternehmen 189
6.3 Durchschnittliche Renditen (IRR) nach Investitionsstatus 190
6.4 Bruttorenditen von Investitionen in Krisenunternehmen im Vergleich 191
6.5 Entwicklung von Umsatz, EBITDA-Marge, Cash-Flow-Marge und Verschuldungsgrad der Krisenunternehmen zum Investions- und Desinvestitionszeitpunkt 193
6.6 Veränderung der Marktposition der Krisenunternehmen 194
6.7 Einflussfaktoren auf den Erfolg von Investitionen in Krisenunternehmen 196
6.8 Wertsteigerungsquellen von Private-Equity-Transaktionen im Zeitablauf 201

1 Fragebogen S. 1 262
2 Fragebogen S. 2 263
3 Fragebogen S. 3 264
4 Fragebogen S. 4 265

Tabellenverzeichnis

2.1	Typologisierung von Unternehmenskrisen	16
2.2	Exemplarische Darstellung häufiger interner Krisenursachen	26
2.3	Systematisierung von Krisenfrüherkennungssystemen	28
2.4	Durchschnittliche 1-Jahres-Transitions-Raten	35
3.1	Unterscheidungsmerkmale und Merkmalsausprägungen der Unternehmensfinanzierung	47
4.1	Marktvolumen von Distressed Securities in den USA und Deutschland	87
4.2	Korrelationen der Altman Distressed Indizes	90
5.1	Krisenursachen aus Sicht der Private-Equity-Gesellschaften	124
5.2	Handlungsoptionen zur Effizienzsteigerung von Prozessen in Abhängigkeit der strategischen Relevanz und der relativen Kostenposition	129
5.3	Maßnahmen zur Verbesserung der operativen Effizienz mit dem Fokus Kosten	132
5.4	Maßnahmen zur Verbesserung der operativen Effizienz mit dem Fokus Umsatz	134
5.5	Handlungsoptionen für Non-Performer	139
5.6	Desinvestitionsmaßnahmen im Rahmen des Portfoliomanagements von SGE	140
5.7	Wachstumsstrategien auf Basis von Produkt-Markt-Strategien	143
5.8	Strategien zur Krisenbewältigung	144
5.9	Strategische Maßnahmen mit Fokus Umsatzwachstum	149
5.10	Wachstumsmaßnahmen im Rahmen des Portfoliomanagements von SGE	151
5.11	Maßnahmen im Bereich Corporate Finance	158
5.12	Maßnahmen im Bereich Corporate Governance	169
5.13	Inhaltliche Schwerpunkte der Betreuung	173
5.14	Hauptmaßnahmen während der Restrukturierungsphase	180
6.1	Bruttorenditen von Investitionen in Krisenunternehmen im Vergleich	191
7.1	Einschätzung der Private-Equity-Gesellschaften zur zukünftigen Marktentwicklung	213

1 Einleitung

Deutschlands Unternehmen haben in den letzten Jahren erhebliche Anstrengungen unternommen, um die Herausforderungen auf den internationalen Güter- und Finanzmärkten zu meistern. Das immer härter werdende Wettbewerbsumfeld auf den Gütermärkten ist geprägt durch eine steigende Dynamik und Komplexität, die auf eine zunehmende weltweite Verflechtung von Beschaffungs-, Produktions- und Absatzmärkten, einen beschleunigten technischen Fortschritt und den Eintritt neuer Konkurrenten aus Schwellenländern zurückzuführen ist. In den letzten Monaten kamen die wirtschaftlichen Auswirkungen der weltweiten Finanzmarktkrise als weitere Herausforderung hinzu, die die exportorientierte deutsche Wirtschaft besonders trifft. Die stetig wechselnden Rahmenbedingungen in der Unternehmensumwelt erzwingen Veränderungen innerhalb der Unternehmen. Diese müssen sich weiterentwickeln, um ihre Wettbewerbsfähigkeit zu erhalten und auszubauen.[1] Deutsche Unternehmen haben auf diese globalen Veränderungen mit immer innovativeren, qualitativ hochwertigeren und technisch anspruchsvolleren Produkten reagiert, die sie durch eine effiziente Gestaltung ihrer Wertschöpfungsprozesse zu marktfähigen Preisen anbieten können. Dadurch ist die Mehrheit der Unternehmen auf den Weltmärkten gut aufgestellt und konnte im In- und Ausland sowohl bestehende Marktanteile verteidigen als auch neue Marktanteile gewinnen.[2]

Vielen Unternehmen gelingt es jedoch nicht oder nur in einem unzureichenden Maße, den aus den neuen ökonomischen Rahmenbedingungen resultierenden Anforderungen gerecht zu werden. Die Folge unterbliebener Anpassungen sind häufig Unternehmenskrisen, die von einer leichten Schieflage bis hin zu einer Insolvenz führen können. Die Zahl der Unternehmensinsolvenzen ist im Jahr 2008 im Zuge der schwersten Wirtschaftskrise, in der sich Deutschland seit dem zweiten Weltkrieg befindet, zum ersten Mal seit fünf Jahren wieder angestiegen.[3] Für die Jahre 2009 und 2010 wird sogar erwartet, dass die Zahl der Insolvenzen den bisherigen Höchststand aus dem Jahre 2003 übersteigen wird.[4]

Der durch Unternehmenskrisen verursachte volkswirtschaftliche Schaden ist erheblich. Allein die durch Insolvenzen betroffenen Forderungen von geschädigten Gläubigern werden

---

1   Vgl. Hahn (2006), S. 29 f.
2   Vgl. Straubhaar (2006), S. 3.
3   Vgl. Statistisches Bundesamt (2009) und Abbildung 1.1 auf der nächsten Seite.
4   Vgl. Euler Hermes (2009a), S. 3. Hierzu sei angemerkt, dass es sich bei den Insolvenzen um einen typischen Spätindikator für den Zustand der Wirtschaft handelt, der die konjunkturelle Entwicklung erst mit einem zeitlichen Abstand abbildet.

auf 30 Mrd. EUR geschätzt.[5] Hinzu kommt die Zahl insolvenzbedingter Arbeitsplatzverluste, die auf eine halbe Million taxiert wird.[6] Unter Berücksichtigung der Tatsache, dass Unternehmenszusammenbrüche in Form von Insolvenzen nur das Endstadium einer negativ verlaufenden Krise und damit die „Spitze des Eisberges" abbilden, lässt sich erahnen, wie hoch der durch Unternehmenskrisen verursachte volkswirtschaftliche Gesamtschaden tatsächlich ist.[7]

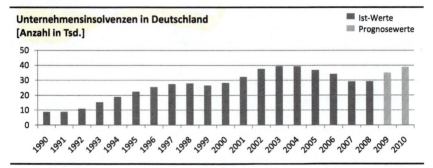

Abb. 1.1: Entwicklung von Unternehmensinsolvenzen in Deutschland 1990 bis 2010
Quelle: Eigene Darstellung
Datenquellen: Statistisches Bundesamt (2009) für Angaben zu den Jahren 1990-2008 sowie Euler Hermes (2009b), S. 9 für die Jahre 2009 und 2010

Zwar stellen Unternehmenskrisen ein systemimmanentes Phänomen einer freiheitlichen Wirtschaftsordnung dar, die die Gesamteffizienz eines marktorientierten Wirtschaftssystems gewährleisten. In einem „Prozess der schöpferischen Zerstörung" werden bestehende Produktionsfaktoren einer Volkswirtschaft ständig durch neue, teils aus Rekombination entstandene, ersetzt.[8] Unternehmen mit neuen, innovativen Ideen und Produkten werden gegründet, bestehende Unternehmen, die langfristig nicht in der Lage sind, die von der Gesellschaft beanspruchten Ressourcen in hinreichend nutzenstiftende Produkte umzusetzen, werden aufgelöst.[9] Ein Großteil der Unternehmenskrisen liegt jedoch in vermeidbaren Ineffizienzen der Führung und Organisation von Unternehmen begründet, die einer Verschwendung von volkswirtschaftlichen Ressourcen gleichkommen.[10] Eine Aufgabe der betriebswirtschaftlichen Forschung besteht deshalb darin, die Praxis bei der Minimierung der destruktiven Wirkungen von Unternehmenskrisen zu unterstützen.

---

5   Vgl. Creditreform (2007), S. 20.
6   Vgl. Creditreform (2007), S. 20.
7   Vgl. zu Schätzungen die späteren Ausführungen in Kapitel 2.2.1.
8   Vgl. Schumpeter (2005), S. 134 ff.
9   ALBACH schreibt hierzu: „Unternehmerische Tätigkeit ist also in ihrem Kern die permanente Auseinandersetzung mit dem Ernstfall. Der Kampf ums Überleben am Markt ist der Normalfall für Unternehmen in einer freiheitlichen Wirtschaftsordnung." (Albach (1979), S. 9).
10 Vgl. Kapitel 2.3.4.2.

1 Einleitung

Die Finanzmärkte befinden sich aktuell in einer tiefgreifenden Umbruchsituation. Die durch den Wertverfall verbriefter zweitrangiger Hypothekendarlehen (Subprime-Krise) ausgelöste globale Finanzmarktkrise gipfelte in dem Zusammenbruch der US-Investmentbank Lehman Brothers im September 2008. Die Insolvenz einer der größten Investmentbanken führte zu einem Kollabieren des gesamten weltweiten Interbankenhandels, als sich Kreditinstitute untereinander auch kurzfristig keine neuen Mittel mehr zur Verfügung stellten.[11] Auch Unternehmen der „Real-Wirtschaft" sind von der Kreditzurückhaltung betroffen: Die reale jährliche Wachstumsrate der Kreditvergabe an nicht-finanzielle Kapitalgesellschaften und private Haushalte im Euro-Währungsgebiet hat seit 2007 einen starken Rückgang zu verzeichnen gehabt. Wie in der Vergangenheit ging die Abschwächung des Kreditwachstums mit einer drastischen konjunkturellen Eintrübung einher, wobei nicht auszuschließen ist, dass auch eine angebotsseitig bedingte Verknappung der Kreditvergabe zur weiteren Verschärfung des Wirtschaftsabschwungs beigetragen hat.[12]

Unabhängig von diesen aktuell kurzfristigen Marktgeschehnissen waren die Finanzmärkte von weitreichenden langfristigen Veränderungen geprägt. So wurde in den letzten Jahren häufig die Ablösung des in Deutschland vorherrschenden bankorientierten Finanzierungssystems durch ein kapitalmarktorientiertes Finanzierungssystem diskutiert.[13] Stellten Banken bis Mitte der 90er Jahre die Hauptquelle der externen Unternehmensfinanzierung dar, so hat sich ihr Anteil im Laufe der Zeit deutlich verringert.[14] Diese Entwicklung wird sowohl von rechtlicher als auch von wirtschaftlicher Seite getrieben. Einerseits sind kreditgebende Institute nach den neuen gesetzlichen Vorschriften zur Eigenkapitalunterlegung, die unter dem Stichwort „Basel II" zusammengefasst werden,[15] künftig gehalten, bei ihren Kreditengagements eine risikobasierte Eigenkapitalunterlegung vorzunehmen. Für Unternehmen mit geringem Kreditausfallrisiko werden sich die Finanzierungskonditionen dadurch verbessern oder allenfalls gleich bleiben, für Unternehmen mit höherem Kreditausfallrisiko wird jedoch mit einem Anstieg der Finanzierungskosten gerechnet.[16] Andererseits standen Banken häufig selbst unter einem hohen Renditedruck und mussten sich verstärkt an der Eigenkapitalrendite orientieren.[17]

---

11 Vgl. Rudolph (2009), S. 62; zu den Krisenursachen vgl. Grundmann/Hofmann/Möslein (2009), S. 1 ff.

12 Vgl. EZB (2009), S. 69.

13 Vgl. bspw. Hackethal (2004), S. 71 ff.; Hackethal/Schmidt/Tyrell (2006), S. 431 ff. Für einen Vergleich der bank- und marktorientierten Systeme vgl. auch van der Elst (2000), S. 3 ff.

14 Vgl. Schmidt (2007), S. 324 u. S. 334.

15 Unter dem Terminus „Basel II" werden die vom Baseler Ausschuss für Bankenaufsicht vorgeschlagenen Eigenkapitalvorschriften verstanden, die in europäisches und deutsches Recht umgesetzt wurden und seit 2007 Anwendung finden, vgl. hierzu bspw. Kudla (2005), S. 23 ff.; Steiner/Starbatty (2004), S. 15 ff.; Paul (2006), S. 295 ff.

16 Für Literaturangaben zu empirischen Studien vgl. Gerhardt (2005), S. 141.

17 Zur Eigenkapitalrendite deutscher Banken vgl. Bundesverband deutscher Banken (2008), S. 69.

Gleichzeitig haben sich in den letzten Jahren völlig neue Finanzierungsformen etabliert. Private-Equity-Gesellschaften, die vielversprechende Unternehmen mit Eigenkapital und Know-how unterstützen, hatten in den letzten Jahren einen starken Mittelzufluss zu verzeichnen, wie Abbildung 1.2 zeigt.

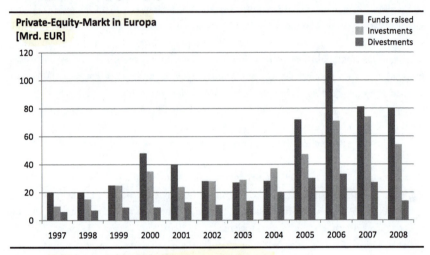

Abb. 1.2: Entwicklung von Private Equity in Europa 1997-2008
Quelle: Eigene Darstellung
Datenquellen: EVCA (2009a), EVCA (2009b), EVCA (2009c)

Durch den stark angestiegenen Mittelzufluss und Investitionen sind Private-Equity-Gesellschaften zu einem bedeutsamen volkswirtschaftlichen Faktor avanciert: Der Umsatz und die Mitarbeiterzahl der Unternehmen in Deutschland, an denen Private-Equity-Gesellschaften beteiligt sind, hat erheblich zugenommen: 1995 waren noch etwa 200.000 Mitarbeiter mit einem Umsatz von insgesamt etwa 75 Mrd. EUR in solchen Unternehmen beschäftigt,[18] 2008 waren es mit in der Summe rund 1,2 Million Mitarbeiter, mehr als sechsmal so viele, die zusammen einen Umsatz von etwa 212 Mrd. EUR erwirtschafteten.[19] Die Finanzmarktkrise ist jedoch auch an den Private-Equity-Gesellschaften nicht spurlos vorübergegangen. Das von den europäischen Private-Equity-Gesellschaften eingeworbene Kapital (Fundraising) und die Höhe der neu eingegangenen Beteiligungen an Portfolio-Unternehmen (Investment) haben im Jahr 2006 ihren (vorläufigen) Höhepunkt gefunden, lagen 2008 aber immer noch, wie Abbildung 1.2 zeigt, auf historisch hohem Niveau.[20]

---

18 Vgl. Wagner (2009), S. 215 f.
19 Vgl. BVK (2009), S. 8.
20 Die Auswirkungen der Finanzkrise auf den Bereich Private Equity dürften sich allerdings erst im Jahr 2009 voll auswirken. Zu den Auswirkungen der aktuellen Krise auf Private-Equity-Gesellschaften vgl. Achleitner/Kaserer/Lahr (2009), S. 364 ff.

Eine Kapitalbeteiligung an Krisenunternehmen kann sowohl für Investoren als auch für Unternehmen von Vorteil sein: Mit steigendem Mittelzufluss wächst der Anlagedruck auf Seiten von Investmentmanagern, die nicht nur um die Gunst der Kapitalanleger konkurrieren, sondern auch auf der Seite der Anlageobjekte im harten Wettbewerb zueinander stehen. Für Private-Equity-Gesellschaften bieten Unternehmen mit Restrukturierungspotential somit eine interessante Alternative zu den klassischen Investments in ertragsstarke Unternehmen mit stabilem Cash Flow. Für Krisenunternehmen hingegen kann Private Equity eine (letzte) Alternative darstellen, um notwendiges Kapital für die Krisenbewältigung zu erhalten und damit den weiteren Fortbestand des Unternehmens nachhaltig zu sichern.

1.1 Motivation und Zielsetzung

Das Thema „Investitionen in Krisenunternehmen" wurde bisher nur unzusammenhängend und wenn, dann auch meist nur am Rande wissenschaftlicher Arbeiten behandelt. Während die angrenzenden Forschungsbereiche „Unternehmenskrisen" und „Beteiligungskapital" bereits gut dokumentiert sind, lagen wissenschaftliche Arbeiten zur Schnittmenge dieser beiden Bereiche kaum vor.

Die ersten Forschungsarbeiten zum Thema Unternehmenskrisen wurden vor knapp 100 Jahren veröffentlicht.[21] Eine intensive Diskussion dieser Thematik setzte jedoch erst Mitte der 70er Jahre ein,[22] nachdem Deutschland die Auswirkungen der ersten ernstzunehmenden Wirtschaftskrise nach dem Zweiten Weltkrieg zu spüren bekam.[23] Die Forschungsergebnisse reichen dabei von der Beschreibung der Verläufe, Ursachen und Wirkungen von Unternehmenskrisen bis hin zum Management von Unternehmenskrisen, das sich auf deren Vermeidung und Bewältigung bezieht.[24] Während zur Erforschung der Ursachen von Unternehmenskrisen bereits zahlreiche empirische Untersuchungen durchgeführt wurden,[25] finden sich im Bereich des Krisenmanagements nur wenige empirische Forschungsarbeiten.[26]

---

21 Vgl. bspw. die Arbeiten von Fleege-Althoff (1930); Hilmer (1914); Koch (1933); Leist (1905); Mannheimer (1924).

22 Vgl. Krystek (1987), S. 2, und dort angeführte Literaturhinweise.

23 Zur historischen Entwicklung der Krisenforschung vgl. David (2001), S. 21 ff.; Müller (1986), S. 19 ff.

24 Vgl. hierzu die grundlegenden Werke von Krystek (1987) u. Müller (1986).

25 Vgl. hierzu die späteren Ausführungen in Kapitel 2.3.

26 Vgl. bspw. Bergauer (2001), S. 17; David (2001), S. 484; Gless (1996), S. 123, die mit ihren Arbeiten an diesem Missstand ansetzen.

Der Forschungsgegenstand „Beteiligungsfinanzierung", insbesondere in Verbindung mit Private-Equity-Gesellschaften, hat erst kürzlich verstärkte Aufmerksamkeit seitens der Wissenschaft erfahren. Die Entstehung des Kapitalmarktsegments Private Equity und Venture Capital wird auf den Zeitpunkt der Gründung der ersten Venture-Capital-Gesellschaft, der „American Research and Development Corporation" im Jahre 1946 datiert.[27] Eine der ersten Veröffentlichung zu diesem Thema stammt von ROTCH aus dem Jahre 1968, in der die grundlegenden Charakteristika von Venture-Capital-Finanzierungen herausgearbeitet wurden.[28] Seit Ende der 70er Jahre traten Beteiligungsmodelle auf, die nicht nur auf die Finanzierung junger und neu gegründeter Unternehmen, sondern auf die (häufig mehrheitliche) Übernahme etablierter Unternehmen fokussierten und die in den 80er Jahren stark gewachsen sind.[29] Spätestens seit Anfang der 90er Jahre setzte sich auch die Wissenschaft mit diesem Phänomen auseinander.[30]

Zu dem Forschungsgebiet „Investitionen in Krisenunternehmen" finden sich nur wenige wissenschaftliche Veröffentlichungen. Eine der ersten Publikationen stammt von SPIELBERGER mit dem Mitte der 1990er veröffentlichten Titel „Kauf von Krisenunternehmen – Bewertung und Übernahmetechnik".[31] Schwerpunkte der genannten Arbeit bilden die Untersuchung der Prozessschritte beim Kauf von Krisenunternehmen und die Beschreibung der insolvenz-, haftungs- sowie steuerrechtlichen Rahmenbedingungen in Deutschland und Österreich. Empirisch fließen Ergebnisse einer Befragung aus den USA sowie von Experteninterviews ein, eine quantitative Auswertung der empirischen Erkenntnisse hat jedoch nicht stattgefunden. Eine weitere Arbeit zu diesem Thema stellt die Dissertation von KRAFT mit dem Titel „Private-Equity-Investitionen in Turnarounds und Restrukturierungen" dar.[32] KRAFT behandelt den Kauf von Krisenunternehmen aus der Perspektive von Private-Equity-Gesellschaften und setzt dabei wie in der zuvor genannten Arbeit den Schwerpunkt auf die einzelnen Schritte im Investitionsprozess. Ähnlich wie bei der Arbeit von SPIELBERGER wurde von KRAFT eine schriftliche Befragung in Nordamerika durchgeführt, wobei jedoch anders als bei SPIELBERGER eine quantitative Auswertung der empirischen Ergebnisse erfolgte.

---

27 Vgl. Groh/Gottschalg (2005), S. 26.
28 Vgl. Rotch (1968), S. 141 ff.
29 Die Akquisition etablierter Unternehmen durch Finanzinvestoren gipfelte in der im Jahre 1989 durchgeführten Übernahme von RJR Nabisco durch KKR für rund 25 Mrd. USD, die für lange Zeit die größte ihrer Art war, vgl. Brealey/Myers (2000), S. 978 ff.
30 Die Arbeit von SCHRÖDER zu Strategien und Management von Beteiligungsgesellschaften ist eine der ersten empirischen Arbeiten im deutschsprachigen Raum zu diesem Thema, vgl. Schröder (1992).
31 Vgl. Spielberger (1996).
32 Vgl. Kraft (2001).

1.1 Motivation und Zielsetzung

Die hohe wissenschaftliche und praktische Relevanz dieses Forschungsgebiets wird durch eine Reihe von Publikationen unterstrichen, die in jüngster Zeit parallel zum Forschungsprozess der vorliegenden Arbeit erschienen. Unter den Veröffentlichungen finden sich Fachartikel,[33] Sammelwerkbeiträge,[34] Diplomarbeiten[35] und Dissertationen[36] zu dem Themengebiet „Finanzinvestoren und Krisenunternehmen". Erwähnenswert ist dabei die Dissertation von KUCHER mit dem Titel „Die Akquisition von Krisenunternehmen aus der Sicht von Finanzinvestoren", in der ausgesuchte Private-Equity-Gesellschaften zu Investitionen in Krisenunternehmen befragt werden.[37] Seine Arbeit ist jedoch ähnlich wie die von KRAFT und SPIELBERGER konzipiert und legt den Schwerpunkt ebenfalls auf den Akquisitionsprozess.

Alle bis dato vorliegenden Forschungsarbeiten zum Thema „Investitionen in Krisenunternehmen" setzen ihren Schwerpunkt auf den Akquisitionsprozess. Eine intensive Auseinandersetzung mit der Frage, wie und mit welchen Ansätzen die Krise eines Unternehmens durch den Investor bewältigt wird und damit letztlich auch Wert geschaffen wird, fehlt nach wie vor.

Anliegen dieser Arbeit ist es, einen Beitrag zur Schließung der bestehenden Forschungslücke zu leisten. Dabei soll der Schwerpunkt auf die Restrukturierung des Krisenunternehmens durch Finanzinvestoren gelegt werden. Mit einer empirischen Untersuchung soll herausgefunden werden, welche Private-Equity-Gesellschaften in Unternehmen mit Restrukturierungspotential in Deutschland investieren und wie sie dabei vorgehen. Neben Erkenntnissen über Charakteristika (Volumen, Rendite, Risiko etc.) des Distressed Market in Deutschland sollen vor allem Einsichten in die Investition begleitende Restrukturierungsprozesse gewonnen werden und bisherige Erkenntnisse hinsichtlich des Transaktionsprozesses überprüft und erweitert werden. Es soll herausgefunden werden, wie Finanzinvestoren angeschlagene Unternehmen aus der Krise führen und wie sich deren Vorgehensweise von der strategischer Investoren bzw. von internen Lösungen unterscheidet und durch welche Maßnahmen versucht wird, den Unternehmenswert zu steigern. Ebenso sollen mögliche Faktoren für erfolgreiche Investitionen in Krisenunternehmen beleuchtet und ein Ausblick auf die weitere Entwicklung und Forschung gegeben werden.

---

33 Vgl. bspw. Klockenbrink/Wömpener (2007).
34 Vgl. bspw. Albrecht/Füger/Danneberg (2006).
35 Vgl. bspw. Eckhoff (2007); Gramatke (2007).
36 Vgl. bspw. Jostarndt (2006); Mitter (2006).
37 Vgl. Kucher (2006).

1.2 Wissenschaftstheoretische Positionierung

Die vorliegende Arbeit basiert auf einem anwendungsorientierten Forschungsansatz, von dem Wissenschaft und Praxis gleichermaßen profitieren sollen. Forschung kann als „geistige Tätigkeit mit dem Ziele, in methodischer, systematischer und nachprüfbarer Weise neue Erkenntnisse zu gewinnen"[38] definiert und in Grundlagenforschung und anwendungsorientierte Forschung unterteilt werden. Beide Forschungsansätze zielen auf die Erweiterung wissenschaftlicher Erkenntnis, die angewandte Forschung ist aber im Gegensatz zur Grundlagenforschung auf spezifische praktische Anwendungen ausgerichtet und strebt eine wirtschaftliche Nutzung ihrer Erkenntnisse an.[39]

Der Forschungsprozess der vorliegenden Arbeit orientiert sich an ULRICH, der die Betriebswirtschaft als anwendungsorientierte Sozialwissenschaft begreift und einen 7-stufigen Forschungsprozess propagiert, der in der Praxis beginnt und endet: Zunächst werden Probleme der Praxis aufgegriffen, dann mit wissenschaftlichen Methoden und Erkenntnissen bearbeitet und zum Schluss der Praxis in Form von ausgearbeiteten Lösungen zurückgespielt.[40]

Der erste Schritt im Forschungsprozess bildet die Erfassung praxisrelevanter Probleme, die in der vorliegenden Arbeit auf Basis von Gesprächen mit Experten, der Sichtung von Praxisliteratur sowie der vom Verfasser in der Unternehmensberatungspraxis gewonnenen Erkenntnisse durchgeführt wurde. Um den Praxisbezug der Forschung sicherzustellen, wurde die empirische Untersuchung in Zusammenarbeit mit der Corporate-Finance-Abteilung einer führenden internationalen Wirtschaftsprüfungsgesellschaft durchgeführt. Die Zusammenarbeit erfolgte mit Managern und Experten aus den Bereichen *Reorganisation Services* und *Transaction Services*, die an zahlreichen Restrukturierungen und Private-Equity-Transaktionen mitgewirkt haben.

Der zweite Schritt beinhaltet die Erfassung und Interpretation problemrelevanter Theorien. Als theoretische Grundlage für die vorliegende Arbeit werden Forschungsbeiträge aus den Themengebieten Unternehmenskrisen, Unternehmensbeteiligungen und – soweit vorhanden – Investitionen in Krisenunternehmen herangezogen.[41]

Den dritten Forschungsschritt bildet die Erfassung, Spezifizierung und Evaluierung pro-

---

38 BVerfGE 35, 79 (113).
39 Vgl. Brade (2005), S. 9 ff.; Brockhoff (1999), S. 51 ff.; Corsten/Gössinger/Schneider (2006), S. 3 ff.; Haupt (2000), S. 60.
40 Vgl. ausführlich Ulrich (1981), S. 1 ff.; Ulrich (1984), S. 168 ff.
41 Jedem der drei genannten Bereiche ist ein Kapitel gewidmet, in dem jeweils ein Überblick über die Literatur gegeben und der aktuelle Stand der Forschung aufgezeigt wird.

1.2 Wissenschaftstheoretische Positionierung

blemrelevanter Forschungsmethoden. Neben der im zweiten Schritt erfolgten Literaturauswertung stellt die empirische Untersuchung einen wesentlichen Teil dieser Arbeit dar. Hier gilt es, die adäquaten Forschungsmethoden für die Datenerhebung und für die Datenanalyse auszuwählen. Als primäres Instrument für die Datenerhebung wurde die Fragebogenmethode gewählt, die in der Konzeptions- und Auswertungsphase durch Interviews unterstützt wurde.[42]

Im vierten Forschungsschritt, der Erfassung und Untersuchung des Anwendungszusammenhangs, wurde europaweit eine schriftliche Befragung von über 300 Private-Equity-Gesellschaften zu der Frage durchgeführt, ob sie in Deutschland in Restrukturierungen investieren und wenn ja, wie dabei ihre Vorgehensweise ist.[43]

Im fünften Schritt, der Ableitung von Lösungsverfahren und Gestaltungsmodellen, werden die Ergebnisse der schriftlichen Befragung analysiert und mit Methoden der deskriptiven und explorativen Datenanalyse ausgewertet. Die Ergebnisse wurden mit anderen empirischen und theoretischen Veröffentlichungen verglichen und Gemeinsamkeiten und Abweichungen diskutiert.[44] In Verbindung mit den Erkenntnissen der theoretischen Untersuchung werden Handlungsempfehlungen für die Krisen-Beteiligten abgeleitet.[45]

Der sechste Schritt, die Prüfung der Lösungsverfahren und Thesen im Anwendungszusammenhang, erfolgt wie in der ersten Phase, der Problemidentifikation, durch Gespräche mit Managern und Experten. Die Ergebnisse und Schlussfolgerungen aus der empirischen Untersuchung wurden mit der Praxis diskutiert und damit einer ersten Prüfung unterzogen. Weitere Bestätigungen in der Praxis und in der wissenschaftlichen Diskussion bleiben Gegenstand unternehmerischer Aktivität und wissenschaftlicher Forschung und werden erst nach einem längeren Zeitraum möglich sein.

Im siebten und letzten Schritt erfolgt die Beratung der Praxis.[46] Eine erste Beratung der Praxis fand durch die Präsentation der Ergebnisse vor Managern und Experten statt. Ein weiterer Beitrag zur Beratung der Praxis wird durch die Veröffentlichung der Forschungsergebnisse in Form der vorliegenden Arbeit und in Form von Fachbeiträgen in wissenschaftlichen Journalen und praxisnahen Fachzeitschriften geleistet.

---

42 Vgl. Kapitel 5.1.
43 Eine ausführliche Beschreibung des Untersuchungsfeldes erfolgt im späteren Verlauf dieser Arbeit, vgl. hierzu Kapitel 5.2.
44 Vgl. Kapitel 5.3.
45 Vgl. Kapitel 6.4.
46 Nach ULRICH ist dieser letzte Schritt im Forschungsprozess das eigentliche Ziel der Betriebswirtschaftslehre, vgl. Ulrich (1981), S. 20.

Des Weiteren wird der Versuch unternommen, den drei Hauptfunktionen der Wissenschaft nach RAFFÉE gerecht zu werden: der fundierenden, der kritischen und der utopischen Funktion. Im Sinne der fundierenden Funktion stellt die vorliegende Arbeit einen Bezugsrahmen bereit, der es ermöglicht, Aussagen zum Thema Private Equity und Unternehmenskrisen aufzustellen und zu begründen. Die kritische Wissenschaftsfunktion hat bisherige Aussagen der betrachteten Gebiete zu hinterfragen und bei Bedarf zu korrigieren oder zu ergänzen. Für beide Funktionen sind sowohl die Aufarbeitung des bisherigen Forschungsstandes als auch die eigene empirische Untersuchung von Bedeutung. Die utopische Funktion dient dazu, neue Ziele, Werte oder Modelle zu generieren. Hierzu werden in der vorliegenden Arbeit Thesen aufgestellt, die zu einer besseren Krisenbewältigung bzw. zu einer Krisenvermeidung in der unternehmerischen Praxis beitragen sollen.[47]

Diese Vorgehensweise geht auch einher mit der Darstellung bei CHMIELEWICZ, nach der die Falsifizierung von bestehenden Hypothesen und die Erstellung neuer Hypothesen als treibende Elemente wissenschaftlichen Fortschritts zu betrachten sind, wobei sowohl Kritik an der bestehenden Perspektive als auch die Aufstellung eines neuen Modells zum wissenschaftlichen Fortschritt beitragen.[48]

Bei der empirischen Untersuchung sollen die drei Prinzipien der sozialwissenschaftlichen Forschung nach ATTESLANDER Anwendung finden: Nach dem *Prinzip der Angemessenheit* sind Methoden und Zielsetzung der Forschung gemäß der zur Verfügung stehenden Mittel und Zeit einzusetzen. Nach dem *Prinzip des Messens* ist ein ausgeglichenes, objektbezogenes und zutreffendes Verhältnis zwischen qualitativen und quantitativen Methoden zu finden. Dabei sind lokale direkte Beobachtung auf der einen und standardisierte umfassende Befragung auf der anderen Seite nicht gegeneinander, sondern in Ergänzung zu verwenden. Nach dem *Prinzip des Ermessens* sind die erhobenen Daten angesichts der zu erforschenden Fragestellungen zu bewerten und ihr Beitrag zur Lösung einzuschätzen.[49]

Letztlich soll diese Arbeit auch der Sichtweise von MANKIW Rechnung tragen, nach der Makroökonomen sowohl die Rolle eines „Scientists", dessen Aufgabe es ist, die Welt zu verstehen und zu erklären, als auch die eines „Engineers" einnehmen können, der sich in erster Linie als Problemlöser sieht.[50] Analog dazu soll auch die vorliegende Arbeit einerseits zum wissenschaftlich fundierten Verständnis des Untersuchungsgegenstandes beitragen, zum anderen Ansatzpunkte zur Problemlösung in der unternehmerischen Praxis liefern.

---

47 Vgl. Raffée (1995), S. 16 ff.
48 Vgl. Chmielewicz (1994), S. 129 ff.
49 Vgl. Atteslander (2006), S. IX.
50 Vgl. Mankiw (2006), S. 1.

1.3 Aufbau der Arbeit

Die vorliegende Arbeit ist in sieben Kapitel gegliedert und besteht, neben dem Einleitungs- und dem Schlussteil (Kapitel 1 und 7), aus einem theoretischen Teil (Kapitel 2, 3 und 4), der den aktuellen Stand der Forschung und die konzeptionellen Grundlagen darstellt, sowie aus einem empirischen Teil (Kapitel 5 und 6), in dem die Ergebnisse der empirischen Untersuchung einfließen.

Im *ersten Kapitel* werden Motivation und Zielsetzung der Arbeit dargelegt, die wissenschaftliche Positionierung als anwendungsorientierte Arbeit vorgenommen sowie Aufbau und Gliederung der Arbeit aufgezeigt.

Im *zweiten Kapitel* wird der aktuelle Stand der Forschung zum Thema Unternehmenskrisen dargestellt. Nach Definition des Begriffes „Unternehmenskrise" und dessen Abgrenzung von Begriffen mit ähnlichem Inhalt folgt eine Darstellung der verschiedenen Arten von Unternehmenskrisen. Es folgt ein Abschnitt zur Krisenursachenforschung, wobei nach einführenden Überlegungen zur Komplexität von Ursachen und deren Abgrenzung von Symptomen qualitative und quantitative Forschungsansätze vorgestellt und die Ergebnisse der Krisenursachenforschung kritisch beleuchtet werden. Anschließend werden verschiedene Möglichkeiten gezeigt, wie Unternehmenskrisen identifiziert werden können, jeweils aus der Perspektive der Unternehmensführung und aus der Perspektive der Kapitalgeber. Das Kapitel schließt mit einer Systematisierung von Begrifflichkeiten zum Thema Krisenbewältigung.

Das *dritte Kapitel* behandelt Unternehmensbeteiligungen und ist in zwei Abschnitte gegliedert. Im ersten Abschnitt werden die theoretischen Grundlagen erörtert. Dort werden zunächst aus der Finanzierungsperspektive der Kapitalnehmer die Anlässe der externen Kapitalbeschaffung, die Möglichkeiten der externen Kapitalbeschaffung und die Entscheidungskalküle bei der Wahl der Finanzierungsinstrumente aufgezeigt. Es folgt die Darstellung aus Perspektive der Kapitalgeber, bei der vor allem deren Ziele und Restriktionen bei der Kapitalanlageentscheidung berücksichtigt und die Grundzüge der Portfoliotheorie dargelegt werden. Der Abschnitt schließt mit der Betrachtung von Finanzintermediären, die als Vermittler zwischen Kapitalgebern und Kapitalnehmern fungieren können. Der zweite Abschnitt des Kapitels behandelt Private-Equity-Gesellschaften als die in der vorliegenden Arbeit im Vordergrund stehende Art von Finanzinvestoren. Es werden zunächst die Beteiligungsstrukturen und -elemente beleuchtet und es wird ein Überblick über den deutschen und europäischen Private-Equity-Markt gegeben, bevor ein Vergleich mit und eine Abgrenzung von anderen Investorengruppen, insbesondere den Hedgefonds, vorgenommen wird.

Im *vierten Kapitel* erfolgt eine Zusammenführung der beiden vorangegangenen Kapitel unter dem Titel „Investitionen in Krisenunternehmen". Im ersten Abschnitt werden aktive und passive Strategieansätze von Distressed Securities Investors dargestellt und die Arten der Kapitalbeteiligung erläutert. Im darauf folgenden Abschnitt werden Marktcharakteristika behandelt und dabei verfügbare Angaben zu Marktgröße und Entwicklungen in Deutschland und den USA dargelegt, das Rendite- / Risikoprofil und die Korrelation von Distressed Investments mit anderen Anlageklassen gezeigt. Im dritten und letzten Abschnitt wird der Distressed-Investing-Prozess, beginnend bei der Fondsgründung und Kapitalaufnahme über den Kauf von Krisenunternehmen und die sich anschließende Betreuung und Wertsteigerung bis zur Veräußerung von Portfolio-Unternehmen und der Kapitalrückzahlung, dargestellt.

Das *fünfte Kapitel* beschäftigt sich mit der empirischen Untersuchung von Unternehmensrestrukturierung durch Private-Equity-Gesellschaften. Schwerpunkt bilden sechs Restrukturierungshebel, die die Verbesserung der operativen Effizienz, die Desinvestition strategischer Geschäftsfelder, das Wachstum in profitablen Geschäftsfeldern, die Optimierung der Bilanzstruktur, die Corporate Governance und die unternehmerische Betreuung umfassen. Da in dieses Kapitel zu jedem der sechs Restrukturierungshebel jeweils die Ergebnisse aus der empirischen Untersuchung einfließen und ein Vergleich mit relevanten Studien gezogen wird, wird eingangs die Anlage der empirischen Untersuchung dargelegt und eine Deskription des Untersuchungsfeldes vorgenommen.

Im *sechsten Kapitel* werden Erfolgsfaktoren bei Investitionen in Krisenunternehmen abgeleitet. Zunächst werden dabei Methoden und Ansätze zur Erfolgsmessung behandelt, die Ausprägungen des Erfolgs aus Sicht der Private-Equity-Gesellschaften und der Krisenunternehmen dargestellt und Einflussfaktoren auf den Erfolg erläutert. Abschließend werden Handlungsempfehlungen für Private-Equity-Gesellschaften, (Krisen-)Unternehmen, Unternehmenseigentümer, Investoren sowie für Staat und Gesellschaft gegeben.

Das *siebte Kapitel* schließt die Arbeit mit einer Schlussbetrachtung und einem Fazit ab. Es wird eine kurze Zusammenfassung der wesentlichen Ergebnisse vorgenommen, der weitere Forschungsbedarf im untersuchten Themenbereich skizziert und ein Ausblick auf mögliche zukünftige Entwicklungen gegeben.

2 Unternehmenskrisen

Der Aufbau dieses Kapitels orientiert sich an dem von WITTE 1981 veröffentlichten Systematisierungsansatz,[51] nach dem zur Entwicklung einer Realtheorie der Unternehmenskrise die Behandlung von vier Themenbereichen innerhalb des jeweils zugehörigen theoretischen Rahmens erforderlich ist:[52]

- Arten und Prozess von Unternehmenskrisen (Krisenverlaufstheorie)
- Ursachen von Unternehmenskrisen (Bedingungstheorie)
- Identifikation und Bewertung von Unternehmenskrisen (Bewertungstheorie)
- Wirkung von Unternehmenskrisen und Gegenmaßnahmen (Wirkungstheorie)

Diesen vier Elementen, die nachfolgend abschnittsweise behandelt werden, wird eine Definition und Abgrenzung des Terminus Unternehmenskrise vorangestellt.

2.1 Definition und Abgrenzung

Zum Begriff „Unternehmenskrise" lässt sich in der deutschsprachigen Literatur eine Vielzahl an Auffassungen und Definitionen finden.[53] Eine weite Verbreitung hat dabei die folgende, auf KRYSTEK zurückgehende Definition erfahren, die auch der vorliegenden Arbeit zugrunde gelegt wird:

„*Unternehmungskrisen sind ungeplante und ungewollte Prozesse von begrenzter Dauer und Beeinflussbarkeit sowie mit ambivalentem Ausgang. Sie sind in der Lage, den Fortbestand der gesamten Unternehmung substantiell und nachhaltig zu gefährden oder sogar unmöglich zu machen. Dies geschieht durch die Beeinträchtigung bestimmter Ziele (dominanter Ziele), deren Gefährdung oder gar Nichterreichung gleichbedeutend ist mit einer nachhaltigen Existenzgefährdung oder Existenzvernichtung der Unternehmung als selbständig und aktiv am Wirtschaftsprozess teilnehmender Einheit mit ihren bis dahin gültigen Zweck- und Zielsetzungen.*"[54]

---

51 Vgl. Witte (1981), S. 7 ff.

52 WITTE spricht von „Bausteine[n] für eine Theorie der Unternehmenskrise" (Witte (1981), S. 14). Ähnlich Krystek (1987), S. 2 f.; Kall (1999), S. 9 f.; Lafrenz (2004), S. 52; Buschmann (2006), S. 11. Diese Arbeit erhebt jedoch nicht den Anspruch, eine geschlossene Krisentheorie vorzulegen.

53 Für umfangreiche Quellenangaben zu den unterschiedlichen Auffassungen und Begriffsdefinitionen vgl. David (2001), S. 22, Fußnote 133, vgl. weiterhin Berktold (1999), S. 83 ff.; Böckenförde (1996), S. 15 ff.; Gless (1996), S. 3; Lüthy (1988), S. 26 f.; Müller (1986), S. 33; Zöller (2006), S. 19.

54 Krystek (1987), S. 6 f.

Die zentralen Elemente, die den Begriff der Unternehmenskrise prägen, jedoch in dieser ausführlichen Definition nur implizit enthalten sind, werden kurz näher beleuchtet, um ein allgemeines Verständnis über die Unternehmenskrise für die vorliegende Arbeit sicherzustellen:

- *Gefährdung oder Verfehlung dominanter Ziele:* Hierzu zählen die drei betriebswirtschaftlichen Ziele Liquidität, Erfolg und Erfolgspotential,[55] deren Erreichen für das Überleben des Unternehmens maßgeblich ist. Diese Ziele lassen sich durch die Sicherstellung der Zahlungsbereitschaft bzw. die Vermeidung der Überschuldung, die Erzielung eines Mindestgewinns bzw. einer Mindestrendite sowie den Aufbau und Erhalt von Erfolgspotentialen erreichen.[56]

- *Existenzgefährdung:* Wesentlich für das Vorliegen einer Unternehmenskrise ist, dass die dominanten Ziele nicht nur in geringem und vorübergehendem Maße, sondern nachhaltig und langfristig gefährdet sind oder verfehlt wurden und somit in der Lage sind, die Existenz des Unternehmens zu vernichten.[57]

- *Ambivalenz des Ausgangs:* Die Krisensituation, in der sich ein Unternehmen befindet, kann sich in zwei Richtungen entwickeln. Sie kann entweder bewältigt werden oder sich – trotz Einleitung von Krisenbewältigungsmaßnahmen – verschärfen und bis zur Vernichtung des Unternehmens führen.[58]

Der Begriff Unternehmen[59] bezieht sich hier auf „eine mikro-ökonomische Einheit, d. h. auf eine selbständig wirtschaftende Unternehmung"[60], deren Existenzbedrohung dann gegeben ist, wenn „die Selbständigkeit im Sinne der autonomen Entscheidungseinheit in Frage gestellt ist".[61] Dabei werden ausdrücklich Unternehmen miteinbezogen, die Teil eines übergeordneten Unternehmensgefüges sind, sofern sie die oben genannten Voraussetzungen erfüllen.[62] Die rechtliche Selbständigkeit bzw. die Eigentümerschaft stellen in dieser Arbeit somit kein konstituierendes Merkmal für Unternehmen dar.

---

55 Vgl. Coenenberg/Bischof (2005), S. 949 f.
56 Vgl. Müller (1986), S. 34.
57 Vgl. Müller (1986), S. 33. Eine Ausnahme bildet das Liquiditätsziel, dessen auch nur kurzzeitige Verfehlung zur Zahlungsunfähigkeit und damit zur Insolvenz führen würde, vgl. Witte (1981), S. 14.
58 Vgl. Böckenförde (1996), S. 16.
59 Aus Gründen der Einheitlichkeit wird nachfolgend – mit der Ausnahme direkter Zitate – von den beiden synonymen Begriffen „Unternehmen" und „Unternehmung" Ersterer verwendet.
60 Witte (1981), S. 10.
61 Witte (1981), S. 10.
62 Vgl. Müller (1986), S. 33.

2.1 Definition und Abgrenzung

Von dem Begriff Unternehmenskrise sind die Termini Konflikt, Störung, und Katastrophe abzugrenzen, die eine inhaltliche Nähe zum betriebswirtschaftlichen Krisenbegriff aufweisen. Die Abgrenzung dieser Begriffe wird in Abbildung 2.1 veranschaulicht:

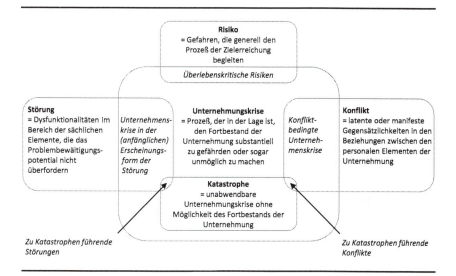

Abb. 2.1: Abgrenzung des betriebswirtschaftlichen Krisenbegriffs
Quelle: Eigene Darstellung in Anlehnung an Krystek (2002), S. 90

Konflikte können grundsätzlich zwischen allen Stakeholdern eines Unternehmens auftreten. Sie können im Extremfall zu Unternehmenskrisen führen, jedoch verläuft der Großteil der Konflikte unkritisch. Im Gegensatz zu Krisen, die zeitlich begrenzt sind, können Konflikte zeitlich unbegrenzt institutionalisiert werden, um sie konstruktiv nutzbar zu machen.[63]

Störungen beziehen sich in der Regel auf Unternehmensunterbrechungen, die im Geschäftsalltag auftreten können, das Problembewältigungspotential eines Unternehmens jedoch nicht überfordern.[64]

Katastrophen können als äußerste Ausprägung von Unternehmenskrisen verstanden werden. Im Gegensatz zu Unternehmenskrisen weisen Sie keinen ambivalenten Ausgang auf, sondern „enden mit der Vernichtung des Unternehmens und schließen seine Wiederherstellung in der alten Struktur, Ziel- und Zwecksetzung aus".[65]

---

63 Vgl. Krystek/Moldenhauer (2007), S. 29.
64 Vgl. Krystek (1987), S. 8 f.
65 Krystek/Moldenhauer (2007), S. 29 f.

2.2 Prozess und Arten von Unternehmenskrisen

In der betriebswirtschaftlichen Literatur und Praxis werden je nach zugrunde gelegtem Klassifikationskriterium verschiedene Krisenarten unterschieden. Einen Überblick zu der Krisentypologisierung gibt Tabelle 2.1.[66]

Klassifikationskriterium	Ausprägung (Krisenart)	Quelle
Bedrohte Unternehmensziele	- Strategische Krise - Erfolgskrise - Liquiditätskrise	Müller (1986), S. 53 ff.
Aggregatzustand und Beeinflussbarkeit	- Potentielle Krise - Latente Krise - Akut / beherrschbare Krise - Akut / nicht beherrschbare Krise	Krystek (1987), S. 29 ff.
Lokalität der Krisenursache	- Endogen induzierte Krise - Exogen induzierte Krise	Fleege-Althoff (1930), S. 85.
Krisenausmaß	- Existenzbedrohende Krise - Vernichtende Krise	Hess/Fechner (1991), S. 18.
Lebenszyklus-Stadium des Unternehmens	- Gründungskrise - Wachstumskrise - Alterskrise	Albach/Bock/Warnke (1985), S. 11 ff.
Richtung der Unternehmensentwicklung	- Wachstumskrise - Stagnationskrise - Schrumpfungskrise	Bleicher (1976), S. 10.

Tab. 2.1: Typologisierung von Unternehmenskrisen
Quelle: Eigene Darstellung in Anlehnung an Gless (1996), S. 15

Am weitesten verbreitet sind die Klassifikationsansätze von MÜLLER und KRYSTEK, die nachfolgend dargestellt werden. Den damit beschriebenen Krisenarten ist gemeinsam, dass sie gleichzeitig die Phasen eines idealtypischen Krisenverlaufs darstellen. Diese Phasen sind als logisch aufeinander folgende Ketten zu verstehen, wobei in einer Unternehmenskrise weder alle Phasen durchlaufen werden müssen, noch die Reihenfolge unbedingt einzuhalten ist.[67]

---

66 Vgl. für ähnliche Übersichten Böckenförde (1996), S. 18; Kudla (2005), S. 81.
67 Vgl. Krystek (2006c), S. 82 f.

2.2.1 Klassifikation nach Art der bedrohten Unternehmensziele

MÜLLER unterteilt den Verlauf von Unternehmenskrisen nach Art der bedrohten Unternehmensziele in die vier Krisenarten „strategische Krisen", „Erfolgskrisen", „Liquiditätskrisen" und „Insolvenz".[68]

In *strategischen Krisen* befinden sich Unternehmen, wenn Aufbau und Erhalt ihrer Erfolgspotentiale substantiell gefährdet sind.[69] Als Erfolgspotential können alle markt- und produktspezifischen Ressourcen angesehen werden, die frühzeitig aufgebaut werden müssen, um in späteren Perioden Erfolge erzielen zu können.[70] Als Beispiele für Erfolgspotentiale werden die Produktentwicklung, die Markt- bzw. Wettbewerbsposition, aber auch die Produktionskapazitäten, eine effiziente Unternehmensorganisation und Führungskräfte genannt.[71] Der Verlust von Erfolgspotentialen ist mit dem Verlust von komparativen Vorteilen gegenüber dem Wettbewerb vergleichbar.[72] Erfolgspotentiale spiegeln sich nicht direkt in der aktuellen Umsatz-, Gewinn- und Liquiditätslage wider, sondern beeinflussen die zukünftige Umsatz-, Gewinn- und Liquiditätslage.[73] Vorhandene Erfolgspotentiale erhöhen lediglich die Möglichkeit eines späteren Erfolgs und sind somit als notwendige, nicht aber als hinreichende Bedingung zu betrachten. So finden sich immer wieder Unternehmen, die trotz hohem Erfolgspotential aufgrund mangelhafter operativer Umsetzung nicht den gewünschten Erfolg aufweisen, als auch Unternehmen, die mit hervorragendem operativen Management aus einer schlechten strategischen Position heraus respektable Erträge erzielen.[74] Da sich Erfolgspotentiale nur schwerlich quantifizieren lassen, ist das Vorliegen einer strategischen Krise nicht immer zweifelsfrei bestimmbar.

Die *Erfolgskrise* zeichnet sich durch eine nachhaltige Verfehlung von Erfolgszielen aus.[75] Eine kurzfristige oder vorübergehende Verfehlung dieser Ziele stellt hingegen noch keine Erfolgskrise dar. Durch die Vielzahl von Erfolgszielen (z. B. Umsatz-, Gewinn- oder Rentabilitätsziele) ergeben sich zahlreiche Ausprägungsmöglichkeiten von Erfolgskrisen. Vor

---

68 Vgl. Müller (1986), S. 53 ff. Bei MÜLLER wird statt des heute gebräuchlichen Begriffes „Insolvenz" der Ausdruck „Konkurs" bzw. „Vergleich" verwendet. Die im Jahr 1999 in Deutschland eingeführte Insolvenzordnung (InsO) ersetzt die seit 1877 geltende Konkursordnung und die seit 1935 geltende Vergleichsordnung, vgl. Bea/Friedl/Schweitzer (2004), S. 342.
69 Vgl. Müller (1986), S. 54.
70 Vgl. Coenenberg/Bischof (2005), S. 950. Zur Beschreibung und Messung von Erfolgspotentialen als Vorsteuergrößen zukünftiger Erfolge vgl. Näther (1993), S. 82 ff.
71 Vgl. Gälweiler (2005), S. 26.
72 Vgl. Gless (1996), S. 14; Moldenhauer (2004), S. 14; Backhaus (2003), S. 6 f.
73 Vgl. Müller (1986), S. 36.
74 Vgl. Müller (1986), S. 36.
75 Vgl. Müller (1986), S. 54.

dem Hintergrund des sich immer mehr durchsetzenden Konzeptes der wertorientierten Unternehmensführung ist hier vor allem das Erfolgsziel „Wertschaffung" zu nennen. Ein Unternehmen schafft dann Wert für seine Kapitalgeber, wenn es über den Gewinn hinaus die Kapitalkosten auf das eingesetzte Kapital erwirtschaftet.[76] Durch die Quantifizierbarkeit von Erfolgszielen lässt sich deren Verfehlung im Gegensatz zu strategischen Krisen verhältnismäßig leicht bestimmen.

Das Stadium der *Liquiditätskrise* ist dann erreicht, wenn für ein Unternehmen die ernsthafte Gefahr der Zahlungsunfähigkeit (Illiquidität) und/oder Überschuldung besteht.[77] Während die Erfolgskrise sich primär in der Gewinn- und Verlustrechnung widerspiegelt, ist die Liquiditätskrise vorwiegend in der Bilanz erkennbar.[78] Die Liquiditätskrise kann aus einer Erfolgskrise resultieren, wenn anhaltende Zahlungsmittelabflüsse und Verluste sowohl liquide Mittel als auch Eigenkapital aufzehren.

Die *Insolvenz* stellt nach MÜLLER das vorläufige (negative) Endstadium einer Krise dar und ist durch die Verfehlung spezifischer Gläubigerziele gekennzeichnet.[79] Aus Insolvenz heraus ist der Erhalt des Unternehmens in seiner bisherigen Ziel- und Zwecksetzung nach wie vor – unter bestimmten Voraussetzungen – noch möglich.[80] Die Eröffnung eines Insolvenzverfahrens setzt einen Eröffnungsgrund voraus.[81] Als allgemeiner Eröffnungsgrund gilt die Zahlungsunfähigkeit, die dann gegeben ist, wenn der Schuldner nicht in der Lage ist, die fälligen Zahlungspflichten zu erfüllen.[82] Bei juristischen Person stellt auch die Überschuldung einen Eröffnungsgrund dar.[83]

---

76 Wie LÜTHY in diesem Zusammenhang feststellt: „In einer marktwirtschaftlichen Wirtschaftsordnung hängt die Existenz einer Unternehmung unmittelbar davon ab, ob sie mit ihren Marktleistungen Bedürfnisse Dritter zu befriedigen und daraus ausreichende Gewinne zu erzielen vermag." (Lüthy (1988), S. 101).

77 Vgl. Müller (1986), S. 54; Krystek (2006b), S. 47. Die Überschuldung steht jedoch in keinem direkten Zusammenhang mit der Liquidität, so dass an dieser Stelle eine sprachliche Ungenauigkeit besteht und die korrekte Bezeichnung „Liquiditäts- und Bilanzkrise" lauten müsste. MÜLLER schlägt jedoch vor, aus Gründen der sprachlichen Einfachheit auch bei drohender Überschuldung von einer Liquiditätskrise zu sprechen, vgl. Müller (1986), S. 54. Ein Großteil der Literatur folgt dieser Auffassung (vgl. bspw. Bergauer (2001), S. 5; Buschmann (2006), S. 13, Abb. 3; Grünert (2007), S. 13; Krystek (2006b), S. 47; Lehr (2006), S. 12). Anders LAFRENZ, der die (drohende) Überschuldung eher der Erfolgskrise zuordnet, vgl. Lafrenz (2004), S. 168, Fußnote 857.

78 Vgl. Grünert (2007), S. 13.

79 Vgl. Müller (1986), S. 54.

80 Vgl. Müller (1986), S. 54; Krystek (2006b), S. 47.

81 Vgl. § 16 InsO.

82 Vgl. § 17 InsO. Der Schuldner kann die Eröffnung des Insolvenzverfahrens auch bei drohende Zahlungsunfähigkeit beantragen, vgl. § 18 InsO.

83 Nach InsO liegt eine Überschuldung vor, „wenn das Vermögen des Schuldners die bestehenden Verbindlichkeiten nicht mehr deckt, es sei denn, die Fortführung des Unternehmens ist nach den Umständen überwiegend wahrscheinlich" (§ 19 Abs. 2 InsO).

2.2 Prozess und Arten von Unternehmenskrisen

Die Krisenarten sind als Stadien in einem kontinuierlichen Prozess zu betrachten, deren Übergänge fließend sind. Oft hat ein Unternehmen, das sich in einer Liquiditätskrise befindet, zuvor die Stadien einer strategischen und einer Erfolgskrise durchlaufen.[84] Nach MÜLLER beginnen etwa 60 % aller Krisen als strategische Krise, etwa 30 % als Erfolgskrise und etwa 10 % als Liquiditätskrise.[85]

Nachfolgende Abbildung 2.2 zeigt die genannten Krisenarten in der Übersicht und verdeutlicht den jeweiligen Handlungsdruck, den Handlungsspielraum, das Bedrohungspotential sowie den Wirkungshorizont von Gegenmaßnahmen.

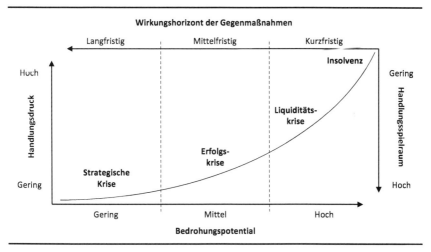

Abb. 2.2: Krisenarten und Krisenverlauf
Quelle: Eigene Darstellung in Anlehnung an Gless (1996), S. 129; Müller (1986), S. 55 ff.

Die Anzahl der Unternehmen, die sich in den genannten Krisenstadien befinden, lässt sich nur schätzen. Statistisch erfasst wird lediglich die Anzahl insolventer Unternehmen, die jedoch nur die bereits genannte „Spitze des Eisberges" bilden. Es wird vermutet, dass sich etwa viermal so viele Unternehmen in einer Ergebnis- oder Liquiditätskrise und etwa achtmal so viele in einer strategischen Krise befinden.[86]

---

[84] Ein Grund hierfür könnte sein, dass entsprechende Gegenmaßnahmen erst zu einem zu späten Zeitpunkt eingeleitet werden. So nehmen weniger als ein Drittel der Unternehmen eine strategische Krise zum Anlass, Restrukturierungsmaßnahmen einzuleiten. Über die Hälfte der Unternehmen leiten Gegenmaßnahmen erst bei Auswirkungen auf Unternehmensergebnisse ein, und 16 % der Unternehmen handeln sogar erst bei einer Liquiditätskrise, vgl. Kraus/Gless (2004), S. 115 ff.; Roland Berger Strategy Consultants (2006), S. 17.

[85] Vgl. Müller (1986), S. 56 f.

[86] Im Jahr 2003 befanden sich in Deutschland nach einer Studie der Unternehmensberatungsgesellschaft ROLAND BERGER STRATEGY CONSULTANTS etwa 250.000 Unternehmen in einer strategischen Krise, etwa 120.000 in einer Ergebnis- bzw. Liquiditätskrise und etwa 42.000 Unternehmen in

2.2.2 Klassifikation nach Aggregatzustand und Beeinflussbarkeit

KRYSTEK unterscheidet Krisenarten nach „Aggregatzustand" und „Beeinflussbarkeit", wonach sich potentielle, latente, akute beherrschbare und akute nicht beherrschbare Krisen differenzieren lassen.[87]

Der Krisenprozess beginnt mit der *potentiellen Krise*, einem Stadium, in dem eine Krise prinzipiell möglich wäre, aber noch nicht real ist. Es handelt sich dabei um einen „Quasi-Normal-Zustand", in dem sich jedes Nicht-Krisenunternehmen befindet. Folglich existieren auch keine Krisensymptome, die Identifikation potentieller Krisen basiert auf rein hypothetischen Annahmen.[88]

Bei der *latenten Krise* handelt es sich um eine Phase im Krisenprozess, in der die Krise zwar schon vorhanden, jedoch mit herkömmlichen Instrumenten nicht direkt wahrnehmbar ist. Nur durch Anwendung von geeigneten Methoden der Früherkennung lassen sich latente Krisensymptome erkennen und präventive Maßnahmen einleiten.[89] Diese präventiven Maßnahmen finden jedoch, bedingt durch die Abwesenheit akuter Entscheidungs- und Handlungszwänge und die relativ große Bandbreite an Handlungsalternativen kaum Anwendung.[90]

Die *akute beherrschbare Krise* beginnt mit der unmittelbaren Wahrnehmung von destruktiven Wirkungen der Unternehmenskrise. Die destruktiven Wirkungen nehmen dabei im Zeitablauf zu, so dass diese Phase durch abnehmenden Handlungsspielraum, zunehmenden Zeit- und Entscheidungsdruck und wachsende Krisenbewältigungsanforderungen geprägt ist. Da in einer akut beherrschbaren Krise das Krisenbewältigungspotential im Unternehmen (noch) größer ist als die Krisenbewältigungsanforderungen, ist die Krise in diesem Stadium theoretisch zu bewältigen und damit beherrschbar.[91]

Die *akute nicht beherrschbare Krise* ist die letzte Phase des Krisenprozesses und tritt ein, wenn es dem Unternehmen nicht gelingt, die akute Krise zu bewältigen. Verfügbare Krisenbewältigungspotentiale reichen in diesem Stadium nicht mehr aus, den Krisenbe-

---

der Insolvenz, vgl. Haghani (2004), S. 44. Für die Entwicklung der Anzahl insolventer Unternehmen vgl. Abbildung 1.1.

87 Vgl. hierzu und im Folgenden Krystek (1987), S. 29 ff. Eine ähnliche Unterteilung findet sich bei HAUSCHILDT, der latente und manifeste Krisen unterscheidet, vgl. Hauschildt (1988a), S. 2 f.; Hauschildt (2002), S. 1004.

88 Vgl. Krystek (1987), S. 29 f.

89 Früherkennungssysteme werden im weiteren Verlauf der vorliegenden Arbeit im Rahmen der Krisenidentifikation behandelt, vgl. Kapitel 2.4.

90 Vgl. Krystek (1987), S. 30 f.

91 Vgl. Krystek (1987), S. 31.

wältigungsanforderungen gerecht zu werden und es können nur noch Maßnahmen zur Abmilderung unvermeidlicher destruktiver Wirkungen ergriffen werden.[92]

Die Vereinbarkeit der beiden Krisenprozessdarstellungen von MÜLLER und KRYSTEK wird in nachfolgender Abbildung 2.3 verdeutlicht.

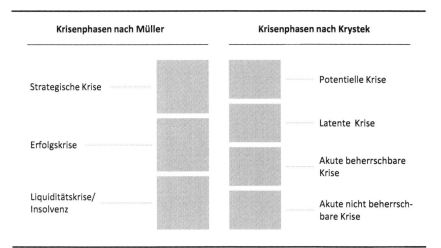

Abb. 2.3: Krisenprozessdarstellungen von MÜLLER und KRYSTEK
Quelle: Eigene Darstellung in Anlehnung an Krystek (2002), S. 95; Krystek/Moldenhauer/ Evertz (2009), S. 165

2.3 Erforschung der Krisenursachen

In diesem Abschnitt wird zunächst auf die Komplexität von Unternehmenskrisen eingegangen und eine Abgrenzung zu Krisensymptomen vorgenommen, bevor eine Vorstellung der Forschungsansätze zu Ursachen von Unternehmenskrisen und eine Darstellung von externen und internen Krisenfaktoren erfolgen.

2.3.1 Komplexität von Krisenursachen

Wie es sich bei der begrifflichen Auseinandersetzung bereits angedeutet hat, handelt es sich bei Unternehmenskrisen um ein äußerst komplexes Thema. KRYSTEK führt hierfür die

---
92 Vgl. Krystek (1987), S. 31.

folgenden Kriterien an, deren Ausprägungen für die Komplexität von Unternehmenskrisen bestimmend sind:[93]

- *Multikausalität:* Unternehmenskrisen sind nur in seltenen Fällen auf eine einzige Krisenursache zurückzuführen und entstehen in der Regel erst durch das Zusammenwirken von mehreren krisenverursachenden Faktoren.

- *Mehrstufigkeit:* Unternehmenskrisen stellen mehrstufige Ursache-Wirkungs-Beziehungen dar, bei denen die als Ursache erkannten Ereignisse auf einer vorgelagerten Ebene zu einer Wirkung auf einer anderen Ebene werden können.

- *Multilokalität:* Unternehmenskrisen sind in der Regel auf Ursachen zurückzuführen, die in mehreren Bereichen innerhalb oder außerhalb des Unternehmens liegen.

- *Multitemporalität:* Unternehmenskrisen stellen in der Regel mehrstufige Prozesse dar, die jeweils mit unterschiedlichen Geschwindigkeiten ablaufen.

Eine Krisenursache als solche existiert folglich nicht.[94] Vor dem Hintergrund der dargestellten Zusammenhänge sind die im weiteren Verlauf erwähnten und als „Krisenursachen" bezeichneten Faktoren so zu verstehen, dass sie die Wahrscheinlichkeit des Eintritts einer Krise zwar begünstigen, diese jedoch selten allein hervorgerufen.

2.3.2 Abgrenzung zu Krisensymptomen

Von Krisenursachen zu unterscheiden sind Krisensymptome. Krisensymptome (von griech. symptoma = Begleiterscheinung) stellen als sichtbare Wirkung von Krisenursachen lediglich Erkennungsmerkmale dar, die auf das Vorhandensein einer Unternehmenskrise hindeuten, selbst aber nicht ursächlich für die Krise sind.[95] Beispiele für Krisensymptome sind Umsatzrückgänge, Marktanteilsverluste und abnehmende Cash Flows.[96] In Literatur und Praxis kommt es jedoch immer wieder zur Verwechslung von Ursache und Wirkung bzw. Symptomen. So stellt beispielsweise der häufig angeführte Mangel an Eigenkapital keine Krisenursache dar, sondern i. d. R. „nur" deren finanzwirtschaftliche Abbildung.[97]

---

93 Vgl. Krystek (1987), S. 67 f.; Krystek/Moldenhauer (2007), S. 50 f.
94 Vgl. Lützenrath/Peppmeier/Schuppener (2006), S. 9.
95 Vgl. Böckenförde (1996), S. 22. Symptome können jedoch auch selbst wiederum Ursache für weitere Wirkungen sein, vgl. Lüthy (1988), S. 32.
96 Für eine umfangreiche Auflistung von Krisensymptomen vgl. Faulhaber/Landwehr (2001), S. 20; Böckenförde (1996), S. 25 f.
97 Vgl. Grape (2006), S. 8, u. S. 155.

2.3.3 Forschungsansätze

Krisenursachenforschung ist die „Ermittlung und Darstellung von spezifischen Ursachen-Wirkungs-Komplexen, die als Erklärung für das Entstehen von Unternehmungskrisen in allgemeingültiger Form gelten können".[98] Klassischerweise wird dabei versucht, durch die Untersuchung „kranker" Unternehmen Rückschlüsse auf „gesunde" zu ziehen.[99] Problematisch ist der häufig vorzufindende Ansatz, ausschließlich Unternehmen in der Insolvenz als Ausgangspunkt für Untersuchungen heranzuziehen, da dann die Krisenforschung auf „Insolvenzursachenforschung" reduziert wird. Für eine umfassende Erforschung von Unternehmenskrisen ist es unerlässlich, sowohl frühe Stadien von Unternehmenskrisen als auch erfolgreich bewältigte Unternehmenskrisen, die nicht das Insolvenzstadium erreichen, zu berücksichtigen. Gerade aus den erfolgreichen Krisenbewältigungen lassen sich wertvolle Rückschlüsse ziehen.[100] Nach der Art der verwendeten Forschungsmethodik werden die quantitative und die qualitative Krisenursachenforschung unterschieden.[101]

Die quantitative Ursachenforschung versucht, durch Auswertung statistisch erfassbarer Daten wie bspw. Unternehmensgröße und -alter, Branchenzugehörigkeit oder Rechtsform Rückschlüsse auf die Ursachen von Unternehmenskrisen zu ziehen.[102] Die Aussagekraft derartiger Untersuchungen wird jedoch oft in Frage gestellt.[103] Gerade bei den Faktoren Unternehmensgröße und -alter, Branchenzugehörigkeit oder Rechtsform handelt es sich weder um Ursachen, noch um – wie teilweise behauptet – Symptome, sondern lediglich um statistische Korrelationen, aus denen keine Ursache-Wirkungs-Beziehungen ableitbar sind.[104] Die quantitative Krisenforschung wird vor allem im Rahmen der Kreditvergabe von Banken genutzt, wobei versucht wird, auf Basis von Wahrscheinlichkeitsrechnungen Unternehmen mit einem erhöhten (Ausfall-)Risikopotential zu identifizieren.[105]

Die qualitative Krisenursachenforschung versucht, zum einen durch Befragungen von Krisenbeteiligten, wie z. B. Unternehmensberatern, Insolvenzverwaltern oder Managern und zum anderen durch Auswertung von Berichten oder Insolvenzakten Erkenntnisse über

---

98 Krystek (1987), S. 32; ähnlich Böckenförde (1996), S. 30.
99 „Wir wollen den gesunden Betrieb. Der kranke Betrieb dient uns nur dazu, den gesunden besser kennenzulernen." (Findeisen (1932), S. 50).
100 Vgl. Krystek (1987), S. 33.
101 Vgl. Krystek (1987), S. 33; Krystek/Moldenhauer (2007), S. 41.
102 Vgl. Krystek (1987), S. 33.
103 Vgl. bspw. Bea/Kötzle (1983), S. 566 ff.; Böckenförde (1996), S. 30; Gless (1996), S. 22.
104 Vgl. Lehr (2006), S. 17.
105 Vgl. Lüthy (1988), S. 37 ff. und Kapitel 2.4.2.

die Ursachen von Unternehmenskrisen zu gewinnen.[106] Auch wenn der qualitativen Ursachenforschung bei der Erforschung von Krisenursachen eine höhere Aussagekraft gegenüber der quantitativen Ursachenforschung zugesprochen und deshalb der Vorzug gegeben wird,[107] mangelt es auch bei ihre nicht an Kritik. So sind bspw. bei Befragungen die Subjektivität der Expertenaussagen vor dem Hintergrund von Verschuldungs- und Haftungsfragen und die unterschiedlichen Interessenlagen zu berücksichtigen. Zudem sind die Forschungsergebnisse auf Basis qualitativer Methoden aufgrund ihrer Heterogenität sowie der unterschiedlichen Gewichtung von Mess- und Auswertungskriterien nur bedingt vergleichbar.[108]

2.3.4 Krisenfaktoren

Die Faktoren, die eine Unternehmenskrise hervorrufen oder deren Eintritt zumindest begünstigen, werden in der Literatur oft ihrer Herkunft nach bzw. nach der Beeinflussbarkeit durch das Unternehmen in endogene und exogene Krisenfaktoren unterteilt, je nachdem, ob sie sich im System „Unternehmen" oder in einem der „Umsysteme" bzw. im Einflussbereich des Unternehmens oder außerhalb dessen befinden.[109]

2.3.4.1 Der Einfluss externer Krisenfaktoren

Zu den externen Faktoren gehören alle Ereignisse, die im Umsystem des Unternehmens vorkommen und wesentlichen Einfluss auf deren Wettbewerbsfähigkeit ausüben, aber nicht oder nur bedingt von dem Unternehmen beeinflusst werden können. Hierbei können ökonomische, technologische, sozio-kulturelle, politisch-rechtliche und ökologische Umsysteme unterschieden werden.[110] Größere Veränderungen in einem oder mehreren dieser Umsysteme können zu Instabilitäten innerhalb des Unternehmens führen. Inwieweit diese externen Krisenfaktoren als alleinige Krisenursachen betrachtet werden können, wie in der Literatur oft dargestellt, ist fraglich. Ebensogut kann die unzureichende Anpassungsleistung der Unternehmensführung an sich verändernde externe Gegebenheiten als Ursache von Unternehmenskrisen betrachtet werden.[111] Im ökonomischen Umsystem werden häufig negative

---

106 Vgl. Krystek (1987), S. 44 f.
107 Vgl. Böckenförde (1996), S. 30; Krystek (1987), S. 45.
108 Vgl. Hauschildt/Leker (2000), S. 8 f.; Krystek (1987), S. 45; Kudla (2005), S. 88.
109 Vgl. Baur (1978), S. 32 ff.; Bibeault (1982), S. 25; Brühl (2004a), S. 5; Gunzenhauser (1995), S. 21; Fleege-Althoff (1930), S. 84 f.; Franceschetti (1993), S. 67; Krystek (1987), S. 68 ff.
110 Vgl. Bleicher (1976), S. 29 f.; Hungenberg/Wulf (2006), S. 164; Weisel (1982), S. 124.
111 Vgl. Hauschildt (2006b), S. 31. In ähnlicher Weise argumentieren BEA / HAAS: Erfolgreiche Unternehmen zeichnen sich folglich dadurch aus, dass sie den Anforderungen des Bedingungsrahmens

gesamtwirtschaftliche oder branchenspezifische Entwicklungen als Krisenfaktoren herausgestellt.[112] Statistisch konnten in empirischen Untersuchungen zwar hohe Korrelationen von Konjunkturverlauf und Insolvenzhäufigkeit festgestellt werden.[113] Diese Ursachen betreffen jedoch alle Unternehmen, von denen zahlreiche die schlechte Konjunktur erfolgreich durchlaufen und umgekehrt andere Unternehmen auch in Zeiten guter Konjunktur in eine Krise geraten. Eine schlechte konjunkturelle Lage ist daher als erschwerte Bedingung oder allenfalls als Auslöser zu verstehen, der bei angeschlagenen Unternehmen zur Existenzbedrohung führen kann.[114] Gleiches gilt für den technischen Fortschritt, der ebenfalls häufig als Krisenursache Erwähnung findet.[115] Diejenigen Unternehmen, die jedoch den Technologiewandel rechtzeitig erkennen oder aktiv gestalten, bleiben von Unternehmenskrisen häufig verschont. Ähnliche Überlegungen lassen sich für das sozio-kulturelle, politisch-rechtliche und ökologische Umfeld anstellen, in dem sich das Unternehmen beispielsweise an gesellschaftlichen Wertewandel, veränderte gesetzliche Rahmenbedingungen oder die Verknappung von Rohstoffen anzupassen hat.

2.3.4.2 Der Einfluss von internen Krisenfaktoren

Zu den internen Krisenursachen zählen alle Faktoren, die in der Einflusssphäre des Unternehmens liegen.[116] In Tabelle 2.2 auf der nächsten Seite sind die häufigsten Krisenursachen aufgeführt, die von HAUSCHILDT, GRAPE und SCHINDLER in einer empirischen Untersuchung ermittelt wurden.

Auch andere Untersuchungen führen immer wieder Führungsmängel und Missmanagement als Hauptkrisenursachen an.[117] Bereits FLEEGE-ALTHOFF hat in seiner 1930 veröffentlichten Untersuchung festgestellt, dass die endogenen Krisenursachen überwiegen und unter diesen die mangelnde Qualifikation der Unternehmensleitung die Hauptursache für

---

besser gerecht werden. Mit dem Krisenmanagement an einem für das Unternehmen nahezu unveränderlichen Bedingungsrahmen anzusetzen, erscheint also wenig sinnvoll, vgl. Bea/Haas (1994), S. 487.

112 Vgl. Krystek/Moldenhauer (2007), S. 47, und dort aufgeführte Quellen.

113 Für eine Übersicht empirischer Studien vgl. Krystek (1987), S. 61.

114 Vgl. Krystek/Moldenhauer (2007), S. 43, und dort aufgeführte Quellen, vgl. weiterhin Baur (1978), S. 33; Krystek (1987), S. 62; Hesselmann/Stefan (1990), S. 36.

115 Vgl. Hauschildt (1983), S. 142 ff. Für Beispiele und weitere Literatur zur Auswirkung von Technologiebrüchen vgl. Weigand/Kreutter (2006), S. 73 f.

116 Es existiert mittlerweile eine nahezu unüberschaubare Anzahl von detaillierten „Ursachenkatalogen", die die Bedeutung einzelner Krisenfaktoren herausstellen, vgl. hierzu Hauschildt (2006a), S. 13; Kihm (2006), S. 42 ff., und dort aufgeführte Quellen; Hauschildt (2006b), S. 32, sowie die „Krisenspinne" bei Hauschildt (1988a), S. 5; Hauschildt/Leker (2000), S. 6, u. Hauschildt/Grape/Schindler (2006), S. 11.

117 Für eine Übersicht zu Studien vgl. bspw. Gless (1996), S. 22 ff.; Krystek (1987), S. 45 ff.

	Relative Häufigkeit in Prozent
Personengeprägte Krisenursachen	
1. Führungsmängel	27,5
2. Unfähigkeit / Unerfahrenheit der Führung	5,0
Institutionelle Krisenursachen	
3. Strategische Probleme	9,9
4. Organisation	6,9
5. Beziehung zu Arbeitnehmern	5,7
Operative Krisenursachen	
6. Absatzbereich	12,2
7. Investitions- und F&E-Bereich	3,9
8. Produktion und Logistik	3,9

Tab. 2.2: Exemplarische Darstellung häufiger interner Krisenursachen
Quelle: Hauschildt/Grape/Schindler (2006), S. 16

die hohe Insolvenzrate in den Jahren 1925-1929 ist.[118] Diese Erkenntnisse werden von einigen Autoren auf die Leerformel zugespitzt, dass sich letztlich jede Krise auf mangelhafte Anpassung des Unternehmens und damit im weitesten Sinne auf die dafür verantwortliche Führung zurückführen lässt.[119] Eine derart pauschalisierte Schuldzuweisung lässt jedoch keine differenzierte Betrachtung zu, die der Komplexität von Unternehmenskrisen gerecht wird.[120]

2.3.4.3 Zusammenfassende Betrachtung

Da in den meisten Fällen interne und externe Krisenursachen kumuliert auftreten und sich gegenseitig beeinflussen,[121] ist die isolierte Betrachtung einzelner Faktoren für das Verständnis von Unternehmenskrisen nicht zielführend. Ansätze zur gesamtheitlichen Betrachtungsweise lassen sich bei TÖPFER und HAUSCHILDT finden. TÖPFER fasst die einzelnen Krisenfaktoren in sieben Ursachenkomplexe zusammen und zeigt anhand dieser exemplarisch das Zusammenwirken interner und externer Krisenfaktoren auf.[122] HAUSCHILDT versucht zum einen mit Hilfe der Clusteranalyse Verknüpfungen einzelner Krisen-

---

118 Vgl. Fleege-Althoff (1930), S. 171.
119 Vgl. Buschmann (2006), S. 15 f.
120 Vgl. Krystek (1987), S. 68.
121 Vgl. Brühl (2004a), S. 5.
122 Vgl. Töpfer (1985), S. 158 ff.

faktoren zu ergründen und identifiziert dabei fünf verschiedene Krisentypen.[123] Im Rahmen einer weiteren Explorativstudie wurden von HAUSCHILDT / GRAPE / SCHINDLER Ursache-Wirkungs-Zusammenhänge in Verbindung mit verschiedenen Krisentypen ermittelt. Dabei wird gezeigt, wie verschiedene interne Einflussfaktoren zu einer Anpassungskrise führen, die durch unerwartete externe Impulse und weitere ausbleibende Anpassungen in einer Liquiditätskrise oder gar Insolvenz münden kann.[124]

Zahlreiche Untersuchungen kommen zu dem Schluss, das interne gegenüber externen Krisenursachen überwiegen.[125] Externe Faktoren stellen in der Regel krisenverschärfende oder krisenauslösende Faktoren dar. Nur im Extremfall, wenn ein Unternehmen nach menschlichem Ermessen keine realistische Möglichkeit gehabt hätte, sich auf die verändernden Faktoren einzustellen, kann von externen Krisenursachen gesprochen werden.[126] Auch SCHENDEL / PATTON / RIGGS kommen zu dem Schluss, dass in den meisten Fällen ein Zusammenwirken von falschen Managementscheidungen und ungünstigen Umwelteinflüssen für eine Unternehmenskrise verantwortlich ist.[127]

2.4 Identifikation von Unternehmenskrisen

Krisen treten in den meisten Fällen nicht ad hoc auf, sondern sind häufig das Ergebnis eines schleichenden, sich über Jahre hinziehenden Prozesses.[128] Je früher Unternehmenskrisen erkannt werden, desto wirkungsvoller können geeignete Gegenmaßnahmen initiiert werden.[129] Die Möglichkeiten einzelner Stakeholder zur Früherkennung von Unternehmenskrisen unterscheiden sich jedoch aufgrund ihres unterschiedlichen Zugangs zu Unternehmensinformationen erheblich. Je enger die Bindung oder Lieferbeziehung eines

---

123 Für die erstmalige Durchführung der genannten Untersuchung vgl. Hauschildt (1988a), S. 6 ff. Für die Aktualisierungsstudie vgl. Hauschildt/Grape/Schindler (2006), S. 12 ff.

124 Vgl. Hauschildt/Grape/Schindler (2006), S. 21 ff.

125 Vgl. bspw. Bibeault (1982), S. 25; Slatter (1984), S. 53.

126 Diese Erkenntnis spiegelt sich auch in der Aussage von WLECKE wider: „Auch wenn ungünstige, nicht durch das Unternehmen zu beeinflussende, Rahmenbedingungen die Krise verschärft haben, so überwiegen in aller Regel die selbst verschuldeten Krisenursachen. Nur durch Missmanagement ist es möglich, dass aus einer strategischen Krise eine Ergebnis- oder gar Liquiditätskrise wird." (Wlecke (2005), S. 219).

127 Vgl. Schendel/Patton/Riggs (1976), S. 7.

128 Vgl. Brühl (2004a), S. 5.

129 In der Literatur werden „Frühwarnung", „Früherkennung" und „Frühaufklärung" unterschieden. „Frühwarnung" bezeichnet die frühzeitige Ortung von Bedrohungen / Risiken, „Früherkennung" umfasst zusätzlich die frühzeitige Ortung von Chancen und „Frühaufklärung" beinhaltet auch die Sicherstellung der Einleitung von (Gegen-)Maßnahmen, vgl. Krystek/Müller-Stewens (1993), S. 20 ff. Hier wird jedoch in Anlehnung an den allgemeinen Sprachgebrauch der Begriff „Früherkennung" für die Identifikation von Krisen verwendet.

Stakeholders zu einem Unternehmen, umso besser ist in der Regel sein Informationsstand und damit die Fähigkeit zur Krisenfrüherkennung.[130] Die Stakeholder lassen sich in zwei Gruppen unterteilen: Auf der einen Seite (unternehmensintern) stehen die Eigentümer, das Management und die Mitarbeiter und auf der anderen Seite (unternehmensextern) außenstehende Dritte wie Banken, Lieferanten sowie Staat bzw. Gesellschaft.[131] Bei Unternehmenskrisen spielen somit nicht nur die Möglichkeiten, sondern auch die Interessen eine wesentliche Rolle,[132] die die besser informierte Partei (z. B. das Management) bei der Verfolgung ihrer Interessen (aus)nutzen kann.[133]

Entsprechend dieser Unterteilung lassen sich grob eigen- und fremdorientierte Systeme unterscheiden, die nachfolgend behandelt werden.[134] Des Weiteren lassen sich nach Art der verwendeten Informationen quantitative und qualitative Systeme unterscheiden. Einen Überblick hierzu gibt Tabelle 2.3.

	eigenorientiert	fremdorientiert
quantitativ-orientiert	operative Früherkennungssysteme	Bilanzanalyse
qualitativ-orientiert	strategische Früherkennungssysteme	Unternehmensratings

Tab. 2.3: Systematisierung von Krisenfrüherkennungsystemen

2.4.1 Eigenorientierte Früherkennung

Eigenorientierte Früherkennungssysteme kommen im Rahmen der Krisenprävention zum Einsatz. Im Laufe der Zeit sind verschiedene Ansätze entwickelt worden, die sich in drei Generationen gliedern lassen. Die ersten beiden Generationen sind dem operativen, die dritte Generation ist dem strategischen Bereich der Unternehmensführung zuzuordnen, so dass in Analogie dazu von operativer und strategischer Früherkennung gesprochen wird.[135]

---

130 Vgl. Wilden (2004), S. 2 f.
131 Vgl. Wilden (2004), S. 2.
132 Vgl. Kraus/Gless (2004), S. 115 ff.; Lützenrath/Peppmeier/Schuppener (2006), S. 5 ff.
133 Vgl. Wilden (2004), S. 3 und die Ausführungen zur Principal-Agent-Theorie in Kapitel 3.1.3.2.
134 Vgl. Krystek (1987), S. 145; Krystek (1992a), S. 307 ff.; Krystek/Müller-Stewens (1993), S. 16 ff.
135 Vgl. Krystek (2002), S. 31.

2.4.1.1 Operative Früherkennung

Bei der ersten Generation von Früherkennungssystemen lassen sich kennzahlenorientierte und hochrechnungsorientierte Früherkennungssysteme unterscheiden.[136]

Bei kennzahlenorientierten Früherkennungssystemen wird versucht, durch Vergleich aktueller Werte mit denen vergangener Perioden (Zeitvergleich) oder durch Abweichungen von zuvor definierten Schwellenwerten (Soll- / Ist-Vergleich) Fehlentwicklungen zu erkennen.[137] Durch das Über- bzw. Unterschreiten von diesen Schwellenwerten werden Meldungen („Frühwarnungen") erzeugt, die entsprechenden Handlungsbedarf signalisieren. Kennzahlen und Kennzahlensystemen wird aufgrund ihrer Vergangenheits- bzw. Gegenwartsorientierung in ihrer Funktion als Früherkennungsinstrument jedoch nur bedingte Eignung zugebilligt.[138]

Bei den hochrechnungsorientierten Früherkennungssystemen werden Vergleiche zwischen Plan- und hochgerechneten Istwerten angestellt (Soll- / Wird-Vergleich).[139] Durch solche Hochrechnungen, in der Praxis auch als Forecasts oder Vorschau- bzw. Erwartungsrechnungen bezeichnet, können bereits vor Ablauf einer Periode oder eines Projektes voraussichtliche Ergebnisse ermittelt und eventuelle Abweichungen erkannt werden.[140] Hochrechnungsorientierten Früherkennungssysteme werden allgemein Früherkennungseigenschaften zugesprochen.[141]

Die zweite Generation von Früherkennungssystemen basiert auf Indikatoren. Indikatoren (von lat. indicare = anzeigen) bilden das aufzuklärende Phänomen (Indikandum) nur indirekt ab, da sich das Indikandum, bspw. aufgrund seiner Komplexität, nicht vollständig erfassen lässt.[142] Während kennzahlen- bzw. hochrechnungsorientierte Früherkennungssysteme eher auf unternehmensinterne Informationen fokussieren, werden in indikatororientierten Früherkennungssystemen auch unternehmensexterne Informationen verarbeitet.[143] Im Rahmen von Früherkennungssystemen sind vor allem Frühindikatoren, soge-

---

136 Vgl. Krystek (1990), S. 69; Krystek (2006a), S. 226.

137 Nach WEBER / SCHÄFFER sind Kennzahlen aufzufassen als „quantitative Daten, die als bewusste Verdichtung der komplexen Realität über zahlenmäßig erfassbare betriebswirtschaftlich relevante Sachverhalte informieren sollen" (Weber/Schäffer (2006), S. 167).

138 Vgl. Krystek/Müller-Stewens (1993), S. 40 ff.

139 Letztlich basieren jedoch auch Hochrechnungen auf Kennzahlen bzw. Kennzahlensystemen. Im Gegensatz zu den kennzahlenorientierten Früherkennungssystemen weisen die hochrechnungsorientierten Früherkennungssysteme aber einen Zukunftsbezug auf.

140 Vgl. Krystek (1990), S. 428 f.

141 Vgl. Krystek/Moldenhauer (2007), S. 107.

142 Vgl. Weber/Nevries (2006), S. 167.

143 Des Weiteren unterscheiden sich Indikatoren von Kennzahlen insofern, als sie auch qualitativ defi-

nannte „Leading Indicators" (vorauseilende Indikatoren) von Bedeutung, die Ereignisse / Entwicklungen ihres Indikandums mit hinreichendem zeitlichen Vorlauf und hinreichender Regelmäßigkeit signalisieren.[144] Auch wenn der indikatororientierten Früherkennung von Seiten der Wissenschaft ein mangelnder Theoriebezug attestiert wird, wird ihr vor dem Hintergrund von Plausibiliätsüberlegungen und Ursache-Wirkungs-Beziehungen grundsätzlich Früherkennungscharakter zugeschrieben.[145]

2.4.1.2 Strategische Früherkennung

Die dritte Generation von Früherkennungssystemen bilden strategische Früherkennungssysteme, die im Vergleich zu operativen Früherkennungssystemen eher langfristig orientiert sind und versuchen, weiter in die Zukunft zu schauen.[146] Strategische Früherkennungssystemen verzichten bewusst auf das Erkennen von Gesetzmäßigkeiten und versuchen vielmehr sogenannte „Diskontinuitäten" zu berücksichtigen.[147] Zentrale Elemente der strategischen Früherkennung sind das Konzept der schwachen Signale und die Diffusionstheorie.[148] Bei dem Konzept der schwachen Signale wird davon ausgegangen, dass Ereignisse nicht unvorhersehbar eintreten, sondern sich durch Vorboten ankündigen.[149] Nach der Diffusionstheorie weisen Träger neuer Erkenntnisse eine Ansteckungswirkung auf, so dass sich neue Erkenntnisse im Laufe der Zeit auf eine immer größer werdende Anzahl von Personen und Institutionen ausbreiten.[150]

Die strategischen Früherkennungssysteme haben ein hohes Potential zur frühzeitigen Erkennung von Unternehmenskrisen, erfordern jedoch die Fähigkeit und die Bereitschaft zur Wahrnehmung, Interpretation und Verarbeitung von vagen, wenig scharf umrissenen und schwach strukturierten Informationen, die ihrer weiten Verbreitung in der Praxis entgegenstehen.[151]

---

niert sein können, vgl. Krystek (2007), S. 51.
144 Vgl. Krystek/Moldenhauer (2007), S. 107.
145 Vgl. Krystek/Moldenhauer (2007), S. 108.
146 Vgl. Krystek (2007), S. 52.
147 Ein Diskontinuitätenkatalog findet sich bei Macharzina/Wolf (2005), S. 385, Abb. 5-53.
148 Vgl. Krystek (1990), S. 437.
149 Vgl. Ansoff (1976), S. 45. Schwache Signale können sich im Zeitablauf verstärken und konkretisieren oder wieder verschwinden. Ob diese sich positiv oder negativ auf das Unternehmen auswirken, kann zunächst unklar sein.
150 Vgl. Krystek/Moldenhauer (2007), S. 120.
151 Ihre Einführung und weitere Verbreitung in der Praxis scheint somit weniger ein Methodenproblem als eine Frage der Mentalität und Denkhaltung zu sein, vgl. Bea/Haas (1994), S. 491; Krystek/ Müller-Stewens (2006), S. 178 ff.

2.4.2 Fremdorientierte Früherkennung

Fremdorientierte Früherkennungssysteme kommen auf Seiten unternehmensexterner Dritter zum Einsatz. Ziel als außenstehender Dritter ist es in diesem Zusammenhang, Krisen von Unternehmen frühzeitig zu identifizieren und das Gefahrenpotential in Bezug auf die Eigeninteressen zu bewerten.[152] Eigen- und Fremdkapitalgeber haben ein evidentes Interesse, vor Investition oder Kreditvergabe Informationen über die aktuelle Lage und zukünftige Entwicklung eines Unternehmens zu erhalten.[153] Kunden und Lieferanten sind an weiterer Liefer- und Abnahmefähigkeit interessiert, Mitarbeiter am Erhalt ihrer Arbeitsplätze und der Staat und die Gesellschaft an Steuereinnahmen und den gesamtwirtschaftlichen Auswirkungen.[154]

Eine Vorreiterrolle bei der Entwicklung einer systematischen fremdorientierten Früherkennung haben Banken eingenommen.[155] Wie allen anderen Unternehmensexternen stehen ihnen weit weniger Informationen über ein Unternehmen zur Verfügung als Unternehmensinternen.[156] Oft handelt es sich dabei nur um öffentlich zugängliche Informationen, wie Jahresabschlüsse oder Berichte zum Unternehmen und seinem Umfeld. Unter diesen Restriktionen sind zahlreiche spezielle Methoden und Instrumente entwickelt worden, die sich von denen der unternehmensinternen Krisenerkennung unterscheiden.

Bei den fremdorientierten Früherkennungssystemen lassen sich die quantitativ-orientierten Bilanzanalysen und die qualitativ-orientierten Ratings unterscheiden. Nachfolgend wird ein Überblick über Möglichkeiten und Grenzen beider Verfahren in ihrer Funktion als Krisenfrüherkennungsinstrument gegeben.[157]

---

152 Vgl. Krystek/Müller-Stewens (1993), S. 143 ff.
153 Vgl. Wilden (2004), S. 3.
154 Zu den Stakeholderinteressen im Einzelnen vgl. Haghani (2004), S. 41 ff.; Franceschetti (1993), S. 92 ff.; zur Insolvenzfrüherkennung bei Geschäftspartnern vgl. Leidig (2004), S. 15 ff.; zu einer Auflistung der Adressaten, ihrer Interessen und ihrer Sanktionsmöglichkeiten vgl. Bötzel (1993), S. 4 ff.; zu typischen Krisensymptomen von Kreditnehmern, Lieferanten und Kunden vgl. Lützenrath/Peppmeier/Schuppener (2006), S. 11 f.
155 Vgl. Krystek/Müller-Stewens (1993), S. 143 ff.; Horváth (2006), S. 368.
156 Vgl. Wilden (2004), S. 3.
157 Vgl. hierzu und im Folgenden Baetge (2002), S. 2281 ff.; Baetge/Kirsch/Thiele (2004), S. 73 ff.; Baetge/Stellbrink (2005), S. 213 ff.; Everling/Bargende (2005), S. 261 ff.; Hauschildt (1988b), S. 1 ff.; Hauschildt (2002), S. 1003 ff.; Hauschildt (2006a), S. 95 ff.; Wilden (2004), S. 1 ff.

2.4.2.1 Bilanzanalyse

Die Bilanzanalyse hat zum Ziel, entscheidungsrelevante Informationen über die vergangene und zukünftige *finanzwirtschaftliche* und *erfolgswirtschaftliche* Lage und Entwicklung eines Unternehmens zu gewinnen.[158]

Im Fokus der *finanzwirtschaftlichen* Bilanzanalyse steht die finanzielle Stabilität. Es wird untersucht, inwieweit das Unternehmen in der Lage ist, seinen Zahlungsverpflichtungen nachzukommen. Interessiert an der finanzwirtschaftlichen Bilanzanalyse sind vor allem jene Stakeholder, deren Beziehung zum Unternehmen durch eine Gläubiger-Schuldner-Beziehung geprägt ist. Hierzu zählen vor allem Fremdkapitalgeber, aber auch Lieferanten, Kunden und Arbeitnehmer. Bei der *erfolgswirtschaftlichen* Bilanzanalyse steht die Ertragskraft im Mittelpunkt. Es sollen Informationen über die vom Unternehmen erwirtschafteten Erfolge und dessen zukünftige Erfolgsaussichten gewonnen werden. Hauptinteressenten sind Eigenkapitalgeber, Mitarbeiter und Konkurrenzunternehmen.[159]

Die Verfahren der modernen Bilanzanalyse basieren prinzipiell auf einem ähnlichen Ansatz.[160] Ihr Ziel ist, auf der Grundlage von Jahresabschlüssen Merkmale bzw. Muster zu identifizieren, die krisenanfällige von nicht-krisenanfälligen Unternehmen unterscheiden. Dazu wird die Entwicklung, die einer Insolvenz vorausgegangen ist, analysiert. Durch den Vergleich der Merkmalsausprägungen von insolventen Unternehmen mit nicht-insolventen Unternehmen wird versucht, Insolvenzwahrscheinlichkeiten zu ermitteln. Mit diesen Verfahren lassen sich bis zu 80 % der Unternehmen, die in eine Insolvenz gerieten, 3 Jahre vorher identifizieren, 1 Jahr vorher ließen sich sogar 95 % der Unternehmen identifizieren.[161] Allerdings wird oft nur erwähnt, wie viele der tatsächlich krisengefährdeten Unternehmen erkannt wurden. Ebenfalls entscheidend ist aber auch, wie viele der nicht-krisengefährdeten Unternehmen als krisengefährdet klassifiziert wurden.[162]

---

158 Vgl. Baetge/Kirsch/Thiele (2004), S. 1. Die Bilanzanalyse umfasst nicht nur die Bestandsgrößen der Bilanz, sondern auch die Stromgrößen der Gewinn- und Verlustrechnung sowie weitere verfügbare Informationen, wie bspw. Lageberichte und müsste von daher als „Jahres- und Konzernabschlussanalyse" oder „Analyse von Geschäftsberichten" bezeichnet werden. Allerdings hat sich in der Betriebswirtschaft der Begriff der „Bilanzanalyse" etabliert, vgl. Baetge/Kirsch/Thiele (2004), S. 1 f., und dort aufgeführte Quellen.

159 Vgl. Coenenberg/Bischof (2005), S. 951.

160 Als „State-of-the-Art" Verfahren der modernen Bilanzanalyse zur Früherkennung von Unternehmenskrisen werden die multivariate Diskriminanzanalyse, die logistische Regression und künstliche neuronale Netze genannt, vgl. Baetge/Stellbrink (2005), S. 213 ff.; Baetge/Dossmann/Kruse (2000), S. 179-220; Schewe/Leker (2000), S. 168 ff. Zu einer Übersicht moderner Krisenindikator-Modelle vgl. auch Wilden (2004), S. 4 ff.

161 Zu einer Übersicht ausgewählter diskriminanzanalytischer Forschungsergebnisse vgl. Schiller/Tytko (2001), S. 94; Hauschildt (2002), S. 1012 ff.

162 Der erste Fall wird als α-Fehler oder Fehler 1. Art bezeichnet, der zweite als β-Fehler bzw. Fehler 2. Art. Beide Fehler sind nicht unabhängig voneinander, sondern c. p. führt eine Verbesserung des einen

2.4 Identifikation von Unternehmenskrisen

Die Meinungen über die Eignung von Bilanzanalysen als Krisenfrüherkennungsinstrument gehen weit auseinander. Das Spektrum reicht vom „Königsweg der Krisendiagnose",[163] bis hin zum generellen Zweifel an der Ableitbarkeit von zukünftigen Entwicklungen aus vergangenheitsorientierten Jahresabschlussdaten.[164] Wie bei den kennzahlen- bzw. hochrechnungsorientierten Früherkennungssystemen geht auch die Bilanzanalyse davon aus, dass Gesetzmäßigkeiten der Vergangenheit auch in der Zukunft Gültigkeit haben werden. Bei zahlreichen Ursache-Wirkungs-Zusammenhängen in einem dynamischen und komplexen Umfeld ist dies allerdings nicht zutreffend, so dass auf Basis prognoseorientierter Instrumente höchstens kurz- bis mittelfristige Aussagen generiert werden können.[165] Auch werden Chancen von Krisenunternehmen, die sich insbesondere durch neue Produkte / Verfahren oder frühzeitig einsetzende Sanierungsprogramme ergeben, durch Bilanzanalysen nicht erfasst.[166]

Neben den mathematisch-statistischen Verfahren selbst liegen weitere Probleme in den Jahresabschlussdaten, die in die Bilanzanalyse einfließen, da letztlich die Aussage einer Analyse nur so gut sein kann, wie die Daten, die ihr zugrunde liegen. Die Angaben, die Unternehmen in Jahresabschlüssen machen, unterliegen relativ großen Gestaltungsspielräumen.[167] Auch und insbesondere bei Krisenunternehmen kann die Möglichkeit der Bilanzmanipulation nicht ausgeschlossen werden.

Aus Sicht der Wissenschaft werden Defizite bei der betriebswirtschaftlich-theoretischen Fundierung beklagt, da die empirischen Studien zur Bilanzanalyse keine Erklärungen dafür liefern, wie und warum Unternehmenskrisen entstehen, und lediglich statistische, aber keine kausalen Zusammenhänge herstellen.[168] Zudem besteht die Gefahr, nur Symptome statt Ursachen zu beschreiben. Insgesamt kann die Bilanzanalyse als *ein* Instrument der Früherkennung betrachtet werden, das Hinweise auf Unregelmäßigkeiten oder auffällige

---

Fehlerwertes zur Verschlechterung des anderen, vgl. Fahrmeir et al. (2004), S. 415 ff. Während Fehler 1. Art für den Kapitalgeber negative Folgen haben, kann sich ein Fehler 2. Art für Unternehmen evtl. durch eine „Self-fullfilling Prophecy" nachteilig auswirken, vgl. Wilden (2004), S. 8.

163 Vgl. Hauschildt (2003), S. 9; Küting/Weber/Boecker (2006), S. 13. HAUSCHILDT zeigt auch die Grenzen der Krisendiagnose durch Bilanzanalysen auf und verweist auf die Fahrlässigkeit, die Krisendiagnose nur auf Jahresabschlussinformationen zu stützen, vgl. Hauschildt (2002), S. 1017 ff.

164 Vgl. Krystek/Müller-Stewens (1993), S. 34; Krystek/Moldenhauer (2007), S. 131.

165 Vgl. Bea/Haas (1994), S. 488, und dort aufgeführte Quellen.

166 Vgl. Krystek/Moldenhauer (2007), S. 131.

167 Vgl. Coenenberg/Bischof (2005), S. 954 ff.; Küting (2005), S. 223 ff. Nicht nur das deutsche Bilanzrecht erhält zahlreiche Möglichkeiten, die zur Kaschierung von Unternehmensproblemen eingesetzt werden können. Die zunehmend an Bedeutung gewinnenden International Financial Reporting Standards (IFRS) enthalten zwar weniger gesetzliche Wahlrechte, es wird aber aufgrund weiterhin bestehender faktischer Gestaltungsmöglichkeiten nicht von einer Vereinfachung der Bilanzanalyse ausgegangen und „Creative Accounting" weiter ermöglicht, vgl. Coenenberg/Bischof (2005), S. 955.

168 Vgl. Coenenberg/Bischof (2005), S. 979; Gemünden (2000), S. 146, u. S. 167.

Bilanzdaten geben kann, die dann einer genaueren Prüfung zu unterziehen sind. Auch kann die Bilanzanalyse Bestandteil ganzheitlicherer, auch qualitative Daten berücksichtigender Früherkennungssysteme sein.[169]

2.4.2.2 Unternehmensrating

Im Gegensatz zur Bilanzanalyse werden bei Ratings auch qualitative Faktoren berücksichtigt.[170] Es lassen sich bankinterne Ratings und Ratings von Ratingagenturen unterscheiden, die beide nachfolgend erläutert werden.

Für Banken ist die Einschätzung eines kreditnehmerspezifischen Ausfallrisikos wesentliche Voraussetzung für Kreditvergabe und -bepreisung und die Steuerung des Kreditportfolios.[171] Die Durchführung von Ratings dient nicht nur dem bankeigenen wirtschaftlichen Interesse, sondern ist auch gesetzlich vorgeschrieben.[172] Den Kern bankinterner Ratings bildet nach wie vor die Bilanzanalyse, wobei jedoch zunehmend qualitative Kriterien an Bedeutung gewinnen. Hierbei werden bspw. die Qualität von Management, Rechnungswesen und Controlling sowie Aussagen zu Märkten, Produkten, Kunden und Lieferanten berücksichtigt.[173]

Unternehmen, die Fremdkapital nicht von Banken, sondern über den Kapitalmarkt aufnehmen möchten, benötigen eine Bewertung von einer anerkannten Ratingagentur.[174] Die kapitalsuchenden Unternehmen erteilen deshalb vor Emission ihrer Anleihen einer Ratingagentur ein Mandat für die Bewertung des gesamten Unternehmens (Emittentenrating) oder einzelner Finanztitel (Emissionsrating). Im Verlauf eines Ratings wird nicht nur eine Prüfung und Bewertung der Finanzkennzahlen vorgenommen, sondern eine grundlegende Analyse des Unternehmens durchgeführt, die Geschäftsgrundlagen, Wettbewerbsposition und Qualität des Managements umfasst. Neben dem Unternehmensrisiko werden auch

---

169 Es existiert die „strategische Bilanzanalyse", die eher qualitativ ausgerichtet ist und mit dem nachfolgend behandelten Rating Ähnlichkeiten aufweist, vgl. Coenenberg/Bischof (2005), S. 951 ff.
170 Vgl. Fischer (2004), S. 5.
171 Vgl. Hartmann/Schwarzhaupt (2007), S. 31 f.
172 Beispiele sind die vom Baseler Ausschuss für Bankenaufsicht vorgeschlagenen Eigenkapitalvorschriften („Basel II") und die von der Bundesanstalt für Finanzdienstleistungsaufsicht (BaFin) erlassenen „Mindestanforderungen an das Kreditgeschäft der Kreditinstitute (MaK)".
173 Vgl. Blanke (2004), S. 470 f., und dort aufgeführte Quellen. Für Ratingverfahren in der Praxis vgl. beispielhaft Hartmann/Schwarzhaupt (2007), S. 32 ff.; Müller (2007), S. 284 f.
174 Vgl. Ackermann/Jäckle (2006), S. 878; Dimitrakopoulos/Spahr (2004), S. 220. Zu den international anerkannten Agenturen zählen die beiden US-amerikanischen Agenturen Standard & Poor's (S&P) und Moody's Investor's Investor Service (Moody's) sowie die britische Agentur Fitch Investor Service, mit einem geschätzten Marktanteil von zusammen über 90 %, vgl. Schulz (2005), S. 4.

2.4 Identifikation von Unternehmenskrisen

Branchen- und Länderrisiken mit berücksichtigt.[175] Zum Abschluss des in der Regel 90-100 Tage dauernden Verfahrens wird in Absprache mit dem Unternehmen das Ratingergebnis mit einer Ratingnote veröffentlicht. Die Ratings reichen je nach Ratingagentur von der Höchstnote „AAA" („Triple A") mit sehr geringem Ausfallrisiko bis hin zu Unternehmen, deren Forderungen bereits ausgefallen sind („D") (Default).[176]

Die Klassifizierung lässt statistische Aussagen über die Ausfallwahrscheinlichkeit und damit Aussagen über den Zustand eines Unternehmens zu und darüber „wie weit" es noch von der Liquiditätskrise entfernt ist. Tabelle 2.4 zeigt beispielsweise, dass die Wahrscheinlichkeit für eine Insolvenz im nächsten Jahr bei einem mit „AAA" gerateten Unternehmen bei null und für ein „CCC / C" geratetes Unternehmen bei etwa 45 % lag.

Von / nach	AAA	AA	A	BBB	BB	B	CCC / C	D	NR
AAA	87,42	8,99	0,65	0,16	0,00	0,00	0,00	0,00	2,78
AA	0,23	87,07	8,92	0,51	0,00	0,00	0,00	0,00	3,27
A	0,00	2,82	87,50	4,66	0,19	0,06	0,00	0,03	4,75
BBB	0,00	0,22	4,79	83,39	2,70	0,55	0,11	0,22	8,03
BB	0,00	0,00	0,00	3,14	71,11	8,38	0,45	0,60	16,32
B	0,00	0,00	0,20	0,41	6,33	63,67	4,29	4,49	20,61
CCC / C	0,00	0,00	0,00	0,00	0,00	11,36	34,09	45,45	9,09

Tab. 2.4: Durchschnittliche 1-Jahres-Transitions-Raten (1981-2006)
Quelle: Eigene Darstellung
Datenquelle: Standard & Poor's (2007), S. 7

Auch wenn sich empirische Ausfallwahrscheinlichkeiten ermitteln lassen, stellt das Rating keine absolute, sondern nur eine relative, ordinale Bewertung dar. Die Prognosequalität wird auf kurze bis mittlere Sicht als gut bezeichnet, ab einem Zeitraum von 6 Jahren hängt die Ausfallwahrscheinlichkeit jedoch kaum von der Ratingnote ab.[177] Obwohl Ratingagenturen mit ihren Einschätzungen von Unternehmensrisiken zu einer erhöhten Markttransparenz beitragen, ist auch dieses Instrument mit Problemen behaftet. Ein Kritikpunkt richtet sich an die Aktualität der Ratings, da diese vielfach nicht schnell genug angepasst werden. Des Weiteren ist die Transparenz des Ratingprozesses nicht gegeben, so dass Kapitalgeber auf die Seriosität der Ratingagenturen angewiesen sind. Dem Vorteil der Berücksichtigung qualitativer Aspekte steht der Nachteil der Subjektivität bei der Bewertung einzelner Faktoren sowie der Gewichtung von Faktoren bei der Verdichtung zum Gesamturteil gegenüber. Des Weiteren ist fraglich, inwiefern ad hoc auftretende Krisen erkannt werden können, die durch externe Faktoren, wie beispielsweise Termingeschäfte

---

175 Bei Emissionsratings kommen emissionsspezifische Risiken hinzu, vgl. für eine Übersicht der Ratingkriterien bei den drei großen Ratingagenturen Dimitrakopoulos/Spahr (2004), S. 217 ff.
176 Vgl. Dimitrakopoulos/Spahr (2004), S. 219.
177 Vgl. Serfling (2007), S. 732 ff.

oder die Nutzung von Derivaten, ausgehen. Ebenfalls sind Ratingagenturen auf die Richtigkeit der Daten des Unternehmens angewiesen und können somit auch Betrugsfälle nur begrenzt erkennen. Insgesamt haben die vorgestellten Methoden der Identifikation von Unternehmenskrisen ihre spezifischen Stärken und Schwächen. Sie sollten daher als *ein* Kriterium betrachtet werden, das Anhaltspunkte für eine umfassendere Prüfung und ggf. die frühzeitige Einleitung von Krisenbewältigungsmaßnahmen geben kann.[178]

2.5 Krisenbewältigung und Restrukturierung

In diesem Abschnitt werden zunächst die im Kontext von Unternehmenskrisen relevanten Begriffsbestimmungen geklärt, bevor im Anschluss daran anhand der Dimensionen der Krisenbewältigung dargestellt wird, wer die Krise bewältigen kann (institutionelle Dimension), welche Maßnahmen dazu ergriffen werden können (inhaltliche Dimension) und welche Reihenfolge sich hierfür anbietet (methodische Dimension).

2.5.1 Begriffsbestimmungen

Für den Umgang mit bzw. die Bewältigung von Unternehmenskrisen finden sich in Literatur und Praxis zahlreiche Begriffe. Geläufig sind die Termini Krisenmanagement, Restrukturierung, Turnaround und Sanierung.[179]

2.5.1.1 Krisenmanagement

Wie der Begriff „Krise" ist auch der Begriff „Krisenmanagement" in Bezug auf Unternehmen nicht einheitlich definiert. Die Auslegungen reichen von der Erwähnung des Begriffs im Zusammenhang mit operativen Problemen der Fertigungsablaufplanung bis hin zur Gleichsetzung von Krisenmanagement mit dem allgemeinen Management bzw. der strategischen Unternehmensplanung.[180] Nach der sehr umfassenden Auffassung von KRYSTEK

---

[178] Vgl. Ackermann/Jäckle (2006), S. 883. Es wird zwar häufig darauf hingewiesen, dass aus Sicht von Kapitalgebern das Ratingurteil nur *ein* Kriterium für Anlageentscheidungen darstellt und nur eine begrenzte Aussagekraft aufweist. Nicht erläutert wird jedoch, wie ein Ratingurteil auf kapitalmarkttheoretischer Basis zu berücksichtigen wäre, vgl. Heinke (2007), S. 699. Dort findet sich auch eine Übersicht zu empirischen Studien zum Informationsgehalt des Ratings, in denen Anleihe- und Aktienkursreaktionen auf Ratingänderungen untersucht wurden, vgl. Heinke (2007), S. 662.

[179] Vgl. zu den verschiedenen Definitionsansätzen Bergauer (2001), S. 7 ff.; Burtscher (1996), S. 55 ff.; Kraft (2001), S. 62 ff.; Moldenhauer (2004), S. 27 ff.; Weber (1980), S. 22.

[180] Vgl. hierzu und im Folgenden Krystek (2002), S. 97 f., und dort aufgeführte Quellen.

2.5 Krisenbewältigung und Restrukturierung

ist Krisenmanagement definiert als „besondere Form der Führung von höchster Priorität, deren Aufgabe es ist, all jene Prozesse der Unternehmung zu vermeiden oder zu bewältigen, die ansonsten in der Lage wären, den Fortbestand der Unternehmung substantiell zu gefährden oder sogar unmöglich zu machen".[181] Nach dieser Definition besteht Krisenmanagement nicht nur aus der Krisenbewältigung, sondern schließt auch die Krisenvermeidung mit ein.[182]

Die Krisenvermeidung kommt im *aktiven Krisenmanagement* zum Ausdruck und lässt sich unterteilen in das[183] *antizipative Krisenmanagement*, das im Stadium der potentiellen Unternehmenskrise einsetzt und die gedankliche Vorwegnahme möglicher Krisensituationen und die Entwicklung darauf aufbauender Krisenreaktionspläne beinhaltet, um im Krisenfall auf diesen vorbereitet zu sein,[184] und in das *präventive Krisenmanagement*, das während der latenten Krise zum Einsatz kommt und die Erkennung bereits vorhandener, aber noch verdeckter (latenter) Krisensymptome sowie die Planung, Umsetzung und Kontrolle entsprechender Gegenstrategien und -maßnahmen umfasst.[185]

Die Krisenbewältigung hingegen ist das Ziel des *reaktiven Krisenmanagements* und umfasst das *repulsive Krisenmanagement*, welches die Planung, Steuerung und Kontrolle sämtlicher Maßnahmen zur Zurückschlagung (Repulsion) einer akuten Unternehmenskrise beinhaltet, wobei davon ausgegangen wird, dass ausreichende Kapazitäten zur Krisenbewältigung zur Verfügung stehen,[186] sowie das *liquidative Krisenmanagement*, das dann zum Einsatz kommt, wenn nicht mehr mit einer Bewältigung der Unternehmenskrise gerechnet werden kann und die Liquidation eingeleitet wird. Ziel ist es hierbei, die negativen Auswirkungen auf sämtliche Stakeholder so gering wie möglich zu halten.[187]

Das aktive und reaktive Krisenmanagement können zusammen auch als Krisenmanagement im weiteren Sinne, das reaktive Krisenmanagement als Krisenmanagement im engeren Sinne verstanden werden.

---

181 Krystek (1987), S. 90.

182 Einige Autoren beschränken den Begriff Krisenmanagement auf die Krisenbewältigung, vgl. bspw. David (2001), S. 484; Müller (1986), S. 6; Weber (1980), S. 22.

183 Vgl. hierzu und im Folgenden Krystek (1987), S. 105 ff.

184 Vgl. Krystek (1987), S. 106 f.

185 Zum aktiven und insbesondere zum präventiven Krisenmanagement gehören u. a. die im Rahmen des Gesetzes zur Kontrolle und Transparenz im Unternehmensbereich (KonTraG) geforderten Risikomanagement- und Früherkennungssysteme, vgl. Krystek (2007), S. 50.

186 Vgl. Krystek (1987), S. 107.

187 Vgl. Krystek (1987), S. 108.

2.5.1.2 Restrukturierung

Der Begriff Restrukturierung hält nach längerem Gebrauch in der Praxis allmählich auch Einzug in die betriebswirtschaftliche Literatur. Die Auffassungen reichen dabei „von einfachen Umorganisationen im Bereich des 'orderly change' bis hin zu schwerwiegenden finanziellen Restrukturierungen im Sinne einer Sanierung der Kapitalverhältnisse".[188] In einer allgemeinen Form lässt sich die Restrukturierung als „Gesamtheit der geplanten, tiefgreifenden Veränderungen in der Struktur von Unternehmen"[189] definieren.[190]

Nach BOWMAN / SINGH lassen sich in Abhängigkeit von der betroffenen Strukturdimension drei Grundformen unterscheiden:[191]

- *Organizational Restructuring:* beinhaltet alle Maßnahmen, die auf eine Veränderug der Aufbau- und Ablauforganisation eines Unternehmens abzielen.

- *Financial Restructuring:* umfasst alle Veränderungen der Kapitalstruktur (Zusammensetzung, Fristigkeiten etc.).

- *Portfolio Restructuring:* betrifft alle Veränderungen in der Zusammensetzung der Vermögensgegenstände („mix of assets") und der Geschäftsfelder

Ähnlich wie beim Krisenmanagement i. w. S. umfasst die Restrukturierung nicht nur Maßnahmen im Zuge einer unmittelbaren Existenzbedrohung, sondern auch solche im Vorfeld zur Vermeidung von akuten Krisensituationen, wie etwa die Anpassung der Unternehmensstrukturen und -prozesse an veränderte Marktbedingungen.[192]

2.5.1.3 Turnaround

Der Turnaround als vor allem in der angelsächsischen Literatur gebräuchlicher Begriff kann wörtlich mit „Kehrtwende", „Wendung" übersetzt werden. Dabei wird stets von einer positiven Wendung ausgegangen, der eine negative Entwicklung vorausgegangen ist.

---

188 Burtscher (1996), S. 61.
189 Thommen/Richter (2006), S. 583.
190 Ähnlich FINSTERER, nach dem eine Restrukturierung „alle Formen von Prozessen, die auf einen tiefgreifenden Wandel des Unternehmens abzielen" (Finsterer (1999), S. 136), beschreibt.
191 Vgl. Bowman/Singh (1993), S. 8 ff.; Bowman et al. (1999), S. 34 f.
192 Vgl. zu einer Zusammenstellung von Definitionen Falkenberg (2005), S. 5 ff., und dort die Übersicht im Anhang Nr. 1 u. 2 auf S. 197, u. S. 198; Burtscher (1996), S. 62; Lüthy (1988), S. 27 f., vgl. für weitere Auffassungen Charifzadeh (2002), S. 23 ff.; Löffler (2001), S. 4.

2.5 Krisenbewältigung und Restrukturierung

Was unter einer Turnaround-Situation zu verstehen ist, darüber bestehen unterschiedliche Auffassungen. Nach SCHENDEL / PATTON / RIGGS beginnt der Turnaround bereits in einer strategischen Krise,[193] nach HAMBRICK hingegen erst in einer Erfolgskrise, ausgelöst durch das Unterschreiten eines nicht akzeptierbaren Niveaus.[194] Dieses kann an unterschiedlichen Erfolgskennzahlen wie dem Cash Flow, dem Geschäftsergebnis oder dem Return on Capital Employed (RoCE) festgemacht werden.[195] Oft wird diesem Kriterium insofern noch eine zeitliche Komponente hinzugefügt, als nicht nur kurzes einmaliges Unterschreiten vorliegen muss, sondern die Unterschreitung sich über einen längeren Zeitraum zu erstrecken hat.[196] Der Turnaround umfasst sämtliche geeigneten strategischen, leistungs- und finanzwirtschaftlichen Instrumente zur Krisenbewältigung.[197]

2.5.1.4 Sanierung

Der von dem lateinischen „sanare" abstammende Begriff „Sanierung" bedeutet Gesundmachung eines Unternehmens bzw. seiner Anteile.[198] In Bezug auf Unternehmen wird darunter die Gesamtheit aller strategischen, organisatorischen, finanz- und leistungswirtschaftlichen Maßnahmen verstanden, die dazu geeignet sind, die Wettbewerbsfähigkeit eines Krisenunternehmens wiederherzustellen.[199] Diese Auffassung des Sanierungsbegriffes wird auch als „Sanierung im weiteren Sinne" bezeichnet und wird von der „Sanierung im engeren Sinne" unterschieden, die ausschließlich finanzwirtschaftliche (Sofort-)Maßnahmen umfasst.[200] Diese enge Auffassung konnte sich nicht durchsetzen, da sich Krisenunternehmen nur in seltenen Fällen ausschließlich durch rein finanzwirtschaftliche Maßnahmen sanieren lassen.[201]

---

193 Vgl. Schendel/Patton/Riggs (1976), S. 7.
194 Vgl. Hambrick (1985), S. 10.2.
195 Vgl. Slatter/Lovett (1999), S. 1.
196 Häufig ist dabei von zwei Jahren die Rede, vgl. für umfangreiche Literaturangaben Gless (1996), S. 82 f.
197 Vgl. Böckenförde (1996), S. 7 f.; Kraft (2001), S. 64.
198 Vgl. Schmalenbach (1915), S. 133; Bergauer (2001), S. 7; Böckenförde (1996), S. 7; Kraft (2001), S. 63; Harz/Hub/Schlarb (2006), S. 8.
199 Vgl. Böckenförde (1996), S. 7; Harz/Hub/Schlarb (2006), S. 8.
200 So hat sich bspw. schon SCHMALENBACH im Jahr 1915 mit der Sanierung von Aktiengesellschaften und Aktien beschäftigt, dabei aber alle nicht finanztechnischen Sanierungsmethoden wie sparsamere Verwaltung, innere Neuorganisation und dergleichen aus seiner Betrachtung ausgeschlossen, vgl. Schmalenbach (1915), S. 133.
201 Vgl. Bergauer (2001), S. 7 f.; Franceschetti (1993), S. 9 ff.; Gless (1996), S. 44; Krystek (1987), S. 232; Moldenhauer (2004), S. 28 f.; Kraft (2001), S. 63; Sievers (2006), S. 45.

Zusammenfassend lässt sich feststellen, dass sich die Definitionen und Abgrenzungen der vorgestellten Begriffe je nach Autor unterscheiden und häufig synonym oder zumindest homoionym verwendet werden. So setzen beispielsweise KRAUS / GLESS die Restrukturierung mit der Sanierung gleich,[202] bei BURTSCHER entspricht die Sanierung dem Turnaround,[203] und BÖCKENFÖRDE setzt den Turnaround wiederum mit der Restrukturierung gleich,[204] so dass sich die Begriffe bei Gültigkeit aller Definitionen nicht unterscheiden würden. Tendenziell lässt sich sagen, dass die Begriffe Restrukturierung und Krisenmanagement am weitesten gefasst sind und sowohl sämtliche Aktivitäten enthalten als auch den gesamten Krisenprozess umfassen, der von der strategischen bzw. potentiellen Krise bis hin zur akuten Krise bzw. Insolvenz reicht. Der Turnaround-Begriff hingegen ist etwas enger gefasst und wird hauptsächlich in der angelsächsischen Literatur verwendet. Der Begriff Sanierung ist von den vier Begriffen am engsten gefasst und damit weniger geeignet, Maßnahmen in früheren Krisenstadien zu beschreiben.

2.5.2 Dimensionen der Krisenbewältigung

In der betriebswirtschaftlichen Literatur wird die Krisenbewältigung aus verschiedenen Perspektiven betrachtet, wobei sich die

- methodische Dimension (Phasen der Krisenbewältigung), die
- institutionelle Dimension (Träger der Krisenbewältigung) und die
- inhaltliche Dimension (Maßnahmen der Krisenbewältigung)

unterscheiden lassen.[205]

2.5.2.1 Methodische Dimension

In der methodischen Dimension steht der Prozess der Krisenbewältigung im Vordergrund.[206] Da die Zielerreichung der Krisenbewältigung einen strukturierten Führungspro-

---

202 Vgl. Kraus/Gless (2004), S. 115 ff.
203 Vgl. Burtscher (1996), S. 64.
204 Vgl. Böckenförde (1996), S. 9.
205 Vgl. Böckenförde (1996), S. 50 f.; David (2001), S. 8 ff.; Gless (1996), S. 47; Krystek/ Moldenhauer (2004), S. 225; Moldenhauer (2004), S. 27 ff.; Weber (1980), S. 31 ff.; ähnlich KRYSTEK; dort wird Krisenmanagement als Institution, als System und als Prozess betrachtet, vgl. Krystek (1987), S. 91 ff.
206 Vgl. Böckenförde (1996), S. 52 ff.

2.5 Krisenbewältigung und Restrukturierung

zess benötigt,[207] lässt sich die Krisenbewältigung als „Führungsprozess unter erschwerten Bedingungen" interpretieren, der sich vom „normalen Führungsprozess" durch einen erhöhten Zeitdruck, einen höheren Grad an unvollkommenen Informationen und eine erhöhte Ungewissheit unterscheidet.[208]

Der Krisenbewältigungsprozess wird in der Literatur in Phasen zerlegt, wobei trotz der weitestgehenden Einigkeit über die grundsätzlichen Inhalte Unterschiede in der Abgrenzung der einzelnen Phasen bestehen.[209] Dabei sind die Phasen aufgrund der Komplexität der Thematik nicht als sequentielle und abgeschlossene Teilschritte zu betrachten, sondern überlappen sich, enthalten Rückkopplungen und können mehrfach durchlaufen werden.[210] Nachfolgend wird die der Abbildung 2.4 zu entnehmende Einteilung näher erläutert. Hierbei handelt es sich um einen idealtypischen Verlauf, der in der Praxis von Krisenart und -stadium sowie den besonderen Umständen des Einzelfalles abhängig ist.

Abb. 2.4: Idealtypischer Krisenbewältigungsprozess
Quelle: Eigene Abbildung in Anlehnung an Buschmann (2006), S. 68; Gless (1996), S. 131; Moldenhauer (2004), S. 31; Müller (1986), S. 317

Die aktive und bewusste Bewältigung einer Krise beginnt in der Regel mit deren Identifikation.[211] Auslöser für eine Restrukturierung können aus Sicht der Eigentümer eine falsche strategische Ausrichtung, aber auch eine negative Entwicklung des Unternehmenswertes sein, die sich bspw. durch wertorientierte Spitzenkennzahlen messen lässt. Fremdkapitalgeber drängen in der Regel erst zu einem späteren Zeitpunkt auf eine Restrukturierung, nämlich wenn Anlass zur Sorge besteht, dass die Finanzkraft des Unternehmens nicht mehr ausreicht, um seinen Zahlungsverpflichtungen nachzukommen. Das Erkennen einer existenzbedrohenden Entwicklung wird allerdings durch eine Reihe von Umständen erschwert. Krisensymptome werden nicht erkannt, falsch interpretiert, verdrängt, verharmlost, verschwiegen oder gar verschleiert.[212] Obwohl die Unternehmensführung aufgrund ihrer Informationsmöglichkeiten am ehesten in der Lage sein sollte, Krisen zu identifizie-

---

207 Vgl. Gless (1996), S. 48.
208 Vgl. Weber (1980), S. 150.
209 Vgl. zu den Phasen im einzelnen Müller (1986), S. 320 ff.; Gless (1996), S. 49 ff., u. S. 130 ff.; Böckenförde (1996), S. 52 ff.; Krystek (2006c), S. 85; Moldenhauer (2004), S. 31.
210 Vgl. Buschmann (2006), S. 67 f.; Böckenförde (1996), S. 50.
211 Vgl. Böckenförde (1996), S. 53 ff.; Krystek (2006c), S. 85.
212 Vgl. Lützenrath/Peppmeier/Schuppener (2006), S. 4 f.

ren und entsprechende Gegenmaßnahmen einzuleiten, sind es meist Banken in ihrer Rolle als Gläubiger und Kontrollorgan, die Krisenbewältigungsmaßnahmen initiieren.[213]

Aufgrund des erhöhten Handlungsdrucks werden vor der eigentlichen Erstellung eines Restrukturierungskonzepts eine erste Bestandsaufnahme vorgenommen,[214] eine grobe Analyse der Unternehmenslage durchgeführt und daraus mögliche Sofortmaßnahmen abgeleitet.[215] Diese Phase hat eine Stabilisierung der Unternehmenssituation zum Ziel, wozu unter Umständen über Beiträge von Stakeholdern wie Banken oder Lieferanten verhandelt werden muss. Ergebnis der Grobanalyse kann aber auch die Ausweglosigkeit sein, die zur sofortigen Liquidation des Unternehmens führt.[216]

In einem Krisenbewältigungs- bzw. Restrukturierungskonzept werden eine detaillierte Beschreibung und Analyse des Unternehmens vorgenommen sowie durchzuführende strategische, operative und finanzwirtschaftliche Maßnahmen definiert und eine integrierte Business-Planung bzw. Verprobungsrechnung erstellt.[217] Das Konzept ist zugleich Grundlage für die Entscheidung über die Sanierungsfähigkeit bzw. Sanierungswürdigkeit, also die Frage, ob die Wettbewerbsfähigkeit des Unternehmens mit einem wirtschaftlich vertretbaren Aufwand und einem vertretbaren Risiko wiederhergestellt werden kann.[218]

Die Implementierung und Kontrolle des Krisenbewältigungskonzepts erfolgt nach dessen Genehmigung durch die Gesellschafter bzw. Fremdkapitalgeber. Da diese Phase eine neue Aufgabe hoher Komplexität und Dringlichkeit darstellt, werden oft externe Dritte wie Unternehmensberatungs- oder Wirtschaftsprüfungsgesellschaften hinzugezogen. Als entscheidender Erfolgsfaktor gilt eine Umsetzungsorganisation, die idealerweise als Projektorganisation aufgestellt ist, sowie ein effizientes Maßnahmenmanagement.[219]

2.5.2.2 Institutionelle Dimension

Die institutionelle Dimension beschreibt Träger und Organisation der Krisenbewältigung, die die Planung, Steuerung und Kontrolle des Krisenbewältigungsprozesses durchfüh-

---

213 Vgl. Müller (1986), S. 324.
214 Vgl. Blatz/Haghani (2006), S. 7.
215 Problematisch kann dabei ein Konflikt mit langfristigen Maßnahmen sein, vgl. Lüthy (1988), S. 84.
216 Vgl. Krystek (2006c), S. 86.
217 Zu den in einem Restrukturierungskonzept enthaltenen Maßnahmen vgl. bspw. Lafrenz (2004), S. 63 ff.
218 Vgl. Andersch/Scheider (2006), S. 303 ff.; Hommel/Schneider (2006), S. 48 ff.; zur betriebswirtschaftlichen Beurteilung von Sanierungskonzepten vgl. Hermann/Röttgen (2004), S. 449 ff.
219 Vgl. Krüger (2006), S. 376 ff.

2.5 Krisenbewältigung und Restrukturierung

ren.[220] Generell kann zwischen unternehmensinternen und unternehmensexternen Trägern unterschieden werden. Zu den unternehmensinternen Trägern zählen das Management, die Aufsichts- und Kontrollorgane, zu den unternehmensexternen Trägern Banken, Berater, Interimsmanager sowie Vergleichs- und Konkursverwalter.[221]

Aufgrund der hohen Anforderungen an Planung, Steuerung und Kontrolle des Prozesses wird die Projektorganisation als bedeutende Institution im Krisenprozess herausgestellt, die als selbständige Organisation parallel zur eigentlichen Unternehmensorganisation installiert wird.[222] Eine idealtypische Projektorganisation enthält die Elemente Lenkungsausschuss, Projektleitung, Projektteam, Task Force und das Projektcontrolling.[223]

Zentrales Element der Projektorganisation ist der Lenkungsausschuss (LA). Er ist besetzt mit Mitgliedern des Vorstands bzw. der Geschäftsführung, Projektleitern, Managern und Führungskräften beteiligter Unternehmensberatungen, bei Bedarf auch mit Vertretern des Aufsichtsrats und der Kreditinstitute. Zu den Aufgaben des LA gehören die Vorgabe wesentlicher Ziele für Projektteams, die Auswahl und Führung der Projektleiter, die bedarfsweise Aufstellung von Task Forces sowie die Überwachung und Steuerung wesentlicher Maßnahmen. Idealerweise tagt der LA in regelmäßigen Abständen, je nach Projekt ein- bis zweimal pro Monat, wobei nicht nur Probleme, sondern auch Lösungen sowie Maßnahmen-Verantwortliche und -Fristen angesprochen werden.[224]

Der Projektleiter (PL) führt das Projektteam und ist verantwortlich für die fristgerechte Umsetzung des ihm zugeordneten Maßnahmenpakets. Idealerweise ist er von Tagesaufgaben befreit und kann die Mitglieder seines Projektteams selbst rekrutieren. Bei der Zusammenstellung von Projektteams sollten nach Möglichkeit die Leistungsträger des Unternehmens berücksichtigt werden, da hier ihre Hebelwirkung am größten ist. Des Weiteren sollte sich das Projektteam aus Mitgliedern mehrerer Unternehmensbereiche zusammensetzen, um einerseits über ein umfassendes Fach- und Methodenwissen und andererseits über eine möglichst breite Akzeptanz innerhalb des Unternehmens zu verfügen.

Bei Bedarf kommen Task Force (TF-)Gruppen zum Einsatz, die vom LA oder dem PL angefordert werden können. Sie werden mit besonderen Aufgaben oberster Priorität betraut, wie bspw. der Potentialsuche bei Tochtergesellschaften oder der Veräußerung wesentlicher Unternehmensbestandteile. Der Einsatz von TF-Gruppen ist zeitlich begrenzt und oft mit

---
220 Vgl. Böckenförde (1996), S. 101 ff.; Krystek (1987), S. 97.
221 Vgl. Böckenförde (1996), S. 103.
222 Vgl. Wlecke (2004), S. 58.
223 Vgl. Wlecke (2004), S. 58 ff.; Lüthy (1988), S. 130 ff.
224 Vgl. Wlecke (2004), S. 58 ff.; Kraus/Gless (2004), S. 133 f.

einem hohen Anteil externer Berater verbunden.²²⁵

Das Projektcontrollingteam überwacht ständig die Umsetzung der Maßnahmen, um sich bei Gefahr von Abweichungen einzuschalten und für eine Beseitigung etwaiger Hindernisse zu sorgen. Ebenfalls hat das Projektcontrollingteam die Einhaltung des Businessplans zu überwachen. Hierbei gilt es, Doppeleffekte und gegenläufige Effekte aus den unterschiedlichen Maßnahmen zu berücksichtigen und zu ermitteln, inwieweit die Gesamtziele durch die hinterlegten Maßnahmen erfüllt werden.²²⁶

Je nach den Umständen des Einzelfalls werden bei Krisenbewältigungsprojekten externe Unternehmensberater, Wirtschaftsprüfer und Investmentbanken hinzugezogen. Vor allem die für den Jahresabschluss verantwortliche Wirtschaftsprüfungsgesellschaft ist aufgrund ihrer Vertrautheit mit den Gegebenheiten vor Ort dazu geeignet. Ebenso ist es sinnvoll, Projektteams, Projektleiter oder Task-Forces mit Unternehmensberatern zu bestücken, die Erfahrung im Umgang mit Krisenbewältigungsmaßnahmen und entsprechendes methodisches Wissen einbringen können. Der Vorstand oder die Geschäftsführung kann, gerade bei Austausch von Mitgliedern, durch (spezialisierte) Interimsmanager unterstützt werden.²²⁷ In einigen Fällen wird in der Unternehmensführung vorübergehend auch die Stelle eines „Chief Restructuring Officers" (CRO) geschaffen.

2.5.2.3 Inhaltliche Dimension

Die inhaltliche Dimension umfasst das Restrukturierungskonzept bzw. den Businessplan und darin enthaltende Maßnahmen strategischer, operativer, finanzieller und organisatorischer Art. Strategische Maßnahmen haben einen eher langfristigen Charakter, beziehen sich auf das gesamte Unternehmen, determinieren dessen grundsätzliche Struktur und dienen der nachhaltigen Sicherung der Wettbewerbsfähigkeit. Operative Maßnahmen sind eher kurz- bis mittelfristig ausgerichtet, betreffen in der Regel nur Teile des Unternehmens und dienen der Steigerung leistungswirtschaftlicher Effizienz und Effektivität. Finanzwirtschaftliche Maßnahmen sind sowohl kurz- als auch langfristiger Natur und dienen sowohl der kurzfristigen Sicherstellung der Liquidität als auch der langfristigen optimalen Finanzierung der Operationen.²²⁸

---

225 Vgl. Wlecke (2004), S. 58 ff.; Kraus/Gless (2004), S. 134.
226 Vgl. Wlecke (2004), S. 58 ff.; Kraus/Gless (2004), S. 134.
227 Zur Erklärung von Interimsmanagement und dessen Einsatz in der vorliegenden Untersuchung vgl. Kapitel 5.3.5.4.
228 Vgl. Moldenhauer (2004), S. 44 ff.; Bergauer (2001), S. 60; Bilstein (2007), S. 232 ff.; Stadlbauer (1991), S. 92.

3 Finanzintermediäre und Unternehmensfinanzierung

Gegenstand dieses Kapitels sind die Beziehungen zwischen Kapitalgebern, Kapitalnehmern und Finanzintermediären mit dem Ziel, die Rolle von Private-Equity-Gesellschaften in diesem Beziehungsgeflecht darzustellen. Dazu werden zunächst im ersten Abschnitt die jeweiligen Interessen und Motivationen der drei Akteure behandelt. Der zweite Abschnitt geht detaillierter auf Private-Equity-Gesellschaften ein, behandelt die Beteiligungsstrukturen sowie die Charakteristika des Private-Equity-Marktes und nimmt eine Abgrenzung zu Hedgefonds vor.

3.1 Theoretische Grundlagen

Als Kapitalgeber werden nachfolgend solche Wirtschaftssubjekte bezeichnet, die ihren Kapitalüberschuss zur Anlage bereitstellen. Analog dazu sind Kapitalnehmer diejenigen Wirtschaftssubjekte, die Kapital nachfragen.[229] Der Ausgleich von Kapitalangebot und Kapitalnachfrage kann mit Hilfe von Finanzkontrakten entweder direkt über Finanzmärkte oder indirekt über Finanzintermediäre erfolgen.[230] Die Beziehungen zwischen Kapitalgebern, Kapitalnehmern und Finanzintermediären werden in Abbildung 3.1 veranschaulicht:[231]

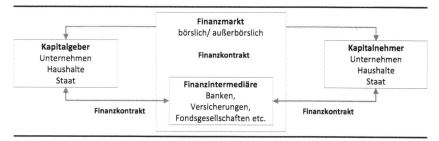

Abb. 3.1: Beziehungen zwischen Kapitalgebern, -nehmern und Finanzintermediären
Quelle: Eigene Darstellung in Anlehnung an Hartmann-Wendels/Pfingsten/Weber (2007), S. 3

---

229 Zu den Haupteinflussgrößen des Kapitalbedarfs vgl. grundlegend Gutenberg (1987), S. 5 ff.

230 Die indirekte Finanzierung, an der Finanzintermediäre beteiligt sind, ist mit etwa 80 % ungleich bedeutsamer als die direkte Finanzierung, vgl. Gischer/Herz/Menkhoff (2005), S. 29 f.

231 Finanzintermediäre sind als Teil des Finanzmarktes zu verstehen, vgl. von Daniels (2004), S. 76.

Das von den Kapitalgebern angebotene und von den Kapitalnehmern nachgefragte Kapital wird durch Finanzkontrakte verbrieft. Sie regeln beiderseitige Ansprüche auf zukünftige Zahlungen und Einflussrechte. In standardisierter Form können sie auf Kapitalmärkten gehandelt werden, z. B. als Anleihen oder Aktien.[232] Der Ausgleich von Kapitalangebot und -nachfrage über Finanzintermediäre unterscheidet sich von dem über Finanzmärkte dadurch, dass Finanzintermediäre eigenständig als kapitalanbietende und -nachfragende Marktteilnehmer in Erscheinung treten und jeweils Finanzkontrakte mit Kapitalgebern und -nehmern abschließen.[233]

Beim Austausch von Finanzkontrakten sind Primär- und Sekundärmärkte zu unterscheiden. Auf dem Primärmarkt werden Finanzkontrakte erstmalig geschaffen, indem Unternehmen Finanzierungstitel emittieren und im Gegenzug Kapital erhalten, bspw. durch die Ausgabe neuer Aktien oder die Begebung von Anleihen. Auf Sekundärmärkten hingegen werden die am Primärmarkt erzeugten Finanzkontrakte zwischen Alt- und Neueigentümern gehandelt, wodurch den Unternehmen keine neuen finanziellen Mittel zufließen.[234]

3.1.1 Finanzierungsperspektive der Kapitalnehmer

Finanzierung ist nach SCHMIDT / TERBERGER definiert als „die Beschaffung des für die Durchführung der betriebsnotwendigen Investitionen erforderlichen Kapitals".[235] Eine Systematisierung von Unternehmensfinanzierungen kann nach den in Tabelle 3.1 auf der nächsten Seite genannten Unterscheidungsmerkmalen und Merkmalsausprägungen erfolgen.[236]

Ziel der nachfolgenden Ausführungen ist es, (i) Unternehmenskrisen in das Spektrum der Finanzierungsanlässe einzuordnen, (ii) Private Equity im Kontext der Möglichkeiten externer Unternehmensfinanzierungen darzustellen und (iii) theoriegestützte Überlegungen zur Wahl von Finanzierungsinstrumenten aus Unternehmenssicht aufzuzeigen. Dazu wird zunächst auf die Finanzierungsanlässe eingegangen, anschließend die Rechtsstellung der Kapitalgeber und Handelbarkeit der Finanzkontrakte behandelt und abschließend die Gründe bei der Wahl von Finanzierungsalternativen dargestellt.

---

232 Vgl. Gerke/Bank (2003), S. 351 ff.
233 Vgl. Bitz (2005), S. 22 ff.; Hartmann-Wendels/Pfingsten/Weber (2007), S. 110 ff.
234 Vgl. von Daniels (2004), S. 78 f.
235 Schmidt/Terberger (2003), S. 11.
236 Vgl. Perridon/Steiner (2007), S. 348 f.; Busse (2003), S. 812 ff.; Grunow/Figgener (2006), S. 62 ff.; Thommen/Achleitner (2006), S. 492 f.; Achleitner (2002), S. 728 ff.; Wöhe/Bilstein (2002), S. 74 ff.; Hirth (2005), S. 127 ff.

3.1 Theoretische Grundlagen

Unterscheidungsmerkmal	Merkmalsausprägungen
Finanzierungsanlass	Gründungs-, Erweiterungs-, Um- und Sanierungsfinanzierung
Rechtsstellung der Kapitalgeber	Eigen- und Fremdfinanzierung
Mittelherkunft	Innen- und Außenfinanzierung
Handelbarkeit	Public- und Private Placements
Häufigkeit	einmalige / gelegentliche und laufende / regelmäßige Finanzierung
Fristigkeit	Kurz-, mittel-, langfristige und unbefristete Finanzierung

Tab. 3.1: Unterscheidungsmerkmale und Merkmalsausprägungen der Unternehmensfinanzierung
Quelle: Eigene Darstellung in Anlehnung an die genannten Quellen

3.1.1.1 Finanzierungsanlässe

Nach PERRIDON / STEINER wird entsprechend dem Finanzierungsanlass Gründungsfinanzierung, Erweiterungsfinanzierung, Umfinanzierung und Sanierungsfinanzierung unterschieden.[237]

Die Gründungsfinanzierung, auch Frühphasen- bzw. Early-Stage-Finanzierung genannt, lässt sich in zwei Phasen unterteilen, die Seed-Finanzierung und die Start-up-Finanzierung.[238] In der Seed-Phase benötigen Unternehmen beispielsweise Kapital für die Erstellung eines Unternehmenskonzeptes, die Durchführung von Marktanalysen, erste Forschungs- und Entwicklungsarbeiten oder den Bau eines Prototypen. In der Start-up-Phase sind Unternehmen auf Kapital z. B. für die weitere Produktentwicklung bis zur Marktreife, die Vorbereitung der Produktion, die Ausarbeitung eines Marketingkonzeptes sowie die Aufnahme der Produktion und die Markteinführung des Produkts angewiesen.[239]

Bei der Erweiterungsfinanzierung, auch Wachstums- oder Expansionsfinanzierung genannt, haben Unternehmen die Gewinnschwelle i. d. R. bereits erreicht, die erzielten Cash Flows reichen jedoch noch nicht für die Finanzierung des Wachstums aus.[240] Beim Wachstum wird bspw. Kapital für den Ausbau der Unternehmensstruktur, die Erweiterung von Produktions- und Vertriebskapazitäten, die Entwicklung neuer Produkte bzw. neuer Pro-

---

[237] Vgl. Perridon/Steiner (1997), S. 343. Diese Finanzierungsanlässe werden im weiteren Verlauf dieser Arbeit auch aus der Kapitalgeber- / Investorenperspektive betrachtet, vgl. hierzu Kapitel 3.2.1.3.

[238] Vgl. von Daniels (2004), S. 23 f., und dort aufgeführte Quellen. Zum Teil finden sich auch Darstellungen, in denen die Early-Stage Finanzierung in drei Phasen unterteilt wird (Seed-, Start-up- und First Stage), vgl. bspw. Vater (2003), S. 50 ff., und dort aufgeführte Quellen, sowie Matz (2002), S. 10 ff., und dort aufgeführte Quellen.

[239] Welche Tätigkeiten im Einzelnen welcher Phase zugeordnet werden, wird unterschiedlich gesehen. Für eine detailliertere Beschreibung mit weiteren Literaturangaben vgl. in Ergänzung zu den bereits genannten Quellen Hirsch (2004), S. 26 ff.; Sahlman (1990), S. 479 ff.; Schefczyk (2006), S. 24 ff.

[240] Vgl. von Daniels (2004), S. 24.

duktvarianten, die Marktdurchdringung oder den Eintritt in neue Märkte benötigt.[241]

Die Umfinanzierung umfasst die Bereitstellung von Kapital für finanzierungseigene Zwecke im Wege der Substitution oder der Transformation.[242] Bei der Substitution wird innerhalb einer Kapitalform (Eigen- oder Fremdkapital) ein Kapitalgeber durch einen anderen, oder ein Finanzierungsinstrument durch ein anderes ersetzt. Beim Fremdkapital etwa wird ein Bankkredit durch den Kredit einer anderen Bank ersetzt und beim Eigenkapital wird die Einlage eines Gesellschafters durch die Einlage eines anderen Gesellschafters substituiert.[243] Bei der Transformation wird eine Kapitalart in die andere umgewandelt. Beispiel hierfür wären fällige Bankkredite, die nicht prolongiert und durch Eigenkapital ersetzt werden.[244] Die Umfinanzierung geht in der Regel nicht mit einer Zuführung zusätzlicher finanzieller Mittel an das betreffende Unternehmen einher, sondern hat lediglich eine Veränderung in der Kapital(geber)struktur zur Folge.[245] Die Initiative zur Umfinanzierung auf Eigenkapitalgeberseite kann von drei Parteien ausgehen: (i) von aktuellen Kapitalgebern, die sich von ihrer Kapitalbeteiligung an einem Unternehmen trennen möchten, (ii) von Unternehmen selbst bzw. deren Managern, die die Kapitalgeber- / Gesellschafterstruktur ändern möchten, und (iii) von potentiellen Kapitalgebern, die sich an einem Unternehmen beteiligen möchten.

Bei der Sanierungsfinanzierung, auch als Turnaround-Finanzierung bezeichnet,[246] benötigen Unternehmen Kapital zur Überbrückung einer Krisensituation.[247] Hierbei kann Kapital für die unmittelbare Existenzsicherung bei der Abwehr von Insolvenztatbeständen (Überschuldung und Zahlungsunfähigkeit) oder für die Finanzierung der Restrukturierungsaufwendungen und die langfristige Wiederherstellung der Wettbewerbsfähigkeit nachgefragt werden.[248]

---

241 Auch hier werden je nach Quelle einzelne Unternehmensaktivitäten dem Unternehmenswachstum, andere der Unternehmensgründung zugeordnet. Zu Literaturangaben vgl. von Daniels (2004), S. 23.

242 Vgl. Prätsch/Schikorra/Ludwig (2007), S. 28.

243 Letzteres ist regelmäßig der Fall, wenn eine Auszahlung beim Ausscheiden eines Gesellschafters fällig wird. Dieser Fall wird in der Literatur unter dem Begriff Nachfolgeproblematik behandelt, vgl. hierzu Kokalj/Kayser (2002), S. 567, u. S. 582; Hirsch (2004), S. 27. Übernimmt ein Finanzintermediär die Anteile, wird dies als Replacement-Finanzierung bezeichnet, vgl. Schefczyk (2006), S. 24.

244 Dies geschieht häufig im Vorfeld eines Börsenganges und dient der Verbesserung der Eigenkapitalquote, vgl. zu diesen sog. „Bridge-Finanzierungen" Schefczyk (2006), S. 24; Vater (2003), S. 54.

245 Vgl. Schierenbeck (2003), S. 325, sowie zu den monetären Wirkungen der Beteiligungsfinanzierung auch Franke/Hax (2004), S. 553 ff.

246 Vgl. Vater (2003), S. 53 f.

247 Vgl. von Daniels (2004), S. 25.

248 Vgl. Pernsteiner (2007), S. 353 ff. Bei finanziellen Sanierungen wird (i) die Sanierung mit Zuführung neuer Mittel, (ii) die Sanierung mit Ausschüttung von Mitteln (durch den Rückkauf eigener Aktien unter pari) und (iii) die Sanierung ohne Zuführung und ohne Ausschüttung von Mitteln unterschieden (einfache Sanierung), vgl. bspw. Schmalenbach (1915), S. 133 f.

3.1.1.2 Rechtsstellung und Handelbarkeit von Finanzkontrakten

Bei der Gestaltung der Finanzkontrakte, die Unternehmen im Zuge ihrer externen Finanzierung eingehen, stehen ihnen zahlreiche Möglichkeiten zur Verfügung. Zwei wesentliche Kriterien sind hierbei die Rechtsstellung, die sie den Kapitalgebern einräumen, und die Frage, ob sie für die Emission ihrer Finanzkontrakte den Kapitalmarkt in Anspruch nehmen oder nicht. Einen Überblick über die verschiedenen Gestaltungsmöglichkeiten gibt Abbildung 3.2:

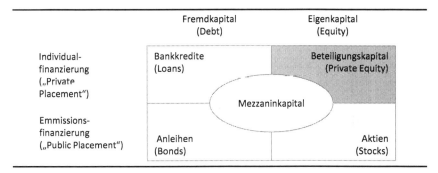

Abb. 3.2: Private Equity als Form der externen Kapitalbeschaffung
Quelle: Eigene Darstellung in Anlehnung an Kestler/Striegel/Jesch (2006), S. 17; Spremann (2005), S. 18

Hinsichtlich der Rechtsstellung, die dem Kapitalgeber eingeräumt wird, haben Kapitalnehmer zwei grundsätzliche Möglichkeiten. Emittieren sie Fremdkapitalkontrakte, werden die Kapitalgeber zu Gläubigern, die i. d. R. Anspruch auf regelmäßige (Zins-)Zahlungen und auf Rückzahlung des Kapitals haben. Das Fremdkapital steht dem Unternehmen somit nur für begrenzte Zeit zur Verfügung. Emittieren Unternehmen hingegen Eigenkapital, werden die Kapitalgeber zu Miteigentümern und erhalten im Gegenzug Entscheidungs-, Mitwirkungs- und Kontrollrechte. Dafür steht dem Unternehmen das Kapital unbegrenzt zur Verfügung. Statt regelmäßiger Zinszahlungen zahlt das Unternehmen erfolgsabhängige Vergütungen aus, z. B. als Gewinnausschüttung oder Dividende.[249] Neben den klassischen Eigen- und Fremdkapitalformen existieren Finanzkontrakte, die Eigenschaften beider Formen aufweisen und als Mezzanine- oder gelegentlich auch als Hybrid-Finanzierung bezeichnet werden.[250] Durch entsprechende vertragliche Gestaltung lässt sich sowohl Fremdkapital schaffen, das ökonomisch zahlreiche oben genannte Eigenschaften von Eigenkapital

---

249 Für eine ausführliche Diskussion der Eigenschaften von Fremdkapital und Eigenkapital vgl. bspw. Perridon/Steiner (2007), S. 347 ff. oder Wöhe/Bilstein (2002), S. 35 ff.

250 Vgl. Gerke/Bank (2003), S. 439 ff. Der Begriff stammt vom italienischen „Mezzanino" ab und ist die Bezeichnung für ein Zwischengeschoss zwischen zwei Hauptstockwerken, vgl. hierzu und zu den folgenden Ausführungen Plankensteiner/Rehbock (2005), S. 790 ff.

aufweist (Debt Mezzanine), als auch Eigenkapital, das ökonomisch zahlreiche Elemente von Fremdkapital aufweist (Equity Mezzanine).[251] Als Beispiele für Ausprägungsformen, die auch im Rahmen der Finanzierung von Unternehmensrestrukturierung zum Einsatz kommen, seien auf der Seite von Debt Mezzanine Nachrangdarlehen, bei Equity Mezzanine stille Beteiligungen oder Genussrechte genannt.[252]

Ein weiteres wesentliches Gestaltungsmerkmal von Finanzkontrakten ist deren Handelbarkeit auf Sekundärmärkten. Wie Abbildung 3.2 auf der vorherigen Seite zeigt, lassen sich auf der Eigenkapitalseite Aktien und Beteiligungskapital und auf der Fremdkapitalseite Kredite und Anleihen unterscheiden. Bei der Nutzung des Kapitalmarktes sind Unternehmen jedoch durch die Rechtsform sowie Informations- und Transaktionskosten Grenzen gesetzt.[253] Die Eigenkapitalaufnahme durch Aktienemission am Kapitalmarkt ist den Aktiengesellschaften (AG) und Kommanditgesellschaften auf Aktien (KGaA) vorbehalten.[254] Die Fremdkapitalaufnahme am Kapitalmarkt durch Anleiheemission ist grundsätzlich unabhängig von der Rechtsform, in Deutschland haben bisher jedoch nur Aktiengesellschaften und große GmbHs Anleihen emittiert.[255]

3.1.1.3 Gründe bei der Wahl von Finanzierungsalternativen

Nach einer Erläuterung der Gründe, aus denen Unternehmen Kapital benötigen, sowie der entsprechenden Finanzierungsmöglichkeiten geht es nun um die Frage, warum Unternehmen welche Möglichkeit der Finanzierung wählen bzw. wählen sollten. Zur Beantwortung dieser Frage werden mit der Trade-off-Theorie und der Pecking-Order-Theorie nachfolgend zwei Theorien vorgestellt, die aufgrund ihrer nachvollziehbaren Annahmen und ihres praxisbezogenen Ansatzes eine weite Verbreitung gefunden haben.[256]

---

251 Bilanz- und steuerrechtlich wird Mezzaninkapital in Deutschland in der Regel als Fremdkapital eingestuft. Es gilt dann als Eigenkapital, wenn neben dem Kriterium der Nachrangigkeit bei der Vergütung auch eine Verlustbeteiligung vorgesehen ist und das Kapital dem Unternehmen länger als 15 Jahre zur Verfügung gestellt wird. Steuerrechtlich stellt die zu zahlende Vergütung meist abzugsfähigen Betriebsaufwand dar, vgl. Plankensteiner/Rehbock (2005), S. 790 ff.

252 Vgl. von Tippelskirch (2006), S. 972 ff.

253 Vgl. zu dem Einfluss der Rechtsform der Eigenkapitalbeschaffung Wöhe/Bilstein (2002), S. 35 ff. und allgemein Gerke/Bank (2003), S. 382 ff. sowie Perridon/Steiner (2007), S. 352 ff. Zu den Informations- und Transaktionskosten der Kapitalaufnahme vgl. Franke/Hax (2004), S. 493 ff.

254 Entscheidend für den Zugang zur Börse ist dabei die Zulassung zu einem Börsensegment, vgl. Perridon/Steiner (2007), S. 358.

255 Dies ist zum einem auf die Mindestemissionsbeträge zurückzuführen, ab denen die hohen Emissionskosten an organisierten Märkten ökonomisch sinnvoll erscheinen, vgl. Perridon/Steiner (2007), S. 387. WÖHE / BILSTEIN nennen einen Betrag von 100 Mio. EUR, ab dem Anleiheemissionen üblicherweise getätigt werden, vgl. Wöhe/Bilstein (2002), S. 233.

256 Vgl. Hermanns (2006), S. 160; Pike/Neale (2006), S. 505.

3.1 Theoretische Grundlagen

Die Trade-off-Theorie besagt, dass es eine optimale Kapitalstruktur gibt, bei der der Wert eines Unternehmens ceteris paribus maximal ist. Dabei sind die positiven und negativen Wirkungen des Fremdkapitaleinsatzes abzuwägen. Grundsätzlich positiv wirkt die steuerliche Abzugsfähigkeit von Fremdkapital, die den Cash Flow eines Unternehmens um den sogenannten „Tax shield" erhöht.[257] Jedoch nehmen mit steigendem Fremdkapital auch die Insolvenzkosten zu.[258] Diese lassen sich als Erwartungswert darstellen, der zum einen von der Wahrscheinlichkeit einer Insolvenz und zum anderen von der Höhe der Kosten im Insolvenzfall abhängt.[259] Unterschieden werden direkte und indirekte Insolvenzkosten. Zu den direkten Kosten zählen bspw. Ausgaben für Unternehmensberater, Investmentbanker oder Rechtsanwälte aber auch Kosten für etwaige Sozialpläne. Indirekte Kosten umfassen ein weites Spektrum an nicht quantifizierbaren Opportunitätskosten wie bspw. entgangene Umsätze und Gewinne durch Kunden oder der Verlust von Mitarbeitern.[260]

Die Trade-off-Theorie erklärt, warum die meisten Unternehmen eine Zielkapitalstruktur haben und warum Unternehmen mit riskanten und immateriellen Vermögensgegenständen eine geringe Verschuldung aufweisen und umgekehrt. Andere Phänomene, dass bspw. erfolgreiche Unternehmen durch eine geringe Fremdkapitalausstattung auf Steuervorteile verzichten, obwohl sie aufgrund ihres Ratings und ihrer hohen Profitabilität diese leicht in Anspruch nehmen könnten, kann die Trade-off-Theorie hingegen nicht erklären.[261]

Einen anderen Ansatz verfolgt die von MYERS formulierte Pecking-Order-Theorie, die besagt, dass Manager bei der Wahl von Finanzierungsinstrumenten klare Präferenzen haben, womit die Existenz einer Zielkapitalstruktur implizit verneint wird. Nach der Pecking-Order-Theorie finanzieren Unternehmen ihre Aktivitäten zunächst so weit wie möglich durch einbehaltene Gewinne. Reichen diese nicht aus und müssen Unternehmen auf externe Quellen zurückgreifen, nutzen sie zunächst Fremdkapital und erst zuletzt Eigenkapital.[262] Ausgangspunkt der Pecking-Order-Theorie ist die Informationsasymmetrie, die zwischen Unternehmensführung und Kapitalgebern herrscht. Da Kapitalgeber schlechter informiert sind, sind sie auf Signale der Unternehmensführung angewiesen, zu denen

---

257 Vgl. Modigliani/Miller (1963), S. 433 ff. Der effektive Steuervorteil hängt von der Höhe der Steuern ab, die das Unternehmen auf seine Gewinne bzw. der Kapitalgeber auf Zinseinnahmen, Ausschüttungen und Kursgewinne zu zahlen hat. Bestimmte Konstellationen können dazu führen, dass der Steuervorteil verschwindet oder sich sogar in einen Steuernachteil wandelt, vgl. hierzu Brealey/Myers/Allen (2006), S. 475.

258 Vgl. für zahlreiche Quellenangaben Bader (1996), S. 45.

259 Vgl. Rudolph (2006), S. 111 f.

260 Vgl. Altman/Hotchkiss (2006), S. 93 ff. Dort findet sich auch eine Übersicht empirischer Studien zur Schätzung direkter und indirekter Insolvenzkosten. Für eine ausführlichere und anschauliche Darstellung zur Frage nach dem optimalen Verschuldungsgrad vgl. bspw. Brealey/Myers (2000), S. 499 ff.; Pike/Neale (2006), S. 505.

261 Vgl. Brealey/Myers/Allen (2006), S. 489, und dort erwähnten Quellen.

262 Vgl. Myers (1984), S. 575 ff.

auch Finanzierungsentscheidungen zählen. Eine Aktienemission interpretieren Kapitalgeber als Zeichen dafür, dass die Unternehmensführung das Unternehmen für überbewertet hält. Dieses Signal ist unabhängig von der tatsächlichen Einschätzung der Unternehmensführung und hat eine Abwertung des Unternehmens zur Folge. Durch die Emission von Anleihen oder Aufnahme von Krediten wird dieses Signal vermieden und deshalb der Emission von Aktien vorgezogen. Da aber auch Kreditaufnahme Transaktionskosten verursacht, stellt die Innenfinanzierung die erste Wahl dar.[263]

Für die Pecking-Order-Theorie sprechen empirische Untersuchungen, die zeigen, dass profitable Unternehmen mit einer hohen Innenfinanzierungskraft einen geringen Verschuldungsgrad aufweisen.[264] Bei jungen Unternehmen scheint die Pecking-Order-Theorie nicht bestätigt zu werden, da diese für die Deckung ihrer Finanzierungserfordernisse eher auf externes Eigenkapital als auf externes Fremdkapital zurückgreifen.[265]

Neben der Signalwirkung von Eigenkapitalemissionen und der damit verbundenen Abwertung der Aktien lassen sich auch bei nicht börsennotierten Unternehmen Abneigungen gegen externes Eigenkapital finden. Die Gründe liegen hierbei jedoch nicht in dem befürchteten Unternehmenswertverlust. Insbesondere bei eigentümergeführten Familienunternehmen, die häufig im deutschen Mittelstand vertreten sind, wird der Verlust unternehmerischer Freiheit befürchtet.[266] Hierbei spielen weniger Ertragsaspekte als vielmehr psychologische Aspekte eine Rolle, die an das Selbstverständnis des Unternehmers als alleinigem Entscheidungsträger und Verantwortlichen für das Unternehmen geknüpft sind.[267]

3.1.2 Investitionsperspektive der Kapitalgeber

Eine Investition ist nach KERN „eine für längere Frist beabsichtigte Bindung finanzieller Mittel in materiellen oder immateriellen Objekten mit der Absicht, diese Objekte in Verfolgung einer individuellen Zielsetzung zu nutzen".[268] Bei Investitionen werden üblicherweise Finanzinvestitionen (Nominalinvestitionen) und Sachinvestitionen (Realinvestitionen) unterschieden.[269] Als Finanzinvestition wird die Investition in Finanzkon-

---

263 Vgl. Brealey/Myers (2000), S. 524 ff.; Volkart (2006), S. 560.
264 Vgl. Brealey/Myers (2000), S. 527.
265 Vgl. Fama/French (2002), S. 1 ff.
266 Vgl. Gerke/Bank (2003), S. 38; Poech/Achleitner/Burger-Calderon (2005), S. 289 ff.
267 Vgl. Thiemann (2001), S. 13 sowie Poech/Achleitner/Burger-Calderon (2005).
268 Kern (1974), S. 8.
269 Vgl. Adam (2000), S. 5; Grob (2006), S. 3 f.; Hirth (2005), S. 9 f.; Volkart (2006), S. 68 ff.

3.1 Theoretische Grundlagen

trakte bezeichnet.[270] Es werden hierbei Eigenkapital-Investitionen in Beteiligungsrechte und Fremdkapital-Investitionen in Forderungsrechte unterschieden. Nachfolgend wird ein Überblick über die Kriterien von Investitionsentscheidungen gegeben und der Diversifikationseffekt im Rahmen der Portfoliotheorie beleuchtet.[271]

3.1.2.1 Investitionskriterien

Die Entscheidung für oder gegen eine bestimmte Finanzinvestition hängt von zahlreichen Kriterien ab, wie bspw. von Rendite- und Risikoeigenschaften, Liquiditätsanforderungen oder dem zeitlichen Horizont sowie von steuerlichen, rechtlichen und regulatorischen Rahmenbedingungen.[272] Nachfolgend wird aufgrund ihrer hohen Bedeutung für Investitionsentscheidungen auf die beiden Kriterien „Rendite" und „Risiko" näher eingegangen.[273]

Renditen sind der jährliche Ertrag auf das investierte Kapital. Der Ertrag kann zum einen durch laufende Zahlungen, z. B. Dividenden oder Zinsen, und zum anderen durch Wertzuwachs des investierten Betrages, z. B. durch Kurssteigerungen erzielt werden.[274] Unterschieden werden hierbei:

- *Historische Renditen* (Historical Rate of Return), die den Ertrag auf laufende oder abgeschlossene Investitionen angeben.[275]

- *Erwartete Renditen* (Expected Rate of Return), die aus der Einschätzung des Investors, oder – sofern vorhanden – aus den gewichteten Wahrscheinlichkeiten möglicher Renditen abgeleitet werden.[276]

---

270 Vgl. Gerke/Bank (2003), S. 30; Hirth (2005), S. 9. In diesem Abschnitt adressieren „Investitionen" oder „Anlagen" stets Finanzinvestitionen. Als Sachinvestitionen werden Kapitalaufwendungen für materielle Vermögensgegenstände wie z. B. Immobilien, Produktionsanlagen oder Vertriebskanäle und immaterielle Vermögensgegenstände wie z. B. Bildung, Software, Patente und Lizenzen verstanden, vgl. Hirth (2005), S. 9; Trautmann (2006), S. 5 f. Nach FRANKE / HAX können Vermögensgegenstände wie Grundstücke oder Edelmetalle auch Finanzinvestitionen darstellen, sofern sie mit dem Leistungsbereich des Unternehmens nichts zu tun haben oder die Anlage von verfügbaren Mittel im Vordergrund steht, vgl. Franke (1997), S. 13 f.

271 Vgl. zum Anlageprozess Perridon/Steiner (2007), S. 267 ff.

272 Vgl. Reilly/Brown (2006), S. 49 ff.; Strong (2006), S. 92 ff. Des Weiteren ist die Korrelation mit anderen bereits getätigten oder zu tätigenden Investitionen von Bedeutung. Diese ist Bestandteil des folgenden Abschnitts, vgl. hierzu Kapitel 3.1.2.2.

273 Vgl. Reilly/Brown (2006), S. 46; Schulte (1999), S. 30 ff.; Gerke/Bank (2003), S. 38; Spremann (2006b), S. 1 f.

274 Vgl. Franke/Hax (2004), S. 315; Spremann (2006b), S. 61.

275 Vgl. Ross/Westerfield/Jaffe (2005), S. 255.

276 Vgl. Trautmann (2006), S. 119 f.; Ross/Westerfield/Jaffe (2005), S. 255. Als Anhaltspunkt dienen dabei häufig historisch erzielte Renditen, vgl. Ross/Westerfield/Jaffe (2005), S. 255.

- *Geforderte Renditen* (Required Rate of Return), die sich an den individuellen Zielen des Investors orientieren. Diese setzen sich zusammen aus (i) der risikofreien Rendite,[277] (ii) der erwarteten Inflation und (iii) den Risikoprämien, die für unternehmerische Risiken (business risk), finanzielle Risiken (financial risk), Währungsrisiken (exchange rate risk) und Länderrisiken (country risk) verlangt werden.[278]

Wie die Zusammensetzung der „geforderten Renditen" zeigt, können Risiko und Rendite nicht getrennt voneinander betrachtet werden. Unter der Annahme der Risikoaversion besteht zwischen beiden Größen ein Zielkonflikt. Investoren müssen i. d. R. höhere Renditen mit einem höheren Risiko „erkaufen" bzw. verlangen für risikobehaftetere Investments höhere Renditen.[279]

Das Risiko wird in der Investitionstheorie üblicherweise als die Unsicherheit über das Eintreten zukünftiger Ereignisse aufgefasst, also die Möglichkeit, dass der erzielte Return vom erwarteten Return abweicht.[280] In Theorie und Praxis wurden für die Quantifizierung und Messung von Risiken zahlreiche Risikomaße entwickelt, von denen nachfolgend einige besonders weit verbreiteten erläutert werden:[281]

- Die *Streuung der erwarteten Rendite*, die über die Standardabweichung bzw. deren Quadrat, die Varianz, gemessen wird, ist eines der bekanntesten und am meisten verwandten Risikomaße.[282] Die Standardabweichung gibt an, wie stark die möglichen Renditen im Durchschnitt um eine erwartete Rendite (Mittelwert) streuen. Je größer die Standardabweichung, desto größer das Risiko der Investition.[283]

- Die *Ausfallwahrscheinlichkeit* (shortfall risk), beschreibt die Wahrscheinlichkeit, eine bestimmte Mindestrendite zu verfehlen.[284] Die Ausfallwahrscheinlichkeit kommt

---

[277] Als risikolose Anlagen werden Staatsanleihen von Ländern mit erstklassiger Bonität, z. B. aus Deutschland oder den USA, betrachtet.

[278] Vgl. Hirt/Block (2005), S. 11 ff.; Reilly/Brown (2006), S. 17 ff.

[279] Für Kapitalnehmer bedeutet das umgekehrt, für risikobehaftetere Projekte höhere Renditen erbringen zu müssen.

[280] Eine allgemein akzeptierte Definition des Terminus „Risiko" existiert jedoch nicht, vgl. Ross/ Westerfield/Jaffe (2005), S. 247; Trautmann (2006), S. 118. Nach Auffassung einiger Autoren ist Risiko durch das Vorliegen subjektiver oder objektiver Wahrscheinlichkeiten charakterisiert und grenzt sich dadurch von der Ungewissheit ab, für die keine Wahrscheinlichkeiten vorliegen, vgl. Bamberg/Coenenberg (2006), S. 19, u. S. 76 ff. Zu einer ausführlichen Darstellung des Risikobegriffs in der betriebswirtschaftlichen Literatur vgl. Fiege (2006), S. 37 ff.

[281] Vgl. Franke/Hax (2004), S. 267 ff.

[282] Vgl. Franke/Hax (2004), S. 268; Reilly/Brown (2006), S. 202 ff.

[283] Vgl. Markowitz (1952), S. 77 ff.; Breuer/Gürtler/Schuhmacher (2004), S. 21 f.

[284] Bei einer geforderten Mindestrendite von 0 % kann dieses Risikomaß als Verlustwahrscheinlichkeit interpretiert werden.

der umgangssprachlichen Begriffsauffassung nahe, die dazu tendiert, nur negative Abweichung von einem Ziel als Risiko aufzufassen.[285]

- Das Risikomaß *Value at Risk (VaR)* („Wert im Risiko") gibt Auskunft darüber, wie groß die Verfehlung bei einer definierten Sicherheitswahrscheinlichkeit sein wird, wenn eine bestimmte Mindestrendite unterschritten wird.[286]

3.1.2.2 Portfoliotheorie

Im Folgenden soll gezeigt werden, dass bei Investitionen in mehrere Investitionsobjekte nicht nur die soeben behandelten Risiko- und Rendite-Eigenschaften, sondern auch die Korrelationen zwischen den Investitionsobjekten entscheidend sind.[287]

Die auf MARKOWITZ zurückgehende Moderne Portfolio Theorie (MPT) gibt Antwort auf die Frage, wie mehrere Investitionen zu kombinieren sind.[288] Unter der Annahme, dass ein Investor einen bestimmten Betrag für eine Periode investiert und versucht, eine maximale Rendite bei minimalem Risiko zu erzielen.[289] Die Grundgedanken der MPT sollen anhand des in Abbildung 3.3 auf der nächsten Seite dargestellten Beispiels vermittelt werden. Hier hat ein Kapitalgeber die Wahl zwischen den Anlagealternativen Anleihen und Aktien. Bei Anleihen sei in diesem Beispiel mit einer Rendite von 4 % und einem Risiko von 10 % zu rechnen. Bei Aktien wird mit 12 % Rendite und 20 % Risiko gerechnet. Die erwartete Korrelation zwischen Anleihen und Aktien betrage -0,5, d. h. wenn Aktien bspw. um 10 % im Wert fallen, steigen Anleihen um 5 % und umgekehrt.

Entscheidet sich der Anleger ausschließlich für die eine oder andere Anlage, kann er mit den erwähnten Renditen und Risiken rechnen. Entscheidet sich der Investor für eine Kombination aus beiden, kann er je nach Verteilung der Investitionssumme mit einer Risiko-Rendite-Kombination rechnen, die auf der Linie zwischen den Punkten A und B liegt. Ausgehend von den risikoärmeren Anleihen, ist es dem Kapitalgeber möglich, durch Beimischung risikoreicherer Aktien das Risiko zu verringern und gleichzeitig eine höhere

---

285 Eine positive Abweichung hingegen wird in der Regel als Chance betrachtet, vgl. Steiner/Bruns (2002), S. 58 ff.; Reilly/Brown (2006), S. 202; Spremann (2006b), S. 91 ff.

286 Ein VaR von 10 Mio. EUR bei einer Sicherheitswahrscheinlichkeit von 99,9 % besagt, dass ein Verlust (Mindestrendite = 0) sofern er eintritt, mit einer Wahrscheinlichkeit von 99,9 % nicht größer als 10 Mio. EUR sein wird, vgl. Spremann (2006b), S. 109 ff.; Franke/Hax (2004), S. 600 ff.

287 Die Korrelation gibt an, wie sich zwei Größen im Zeitablauf zueinander verhalten. Sie wird durch den Korrelationskoeffizienten beschrieben und kann Werte zwischen 1 (perfekte Positivkorrelation) und -1 (perfekte Negativkorrelation) annehmen.

288 Vgl. grundlegend und im Folgenden Markowitz (1952), S. 77 ff.

289 Eine weitere Annahme ist, dass die Wertpapiere nicht perfekt positiv miteinander korreliert sind. Für weitere Voraussetzungen vgl. Markowitz (1952), S. 77 f.; Achleitner (2002), S. 697 ff.

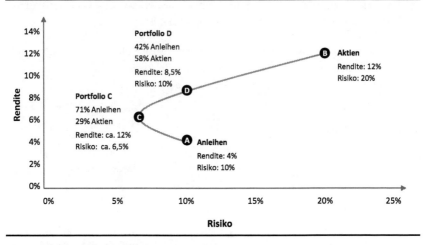

Abb. 3.3: Beispielhafte Darstellung des Portfolioansatzes
Quelle: Eigene Darstellung

Rendite zu erzielen. Die risikoärmste Kombination ist in diesem Beispiel durch Portfolio C dargestellt und liegt bei einer Gewichtung von 71 % Anleihen und 29 % Aktien. Hier ist das Risiko mit etwa 6,5 % etwa ein Drittel geringer als bei Anlage des gesamten Betrages in Anleihen, trotzdem ist die Rendite mit 12 % um ein Fünftel höher. Mit dem Portfolio D, bestehend aus 42 % Anleihen und 58 % Aktien, kann der Investor mit einer Rendite von 8,5 % rechnen, geht aber nur das Risiko ein, welches er bei Anleihen hätte.[290]

Dieser Effekt wird „Diversifikationseffekt" genannt und ist auf die nicht perfekte Korrelation der Anlagen A und B zurückzuführen. Je weniger die beiden Anlagen miteinander korrelieren, desto größer ist der Diversifikationseffekt. Der hier dargestellte Diversifikationseffekt mit zwei Anlagealternativen lässt sich auf beliebig viele Anlagemöglichkeiten erweitern. Allerdings steigt die Komplexität der Berechnung durch eine zunehmende Anzahl zu berücksichtigender Anlagealternativen erheblich an. Zudem ist die Schätzung der Parameter Rendite, Risiko und Korrelation wie bei allen Schätzungen mit Unsicherheiten verbunden.[291]

Somit kann es, durch einen zunächst paradox erscheinenden Zusammenhang – Risikoreduktion durch Hinzunahme riskanter Anlageformen – beispielsweise für sicherheitsorientierte Kapitallebensversicherungsgesellschaften sinnvoll sein, für sich genommen riskantere

---

290 Ein rationaler und risikoaverser Investor wird deshalb nur Kombinationen wählen, die auf der so genannten „Effizienzlinie" zwischen den Punkten C und B liegen.
291 Vgl. zu Problemen bei der Schätzung Sharpe (2007), S. 191 ff.

3.1 Theoretische Grundlagen

Investitionen vorzunehmen. Hierzu gehören einerseits alternative Investments wie Private Equity,[292] insbesondere aber auch Krisenunternehmen, wie im späteren Verlauf dieser Arbeit zu zeigen sein wird.[293]

3.1.3 Die Rolle von Finanzmärkten- und -intermediären

Im Folgenden soll die Funktion der in der vorliegenden Arbeit betrachteten Private-Equity-Gesellschaften als Finanzintermediäre im Rahmen der Vermittlung von Kapital zwischen Investoren und Unternehmen aufgezeigt werden. Wie eingangs erwähnt,[294] haben Unternehmen die Möglichkeit der direkten und indirekten Finanzierung.[295] Im ersten Fall erfolgt die Finanzierung über den Kapitalmarkt, indem die Unternehmen Finanzmittel direkt bei den Investoren etwa durch direkte Ausgabe von Aktien oder Anleihen an die Anleger aufnehmen. Im zweiten Fall hingegen beschaffen sich die Unternehmen die benötigten Finanzmittel über einen (Finanz-)Intermediär, wie beispielsweise eine Private-Equity-Gesellschaft oder eine Bank, der wiederum mit den Investoren in Kontakt steht. Im Folgenden wird zunächst ein Überblick über Funktionen von Finanzmärkten gegeben, um im zweiten Abschnitt zu zeigen, was für einen Beitrag Finanzintermediäre beim Zusammentreffen von Kapitalgebern und Kapitalnehmern leisten können.

3.1.3.1 Funktionen von Finanzmärkten

Märkte sind im Allgemeinen für die effiziente Zusammenführung von Angebot und Nachfrage zuständig. Hierbei nimmt der Markt eine Koordinationsfunktion, eine Allokationsfunktion und eine Auswahlfunktion wahr.[296] Finanzmärkte erfüllen darüber hinaus spezifische Funktionen, die als „Transformationsfunktionen" bezeichnet werden und Fristigkeiten, Losgrößen und Risiken betreffen.[297]

Durch die *Losgrößentransformationsfunktion* werden Kapitalangebot und -nachfrage volumenmäßig zusammengeführt. In der Regel wird der Betrag, den ein Kapitalgeber inve-

---

292 Zum Auswahlprozess von Private-Equity-Gesellschaften aus Investorensicht vgl. bspw. Kreuter (2006), S. 149 ff.
293 Die Investitionscharakteristika von Investitionen in Krisenunternehmen werden in Kapitel 4.2 behandelt.
294 Vgl. Abbildung 3.1.
295 Für Investoren gelten die Ausführungen analog.
296 Vgl. Hartmann-Wendels/Pfingsten/Weber (2007), S. 4 f.
297 Vgl. Hartmann-Wendels/Pfingsten/Weber (2007), S. 5 ff.; Bitz (2005), S. 28; Gerke (2005), S. 258; Hirth (2005), S. 118 ff.

stieren möchte, nicht mit dem Betrag, den ein Kapitalnehmer aufnehmen möchte, übereinstimmen. Kapitalnehmer mit hohem Finanzierungsbedarf stehen Kapitalgebern mit geringem Investitionsbedarf gegenüber und vice versa. Über Kapitalmärkte können große Beträge (Losgrößen) zerlegt (transformiert) und auf mehrere Marktteilnehmer verteilt werden, so dass große Mengen weniger Anbieter bzw. Nachfrager durch mehrere Nachfrager bzw. Anbieter ausgeglichen werden.[298]

Mit der *Fristentransformationsfunktion* werden die Fristigkeiten von Kapitalangebot und -nachfrage angepasst. Zwischen Kapitalgebern und Kapitalnehmern bestehen unterschiedliche Präferenzen hinsichtlich der Kapitalüberlassung. So benötigen bspw. Unternehmen Kapital i. d. R. unbefristet, während einige Kapitalgeber ihre finanziellen Mittel nur kurz- oder mittelfristig zur Verfügung stellen möchten. Einen wesentlichen Beitrag zur Fristentransformation leisten hierbei Sekundärmärkte, auf denen Kapitalgeber die auf dem Primärmarkt erzeugten Finanzkontrakte an andere Kapitalgeber weiterveräußern können. Ohne Sekundärmärkte hätte ein Finanzkontrakt nur bis zum Anlagehorizont der Kapitalgeber Bestand, danach müsste der Kapitalnehmer sich um einen neuen Finanzkontrakt mit neuen Kapitalgebern bemühen.[299]

Die *Risikotransformationsfunktion* sorgt für die Zusammenführung von Kapitalangebot und -nachfrage hinsichtlich der Risikopräferenzen. Zwischen Kapitalgebern und Kapitalnehmern können die Vorstellungen hinsichtlich des Risikos divergieren. Der Kapitalgeber geht bei Überlassung seines Kapitals an den Kapitalnehmer u. a. das Risiko ein, dass die vereinbarten Rückzahlungen nicht oder nur teilweise erfolgen. Die Risikotransformation kann zum einen durch Risikoreduktion und zum anderen Risikoaufspaltung erbracht werden. Die Risikoreduktion kann bspw. durch Bildung eines Portfolios erfolgen.[300] Die Risikoaufspaltung kann bspw. dadurch erfolgen, dass ein Finanzkontrakt (z. B. ein Kredit) mit mittlerem Risiko (der keine Abnehmer findet) in zwei Kredite gesplittet wird, einen mit geringerem Risiko (und entsprechend niedrigerer Verzinsung) sowie einen mit höherem Risiko (und entsprechend höherer Verzinsung).[301]

---

298 Vgl. Hartmann-Wendels/Pfingsten/Weber (2007), S. 5 ff.
299 Vgl. Hartmann-Wendels/Pfingsten/Weber (2007), S. 6.
300 Vgl. hierzu auch die Ausführungen zur Portfoliotheorie in Kapitel 3.1.2.2.
301 Vgl. Hartmann-Wendels/Pfingsten/Weber (2007), S. 5.

3.1.3.2 Beitrag von Finanzintermediären zu Finanzierungsbeziehungen

Die soeben genannten Funktionen von Finanzmärkten können auch von Finanzintermediären wahrgenommen werden.[302] In diesem Abschnitt soll anhand zweier Theorien die Existenz von Finanzintermediären begründet werden. Denn zunächst einmal stellen Finanzintermediäre ein zusätzliches Glied in der Verbindung von Investoren und Unternehmen dar, das es nach der neoklassischen Finanzierungstheorie gar nicht geben dürfte, da Kapitalanbieter und Kapitalnachfrager ihre Bedürfnisse direkt untereinander über den Markt ausgleichen können.[303]

Die neoklassische Finanzierungstheorie geht von vollkommenen Märkten aus, die sich u. a. durch eine polypolistische Anbieter- und Nachfragerstruktur, unendliche Reaktionsgeschwindigkeiten und kostenlose sowie sofort verfügbare Informationen für alle Marktteilnehmer auszeichnen.[304] In der Praxis kommen zwar einige Teilmärkte diesem neoklassischen Idealmarkt recht nahe, jedoch ist der Kapitalmarkt insgesamt an zahlreichen Stellen als unvollkommen zu bezeichnen.[305] Insbesondere nicht-organisierte Kapitalmärkte wie der Private-Equity-Markt[306] oder der Markt für Krisenunternehmen zeichnen sich durch ausgeprägte Marktunvollkommenheiten aus.[307]

Aufbauend auf den Modellen der neoklassischen Finanzierungstheorie wurden zahlreiche Theorien entwickelt, die einzelne Marktunvollkommenheiten adressieren. Diese Theorien gehören zum großen Teil der „Neuen Institutionenökonomie" an und erklären die Existenz von Institutionen wie Unternehmen und Verträgen.[308] Mit der Transaktionskosten-Theorie und der Principal-Agent-Theorie werden nachfolgend zwei Theorien skizziert, auf die in der Literatur häufig als Erklärungsansatz für die Existenz von Finanzintermediären zurückgegriffen wird.[309]

---

302 Vgl. bspw. Rudolph (2006), S. 560 ff.

303 Vgl. Büschgen/Börner (2003), S. 19; Achleitner (2002), S. 46; Franke/Hax (2004), S. 458; Hartmann-Wendels/Pfingsten/Weber (2007), S. 111; Horsch (2005), S. 83; Perridon/Steiner (2007), S. 23 f.

304 Für eine Beschreibung vollkommener Märkte bzw. der vollständigen Konkurrenz vgl. Fritsch/Wein/Ewers (1996), S. 16 ff.; Gerke (2005), S. 257; Schmidt/Terberger (2003), S. 91.

305 Vgl. Perridon/Steiner (1997), S. 24.

306 Vgl. zu den Charakteristika des Private-Equity-Marktes Kapitel 3.2.

307 Vgl. zu den Charakteristika des Marktes für Krisenunternehmen Kapitel 4.2.

308 Für eine Einführung in die Thematik vgl. bspw. Göbel (2002); Horsch (2005) oder Richter/Furubotn (2003).

309 Wie die folgenden Ausführungen zeigen werden, sind die Transaktionskosten-Theorie und die Principal-Agent-Theorie miteinander verwandt. Die beiden Theorien sind weder überschneidungsfrei noch eindeutig voneinander abgrenzbar, sondern fokussieren jeweils auf unterschiedliche Fragestellungen. Für eine umfassendere finanzierungstheoretische Erörterung von Private-Equity-Gesellschaften vgl. stellvertretend Bader (1996), S. 17 ff.; Matz (2002), S. 19 ff., u. S. 45 ff.; sowie die agency-theoretische Analyse von Private-Equity-Beteiligungen bei Hirsch (2004).

Die *Transaktionskosten-Theorie* geht im Gegensatz zur „sonderbare[n] Welt kostenloser Transaktionen"[310] in der Neoklassik davon aus, dass die Benutzung des Marktes nicht kostenlos ist, sondern Kosten verursacht, die auf die durchgeführten Transaktionen zurückzuführen sind.[311] Hierzu gehören Kosten für:[312]

- Informationsbeschaffung und Suche nach passenden Vertragspartnern
- Vertragsverhandlung und Entscheidungsfindung
- Überwachung der Vertragseinhaltung
- Anpassung von Verträgen an veränderte Bedingungen
- Durchsetzung des Vertrages bei Streitigkeiten

Zur Reduzierung dieser Transaktionskosten können Finanzintermediäre auf zwei Arten beitragen:

1. Durch Finanzintermediäre sinkt die Anzahl durchzuführender Transaktionen. Dies bedeutet, dass nicht jeder Kapitalgeber mit jedem Kapitalnehmer in direkter Beziehung steht, sondern dass Kapitalgeber und Kapitalnehmer nur noch jeweils eine indirekte Beziehung über den Finanzintermediär pflegen.[313]

2. Durch Finanzintermediäre können Skalen-, Verbund- und Diversifikationsvorteile erzielt werden.[314] Gegenüber Kapitalgebern und -nehmern sind Finanzintermediäre auf die Suche nach geeigneten Vertragspartnern sowie auf Konstruktion, Kontrolle und Durchsetzung von Verträgen spezialisiert und können hierdurch die Transaktionskosten für beide Seiten senken.[315]

Die *Principal-Agent-Theorie* adressiert Probleme, die speziell durch Informationsasymmetrien und Interessengegensätze zwischen zwei Vertragspartnern entstehen. Hierbei wird von den folgenden Prämissen ausgegangen:[316]

---

310 Richter/Furubotn (2003), S. 13.

311 Vgl. grundlegend Coase (1937), S. 386 ff.

312 Vgl. Göbel (2002), S. 129 ff.; Richter/Furubotn (2003), S. 57 ff.; Rudolph (2006), S. 127.

313 Wenn jeder Finanzkontrakt gleiche Kosten verursacht, können bei n Kapitalgebern und m Kapitalnehmern sowie einem Finanzintermediär die Kosten von m • n auf m + n gesenkt werden (mit m und n jeweils größer als 2), vgl. Hartmann-Wendels/Pfingsten/Weber (2007), S. 112 f. Für ein vom Ansatz her ähnliches Beispiel vgl. Bader (1996), S. 26 f.

314 Vgl. Horsch (2005), S. 84, und dort aufgeführte Quellen; Achleitner (2002), S. 49 f.; Schefczyk (2004), S. 154.

315 Vgl. Bader (1996), S. 25 ff.; Matz (2002), S. 20 f., und dort aufgeführte Quellen.

316 Vgl. Jensen/Meckling (1976), S. 308; Göbel (2002), S. 100; Richter/Furubotn (2003), S. 173 ff.; Picot/Dietl/Franck (2005), S. 72 ff.

3.1 Theoretische Grundlagen

- *Informationsasymmetrie:* Es gibt einen Auftraggeber (Principal) und einen Auftragnehmer (Agent), wobei der Agent über mehr Informationen verfügt als der Principal.

- *Eigennütziges Handeln:* Principal und Agent verfolgen opportunistisch ihre eigenen Interessen, die nicht zwangsläufig deckungsgleich sind.

- *Abhängigkeitsverhältnis:* Der Nutzen des Principals ist abhängig von den Handlungen des Agents.

Nachfolgend wird davon ausgegangen, dass Kapitalgeber als Principals und Kapitalnehmer als Agents fungieren. Finanzierungen über Private-Equity-Gesellschaften stellen eine zweistufige Agency-Konstellation dar, wie in Abbildung 3.4 dargestellt.[317] Hierbei ist die Private-Equity-Gesellschaft gleichzeitig Principal (gegenüber dem Kapitalnehmer) und Agent (gegenüber dem Kapitalgeber).[318]

Abb. 3.4: Zweistufige Principal-Agent-Beziehung
Quelle: Eigene Darstellung in Anlehnung an Zemke (1995), S. 50; Matz (2002), S. 46

Nachfolgend werden die aus Principal-Agent-Beziehungen resultierenden Probleme und Lösungsmöglichkeiten in allgemeiner Form dargestellt. Diese Probleme werden danach unterschieden, ob sie vor oder nach Vertragsabschluss auftreten.[319] Abschließend erfolgt die Betrachtung des Mehrwertes von Private-Equity-Gesellschaften in ihrer Rolle als Principal und als Agent.

Vor Vertragsabschluss besteht für den Kapitalgeber aufgrund der Informationsasymmetrie das Problem, nicht zwischen „guten" und „schlechten" Kapitalnehmern unterscheiden zu können, so dass er nur durchschnittliche Konditionen bieten wird, die sich an der zu erwartenden durchschnittlichen Qualität der Kapitalnehmer orientieren.[320] Für „gu-

---

[317] Darüber hinaus können auch interne Principal-Agent-Beziehungen beim Finanzintermediär identifiziert werden, vgl. Zemke (1995), S. 50.

[318] Vgl. Zemke (1995), S. 49 ff.; Schefczyk (2006), S. 53, und dort aufgeführte Quellen.

[319] Vgl. Rudolph (2006), S. 136.

[320] Die Qualität eines Kapitalnehmers richtet sich vor allem nach seiner Bonität. Gute haben eine hohe Bonität, schlechte eine geringe Bonität. Aufgrund der verborgenen Eigenschaften wird das Problem auch als „Hidden Characteristics" oder „Qualitätsunsicherheit" bezeichnet, vgl. Göbel (2002), S. 101; Rudolph (2006), S. 134 ff.

te" Kapitalnehmer erscheinen die angebotenen Konditionen unattraktiv, so dass nur die „schlechten" Kapitalnehmer im Markt verbleiben, womit die durchschnittliche Qualität der Kapitalnehmer sinkt, woraufhin wiederum Kapitalgeber ihre Zahlungsbereitschaft weiter reduzieren. Dieser Prozess wird als adverse Selektion bezeichnet und kann bis hin zum Marktversagen führen.[321] Dieses Problem tritt insbesondere dann auf, wenn „schlechte" Agents ihre Eigenschaften gegenüber dem Principal kostengünstig vorenthalten können und „gute" Agents ihre Eigenschaften nicht bzw. nur mit einem unverhältnismäßig hohen Aufwand demonstrieren können. Das Problem kann grundsätzlich durch folgende Aktivitäten reduziert werden:[322]

- *Screening:* Hierunter werden sämtliche Aktivitäten des Principals verstanden, um mehr Informationen über die Qualität des Agents zu erhalten.

- *Signalling:* Im Gegensatz zum Screening geht beim Signalling die Initiative zum Abbau von Informationsasymmetrien vom Kapitalnehmer aus, der dem Principal seine durch Signale Qualität verdeutlichen will.

- *Self Selection:* Hier legt der Principal dem Agent verschiedene Vertragsangebote vor, aus denen er frei wählen kann. Aus der Wahl eines Angebotes, z. B. eines mit hoher leistungsabhängiger Vergütung, lassen sich Rückschlüsse auf die Eigenschaften des Agents ziehen, in diesem Beispiel auf eine höhere Leistungsbereitschaft.

Nach Vertragsabschluss besteht für den Kapitalgeber die Gefahr des Moral Hazards, der das eigennützige Ausnutzen von Handlungsspielräumen durch den Kapitalnehmer beschreibt.[323] Der Principal kann nur das Ergebnis, nicht das Handeln des Agents beobachten. Da das Ergebnis auch externem Einfluss unterliegt, kann der Principal die eigentliche Leistung des Agents nicht beurteilen.[324] Die Gefahr ist dabei umso größer, je größer der Verhaltensspielraum des Agents ist, je höher die Kontrollkosten des Principals sind und je größer die externen Einflüsse sind.[325] Begegnet werden kann dem Moral Hazard neben einer Einengung des Handlungsspielraums durch Abbau von Informationsasymmetrien. Die Beobachtung und Kontrolle des Agents wird als „Monitoring" bezeichnet. Dies kann

---

321 Als erstes wurde diese Art von Problemen von AKERLOF anhand des Gebrauchtwagenmarktes beschrieben, vgl. Akerlof (1970), S. 488 ff.

322 Vgl. Göbel (2002), S. 110 ff.; Hirsch (2004), S. 60 ff.

323 Als Beispiele werden u. a. „Shirking" (Drückebergerei) genannt, bei der der Kapitalnehmer seinen Arbeitseinsatz auf das Minimum reduziert oder „Perk Consumption", bei der der Kapitalnehmer Unternehmensressourcen, wie z. B. repräsentative Dienstwagen oder Bürogebäude, verbraucht, die eher dem eigenen Vorteil als dem des Unternehmen dienen, vgl. Pankotsch (2005), S. 84. Als grundlegende Arbeit hierzu vgl. Jensen/Meckling (1976), S. 305 ff.

324 Vgl. Picot/Dietl/Franck (2005), S. 72 f.

325 Vgl. Picot/Dietl/Franck (2005), S. 79.

3.1 Theoretische Grundlagen

beispielsweise durch regelmäßige schriftliche und mündliche Berichterstattungen, Implementierung oder Besetzung von Kontrollorganen oder Austausch des Agents erfolgen.[326]

Eine weitere Alternative zu Screening, Signalling, Self Selection und Monitoring ist die Interessenangleichung durch geeignete Institutionen, durch die der Agent ein Eigeninteresse entwickelt, die vom Principal erwünschte Leistung zu erbringen.[327] Dies können Verträge sein, in denen der Agent ein Garantieversprechen abgibt oder ein Rückgaberecht einräumt, aber auch die Reputation des Agents, die durch schlechte Leistung verloren ginge.[328] Es bietet sich eine institutionelle Verankerung der Anreiz- und Sanktionssysteme an die Handlungsergebnisse an, z. B. eine Koppelung der Managementbezüge an die Wertsteigerung des Unternehmens.[329]

Der Vorteil von Finanzintermediären wird in der Literatur vor allem in ihrer Funktion als Principal gesehen. Beim Screening und Monitoring von Portfolio-Unternehmen können sie durch Spezialisierungs- und Losgrößenvorteile einen Nutzen bringen, indem sie Suche, Bewertung, Auswahl, Betreuung und Kontrolle von Portfolio-Unternehmen durch ihre Erfahrung besser und günstiger vornehmen als ein unbedarfter Investor. Dadurch, dass sie zusätzlich die Kosten für Screening- und Monitoring-Aktivitäten auf mehrere Investoren umlegen können, sind sie sogar in der Lage, ein höheres Niveau zu günstigeren Kosten anzubieten, als es jeder Investor allein könnte.[330]

Zusammenfassend lässt sich festhalten, dass Finanzintermediäre als eigenständige Akteure am Kapitalmarkt auftreten und damit selbst Ressourcen binden und Kosten verursachen.[331] Ihre Daseinsberechtigung ist nur damit zu begründen, dass sie die durch sie verursachten Agency- bzw. Transaktionskosten überkompensieren.[332]

---

326 Vgl. Göbel (2002), S. 112.
327 Vgl. Hirsch (2004), S. 93 ff.
328 Vgl. Picot/Dietl/Franck (2005), S. 78 f.
329 Ist das Handlungsergebnis allerdings nicht nur von den Handlungen des Agents, sondern auch von exogenen Faktoren abhängig, kommt es de facto zu einer Risikoüberwälzung vom Principal auf den Agent. Das übernommene Risiko wird sich der Agent i. d. R. vom Principal durch eine Prämie vergüten lassen, vgl. Picot/Dietl/Franck (2005), S. 88 ff.
330 Vgl. Bader (1996), S. 30.
331 Vgl. Büschgen/Börner (2003), S. 20.
332 Vgl. Matz (2002), S. 20 f., und dort aufgeführte Quellen.

3.2 Private Equity

In diesem Abschnitt werden zunächst die Beteiligungsstrukturen und -elemente von Private-Equity-Finanzierungen erläutert. Es folgt eine Darstellung des europäischen und deutschen Marktes für Private Equity. Abschließend wird eine Abgrenzung zu Hedgefonds vorgenommen, die ähnliche Finanzierungsstrukturen wie Private-Equity-Fonds aufweisen können.

In der vorliegenden Arbeit werden unter Private Equity jene finanziellen Beteiligungen an Unternehmen verstanden, bei denen Beteiligungen mit Eigenkapital bzw. eigenkapitalähnlichen Mitteln an nicht börsennotierten Unternehmen mit dem Ziel angestrebt werden, die Führung des Unternehmens aktiv zu beeinflussen.[333] Das Kapital wird für einen längerfristigen, aber begrenzten Zeitraum mit dem Ziel der Erwirtschaftung einer risikoadjustierten Rendite investiert.[334] Diese Definition umfasst sowohl „Going-Privates", im Zuge derer Beteiligungen an öffentlichen, börsennotierten Unternehmen erfolgen, um sie in private, nicht (mehr) börsennotierte Unternehmen zu überführen,[335] als auch Beteiligungen über mezzanine Finanzierungsinstrumente mit starkem Eigenkapitalcharakter oder Umwandlungsmöglichkeit in Eigenkapital[336] sowie Debt-Equity Swaps.[337]

Private Equity findet in der Wissenschaft unter den Begriffen „Venture Capital" und „Buyout" zwei bedeutsame Ausprägungen.[338] In Anlehnung an die bereits behandelten Finanzierungsanlässe[339] werden mit Venture Capital die Finanzierung früherer Phasen der Unternehmensentwicklung wie Gründung oder Wachstum jüngerer Unternehmen bezeichnet, wohingegen mit Buyouts die Übernahme meist etablierter Unternehmen gemeint ist, sei es im Zuge der Umfinanzierung oder der Sanierungsfinanzierung.[340]

---

333 Zur Einordnung von „privatem Eigenkapital" nach Rechtsstellung der Kapitalgeber und Handelbarkeit vgl. die Ausführungen in Kapitel 3.1.1.2.

334 Vgl. bspw. Bader (1996), S. 10; Pankotsch (2005), S. 13; Vater (2003), S. 12 ff.

335 Vgl. Andres/Betzer/Hoffmann (2006), S. 67 ff.; Eisele (2006), S. 79 ff.; Eisele/Walter (2006), S. 360 ff.; Paul (2004), S. 93 ff.; Roos/Arlt (2003), S. 185 ff.; Siemes (2003), S. 5 ff.; Weihe (2006), S. 133 ff. Davon zu unterscheiden sind „PIPEs" (Private Investments in Public Entities), im Rahmen derer börsennotierte Aktiengesellschaften Kapitalerhöhung außerhalb der Börse durchführen, vgl. Anson (2006), S. 129 ff.

336 Vgl. hierzu die Ausführungen in Kapitel 3.1.1.2.

337 Zum Debt-Equity Swap vgl. Kapitel 4.1.2.3.

338 Wohingegen in der Praxis Private Equity und Venture Capital aufgrund ihrer ähnlichen Aktivitäten häufig synonym verwendet werden, vgl. Diller (2007), S. 19; zur mitunter nicht immer unproblematischen Abgrenzung in der Literatur vgl. Groh (2004), S. 15 ff.

339 Vgl. zu den Finanzierungsanlässen die Ausführungen in Kapitel 3.1.1.1.

340 Vgl. Hirsch (2004), S. 23; Meier (2006), S. 10; Siemes (2003), S. 116. Für eine Diskussion der Begrifflichkeiten vgl. Pankotsch (2005), S. 8 ff. Eine allgemein akzeptierte Definition hat sich bisher für keinen der Begriffe „Beteiligungskapital", „Private Equity" und „Venture Capital" durchgesetzt.

3.2.1 Beteiligungsstrukturen und -elemente

An Private-Equity-Finanzierungen sind drei Hauptakteure beteiligt: Investoren als Kapitalgeber, Portfolio-Unternehmen als Kapitalnehmer bzw. Übernahmeobjekte und die Private-Equity-Gesellschaft als Finanzintermediär. Des Weiteren existieren zahlreiche Nebenakteure wie Unternehmensberatungen, Wirtschaftsprüfer, Rechtsanwälte, oder Investmentbanken, die als Berater der Hauptakteure den Investitionsprozess begleiten und helfen, Informationsasymmetrien abzubauen.[341] Eine klassische Private-Equity-Finanzierungsstruktur ist in nachfolgender Abbildung 3.5 dargestellt.[342]

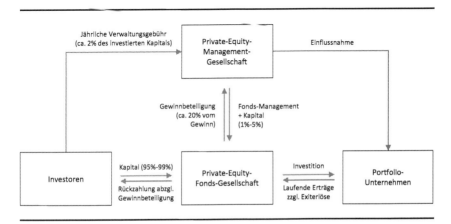

Abb. 3.5: Private-Equity-Beteiligungsstrukturen und -elemente
Quelle: Eigene Darstellung in Anlehnung an Bader (1996), S. 156; Baker/Smith (1999), S. 170; Siemes (2003), S. 127 ff.

Hierbei wird die Private-Equity-Gesellschaft unterteilt in eine Management-Gesellschaft und eine oder mehrere Fonds-Gesellschaften. Die Management-Gesellschaft übernimmt die operative Führung der Fonds-Gesellschaft und der darin enthaltenen Portfolio-Unternehmen. Die Fonds-Gesellschaft wird zu 95 bis 99 % durch die Investoren finanziert, die restlichen 1 bis 5 % stellt die Management-Gesellschaft.[343] Das Kapital der Fonds-Gesellschaft wird in die Portfolio-Unternehmen investiert. Der aus den Beteiligungen erzielte Gewinn (Kapitalrückzahlung abzüglich Kapitaleinsatz) wird zwischen Investoren

---

341 Vgl. Fenn/Liang/Prowse (1997), S. 5 ff.

342 Neben dieser indirekten Beteiligung an Unternehmen existiert auch die direkte Beteiligung, wie in Abbildung 3.1 dargestellt, sowie eine weitere indirekte Form, bei der Kapitalgeber sich an Dachfonds beteiligen, die die Verantwortung hinsichtlich Auswahl und Betreuung von Private-Equity-Fonds übernehmen.

343 Vgl. Bader (1996), S. 155 ff.

und Management-Gesellschaft i. d. R. im Verhältnis 80 zu 20 aufgeteilt.[344] Zur Deckung der laufenden Kosten erhält die Management-Gesellschaft von den Investoren eine jährliche leistungsunabhängige Management- bzw. Verwaltungsgebühr, die i. d. R. zwischen 1,25 und 2,5 % liegt.[345]

Die Private-Equity-Fonds sind in der Regel als Limited Partnerships nach angelsächsischem Recht organisiert, die am ehesten mit Kommanditgesellschaften (KG) kontinentaleuropäischen Rechts verglichen werden können.[346] Sie bestehen aus einem General Partner, der zur Geschäftsführung befugt ist und mit seinem gesamten Vermögen haftet, sowie einem oder mehreren Limited Partnern, die nur mit ihrer Einlage haften und von der Geschäftsführung ausgeschlossen, dafür aber mit bestimmten Kontrollrechten ausgestattet sind.[347]

In Deutschland wird aus Gründen der Haftungsbeschränkung und der steuerlichen Optimierung in der Regel eine vermögensverwaltende GmbH & Co. KG konstruiert.[348] Hierbei beteiligen sich die Investoren als Kommanditisten, die nur beschränkt und in Höhe ihrer Einlage haften und überdies keine Nachschusspflicht haben.[349] Aus steuerlichen Gründen ist die Private-Equity-Management-Gesellschaft geschäftsführende Kommanditistin. Die Rolle des Komplementärs wird von einer von der Geschäftsführung ausgeschlossenen Verwaltungs-GmbH eingenommen.[350] Diese Konstruktion ist Basis dafür, dass (i) die Besteuerung der Kapitalgewinne und der Kapitalerträge anteilsmäßig direkt bei den Investoren erfolgt, (ii) die Grundzüge der Anlagepolitik von der Private-Equity-Gesellschaft frei definiert werden können und (iii) die Fonds „geschlossen" sind, wodurch unerwünschte vorzeitige Mittelabflüsse verhindert werden.[351]

---

344 Der Gewinn wird auch als „Carried Interest" bezeichnet. In der empirischen Untersuchung von FEINENDEGEN / SCHMIDT / WAHRENBURG betrug der Carried Interest in über 90 % der Fälle 20 %, vgl. Feinendegen/Schmidt/Wahrenburg (2003), S. 1177 f.

345 Vgl. Bader (1996), S. 155 ff. Die Management Fee lag in der empirischen Untersuchung von FEINENDEGEN / SCHMIDT / WAHRENBURG in fast 50 % der Fälle bei 2,5 % und in etwa 20 % der Fälle bei 2 %, vgl. Feinendegen/Schmidt/Wahrenburg (2003), S. 1176 f.

346 Vgl. Groh (2004), S. 21, und dort aufgeführte Quellen. In den letzten Jahren haben sich auch öffentlich gehandelte Private-Equity-Gesellschaften etabliert, vgl. hierzu Bilo (2002), S. 36 ff.; Christophers et al. (2006), S. 213 ff.

347 Zur rechtlichen Gestaltung vgl. Jesch (2004), S. 141 ff.; Kestler/Striegel/Jesch (2006), S. 135 ff.

348 Vgl. Jesch (2004), S. 145; Groh (2004), S. 21 f., und dort aufgeführte Quellen.

349 Vgl. von Daniels (2004), S. 21.

350 Vgl. Weitnauer (2001), S. 267 f.; Graf/Gruber/Grünbichler (2001), S. 38; Groh (2004), S. 22, und dort aufgeführte Quellen.

351 Vgl. Böhler (2006), S. 506.

3.2 Private Equity

3.2.1.1 Investoren

Die „klassischen" Anteilseigner von Private-Equity-Fonds sind institutionelle Investoren wie Banken, Versicherungen und Pensionsfonds. Auf europäischer Ebene haben sie zusammen in den letzten fünf Jahren über die Hälfte der Mittel bereitgestellt.[352] Bei den weiteren Investoren handelt es sich um Stiftungen, akademische Institutionen, den öffentlichen Sektor und wohlhabende Einzelpersonen oder Familien. Die Zusammensetzung von Investoren in Private-Equity-Fonds im Jahre 2006 ist Abbildung 3.6 zu entnehmen.[353]

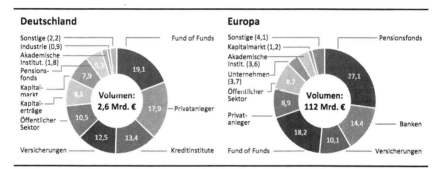

Abb. 3.6: Kapitalgeber deutscher und europäischer Private-Equity-Gesellschaften (Jahr 2006, Angaben in Prozent)
Quelle: Eigene Darstellung
Datenquellen: BVK (2007b), S. 5; EVCA (2007), S. 62

In den Portfolios institutioneller Anleger hat sich der Anteil von Private Equity in den letzten Jahren dynamisch entwickelt.[354] Nach einer Untersuchung von FRANK RUSSEL und GOLDMAN SACHS hatte Private Equity im Jahr 2005 bei europäischen Institutionen eine Gewichtung von 4,5 % der Gesamtanlagen. Der Portfolioanteil europäischer Institutionen hat sich damit dem amerikanischer institutioneller Investoren angenähert, der im Jahr 2005 bei 7 % lag.[355]

---

352 Vgl. BVK (2007a), S. 17. Dabei handelt es sich um Investoren in europäische Private-Equity-Gesellschaften. Wenn nachfolgend Aussagen über die „europäischen Gesellschaften" oder den „europäischen Markt" getätigt werden, sind damit, sofern nicht anders gekennzeichnet, die Private-Equity-Gesellschaften gemeint, die in der European Private Equity and Venture Capital Association (EVCA) organisiert sind. Dabei ist zu beachten, dass zum einen in der EVCA nicht alle europäischen Gesellschaften organisiert sind, zum anderen aber auch nicht-europäische Gesellschaften, die in Europa eine Niederlassung besitzen. Gleiches gilt für den deutschen Markt. Für einen Überblick über den US-amerikanischen Markt, auf dem Pensionsfonds eine wesentlich dominantere Rolle spielen, vgl. Fenn/Liang/Prowse (1997), S. 70 f.

353 Hierbei ist zu beachten, dass es sich um eine Momentaufnahme handelt und die Zusammensetzung der Investoren von Jahr zu Jahr erheblichen Schwankungen unterliegt, vgl. für Jahresdurchschnitte und Entwicklungen im Zeitablauf EVCA (2007), S. 63.

354 Vgl. Staubli (2006), S. 161.

355 Vgl. Hepp (2006), S. 24.

3.2.1.2 Private-Equity-Gesellschaften

In der Literatur werden Private-Equity-Gesellschaften nach unterschiedlichsten Kriterien systematisiert.[356] An dieser Stelle wird eine Differenzierung nach der Trägerschaft, d. h. nach der Beziehung von Private-Equity-Gesellschaften zu ihren Eigentümern vorgenommen, wonach die Formen Independent, Captive und Semi-Captive unterschieden werden können.[357] *Independents* sind die vorherrschende Form von Private-Equity-Gesellschaften. Sie gehören den (geschäftsführenden) Partnern und sind unabhängig von übergeordneten organisatorischen Strukturen und sind nicht an Weisungen ihrer Kapitalgeber gebunden.[358] *Captives* sind abhängig von dem Kapitalgeber, in dessen Mehrheits- / Alleinbesitz sie sich befinden und der die finanziellen Mittel zur Verfügung stellt.[359] *Semi-Captives* stellen eine Mischform dar, die finanzielle Mittel sowohl ihrer Eigentümer als Dritter investieren. Häufig sind sie aus Captives hervorgegangen, die sich externen Investoren gegenüber geöffnet haben[360] Wie Abbildung 3.7 zeigt, spielen Independents in Bezug auf das investierte Kapital sowohl in Europa als auch in Deutschland eine dominierende Rolle, gefolgt von Captive Funds und Semi-Captive Funds.

Abb. 3.7: Typologisierung von Private-Equity-Gesellschaften nach Eigentümerschaft (bezogen auf das investierte Kapital im Jahr 2006, Angaben in Prozent)
Quelle: Eigene Darstellung
Datenquelle: BVK (2007b), S. 21; EVCA (2007), S. 70

---

356 Beispiele für Unterscheidungskriterien sind Investoren, Portfolio-Unternehmen oder die von ihnen gemanagten Fonds. Für eine ausführlichere Diskussion der Segmentierungsansätze in der wissenschaftlichen Forschung und deren Entwicklung im Zeitablauf vgl. Vater (2003), S. 74 ff.
357 Vgl. nachfolgend Berg (2005), S. 20; Matz (2002), S. 79 ff.; Krecek (2005), S. 61 ff.; Zemke (1995), S. 84 ff. Für Beispiele mit Firmennamen vgl. Meier (2006), S. 11.
358 Vgl. Matz (2002), S. 80; Zemke (1995), S. 84.
359 Vgl. Vater (2003), S. 81. Häufig besitzen größere Industrieunternehmen eigene Venture Capital Gesellschaften, die sich aus strategischen Gründen mit sogenanntem „Corporate Venture Capital" (CVC) an Unternehmen oder Technologien beteiligen, vgl. hierzu Poser (2003), S. 1 ff.
360 Vgl. Matz (2002), S. 80.

3.2.1.3 Private-Equity-Fonds

Die von den Private-Equity-Gesellschaften aufgelegten Fonds lassen sich nach Finanzierungsanlass, Größe und Fondslaufzeit differenzieren.

Finanzierungsanlass: Wie bereits bei den Finanzierungsanlässen aus Kapitalnehmersicht erörtert,[361] lassen sich Gründungs-, Wachstums-, Um- und Sanierungsfinanzierungen unterscheiden, die im Folgenden in Anlehnung an die übliche Bezeichnung in Wissenschaft und Praxis als Seed- / Start-up-Finanzierung, Expansions-, Buyout- und Turnaround-Finanzierungen bezeichnet werden.[362] Eine Verteilung der Finanzierungsanlässe ist in Abbildung 3.8 dargestellt. Etwa 70 % des Investitionsvolumens auf deutscher bzw. europäischer Ebene entfallen auf Buyouts, 18 bzw. 16 % entfallen auf Expansionsfinanzierung und 7 bzw. 9 % auf Start-up / Seed-Finanzierungen.

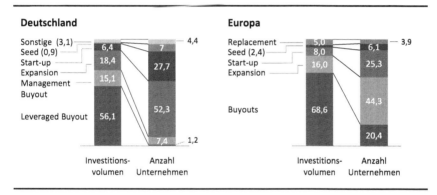

Abb. 3.8: Finanzierungsanlässe von Private-Equity-Investitionen in Deutschland und Europa (nach Volumen und Anzahl im Jahr 2006, Angaben in Prozent)
Quelle: Eigene Darstellung
Datenquelle: BVK (2007b), S. 22; EVCA (2007), S. 70

Bei Betrachtung der Anzahl getätigter Investitionen (Unternehmen) ergibt sich ein anderes Bild: Hier dominieren Expansions- und Start-up-Finanzierungen in etwa 80 % der Fälle, Buyouts stellen nur 10 bis 20 % der Investitionsfälle dar.[363]

---

361 Vgl. Kapitel 3.1.1.1.

362 Diese Anlässe werden in der Literatur mit Phasenmodellen der Unternehmensentwicklung bzw. mit dem Lebenszykluskonzept der Unternehmung in Verbindung gebracht und entsprechend als Finanzierungsphasen, -runden, -stufen oder „Financing Stages" bezeichnet. Die Zuordnung in Phasenmodelle der Unternehmensentwicklung bzw. in das Lebenszykluskonzept der Unternehmung ist jedoch nicht immer zweifelsfrei möglich, weshalb in der vorliegenden Arbeit der Terminus „Finanzierungsanlass" Verwendung findet, vgl. zu dieser Problematik Pankotsch (2005), S. 18 ff. Dort findet sich auch eine detaillierte Übersicht und ein Vergleich von Finanzierungsphasenmodellen.

363 Für eine längerfristige Betrachtung und Trends in Deutschland vgl. BVK (2007b), S. 34 f.

Als Buyouts werden Umfinanzierungen bezeichnet, die mit einem Wechsel der Unternehmenskontrolle einhergehen.[364] Abhängig vom Erwerber der Unternehmenskontrolle und dem Grad des Fremdkapitaleinsatzes können vier Buyout-Grundarten unterschieden werden:[365]

- Beim Management Buyout (MBO) übernimmt das vorhandene Management das Unternehmen (oder Unternehmensteile). Der Kapitalbetrag, der die finanziellen Kapazitäten des Managements überschreitet, wird häufig von Finanzintermediären bereitgestellt.[366]

- Bei einem Management Buyin (MBI) übernimmt ein unternehmensexternes Management die Gesellschaftsanteile und die Führung des Unternehmens. Wie beim MBO werden die Übernahmen häufig mit Unterstützung von Finanzintermediären durchgeführt.[367]

- Beim Institutional Buyout (IBO) geht die Initiative zur Übernahme im Gegensatz zum MBO / MBI weder von einem internen noch externen Management-Team aus, sondern von einem Investor. Der Investor kann entweder mit dem bestehenden Management zusammenarbeiten, neue Manager einbringen oder das gesamte Management-Team austauschen.[368]

- Bei einem Leveraged Buyout (LBO) wird die Transaktion zu einem erheblichen Teil mit Fremdkapital finanziert. Ab welchem Anteil der Fremdkapitalfinanzierung ein Buyout als „leveraged" bezeichnet wird, ist jedoch nicht einheitlich definiert.[369]

In der Praxis hat ein Kapitalgeberwechsel jedoch häufig viele Ausprägungen, die nur selten einer der oben genannten „reinen" Form entsprechen. Da bei den meisten Buyouts sowohl das alte als auch das neue Management beteiligt sind, müsste korrekterweise von einem Buy-In-Management-Buyout (BIMBO) gesprochen werden. Häufig ist auch ein bedeutender Teil der Transaktion fremdfinanziert, so dass die Transaktionen als Leveraged Buy-in

---

364 Vgl. Diller (2007), S. 23, und dort aufgeführte Quellen. Für eine ausführliche Diskussion des Buyout-Begriffes vgl. auch Wegner (2007), S. 13 ff.
365 Vgl. Berg (2005), S. 10; Diller (2007), S. 24; Koch (1997), S. 17 ff.
366 Vgl. Kitzmann (2005), S. 7 ff.; Koch (1997), S. 17 ff.; Meier (2006), S. 14 f.; Volkart (2006), S. 412 ff.; Wöhe/Bilstein (2002), S. 168.
367 Somit stellt der MBI keinen Buyout im eigentlichen Sinn dar, wird aber aufgrund der thematischen Nähe dennoch zu den Buyouts gezählt, vgl. Kitzmann (2005), S. 7 ff.; Koch (1997), S. 24 f.
368 Vgl. Kühn (2006), S. 13 ff.; Wright/Robbie (1996), S. 692.
369 Vgl. Kitzmann (2005), S. 8. Der Fremdkapitalanteil lag bei LBOs im Jahr 1988 bei 90 % und liegt „heutzutage" bei etwa 60 %, vgl. Brealey/Myers/Allen (2006), S. 905.

3.2 Private Equity

Management Buy-out (LBIMBO) bezeichnet werden müssten.[370] Der Einfachheit halber wird deshalb oft unabhängig von der konkreten Ausgestaltung allgemein von „Buyouts" gesprochen.[371]

Bei der *Größe* von Private-Equity-Fonds können in Abhängigkeit des Volumens vier Klassen unterschieden werden:[372]

- kleine Fonds: bis 250 Mio. USD
- mittelgroße Fonds: 250 bis 500 Mio. USD
- große Fonds: 500 bis 1.000 Mio. USD
- Megafonds: über 1 Mrd. USD

Nach Angaben der amerikanischen National Venture Capital Association (NVCA) ist allein zwischen 1990 und 2000 die Durchschnittsgröße von VC-Fonds von 37 auf 139 Mio. USD und bei Buy-out-Fonds von 126 auf 621 Mio. USD gestiegen. Das Wachstum der Megafonds führt gleichzeitig zu einer Konzentration der Anlagemittel: In den USA werden 80 % der Investitionen von 20 % der Gesellschaften[373] bzw. 25 % des gesamten Fondsvolumens von 1 % der Gesellschaften verwaltet.[374]

Hinsichtlich der *Fondslaufzeit* lassen sich offene Fonds ohne Laufzeitbegrenzung, auch „Open-End-" oder „Evergreen-" Fonds genannt, und laufzeitbegrenzte geschlossene Fonds unterscheiden.[375] Die Laufzeit eines geschlossenen Fonds beträgt üblicherweise 10 Jahre.[376] In der Regel verfügen die Private-Equity-Gesellschaften über eine Verlängerungsoption, um einen Zwangsausstieg aus Beteiligungen zum Ende der Fondslaufzeit zu ungünstigen Marktbedingungen zu verhindern. Nach Ablauf der Laufzeit werden geschlossene Fonds aufgelöst und das vorhandene Kapital wird an die Investoren anteilsmäßig zurückgezahlt.[377]

---

370 Vgl. Wright/Robbie (1996), S. 692; Berg (2005), S. 11; Koch (1997), S. 28.
371 Vgl. Berg (2005), S. 11.
372 Vgl. Berg (2005), S. 90; Clausen (2003), S. 103.
373 Vgl. Clausen (2003), S. 104 f.
374 Vgl. Hepp (2006), S. 30.
375 Zu den hier nicht weiter betrachteten börsennotierten Private-Equity-Fonds vgl. Bilo (2002), S. 1 ff.; Christophers et al. (2006), S. 213 ff.
376 Von der Laufzeit aus Investorenperspektive ist die Kapitalbindung zu unterscheiden, die in der Regel zwischen fünf und sieben Jahren liegt. Dies ist darauf zurückzuführen, dass das Kapital je nach Investitionsmöglichkeiten in den ersten Jahren abgerufen und dann sukzessive zurückgezahlt wird, vgl. Weber (2007), S. 107.
377 Vgl. Sahlman (1990), S. 473 ff.; Schröder (1992), S. 124 f. Aufgrund des Wachstums von Sekundärmärkten erhalten Investoren zunehmend die Möglichkeit, ihre Beteiligung vor Ablauf der Laufzeit zu veräußern. Für eine ausführliche Behandlung dieser Private Equity Secondary Transactions vgl. von Daniels (2004).

3.2.1.4 Portfolio-Unternehmen

In Deutschland waren im Jahr 2006 deutsche Private-Equity-Gesellschaften an nahezu 6.000 Unternehmen beteiligt, die einen Umsatz von über 190 Mrd. EUR erwirtschafteten.[378] Mit einer Million Mitarbeitern, die in den Portfolio-Unternehmen beschäftigt sind, stellen Private-Equity-Gesellschaften in ihrer Gesamtheit indirekt den größten Arbeitgeber dar.[379] Die Verteilung der Investitionen im Jahre 2006 nach Branchen ist in Abbildung 3.9 dargestellt:

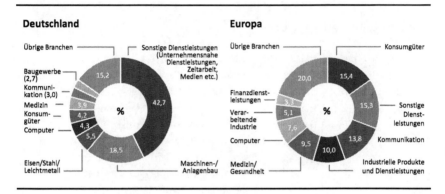

Abb. 3.9: Branchenzugehörigkeit der Portfolio-Unternehmen (bezogen auf das im Jahr 2006 investierte Kapital, Angaben in Prozent)
Quelle: Eigene Darstellung
Datenquellen: BVK (2007b), S. 22; EVCA (2007), S. 71

Die Brancheninvestitionsschwerpunkte lagen in Deutschland im Jahr 2006 mit 42,7 % bei „sonstigen Dienstleistungen" (unternehmensnahe Dienstleistungen, Zeitarbeit, Medien etc.), gefolgt vom Maschinen- / Anlagenbau mit 18,5 % und Eisen / Stahl / Leichtmetall 5,5 %. In High-Tech-Branchen wie Computer, Kommunikation, Medizin und Biotechnologie wurden in der Summe nur 12,9 % der Mittel investiert.[380]

---

378 Vgl. BVK (2007b), S. 14.
379 Vgl. BVK (2007b), S. 1 ff.; Achleitner/Geidner/Klöckner (2006), S. 140 ff.
380 Vgl. BVK (2007b), S. 12 f.; EVCA (2007), S. 36. Insgesamt stellen die genannten Angaben nur Momentaufnahmen dar, die auch auf europäischer Ebene starken Schwankungen unterliegen können. Für eine Zusammenfassung der Investitionen der letzten 5 Jahre vgl. EVCA (2007), S. 73.

3.2.2 Der deutsche Private-Equity-Markt im internationalen Kontext

Wie bereits in der Einleitung kurz erwähnt,[381] lassen sich zwei Märkte für Private Equity unterscheiden: der Fundraising-Markt mit Investoren als Anbietern und Private-Equity-Gesellschaften als Nachfragern von Kapital sowie der Markt für Unternehmensbeteiligungen mit Private-Equity-Gesellschaften als Anbietern von Kapital und Unternehmen oder Unternehmenseigentümern als Nachfragern.[382]

3.2.2.1 Fundraising-Markt

Das Fundraising von Private-Equity-Gesellschaften hat in den letzten Jahren weltweit erheblich zugenommen. Nach 315 Mrd. USD im Jahr 2005 lag das globale Fundraising-Volumen 2006 bei über 404 Mrd. USD.[383] Wie Abbildung 3.10 zeigt, ist der Anteil deutscher Private-Equity-Gesellschaften mit 2,8 Mrd. EUR im internationalen Vergleich eher als gering zu betrachten.[384]

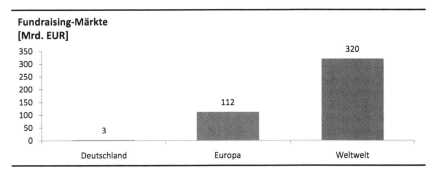

Abb. 3.10: Größenordnungen internationaler Fundraising-Märkte im Vergleich
Quelle: Eigene Darstellung
Datenquellen: BVK (2007b), S. 1; EVCA (2007), S. 33; Preqin (2007), S. 1

Diese Angaben nach Ländern beziehen sich auf Gesellschaften nach ihrem Sitz (Country of Origin) und spiegeln nur ein unvollständiges Bild der Investitionstätigkeit innerhalb Deutschlands wider. Zum einen tätigen auch nicht in Deutschland ansässige Private-Equity-Gesellschaften Investitionen in Deutschland, zum anderen tätigen in Deutschland

---

381 Vgl. hierzu bspw. Abbildung 1.2.
382 Vgl. hierzu auch die zweistufige Investitionsbeziehung in Abbildung 3.4.
383 Vgl. Preqin (2007), S. 1.
384 Vgl. BVK (2007a), S. 8.

ansässige Gesellschaften auch Investitionen im Ausland.[385] Zudem werden nur Transaktionen berücksichtigt, von denen die Investitionsstruktur bekannt und damit das Eigenkapital bestimmbar war, so dass einige große Buyout-Transaktionen durch ausländische, vor allem britische und amerikanische, Gesellschaften in der Statistik unberücksichtigt blieben.[386] Ein methodisches Problem in der Erfassung liegt darin begründet, dass diese auf Befragungen von Gesellschaften beruhten, die zum einen in Europa und Deutschland ansässig und zum anderen Mitglied im EVCA oder BVK sein müssen. Die Zahlen deuten auf eine geringe Bedeutung deutscher Private-Equity-Gesellschaften hin, nicht aber auf die geringe Bedeutung deutscher Kapitalgeber, die bei Anlagen in Private-Equity-Gesellschaften auch auf angelsächsische Beteiligungsgesellschaften zurückgreifen. So stammten bspw. von den 112 Mrd. EUR von europäischen Private-Equity-Gesellschaften eingeworbenen Mitteln 4,3 Mrd. von deutschen Investoren. Dies zeigt, dass deutsche Kapitalgeber weitaus mehr Kapital in Private Equity investieren, als es das Fundraising deutscher Private-Equity-Gesellschaften vermuten lässt.[387]

3.2.2.2 Markt für Unternehmensbeteiligungen

Anders stellt sich der Markt für Unternehmensbeteiligungen dar. Nach einer Studie der Wirtschaftsprüfungsgesellschaft ERNST & YOUNG waren Private-Equity-Gesellschaften unabhängig von ihrer Herkunft und Mitgliedschaften innerhalb Deutschlands an 186 Buyout-Transaktionen im Gesamtwert von 50,9 Mrd. EUR beteiligt.[388] Hierbei ist jedoch zu berücksichtigen, dass sich diese Angaben auf den Unternehmenswert beziehen und damit im Vergleich zu den Verbandsangaben auch Fremdkapital enthalten. Die Entwicklung von Private-Equity-Transaktionen ist in Abbildung 3.11 auf der nächsten Seite dargestellt. Auch hier zeigt sich, dass deutsche Private-Equity-Gesellschaften selbst in ihrem Heimatmarkt – gemessen am Transaktionsvolumen – nur eine untergeordnete Rolle einnehmen.[389]

---

385 Beispielsweise wurden im Jahr 2004 von den 3,8 Mrd. EUR Investitionen der in Deutschland ansässigen Private-Equity-Gesellschaften 1 Mrd. EUR im Ausland investiert. Nicht in Deutschland ansässige Private-Equity-Fonds haben 2,4 Mrd. EUR in Deutschland investiert. Somit liegen die Gesamtinvestitionen in Deutschland im Jahr 2004 bei 5,1 Mrd. EUR.

386 Vgl. BVK (2007b), S. 10.

387 Jedoch ist auch diese Zahl im Vergleich zu Private-Equity-Investitionen in anderen Ländern gering. Deutschland rangierte im Jahr 2006 auf Rang 6, größtes Kapitalgeberland waren die USA mit 32,3 Mrd. EUR, vgl. BVK (2007a), S. 2 f.

388 Zum Vergleich: Insgesamt wurden in Deutschland im Jahr 2006 Unternehmenstransaktionen im Wert von 90,1 Mrd. EUR durchgeführt. Im zweiten Halbjahr 2006 übertraf der Wert der Private-Equity-Transaktionen mit einem Volumen von 30 Mrd. EUR erstmals den Wert anderer Transaktionen mit einem Volumen von 25 Mrd. EUR, vgl. Ernst & Young (2006), S. 8.

389 Vgl. Ernst & Young (2007b), S. 2.

3.2 Private Equity

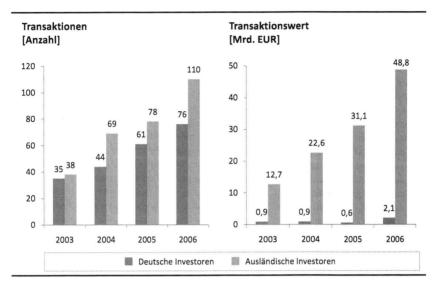

Abb. 3.11: Anzahl und Transaktionswert von Buyouts in Deutschland (im Jahr 2006)
Quelle: Eigene Darstellung in Anlehnung an Ernst & Young (2007b), S. 5 f.

Auch eine Untersuchung der Beratungsgesellschaft STRATEGIC CAPITAL PARTNERS zeigt den Nachholbedarf deutscher Private-Equity-Gesellschaften. Danach wurden in den Jahren 2002-2004 etwa 40 % der europäischen Buyouts von amerikanischen Gesellschaften oder zumindest unter deren Beteiligung durchgeführt. Bei großen Buyouts mit einer Größe von über 3 Mrd. EUR waren angelsächsische Investoren sogar an jeder Transaktionen beteiligt.[390]

3.2.3 Abgrenzung zu Hedgefonds

Private Equity und Hedgefonds stellen aus Sicht von Investoren die beiden Hauptanlageklassen in dem immer mehr an Bedeutung gewinnenden Bereich der alternativen Investments dar.[391] Obwohl Private-Equity-Fonds und Hedgefonds grundsätzlich einen anderen strategischen Fokus haben, weisen beide Anlageklassen auch zahlreiche Ähnlichkeiten auf, derentwegen es nicht selten zu Verwechselungen kommt.

Sowohl Private-Equity-Fonds als auch Hedgefonds adressieren institutionellen Investoren und verfügen über umfangreiche finanzielle Mittel, die es ihnen ermöglichen, signifikante

---

390 Vgl. Hepp (2006), S. 34 f.
391 Vgl. Achleitner/Kaserer (2005), S. 1; Busack/Kaiser (2006), S. 5; Krecek (2005), S. 7.

Eigen- oder Fremdkapitalbeteiligungen an Unternehmen zu erwerben.[392] Eine weitere Gemeinsamkeit ist die gesellschaftsrechtliche Struktur von Private-Equity- und Hedgefonds, da auch Hedgefonds in der Regel als Limited Partnerships organisiert sind, bei denen die Investoren als Limited Partner und die Hedgefonds-Manager als General Partner auftreten.[393]

Die Hauptunterschiede zwischen Private-Equity-Fonds und Hedgefonds liegen im Anlagehorizont und in der verfolgten Investitionsstrategie sowie in der Bewertung des Fondsvermögens und der Höhe der Vergütung:[394]

- *Anlagehorizont:* Im Gegensatz zu Private-Equity-Fonds, bei denen das Kapital der Investoren bis zu 10 Jahre und länger gebunden ist, können Investoren das in Hedgefonds investierte Kapital monatlich, vierteljährlich oder jährlich zurückerhalten.[395] Somit können Hedgefonds schon aus Gründen der Fristenkongruenz keine langfristigen Investitionen in Unternehmen tätigen. Die meisten Hedgefonds verfolgen hinsichtlich der Einflussnahme auf die Geschäfte von den Portfolio-Unternehmen eine eher passive Strategie und streben keine Mehrheitsbeteiligungen an. Wenn Einfluss auf das Management genommen wird, dann nur, wenn dies zu kurzfristigen Bewertungsunterschieden führen kann. Bei Hedgefonds handelt es sich um offene und nicht-laufzeitbegrenzte Fonds, denen jederzeit neues Kapital zugeführt werden kann, wohingegen geschlossene Private-Equity-Fonds nach ihrer Schließung kein neues Kapital mehr aufnehmen.[396]

- *Investitionsstrategie:* Bezüglich der Investmentstrategie suchen Hedgefonds Marktineffizienzen und Preisanomalien und versuchen diese kurzfristig durch unterschiedlichste Handelsstrategien gewinnbringend auszunutzen. Im Gegensatz dazu tätigen Private-Equity-Gesellschaften typischerweise langfristige Investments in nicht börsennotierte Unternehmen. Sie versuchen, Einfluss auf die Unternehmensführung zu nehmen und den Unternehmenswert durch strategische Neuausrichtung und opera-

---

392 Die Investitionen von Investmentbanken werden als „Principal Investments" bezeichnet (vgl. Achleitner (2002), S. 719 ff.), die von Industrieunternehmen als „Strategische Investitionen" (vgl. Achleitner (2002), S. 142 ff.). Im Fall von Industrie-Beteiligungen an jungen Unternehmen wird auch von „Corporate Venture Capital" gesprochen, vgl. Poser (2003).

393 Vgl. Mills (2006), S. 34 ff. und Kapitel 3.2.1.

394 Dabei kann es sich nur um Tendenzaussagen handeln, da insbesondere Hedgefonds in der Wahl ihrer Investitionsstrategien und -instrumente vollkommen frei sind und sich unterschiedlichste Ausprägungen herausgebildet haben, die die Grenze zwischen Hedgefonds und Private-Equity-Fonds zerfließen lassen. Zu einem einführenden Überblick über Hedgefonds-Strategien vgl. Hilpold/Kaiser (2005), S. 13 ff. Zu den folgenden Ausführungen vgl. Achleitner/Kaserer (2005), S. 1 ff.

395 Eines der Kriterien, durch die die United States Securities and Exchange Commission (SEC) Hedgefonds klassifiziert, ist eine maximale Anlagedauer von 2 Jahren, vgl. SEC (2003), S. 30.

396 Vgl. Subiotto (2006), S. 57 f.

tive Verbesserungsmaßnahmen zu steigern. Aufgrund ihrer unterschiedlichen Vorgehensweisen werden Hedgefonds auch als *Value Finder* und Private-Equity-Fonds als *Value Creator* bezeichnet.[397]

- Die *Bewertung* des Fondsvermögens ist entscheidend für die Berechnung der Vergütung der Management-Gesellschaft und für den Wert, den die Investoren beim Ausstieg aus ihrer Investition erhalten. Der Wert von Private-Equity-Fonds kann aufgrund der nicht gehandelten Investitionsobjekte nur schwer ermittelt werden, während der Wert von Hedgefonds, die in handelbare Wertpapiere investieren, täglich ermittelt werden kann.[398]

- Die *Höhe der Vergütung* ist sowohl bei Hedgefonds als auch bei Private-Equity-Fonds ähnlich, es ergeben sich jedoch Unterschiede bei Berechnung und Auszahlungszeitpunkt der Vergütungen. Sowohl bei Hedgefonds als auch bei Private-Equity-Fonds liegt die volumenabhängige Verwaltungsgebühr (Management Fee) bei 1 bis 2 % und die erfolgsabhängige Gewinnbeteiligung (Carried Interest) bei etwa 20 %.[399] Obwohl die Höhe der Vergütung ähnlich ist, werden Private-Equity-Gesellschaften nach Verkauf der Beteiligungen an dem realisierten Erfolg beteiligt, wohingegen Hedgefonds nach dem Zuwachs des regelmäßig bestimmten Nettovermögenswertes (Net Asset Value) vergütet werden. Die Gewinnbeteiligung wird bei Private-Equity-Fonds erst nach Überschreiten einer kalkulatorischen Grundverzinsung (Hurdle Rate) gezahlt. Hedgefonds erhalten ihre Gewinnbeteiligung bei Überschreiten einer „Hochwassermarke" (High Water Mark), die bei jedem Erreichen eines Hochs neu gesetzt wird. Dadurch wird sichergestellt, dass Hedgefonds erst dann eine Gewinnbeteiligung erhalten, wenn vorhergegangene Verluste wieder wettgemacht wurden.[400]

Trotz dieser prinzipiellen Unterschiede verschwimmen die Grenzen zwischen Hedgefonds und Private-Equity-Gesellschaften zusehends.[401] So existieren zum einen bspw. Hedgefonds, die von ihren Investoren eine mehrjährige Mindestinvestitionsdauer („Lock-up Period") verlangen und dadurch in der Lage sind, längerfristige Investitionen zu tätigen. Zum anderen gibt es auch Hedgefonds, die aktiv versuchen auf strategische Entscheidungen von Unternehmen Einfluss zu nehmen und somit wie Private-Equity-Fonds agieren.[402]

---

397 Vgl. Judd (2006), S. 14 ff.
398 Vgl. Achleitner/Kaserer (2005), S. 6 ff.
399 Vgl. zu den Gebührenstrukturen von Hedgefonds Weinwurm (2005), S. 74 ff. sowie zu deren Anreizwirkung ebenda, S. 52 ff.
400 Vgl. Judd (2006), S. 14 ff.; Mills (2006), S. 35.
401 Vgl. Dalla-Costa (2005), S. 41 ff.
402 Vgl. Achleitner/Kaserer (2005), S. 4 ff.; Borello/Bader (2004).

4 Investitionen in Krisenunternehmen

In diesem Kapitel werden die in den beiden vorangegangenen Kapiteln getrennt voneinander behandelten Forschungsbereiche „Unternehmenskrisen" und „Unternehmensbeteiligungen / Private Equity" unter der Bezeichnung „Investitionen in Krisenunternehmen" zusammengeführt.[403] Das Kapitel gliedert sich in drei Abschnitte. Im ersten Abschnitt werden die Investitionen in Krisenunternehmen nach Investitionsansatz und Art der Kapitalbeteiligung systematisiert. Auf Charakteristika des Marktes für Investitionen in Krisenunternehmen wird im zweiten Abschnitt eingegangen. Im dritten Abschnitt erfolgt die Darstellung des Prozesses von Investitionen in Krisenunternehmen.

4.1 Systematisierung von Investitionen in Krisenunternehmen

Beteiligungen an Krisenunternehmen durch (Finanz-)Investoren lassen sich nach dem Strategieansatz des Investors und nach der Art der erworbenen Kapitalbeteiligung differenzieren.[404]

4.1.1 Differenzierung nach Investitionsansatz

Hinsichtlich der Investitionsstrategien in Krisenunternehmen werden je nach angestrebter Einflussnahme des Investors auf das Krisenunternehmen aktive und passive Investitionsstrategien unterschieden.[405]

---

403 In der Literatur wird dieses Themengebiet auch unter den Begriffen „Distressed Investing" (vgl. Mitter (2006), S. 141; Richter (2006), S. 9 ff.), „Bankruptcy Investing" (vgl. Branch/Ray (2002), S. 33 ff.), „Turnaround Investing" (vgl. Kraft (2001), S. 74; Gilson (1995), S. 8), „Vulture Investing" (vgl. Deibert/Schellenberger (1998), S. 434; Mitter (2004), S. 593.), „Workout Investing" (vgl. Mueller (1997), S. 8 ff.) behandelt.

404 Eine Übersicht hierzu findet sich bei Kucher/Meitner (2004a), S. 713 ff.

405 Vgl. Daynes/Schalast (2006), S. 282 f.; Gilson (1995), S. 11; Hornberg (2006), S. 95 f.; Kudla (2005), S. 153; Damnitz/Rink (2006), S. 50 f.; Richter (2006), S. 16, 29 ff. Nicht damit zu verwechseln ist die Unterscheidung aktiver und passiver Anlagestrategien von (Aktien-)Fonds, die sich auf kotierte Wertpapiere beziehen und als Unterscheidungsmerkmal die Kongruenz des gemanagten Fonds im Vergleich zum Markt heranziehen. Dort werden Fonds, die den Markt abbilden und deren Zusammensetzung am Marktindex orientiert ist, als passiv bezeichnet; Fonds vom Marktindex abweichen, um eine höhere Rendite als der Markt zu erzielen, werden als aktive Fonds bezeichnet. Zur Charakteristik von aktiven und passiven Anlagestrategien vgl. bspw. Balk (2006), S. 149 ff.; John (2003), S. 522 f.

4.1.1.1 Aktive Investitionsstrategien

Aktive Investitionsstrategien zeichnen sich durch den Versuch der Investoren aus, auf die Unternehmensführung bzw. die Restrukturierung Einfluss zu nehmen.[406] Die Einflussnahme kann sich dabei von rein strategischen Bereichen bis hin zur Steuerung des täglichen Geschäfts erstrecken.[407] Um die Einflussnahme zu sichern, wird in der Regel die Kontrolle über das Krisenunternehmen angestrebt. Dies kann durch die Übernahme eines Mehrheitsanteils geschehen, indem ein Anteil von über 50 % des stimmberechtigten Eigenkapitals direkt oder indirekt erworben wird.[408] Eine Alternative zu Mehrheitsbeteiligungen ist die Übereinkunft oder Abstimmung mit anderen Kapitalgebern, z. B. im Rahmen einer Syndizierung, bei der sich mehrere Investoren an einem Unternehmen beteiligen.[409] Eine weitere Möglichkeit zur Sicherung der Einflussnahme sind entsprechende vertragliche Vereinbarungen.[410] Unterstützend oder ergänzend können personelle Veränderungen in der Unternehmensführung, in den Aufsichtsorganen oder weiteren Schlüsselpositionen im Unternehmen durchgeführt werden und eigene Manager eingebracht werden, die das Vertrauen der Investoren genießen.[411]

4.1.1.2 Passive Investitionsstrategien

Bei passiven Investitionsstrategien nehmen Investoren keinen Einfluss auf die Unternehmensführung, sondern versuchen, Markteffizienzen zu erkennen und durch entsprechende Handelsstrategien auszunutzen, indem sie in fehlbewertete Wertpapiere von Krisenunternehmen investieren, um von der erwarteten (Kurs-)Korrektur zu profitieren.[412] Kapitalmarktineffizienzen können bspw. durch Überreaktionen auf negative Unternehmensnachrichten auftreten. Sie werden nicht zuletzt dadurch begünstigt, dass das Interesse von Analysten an Krisenunternehmen mit zunehmendem Krisenstadium abnimmt.[413] Als Ausprägungen von passiven Investitionsstrategien werden der (i) Buy-and-Hold-Ansatz, der (ii) ereignisbezogene Ansatz und der (iii) Kapitalstruktur-Arbitrage-Ansatz genannt.[414]

---

406 Vgl. Gilson (1995), S. 11; Liebler/Schiereck/Schmid (2004), S. 651 f.; Schalast/Daynes (2005), S. 25.
407 Vgl. Kraft (2001), S. 87.
408 Vgl. Piehler (2007), S. 4, und dort aufgeführte Quellen.
409 Zur Syndizierung als Kooperationsform in der Private-Equity-Praxis vgl. Friedrich (2005), S. 18 ff.
410 Vgl. hierzu die Ausführungen in Kapitel 5.3.5.1. Zur Vertragsgestaltung beim Management von Minderheitsbeteiligungen vgl. Neukirchen (1996), S. 59 ff.
411 Vgl. Hotchkiss/Mooradian (1997), S. 401 ff. und die Ausführungen im späteren Verlauf dieser Arbeit.
412 Vgl. für eine Erläuterung von Kapitalmarktineffizienzen Brealey/Myers (2000), S. 354 ff.
413 Zur Analystencoverage bei Krisenunternehmen vgl. Gilson/Hotchkiss/Ruback (1998), S. 21 ff.
414 Vgl. Hilpold/Kaiser (2005), S. 67; Liebler/Schiereck/Schmid (2004), S. 652; Richter (2006), S. 34.

Beim eher langfristigen Buy-and-Hold-Ansatz kauft der Investor unterbewertete Anteile und wartet ab, bis der Markt die Fehlbewertung erkennt und korrigiert.[415] Beim ereignisbezogenen Investitionsansatz setzt der Investor auf kurzfristige zukünftige Ereignisse, wozu z. B. erfolgreiche Restrukturierungen gehören, die die Wertentwicklung seiner Investitionen günstig beeinflussen.[416] Beim Kapitalstruktur-Arbitrage-Ansatz versucht der Investor, vorübergehende relative Fehlbewertungen zwischen zwei Kapitalanteilen eines Krisenunternehmens auszunutzen, unabhängig von deren „intrinsischen" Werten. Durch den gleichzeitigen Kauf der (relativ) unterbewerteten Unternehmensanteile und Verkauf der (relativ) überbewerteten Anteile können Arbitragemöglichkeiten genutzt werden.[417]

4.1.2 Differenzierung nach Art des erworbenen Distressed Capitals

Ein weiteres Differenzierungskriterium des Distressed Investing ist die Art der Kapitalbeteiligung. Diese Beteiligung kann entweder über den Erwerb von Eigenkapital (Distressed Equity), Fremdkapital (Distressed Debt) oder über einen „Debt-Equity Swap" erfolgen, bei dem der Investor zunächst Fremdkapital erwirbt und dieses zu einem späteren Zeitpunkt in Eigenkapital wandelt.[418]

4.1.2.1 Distressed Debt

Als „Distressed Debt" wird das Fremdkapital notleidender Unternehmen bezeichnet. Eine allgemein gültige Klassifizierung, nach der ein Unternehmen als „notleidend" bzw. seine Verbindlichkeiten[419] als „distressed" zu bezeichnen sind, liegt nicht vor.[420] Als Kriteri-

---

415 Vgl. Aichholzer/Petzel (2003), S. 11; Richter (2006), S. 34. Aufgrund zunehmender Effizienz der Märkte wird erwartet, dass der Buy-and-Hold-Ansatzes an Bedeutung verliert, vgl. Hilpold/Kaiser (2005), S. 67; Gilson (1995), S. 11, u. S. 19 f., wo auf entsprechende empirische Studien verwiesen wird.

416 Vgl. Liebler/Schiereck/Schmid (2004), S. 652; Richter (2006), S. 34.

417 Das folgende Beispiel von ANSON soll die Funktionsweise eines Arbitrage-Geschäfts verdeutlichen: Ein Hedgefonds-Manager kauft Anleihen eines Krisenunternehmens, die er (im Vergleich zu den Aktien) für zu günstig hält und verkauft Aktien desselben Krisenunternehmens leer, die er folglich (im Vergleich zu den Anleihen) für zu teuer hält. Verschlechtert sich die Lage des Unternehmens, fallen die Anleihen, die Aktien werden aber noch stärker im Wert verlieren, und der Hedgefonds-Manager kann die Aktien zu einem niedrigeren Kurs zurückkaufen, vgl. Anson (2002), S. 14. Für ein ausführlicheres, mit Zahlen hinterlegtes Beispiel zur Capital Structure Arbitrage vgl. Altman/Hotchkiss (2006), S. 193 ff.

418 Zu den Beteiligungsmöglichkeiten an Krisenunternehmen vgl. Damnitz/Rink (2006), S. 59 ff.

419 Es hat sich die Sichtweise der Schuldner eingebürgert, aus Sicht der Gläubiger müsste es *Forderungen* heißen, vgl. Kestler/Striegel/Jesch (2006), S. 9.

420 Vgl. Schuppener (2006), S. 11.

um wird sich häufig der Wahrscheinlichkeiten bedient, mit der ein Unternehmen seinen Zahlungsverpflichtungen nachkommen kann. So schlägt RICHTER bspw. vor, eine Verbindlichkeit dann als „distressed" zu bezeichnen, „wenn mit der vollständigen Tilgung bzw. Zahlung von Zinsen und Provisionen nicht mehr gerechnet werden kann".[421] Als Kriterien zur Operationalisierung der Wahrscheinlichkeit lassen sich in der Literatur mehrere Kriterien finden:

- Der Marktwert beträgt weniger als 80 %[422] bzw. 90 %[423] des Nennwertes.
- Die Risikoprämie liegt über 10 %.[424]
- Die Ausfallwahrscheinlichkeit, bezogen auf ein Jahr, beträgt mindestens 10 %.[425]
- Das Rating ist mit „C" oder schlechter klassifiziert worden.[426]

Häufig wird Distressed Debt in Sub-Performing Debt und Non-Performing Debt unterteilt. Als Non-Performing Debt werden Verbindlichkeiten bezeichnet, bei denen der Vertrag entweder gekündigt ist oder die Voraussetzungen zur Kündigung vorliegen.[427] Als Sub-Performing Debt ist jenes Distressed Debt zu bezeichnen, das im Umkehrschluss nicht als Non-Performing bezeichnet wird. Bei Sub-Performing Debt besteht lediglich eine hohe Wahrscheinlichkeit des Vertragsbruches, da dieser selbst aber (noch) nicht erfolgt ist, liegt folglich auch keine Kündigungsvoraussetzung vor. Die Voraussetzung zur Kündigung eines Kreditvertrags seitens eines Gläubigers ist dann gegeben, wenn der Schuldner seinen vertraglichen Verpflichtungen gegenüber dem Gläubiger nicht nachkommt.[428] Zu den Verpflichtungen des Schuldners zählen i. d. R. die fristgemäße Zahlung der Zinsen und die Rückzahlung der Verbindlichkeit am Ende der Vertragslaufzeit, aber auch die Einhaltung sog. Covenants, bei denen sich der Schuldner verpflichtet, bestimmte Auflagen zu erfüllen.[429]

---

421 Richter (2006), S. 12.
422 Vgl. Liebler/Schiereck/Schmid (2004), S. 650, und dort aufgeführte Quellen.
423 Vgl. Altman/Hotchkiss (2006), S. 185.
424 Dies betrifft vor allem Anleihen. Die Risikoprämie (Credit Risk Spread) stellt den von Investoren geforderten Aufschlag dar, der als Differenz zwischen der Rendite risikobehafteter Unternehmensanleihen und der Rendite einer risikolosen Anlage dargestellt wird. Als risikolose Anlagen gelten bspw. US-Staatsanleihen (z. B. 10-year US-Treasuries), vgl. Altman/Hotchkiss (2006), S. 185.
425 Vgl. Schuppener (2006), S. 11. Bei einer Ausfallwahrscheinlichkeit dieser Höhe liegt das Rating in der Regel bei B- oder darunter, vgl. auch Tabelle 2.4.
426 Vgl. Liebler/Schiereck/Schmid (2004), S. 650. Das Rating wird als Kriterium kritisch betrachtet, da es zum einen nicht immer vorliegt zum anderen nicht immer die nötige Aktualität aufweist, vgl. Richter (2006), S. 14.
427 Vgl. Richter (2006), S. 12.
428 Nach dem Baseler Ausschuss für Bankenaufsicht gelten Kredite als ausgefallen (und somit als nonperforming), wenn Zins- und Tilgungsleistung 90 Tage oder länger rückständig sind, vgl. Schuppener (2006), S. 11.
429 Zu Covenants vgl. Kudla (2005), S. 29 f.

4.1.2.2 Distressed Equity

Unter Distressed Equity werden Eigenkapitalbeteiligungen an Krisenunternehmen verstanden. Im Gegensatz zum Distressed Debt lassen sich in der Literatur keine Kriterien finden, anhand derer Eigenkapital als „distressed" klassifiziert werden kann. Stattdessen wird in der Literatur mit dem „Share-Deal" und dem „Asset-Deal" auf die beiden grundsätzlichen Erwerbsmöglichkeiten von Distressed Equity eingegangen.[430] Beim *Share-Deal* erwirbt der Käufer Anteile am Unternehmen bzw. seines Rechtsträgers.[431] Rechtsträger können juristische Personen (z. B. GmbH, AG), Personengesellschaften (z. B. OHG, KG, GmbH & Co. KG) oder Einzelunternehmen sein.[432] Das Unternehmen wird als solches mit seinen Wirtschaftsgütern und Verbindlichkeiten durch die Transaktion nicht berührt.[433] Beim *Asset-Deal* hingegen erwirbt der Käufer keine Gesellschaftsanteile, sondern einzelne Vermögensgegenstände.[434] Dabei stellt der Transaktionsgegenstand alle oder bestimmte Vermögensgegenstände und eventuell damit verbundene Verbindlichkeiten von Krisenunternehmen dar.[435]

Ob ein Unternehmen bzw. Teile davon in Form eines Asset-Deals oder eines Share-Deals erworben werden, hat sowohl für Käufer als auch Verkäufer von Unternehmen weitreichende steuerliche und rechtliche Konsequenzen,[436] die zu Interessengegensätzen zwischen beiden Parteien führen können.[437] So sind gewährleistungs- und haftungsrechtliche Aspekte durch entsprechende Ausgestaltung des Unternehmenskaufvertrags zu berücksichtigen, z. B. durch die Vereinbarung von Garantien.[438] Des Weiteren sind bei Unternehmen in einem fortgeschrittenen Krisenstadium besondere insolvenzrechtliche Regelungen zu beachten.[439]

---

430 Wobei in der Praxis häufig Kombinationen von Share- und Asset-Deals zu finden sind, vgl. Achleitner/Fingerle (2003), S. 12.

431 Vgl. Lucks/Meckl (2002), S. 24; Picot (2005), S. 139 f.

432 Vgl. Picot (2004), S. 33.

433 Vgl. Picot (2004), S. 33 f.; Ott/Göpfert (2005), S. 31 u. S. 96 ff.

434 Vgl. Mitter (2006), S. 304 f.; Ott/Göpfert (2005), S. 36, u. S. 103 ff.; Richter (2005), S. 222 sowie ausführlich zur rechtlichen Form der Übernahme Spielberger (1996), S. 198 ff.

435 Vgl. Lucks/Meckl (2002), S. 24; Picot (2005), S. 139; Pflügl (2004), S. 740 f.; Richter (2005), S. 222.

436 Vgl. hierzu bspw. Haarmann/Wildberger (2006), S. 185 f.

437 Zu einer Beschreibung des daraus resultierenden Interessenkonfliktes vgl. weiterhin Löffler (2005), S. 385 ff.; zur steuerlichen Strukturierung von Transaktionen vgl. Eilers (2005), S. 69 ff.

438 Die für die Haftung bisher bestehende Unterscheidung, inwieweit mit dem Asset- oder Share-Deal ein Sach- oder Rechtskauf vorlag, ist jedoch nicht mehr von Bedeutung, vgl. Picot (2005), S. 140.

439 Vgl. hierzu Menke (2006), S. 216 ff.; Lerche (2004), S. 365 ff.; Pflügl (2004), S. 727 ff. Bei diesen Regelungen handelt es sich um die umstrittensten Rechtsfragen bei der Verhandlung von Unternehmenskaufverträgen, vgl. Picot (2004), S. 118.

4.1.2.3 Debt-Equity Swap

Der Debt-Equity Swap bezeichnet die Umwandlung (Swap) von Fremd- in Eigenkapital. Bilanztechnisch stellt der Debt-Equity Swap eine Kapitalerhöhung dar, bei der der Investor seine Forderungen als Sacheinlage in die Gesellschaft einbringt.[440] Da hierdurch die Eigentumsanteile der Altaktionäre verwässert werden, stehen ihnen Bezugsrechte auf die neu geschaffenen Anteile zu.[441] Ein kritischer Faktor ist die Werthaltigkeit der Sacheinlage, die vor dem Einbringen zum Zweck der Festsetzung ihrer Höhe zu bestimmen ist.[442] Stellt sich eine als Sacheinlage eingebrachte Forderung später als zu hoch bewertet dar, kann dies zu einer Haftung seitens des Investors führen, die ihn dann zu einer Bareinlage der Differenz verpflichtet.[443]

Diese Vorgehensweise kann sowohl für den Investor als auch für das Krisenunternehmen von Vorteil sein. Der Investor erwirbt die Forderungen aufgrund der Krisensituation i. d. R. mit einem Abschlag vom Nennwert.[444] Durch die Umwandlung in Eigenkapital kann der Investor als Neugesellschafter auf die Restrukturierung Einfluss nehmen und somit in einem höheren Maße an der Unternehmenswertsteigerung partizipieren, als es ihm als Fremdkapitalgeber möglich gewesen wäre.[445]

Das Krisenunternehmen verbessert durch den Passivtausch seine Eigenkapitalquote. Im Fall einer Unterbilanz, bei der die Verbindlichkeiten des Unternehmens größer sind als dessen Vermögen (negatives Eigenkapital), kann diese beseitigt oder zumindest vermindert werden und somit eine drohende Insolvenz durch Überschuldung verhindert werden.[446] Zudem kommt es durch den Entfall der Verpflichtung zur Zahlung von Zinsen zu einem indirekten Liquiditätseffekt.[447] Als weiterer positiver Effekt wird ein steigendes Vertrauen anderer Gläubiger, Lieferanten und Kunden und weiterer Stakeholder in das Unternehmen genannt.[448]

---

440 Der Kapitalerhöhung geht in der Regel ein Kapitalschnitt durch eine vereinfachte Kapitalherabsetzung voraus. Dadurch kann eine Unterbilanz vermieden und die interessengerechte Verteilung der Beteiligungsverhältnisse zwischen Altgesellschaftern und Investor ermöglicht werden, vgl. Ott/Göpfert (2005), S. 140 ff.

441 Das Fehlen erforderlicher Mehrheiten kann zu langwierigen juristischen Auseinandersetzungen und damit zum Scheitern einer zügigen Restrukturierung führen, vgl. Aldenhoff/Kalisch (2006), S. 884.

442 Vgl. Kestler/Striegel/Jesch (2006), S. 30.

443 Zur sogenannten Differenzhaftung vgl. Grell/Demisch (2006), S. 34.

444 Der Nennwert bezeichnet den Betrag, auf den der Gläubiger Anspruch hat.

445 Vgl. Buth/Hermanns/Janus (2004), S. 274; Jozefowski (1985), S. 120 f.

446 Vgl. Böckenförde (1996), S. 161 f.; Buth/Hermanns/Janus (2004), S. 274.

447 Vgl. Pernsteiner (2006), S. 365 f.

448 Vgl. Buth/Hermanns/Janus (2004), S. 274.

4.2 Charakteristika von Distressed Securities

Im Folgenden wird ein Überblick über die Märkte für Krisenunternehmen gegeben, indem auf die aktuelle Marktgröße und -entwicklung, das Rendite-Risiko-Profil, die Korrelation zu anderen Anlageklassen und weitere Charakteristika des Marktes eingegangen wird.

4.2.1 Aktuelle Marktgröße und -entwicklung

Nachfolgend wird in Anlehnung an die im vorherigen Abschnitt unternommene Unterteilung zunächst der Markt für notleidende Unternehmensverbindlichkeiten (Corporate Distressed Debt) und anschließend der Markt für Eigenkapitalbeteiligungen an notleidenden Unternehmen (Corporate Distressed Equity) betrachtet. Dabei werden Größe und Entwicklung der deutschen Märkte den bereits sehr viel weiter entwickelten Märkten in den USA gegenübergestellt.[449]

4.2.1.1 Markt für Corporate Distressed Debt

Der größte und am weitesten entwickelte Markt für Distressed Securities befindet sich in den USA. Der Gesamtmarkt für Distressed Debt hat nach den Untersuchungen von ALTMAN, wie Abbildung 4.1 auf der nächsten Seite zeigt, 2002 seinen vorläufigen Höhepunkt gefunden, als im Zuge der New Economy Unternehmensverbindlichkeiten in Höhe von fast einer 1 Billion USD notleidend waren und am Markt nur noch für die Hälfte ihres Nennwertes gehandelt wurden. Im Zuge der anziehenden Konjunktur hat sich das Distressed-Debt-Volumen bis zum Jahre 2006 auf ca. 627 Mrd. USD reduziert. Davon entfielen ca. 20 % auf Bankkredite (Distressed Corporate Loans) und ca. 80 % auf Unternehmensanleihen (Distressed Corporate Bonds).[450]

Das in Deutschland ausstehende Volumen von Corporate Distressed Loans für das Jahr 2005 wird auf 30 bis 60 Mrd. EUR geschätzt,[451] das Volumen von Distressed Corporate

---

449 Die Marktgröße wird nachfolgend anhand des ausstehenden Volumens an Distressed Securities bestimmt. Alternative kann auch das Handelsvolumen als Bestimmungsgröße dienen, vgl. Richter (2006), S. 80 f.
450 Vgl. Altman/Swanson (2007), S. 18. Die Berechnung erfolgte auf Basis von Marktwerten.
451 Diese Zahl leitet sich ab aus den Aktiva deutscher Banken, die im Jahre 2006 6,6 Bio. EUR betrugen, wovon etwa 2,5 Bio. EUR Kredite an Unternehmen und Privatpersonen darstellen. Davon ausgehend, dass 5 bis 10 % des Volumens als notleidend einzustufen sind, kann von einem Wert von 124 bis 248 Mrd. EUR ausgegangen werden. Diese Schätzung liegt in der Bandbreite anderer Expertenschätzungen, die von 100 bis 320 Mrd. EUR Distressed Debt ausgehen, vgl. Krystek/Moldenhauer (2007), S. 187. Auf Unternehmen entfallen davon 1,15 Bio. EUR, so dass etwa 57-115

4 Investitionen in Krisenunternehmen

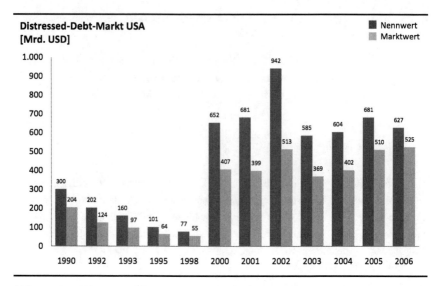

Abb. 4.1: Entwicklung des US-Corporate-Distressed-Debt-Marktes 1990-2006
Quelle: Eigene Darstellung in Anlehnung an Altman/Hotchkiss (2006), S. 184.
Datenquellen: Altman (1998), S. 4; Altman/Pompeii (2003), S. 162; Altman (2003), S. 45; Altman/Hotchkiss (2006), S. 186; Altman (2007), S. 30

Bonds betrug nach Recherchen von RICHTER zur Mitte des Jahres 2005 etwa 622 Mio. EUR.[452] Ein aktiver Markt mit Angebot und Nachfrage ausgleichenden Transaktionen hat sich jedoch erst vor einigen Jahren entwickelt.[453] Der Handel mit Distressed Loans begann in Deutschland im Jahr 2003, als notleidende Kredite mit einem Marktwert von 3 Mrd. EUR transferiert wurden.[454] Als Marktteilnehmer traten dabei auf der Verkäuferseite vor allem kreditgebende Banken auf, die sich im Rahmen einer Portfoliobereinigung von Risiken trennen wollten. Käufer waren meist angelsächsische Hedgefonds und Investmentbanken, die im Kauf und in der Verwertung notleidender Kredite bereits in ihren Heimatländern Erfahrungen sammeln konnten. Waren es anfangs Immobilienkredite, die im Rahmen von Portfolio-Transaktionen verkauft wurden, wird davon ausgegangen, dass zum einen Einzel-Transaktionen und zum anderen Unternehmenskredite an Bedeutung ge-

---

Mio. EUR an notleidenden Unternehmenskrediten vorliegen. Für Investoren sind jedoch nur der Mittelstand und Großbetriebe interessant, die an den Krediten einen Anteil von 30 bzw. 20 % haben, so dass sich die besagten 30 bis 60 Milliarden ergeben. Für die Herleitung vgl. Richter (2006), S. 89 ff.

452 Vgl. Richter (2006), S. 88 f. Nach einer Untersuchung von MOODY'S sind zwischen Januar 1985 und May 2002 lediglich 5 Unternehmensanleihen mit einem Nennwert von 572 Mio. EUR ausgefallen, vgl. Hamilton (2002), S. 18 f.
453 Eine Übersicht zu Transaktionen findet sich bei Froitzheim/Froitzheim (2006), S. 19 ff.
454 Vgl. Schuppener (2006), S. 12.

4.2 Charakteristika von Distressed Securities

winnen werden.[455] Nach RICHTER wurden zwischen Januar 2003 und Juli 2005 insgesamt etwa 5,5 Mrd. EUR an Corporate Distressed Debt transferiert, davon 3,9 Mrd. im Rahmen von Portfolio-Transaktionen und 1,9 Mrd. EUR im Rahmen von Einzel-Transaktionen.[456] Es bleibt jedoch abzuwarten, inwieweit es sich hierbei um eine „Bugwelle" handelt, mit der die über die letzten Jahre aufgelaufenen notleidenden Kredite veräußert wurden, und die in den nächsten Jahren abflacht, oder ob es sich um das Entstehen eines neuen Marktes handelt.[457]

4.2.1.2 Markt für Corporate Distressed Equity

Zu den Distressed-Equity-Märkten liegen keine den Distressed-Debt-Märkten vergleichbaren Informationen vor.[458] Distressed Equity gestaltet sich nicht zuletzt aufgrund der, wie weiter oben bereits angesprochen, nicht vorhandenen klaren Bestimmung von Distressed Equity als schwierig, da es ein vergleichbares Kriterium wie die Vertragserfüllung bei Fremdkapital aufgrund des Residualanspruchscharakters von Eigenkapital nicht gibt.[459] Lediglich bei KUCHER findet sich eine Schätzung, nach der sich das Marktpotential von Distressed Equity in Deutschland auf 12,5 bis 18,75 Mrd. EUR beläuft.[460]

Einen zusammenfassenden Überblick über die angesprochenen Größen der Distressed-Securities-Märkte in den USA und Deutschland gibt Tabelle 4.1.

	Distressed Equity		Distressed Debt	
	USA (in Mrd. USD)	Deutschland** (in Mrd. EUR)	USA (in Mrd. USD)	Deutschland (in Mrd. EUR)
Private	k.A.	k.A.	452,7	30 - 60
Public	k.A.	k.A.	174,1	0,6*
Summe	k.A.	12,5 - 18,75	626,8	30,6 - 60,6

Tab. 4.1: Marktvolumen von Distressed Securities in den USA und Deutschland
Quellen: Altman (2007), S. 18; Kucher (2006), S. 237; Richter (2006), S. 89 u. 91
* Nominalvolumen Stand Juli 2005, vgl. Richter (2006), S. 89
** Angaben gelten für das Jahr 2005, vgl. Kucher (2006), S. 235 ff.

---

455 Vgl. Daynes/Schalast (2006), S. 273. Zu einer Beschreibung von einzelnen Transaktionsarten vgl. Damnitz/Rink (2006), S. 47.
456 Vgl. Richter (2006), S. 96 f.
457 Vgl. Daynes/Schalast (2006), S. 273.
458 Vgl. Mitter (2006), S. 143; Kudla (2005), S. 151.
459 Vgl. hierzu die Ausführungen in Kapitel 2.
460 Für Herleitung und Annahmen vgl. Kucher (2006), S. 235 ff.

4.2.2 Rendite-Risiko-Profil

Wie bereits besprochen, zeichnen sich Unternehmenskrisen unter anderem durch die Ambivalenz ihres Ausgangs aus.[461] Der Erwerb von Eigen- oder Fremdkapitalanteilen an einem Krisenunternehmen ist daher unter Investitionsgesichtspunkten aufgrund dieser Ambivalenz mit einem hohen Risiko verbunden. Wie im Rahmen der Investitionsperspektive seitens der Kapitalgeber behandelt, wird für das erhöhte Risiko eine entsprechend höhere Rendite als Risikoprämie erwartet.[462] Um Rendite und Risiko eines Marktes zu bestimmen, bieten sich Indizes an, die die Kurs- oder Performance-Entwicklung der in ihnen enthaltenen Wertpapiere repräsentieren und einen Markt oder eine Strategie möglichst breit abdecken.[463] In Abbildung 4.2 ist das Rendite-Risiko-Profil von Distressed-Securities-Indizes im Vergleich zu traditionellen Indizes dargestellt.

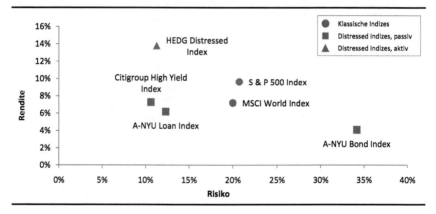

Abb. 4.2: Risiko und Rendite von Distressed Investments im Vergleich (Zeitraum 1996-2004)
Quelle: Eigene Darstellung
Datenquellen: Schalast/Daynes (2005), S. 12 ff.; Altman/Hotchkiss (2006), S. 209 ff.

Die traditionellen Anlagekategorien werden hier durch den S&P 500 Index und den MSCI World Index repräsentiert. Der S&P 500 bildet die Kursentwicklung der 500 börsenkotierten, US-amerikanischen Unternehmen mit der größten Marktkapitalisierung ab und repräsentiert damit etwa 75 % des US-amerikanischen Aktienmarktes.[464] Der MSCI World Index repräsentiert die Wertentwicklung von etwa 1.500 börsenkotierten Unternehmen aus etwa 20 Ländern.[465]

---

461 Vgl. Kapitel 2.1.
462 Vgl. Kapitel 3.1.2.
463 Vgl. Kleeberg (1991), S. 1 ff.
464 Vgl. für die Zusammensetzung und weitere Informationen Standard & Poor's (2007), S. 1 ff.
465 Vgl. zur Methodologie MSCI Barra (2007), S. 1 ff.; zur Beschreibung von Aktienindizes vgl. Klee-

4.2 Charakteristika von Distressed Securities

Die Distressed-Asset-Anlagekategorien werden durch den A-NYU Bond Index, den A-NYU Loan Index, sowie den HEDG Distressed Index dargestellt. Der Altman-NYU Salomon Center Defaulted Bond Index (A-NYU Bond Index) wird vom Salomon Center der New York University Stern School of Business seit 1990 monatlich berechnet. Aufgenommen werden dort US-amerikanische Anleihen vom Zeitpunkt ihres Ausfalls bis zur Beendigung des Chapter-11-Verfahrens, der Liquidation oder sonstiger Wegfallgründe.[466]

Analog dazu wurde im Jahre 1996 der Altman-NYU Salomon Center Defaulted Bank Loan Index (A-NYU Loan Index) entwickelt, der zum Jahresende 2004 45 Emissionen von 26 Firmen enthielt, die einen Nominalwert von 22,9 Mrd. USD und einen Marktwert von 18,2 Mrd. USD aufwiesen.[467]

Der HEDG Distressed Index des Indexanbieters CREDIT SUISSE / TREMONT bildet im Vergleich zu den genannten Indizes nicht sämtliche Wertpapiere eines Marktes, sondern die Wertentwicklung von Hedgefonds, die in Distressed Securities investieren, ab.[468]

Wie Abbildung 4.2 auf der vorherigen Seite zeigt, weist der HEDG Distressed Index das beste Risiko-Rendite-Profil auf. Seine Überlegenheit gegenüber den NYU-Distressed-Indizes lässt sich auf die bewusste Auswahl von Titeln zurückführen, die in diesem Markt einen erheblichen Einfluss auf die Rendite und das Risiko der Investitionen hat.[469] Dies wird auch von anderen Untersuchungen bestätigt. So zeigen beispielsweise HRADSKY / LONG in ihrer Studie von 1989, dass mit der Auswahl von Titeln, deren Ausfall 6-24 Monate zurückliegt, eine höhere Rendite erzielt werden kann als mit einer Investition in Titel, die innerhalb der letzten 6 Monate ausgefallen sind.[470] ALTMAN zeigt, dass durch die gezielte Negativauswahl von Titeln mit einer hohen Ausfallwahrscheinlichkeit eine jährliche Rendite von 21 % erreicht werden kann.[471]

---

berg (1991), S. 15 ff.; Wetzel/von Rosen (2000), S. 1 ff.

466 Zum Jahresende 2004 waren in dem Index 104 Emissionen von 54 Unternehmen mit einem Nominalwert von 32,1 Mrd. USD und einem Marktwert von 16,9 Mrd. USD enthalten, vgl. Altman/ Hotchkiss (2006), S. 203 ff.

467 Vgl. Altman/Hotchkiss (2006), S. 203 ff. Ab demselben Zeitpunkt ist auch der Altman-NYU Salomon Center Combined Defaulted Securities Index (A-NYU Index) verfügbar, der sowohl Anleihen als auch Bankkredite enthält.

468 Vgl. zu weiteren Informationen http://www.hedgeindex.com.

469 Vgl. Richter (2006), S. 67 ff. Gleichzeitig muss jedoch auch auf die bei Hedgefonds-Indizes im Vergleich zu Aktienindizes eingeschränkte Aussagekraft hingewiesen werden. Diese resultiert hauptsächlich aus der Tatsache, dass die Hedgefonds ihre Daten auf freiwilliger Basis melden, was insgesamt zu einer Überschätzung der Performance von Hedgefonds führt, vgl. Österreichische Finanzmarktaufsicht (2005), S. 30; Heidorn/Hoppe/Kaiser (2006), S. 573 ff.

470 Vgl. Hradsky/Long (1989), S. 38 ff.

471 Vgl. Altman (1999), S. 63 ff.; Schalast/Daynes (2005), S. 14.

4.2.3 Korrelation mit anderen Anlageklassen

Wie bereits im Rahmen der Portfoliotheorie erläutert,[472] hängt die Entscheidung, ob und in welcher Größenordnung ein Investor ein Investment in eine Anlageklasse vornimmt,[473] neben dem Risiko-Rendite-Profil von der Korrelation der Anlageklasse mit anderen Anlageklassen ab, die sich im Portfolio des Investors befinden.[474] Für die Altman Distressed Indizes sind die Korrelationen in nachfolgender Tabelle 4.2 aufgeführt:

	Altman Loan Index	S&P 500 Index	Citigroup Bond Index	10-Year T-Bond	Altman Bond Index
Altman Loan Index	100,00	−0,90	44,69	−19,64	61,09
S&P 500 Index		100,00	49,48	−16,67	24,18
Citigroup Bond Index			100,00	−6,49	63,69
10-Year T-Bond				100,00	−25,57
Altman Bond Index					100,00

Tab. 4.2: Korrelationen der Altman Distressed Indizes (1996-2004, monatlich)
Quelle: Eigene Darstellung
Datenquelle: Altman/Hotchkiss (2006), S. 215

Hier zeigt sich, dass Anlagen in Defaulted Bonds oder Bank Loans kaum mit klassischen Anlageformen wie Aktien (gemessen am S&P 500 Index) und Anleihen (repräsentiert durch den 10-jährigen Treasury-Bond) mit Werten von unter 25 % korreliert sind.[475]

Damit scheinen sich Distressed Securities als Beimischung von entsprechend großen Portfolios zu eignen. Nach Schätzungen der Unternehmensberatung MCKINSEY kann die Rendite eines Portfolios durch die Hinzunahme von Distressed Debt in Höhe von 1-2 % des Portfoliowertes bei gleichbleibender Volatilität und unter der Annahme gleichbleibender Korrelationen um mehr als 10 bis 20 Basispunkte (0,1 bis 0,2 Prozentpunkte) erhöht werden.[476]

---

472 Vgl. hierzu die Ausführungen in Kapitel 3.1.2.2.
473 Unter einer Anlageklasse werden hier Anlageobjekte mit ähnlichen Eigenschaften verstanden.
474 Für eine detaillierte Analyse vgl. Altman/Hotchkiss (2006), S. 212 ff.
475 Mit Korrelationswerten von ca. 60 % lässt sich lediglich eine moderate Korrelation zwischen dem Distressed HEDG Index mit dem MSCI World Index konstatieren. Diese Angabe bezieht sich, abweichend von dem in der Tabelle genannten Zeitraum, auf die Jahre 1994-2005, vgl. Österreichische Finanzmarktaufsicht (2005), S. 39.
476 Vgl. Buehler/D'Silva/Wang (2003), S. 23.

4.2.4 Weitere Charakteristika des Marktes

Die hohen Renditen, die mit gezielten Investitionen in notleidende Unternehmen erzielt werden können, sind auch auf die Unvollkommenheit eines kleinen Marktes zurückzuführen, der sich durch ein hohes Maß an Intransparenz und Illiquidität auszeichnet. Damit sind diese Marktcharakteristika denen des Private-Equity-Marktes ähnlich,[477] erhalten durch die Krisensituation aber eine besondere Bedeutung, auf die nachfolgend kurz einzugehen sein wird.[478]

Die Intransparenz bezieht sich auf Investoren, Veräußerern von Anteilen an Krisenunternehmen und Krisenunternehmen selbst. Investoren sind häufig öffentlich nicht bekannt und haben beim Kauf von Krisenunternehmen auch nur ein geringes Interesse an der Offenlegung ihrer Aktivitäten. Veräußerer von Anteilen an Krisenunternehmen haben zwar zur Erzielung eines höheren Preises grundsätzlich ein größeres Interesse an mehreren Bietern und damit an mehr Transparenz, sind aber insbesondere im Bereich des Distressed Debt an Vertraulichkeitsregelungen gebunden. Krisenunternehmen selbst sind zum einen, insbesondere wenn sie nicht börsennotiert sind, schwer zu identifizieren und zum anderen sind die Informationen, die über sie vorliegen, oft unzuverlässig oder schnell veraltet.[479]

Weiterhin zeichnet sich der Markt durch hohe Illiquidität aus, bedingt durch die geringe Anzahl an Marktteilnehmern (Käufer und Verkäufer) und der geringen Anzahl an Investitions- bzw. Handelsobjekten (Krisenunternehmen). Viele Investoren und Private-Equity-Gesellschaften scheuen das Risiko von Investitionen in Krisenunternehmen, da sie nicht über das erforderliche Fachwissen und die Erfahrung verfügen oder ihnen solche Investitionen nach den Anlagerichtlinien untersagt sind.[480] In Verbindung mit dem Handlungsdruck auf Seiten des Verkäufers handelt es sich bei diesem Markt um einen Käufermarkt.[481]

---

477 Vgl. hierzu die Ausführungen in Kapitel 3.2 sowie speziell zur Illiquidität Lerner/Schoar (2006), S. 43 ff.
478 Vgl. Kraft (2001), S. 75 ff.
479 Vgl. Richter (2006), S. 70; Kudla (2004), S. 151.
480 Vgl. Kraft (2001), S. 76, und dort aufgeführte Quellen.
481 Vgl. Kudla (2005), S. 152.

4.3 Distressed-Investing-Prozess

Der Prozess von Investitionen in Krisenunternehmen unterscheidet sich grundsätzlich nicht vom allgemeinen Private-Equity-Investitionsprozess.[482] Die nachfolgenden Ausführungen orientieren sich deshalb an dem in Abbildung 4.3 dargestellten Gesamtmodell, das an die bestehenden Modelle zum Ablauf von Private-Equity-Investitionen angelehnt ist,[483] jedoch in der Beschreibung der Phasen auf die Besonderheiten von Investitionen in Krisenunternehmen eingeht. Wie in Abbildung 4.3 dargestellt, gliedert sich der Investitionsprozess in fünf Phasen:[484]

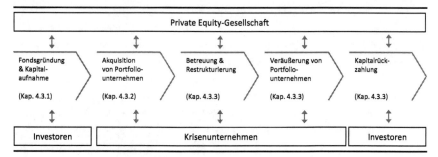

Abb. 4.3: Distressed-Investing-Prozess
Quelle: Eigene Darstellung

Die Phasen 3 bis 5 bilden den Kern des Investitionsprozesses und werden während der Fondslaufzeit mehrfach durchlaufen. Primär beteiligt sind in diesen Phasen die Private-Equity-Gesellschaft und (potentielle) Krisenunternehmen. Die erste und letzte Phase bilden den Rahmen des Investitionsprozesses. Hier sind primär die Investoren und die Private-Equity-Gesellschaft involviert, die nach Fondsgründung das Kapital für den Fonds bereitstellen und es am Ende der Fondslaufzeit zurückerhalten.[485]

4.3.1 Fondsgründung und Kapitalaufnahme

Die Beziehung zwischen der Private-Equity-Gesellschaft und den Investoren beginnt mit dem Fundraising und umfasst ein Pre-Marketing, die Ausarbeitung und Verteilung eines

---

482 Für den Investitionsprozess in Distressed Debt vgl. Richter (2006).
483 Für eine gute Übersicht und einen Vergleich von Investitionsprozessmodelle zur Beschreibung des Private-Equity-Investitions-Prozesses in der Literatur vgl. Pankotsch (2005), S. 29 ff., und dort aufgeführte Quellen.
484 Vgl. hierzu und im Folgenden auch die z. T. mit empirischen Erkenntnissen versehenen Ausführungen bei Mitter (2006), S. 156 ff.; Kucher (2006), S. 30 ff.; Kraft (2001), S. 94 ff.
485 Vgl. zur einer ähnlich gesamtheitlichen Darstellung Matz (2002), S. 36.

4.3 Distressed-Investing-Prozess

Private-Placement-Memorandums, erste Gespräche mit Investoren, die Ausarbeitung und Verteilung eines Limited Partnership Agreements sowie ein oder mehrere Closings.[486] Im Pre-Marketing werden erste informelle Ankündigungen und Gespräche mit potentiellen Investoren geführt. In dem Placement-Memorandum werden die Regelungen zur Fondsgesellschaft vorgestellt. Diese enthalten neben Angaben zur steuerlichen und rechtlichen Struktur Informationen zur Investitionsstrategie, zum erwarteten Chance-Risiko-Profil, zu Kooperationspartnern (Wirtschaftsprüfer, Unternehmensberater, Rechtsanwälte, Steuerberater etc.) und den „Track Record" der Private-Equity-Gesellschaft und seines Managements.[487] Der Track Record gibt den Kapitalgebern Aufschluss über die Erfahrung des Fondsmanagements mit abgeschlossenen Transaktionen und über dessen Reputation und ist somit für die Kapitalgeber von großer Bedeutung.[488] Je höher die Reputation der Private-Equity-Gesellschaft, desto günstiger sind die Bedingungen beim Fundraising.[489] Nach Versendung der Private-Placement-Memoranden und erfolgreichen ersten Gesprächen mit potentiellen Investoren beginnt die Ausarbeitung der Limited Partnership Agreements (Vertragsunterlagen) häufig unter Zuhilfenahme von Steuer- und Rechtsberatern. Typischerweise gründen die Private-Equity-Gesellschaften gemeinsam mit den Investoren eine Fondsgesellschaft, von der aus die Beteiligungen an den Portfolio-Unternehmen erfolgen.[490] Der Fondsgründung liegen Vertragswerke zugrunde, die Regelungen hinsichtlich der Fondsgesellschaft, der Managementgesellschaft und der Investoren umfassen. Bezüglich der Fondsgesellschaft werden Einigungen über die Fondsgröße und die Zahl der Kommanditisten, die Kapitalverwendung, die Laufzeit des Fonds, die Länge der Investitionsperiode und die Reinvestition von Fondskapital festgehalten. Die Regelungen hinsichtlich der Managementgesellschaft umfassen die Dauer des Fundraisings, eventuelle Einschränkungen bezüglich Nachfolgefonds und deren Eigenkapitalbeteiligung sowie Regelungen zur Co-Investition. Des Weiteren werden Regelungen sowie Rechte und Pflichten von Organen und Gremien, wie Gesellschafterversammlung, Beirat und Investment Committee, vereinbart. Auch die Vergütung der Private-Equity-Gesellschaft ist Bestandteil des Vertragswerks.[491] Je nach Marktumfeld, Reputation und Erfahrung der Private-Equity-Gesellschaft kann der Prozess von wenigen Monaten bis zu über einem Jahr dauern.[492]

---

486 Vgl. hierzu und im Folgenden Hagenmüller (2004), S. 72 ff.; Fenn/Liang/Prowse (1997), S. 57 ff.
487 Vgl. Jesch (2004), S. 137; Hagenmüller (2004), S. 74.
488 Vgl. von Daniels (2004), S. 35; Richter (2006), S. 40. Zum Selektionsprozess von Private-Equity-Gesellschaften aus Investorenperspektive vgl. auch Kreuter (2006), S. 143 ff.
489 Vgl. Hagenmüller (2004), S. 66; Matz (2002), S. 184.
490 Vgl. hierzu ausführlich und im Folgenden Krecek (2005), S. 67 ff.
491 Vgl. hierzu auch die Ausführungen in Kapitel 3.2.1.
492 Vgl. Fenn/Liang/Prowse (1997), S. 58, der sich auf US-amerikanische Gesellschaften bezieht. Bei der empirischen Untersuchung von HAGENMÜLLER wurde für europäische Gesellschaften ein Median von 14 Monaten und eine Standardabweichung von 8 Monaten ermittelt. Die Akquisitionsrate, also der Anteil der akquirierten gegenüber den potentiellen Investoren, die mit einem Memorandum

Ein ausführliches und gut dokumentiertes Beispiel für die Platzierung eines First-Time Funds, der schwerpunktmäßig in Krisenunternehmen investiert, findet sich bei HAGENMÜLLER.[493]

4.3.2 Akquisition von Portfolio-Unternehmen

Die Phase „Akquisition von Unternehmen" lässt sich selbst wieder als Prozess beschreiben und in die Schritte Kontaktaufnahme, Vorprüfung, Potentialanalyse, Due Diligence, Vertragsverhandlung und Closing unterteilen.[494] Wie Abbildung 4.4 zeigt, stellen diese Phasen gleichzeitig einen Filter in einem mehrstufigen Ausleseprozess dar, bei dem von ursprünglich 100 Unternehmen nur zwei bis drei in Beteiligungen münden.

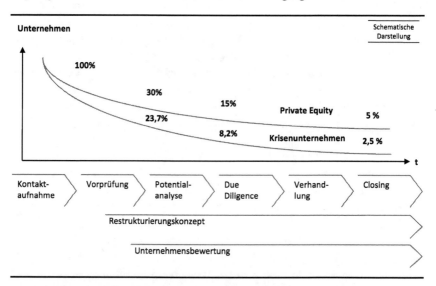

Abb. 4.4: Akquisitionsprozess von Portfolio-Unternehmen
Quelle: Eigene Darstellung in Anlehnung an Vater (2003), S. 109
Datenquelle: Kraft (2001), S. 137

Mit 75 bis 90 % fällt ein Großteil der Unternehmen bereits durch die Vorprüfung und Potentialanalyse, eine umfangreiche Feinprüfung (Due Diligence) wird bei nur 10 bis 15 % der Unternehmen vorgenommen. Bei Investitionen in Krisenunternehmen ist der Auswahlprozess tendenziell etwas „härter", hier kommen nach der Untersuchung von KRAFT nur

---

angesprochen wurden, lag im Median bei 28 %, vgl. Hagenmüller (2004), S. 84 ff.
493 Vgl. Hagenmüller (2004), S. 95 ff.
494 Vgl. zum Akquisitionsprozess bspw. Richter (2005), S. 202 ff.

8,2 % der Unternehmen in die Due Diligence und in nur 2,5 % wird investiert.[495] Die selektivere Vorgehensweise kann sowohl auf das mit Krisenunternehmen verbundene höhere Risiko als auch auf die hohe Anfrage von „beteiligungsunwürdigen" Krisenunternehmen zurückgeführt werden.[496]

4.3.2.1 Kontaktaufnahme, Vorprüfung und Potentialanalyse

Der Kontakt zu Portfolio-Unternehmen kann auf drei Arten zustande kommen:[497]

- durch kapitalsuchende Unternehmen, die aufgrund ihres Finanzierungsbedarfs Kontakt zu Private-Equity-Gesellschaften aufnehmen,
- durch Private-Equity-Gesellschaften, die selbst aktiv nach Zielunternehmen suchen („Screening"),
- durch Vermittlung Dritter, wie z. B. Investmentbanken, Wirtschaftsprüfungsgesellschaften, Rechtsanwälte oder Insolvenzverwalter.

Nach empirischen Untersuchungen von TYEBJEE / BRUNO sowie von KRAFT erfahren Private-Equity-Gesellschaften von den Investitionsmöglichkeiten zum Großteil durch Dritte (65 % bzw. 81 %).[498] In 26 % der Fälle geht die Initiative von den kapitalsuchenden Unternehmen aus, bei Krisenunternehmen ist diese Zahl mit 12 % deutlich geringer.[499] Dies ist auch darauf zurückzuführen, dass die Unternehmensführung von Krisenunternehmen die Krise häufig erst spät erkennt bzw. wahrhaben möchte und daher erst zu einem (nicht selten zu späten) Zeitpunkt mit potentiellen Investoren Kontakt aufnimmt.[500] In den wenigsten Fällen (12 % bzw. 7 % bei Krisenunternehmen) wird der Deal Flow durch die aktive Suche seitens der Private-Equity-Gesellschaft generiert.

Nachdem die Private-Equity-Gesellschaften Kenntnis von der Investitionsmöglichkeit erlangt haben, werden die potentiellen Portfolio-Unternehmen einer formalen und einer inhaltlichen Vorprüfung unterzogen. In der formalen Vorprüfung werden die Grundvoraussetzungen wie Unternehmensgröße, Branchenzugehörigkeit, geographische Lage oder

---

495 Vgl. Kraft (2001), S. 137.
496 Vgl. Kucher (2006), S. 57. Zu den Prozentangaben vgl. die grundlegende Untersuchung von Tyebjee/Bruno (1984), S. 1051 ff. und zu in Deutschland durchgeführten empirischen Untersuchungen Vater (2003), S. 109, Schröder (1992), S. 192; u. Fendel/Groh (2002), S. 106 f.
497 Vgl. Tyebjee/Bruno (1984), S. 1055 f.; Kraft (2001), S. 113; Mitter (2006), S. 157; Spielberger (1996), S. 92 ff.
498 Dabei ist das jeweilige Vermittlungsinteresse zu berücksichtigen. Für eine Übersicht der Krisenbeteiligten und ihrer Vermittlungsinteressen vgl. Howaldt (1994), S. 75.
499 Vgl. Tyebjee/Bruno (1984), S. 1055 f.; Kraft (2001), S. 113; Mitter (2006), S. 157.
500 Vgl. Lüthy (1988), S. 59.

Krisenstadium / -typ geprüft.[501] Im positiven Fall erfolgt dabei eine erste Begutachtung des Geschäftsmodells des Krisenunternehmens, seines Managements, seiner Produkte, seiner Finanzen und des Marktes, in dem es aktiv ist.[502]

An die Vorprüfung schließt sich die Potentialanalyse an, in der die Erkenntnisse aus der Vorprüfung weiter detailliert werden, Restrukturierungsansätze in ein erstes Restrukturierungskonzept überführt werden und eine erste Unternehmensbewertung vorgenommen wird. Ebenso wird mit dem Entwurf eines Businessplanes begonnen, in dem die Ergebnisse aus vorangegangenen Analysen quantifiziert und verarbeitet werden. Des Weiteren werden der erforderliche Kapitalbedarf ermittelt, mögliche Exit-Szenarien bewertet und eine zu erwartende Rendite berechnet.[503] Die Potentialanalyse schließt im positiven Fall mit einer Absichtserklärung, dem sogenannten Letter of Intent (LoI), mit der die Private-Equity-Gesellschaft ihre grundsätzliche Beteiligungsbereitschaft zum Ausdruck bringt und im Gegenzug versucht, die Abschlussfreiheit des Krisenunternehmens bzw. seiner Eigentümer durch entsprechende Exklusivitätsvereinbarungen einzuschränken. Dies ist unter anderem der Tatsache geschuldet, dass die nächste Stufe im Akquisitionsprozess, die Due Diligence, eine sehr zeitaufwendige Phase darstellt, die für die Private-Equity-Gesellschaft mit erheblichen Kosten verbunden ist.[504]

4.3.2.2 Due Diligence

Nach Unterzeichnung des LoI gibt das Krisenunternehmen bzw. seine Eigentümer in der Regel weitere, interne Informationen frei, die von Käuferseite einer gründlichen Prüfung, der sogenannten „Due Diligence", unterzogen werden. Hierunter werden Analysen und Prüfungen verstanden, die die Qualität von Transaktionsentscheidungen durch Chancen- und Risikoerkennung auf betriebswirtschaftlicher und juristischer Ebene sowie durch Genauigkeit in der Wertstellung als Folge eines verbesserten Informationszustandes erhöhen sollen.[505] Durch die Due Diligence werden weitere Unternehmensinformationen erfasst und die Informationsasymmetrie zwischen dem mit dem Unternehmen weniger vertrauten Käufer und dem i. d. R. besser informierten Verkäufer verringert. Die Ergebnisse dienen nicht nur als Entscheidungsgrundlage, sondern unterstützen auch die Preisfindung

---

501 Dies nimmt bei erfahrenen Private-Equity-Experten nur wenige Minuten in Anspruch, vgl. Bader (1996), S. 121, und dort aufgeführte Quellen.
502 Dieser zweite Teil der Vorprüfung nimmt etwa einen Tag in Anspruch, vgl. Kraft (2001), S. 137.
503 Vgl. Böttger (2007), S. 286.
504 Vgl. Schröder (1992), S. 190 f. Im LoI wird z. T. vereinbart, dass die nach Abschluss des LoI entstandenen Kosten für die Due Diligence zu erstatten sind, wenn trotz Beteiligungsbereitschaft eine andere Private-Equity-Gesellschaft den Zuschlag erhält, vgl. Zemke (1995), S. 255.
505 Vgl. Pack (2005), S. 287 ff.; Natusch (2005), S. 787 ff.

und bieten den an der Transaktion Beteiligten im Falle späterer Rechtsstreitigkeiten die Möglichkeit des Nachweises, der im Verkehr erforderlichen Sorgfaltspflicht nachgekommen zu sein (Exkulpationsfunktion).[506] Die Due Diligence wird i. d. R. nicht von der Private-Equity-Gesellschaft, sondern von externen Spezialisten wie Unternehmensberatern, Wirtschaftsprüfern, Steuerberatern oder Rechtsanwälten durchgeführt.[507] Allgemein wird bei der Due Diligence eine Vielzahl an Teilbereichen unterschieden, von denen hier nur auf die wesentlichsten und deren Besonderheiten bei Krisenunternehmen eingegangen wird.[508]

Aufgabe der Financial Due Diligence (FDD) ist die Beschaffung und Analyse von Daten zur Vermögens-, Finanz- und Ertragslage des Zielunternehmens.[509] Innerhalb der unterschiedlichen Due-Diligence-Teilbereiche nimmt die FDD eine zentrale Stellung ein, da bei ihr die Informationen aus den anderen Teilbereichen zusammenfließen, bewertet und zu einem finanziellen Abbild des Unternehmens verknüpft werden.[510] Der zur FDD gehörenden Bereinigung und Anpassung der Vergangenheitsergebnisse sowie der Aufstellung von Planungsrechnungen kommt bei Krisenunternehmen eine besondere Bedeutung zu, da sich bei diesen Rechnungswesen und Controlling oft in einem schlechten Zustand befinden. Auch besteht bei Krisenunternehmen in erhöhtem Maße die Gefahr, dass die Zahlen durch bilanzpolitische Maßnahmen geschönt oder im Extremfall sogar durch Täuschung gefälscht sein können.[511] Bei Krisenunternehmen ist auch die Prüfung der Liquiditätslage von entscheidender Bedeutung, da anhand dieser Erkenntnisse darüber erlangt werden können, in welchem Krisenstadium sich das Unternehmen befindet und ob bereits Voraussetzungen für die Insolvenzanmeldung vorliegen. Auch gibt die Liquiditätslage Aufschluss darüber, in welchem Umfang Kapitalzuführungen erforderlich sind.[512]

Die Commercial Due Diligence (CDD), auch als Market Due Diligence bezeichnet, hat zum Ziel, unternehmens- und marktbezogene Chancen und Risiken mit Einfluss auf die Wettbewerbsfähigkeit des Unternehmens aufzudecken und damit die Prämissen der Unternehmensplanung zu plausibilisieren.[513] Durch Betrachtung des Produkt- und Leistungsportfolios der Unternehmung lässt die CDD sowohl Rückschlüsse auf die Krisenursachen

---

506 Vgl. Berens/Brauner/Högemann (2005), S. 51 ff.

507 Vgl. Hermanns (2004), S. 434. Bei der Due Diligence von Krisenunternehmen wird die Erfahrung der beauftragten Personen mit Krisensituationen und ein unternehmerisches Gespür als unerlässlich erachtet, vgl. Albrecht/Füger/Danneberg (2006), S. 790.

508 Für eine ausführliche und praxisnahe Behandlung des Themas Due Diligence bei Unternehmensakquisitionen vgl. bspw. Berens/Brauner/Högemann (2005), S. 51 ff.

509 Vgl. Berens/Strauch (2006), S. 546 ff.; Pack (2005), S. 298.

510 Vgl. Brebeck/Bredy (2005), S. 377.

511 Vgl. Mitter (2006), S. 159 f., und dort aufgeführte Quellen.

512 Vgl. Kraft (2001), S. 159. Zur FDD bei Krisenunternehmen vgl. auch Rauscher (2004), S. 231 ff.

513 Vgl. Pack (2005), S. 301.

als auch auf mögliche Krisenbewältigungsmaßnahmen zu. Auch ist die Beziehung zu Kunden und Lieferanten zu berücksichtigen, da diese aus Sorge vor Lieferungs- oder Zahlungsschwierigkeiten von weiteren Geschäften Abstand nehmen könnten.[514]

Die Tax Due Diligence hat zwei voneinander unabhängige Aufgaben zu erfüllen. Die erste ist die steuerlich optimale Gestaltung der Transaktion für Erwerber und Veräußerer und die zweite der Schutz des Erwerbers vor steuerlich begründeten finanziellen Risiken, die z. B. durch nicht steuerkonforme Behandlung von Sachverhalten in der Vergangenheit entstanden sein könnten.[515] Bei Unternehmen, die bereits das Stadium der Erfolgskrise erreicht oder durchschritten haben, ist die steuerliche Nutzung von Verlustvorträgen ebenso von Bedeutung wie die Besteuerung von Sanierungsgewinnen.

Die Legal Due Diligence gibt Aufschluss über die Fragen, ob die Unternehmenstätigkeit einwandfrei begründet ist und ausgeübt wird, welchen offenen oder verdeckten Bestands- und Haftungsrisiken sie ausgesetzt ist und inwieweit die aktuelle wettbewerbsrechtliche Situation der Absicherung und Abrundung der wirtschaftlichen Grundlagen und Rahmenbedingungen und damit der Geschäftätigkeit des Zielunternehmens dient.[516] Bei der Akquisition von Krisenunternehmen ist vor allem zu prüfen, inwieweit die geplanten Restrukturierungsmaßnahmen, die oft tiefgreifende Veränderungen im Unternehmen mit sich bringen, nicht durch rechtliche Aspekte gefährdet werden.[517] Zudem sind die Haftungsrisiken aus dem jeweiligen Übernahmekonzept zu beachten.[518]

Die Human Resources Due Diligence untersucht die Auswirkungen des Eigentümerwechsels auf das Personal und – bei einem Krisenunternehmen – die möglichen Wechselwirkungen mit der geplanten Krisenbewältigung. Insbesondere ist zu prüfen, inwieweit das bestehende Management in der Lage ist, die Krisenbewältigung durchzuführen, ob Schlüsselpersonen bereits das Krisenunternehmen verlassen haben, ob weitere personelle Kapazitäten zur Krisenbewältigung erforderlich sind oder abgebaut werden müssen und inwiefern die Mitarbeiter bereit sind, Beiträge zur Krisenbewältigung zu leisten.[519]

Mit der Technical Due Diligence werden die Forschungs- und & Entwicklungsbereiche sowie die Produktionsanlagen und -prozesse des Unternehmens untersucht. Ziel ist es, herauszufinden, in welchem technischen Zustand sich die Produktionsanlagen und auf welchem technischen Niveau sich die Produkte befinden. Da Unternehmen, die in wirt-

---

514 Vgl. Kraft (2001), S. 166 ff.
515 Vgl. Pack (2005), S. 311.
516 Vgl. Fritzsche/Griese (2005), S. 459 f.
517 Vgl. Mitter (2006), S. 160 f.
518 Vgl. Albrecht/Füger/Danneberg (2006), S. 790 f. und die Ausführungen in Kapitel 4.1.2.2.
519 Vgl. Kraft (2001), S. 162; Albrecht/Füger/Danneberg (2006), S. 789, und dort aufgeführte Quellen.

schaftliche Schwierigkeiten geraten, oft dazu neigen, Investitionen in F&E-Kosten oder Produktionsanlagen zu kürzen, da diese erst mittelfristig wirken, muss der Finanzinvestor entstandene Investitionsstaus abschätzen.[520]

Im Rahmen von Unternehmensübernahmen existieren noch eine Reihe weiterer Bereiche, die fakultativ einer Due Diligence unterzogen werden können. Die Festlegung der Schwerpunkte ist dabei vom Unternehmen und Akquisitionsziel des Käufers abhängig. Bei Investitionen in Krisenunternehmen erfüllt die Due Diligence grundsätzlich die gleiche Funktion, wobei zusätzlich die Priorität auf die Analyse der Krisenursachen und der Restrukturierungsmaßnahmen gelegt wird.

4.3.2.3 Verhandlung, Finanzierung und Closing

Nachdem ein Unternehmen auch nach der Due Diligence beteiligungswürdig erscheint, steigt die Private-Equity-Gesellschaft in die Vertragsverhandlung mit dem Unternehmen bzw. seiner Eigentümer ein, strukturiert die Finanzierung und trifft abschließend eine endgültige Entscheidung.[521]

In der Verhandlungsphase gilt es, die unterschiedlichen Unternehmenswertvorstellungen von Käufer und Verkäufer zusammenzubringen und die Konditionen zu vereinbaren, zu denen die Unternehmensbeteiligung den Eigentümer wechselt.[522] Aus Sicht der Private-Equity-Gesellschaft gilt es, in der Beteiligungsverhandlung für die beabsichtigte Beteiligung einen Preis zu zahlen, der möglichst weit unter dem ermittelten Unternehmenswert liegt. Der Kaufpreis hat neben den in der Restrukturierungsphase folgenden Maßnahmen als Investitionssumme eine wesentliche Bedeutung für die Rendite der Investition. Neben der Feststellung des Kaufpreises werden in der Verhandlung weitere Punkte diskutiert, die diesen beeinflussen können:[523]

- Bürgschaften und Garantien der Altgesellschafter
- Beteiligungsstruktur
- Stimmrechte, Informations- und Kontrollinstrumente
- Optionsregelungen für eine Umverteilung der Gesellschaftsanteile nach Erreichen bestimmter Meilensteine

---

520 Vgl. Spielberger (1996), S. 122.

521 Vgl. zur Unternehmensbewertung Kapitel 4.3.2.5.

522 In der Unterscheidung von Unternehmenswert und Unternehmenspreis kann der Preis somit als „bezahlter Wert" angesehen werden, vgl. Spielberger (1996), S. 146, und dort aufgeführte Quellen; Münstermann (1966), S. 10 ff.

523 Vgl. Hermanns (2004), S. 434, der dieses am Beispiel einer auf Krisenunternehmen spezialisierten Private-Equity-Gesellschaft demonstriert; Kraft (2001), S. 203 ff.

Je nach den Umständen des Einzelfalles können die Unternehmenswerte und -preise bei Krisenunternehmen im Vergleich zu Buyouts allgemein geringer ausfallen[524] und u. U. auch negativ werden.[525] Neben einem häufig geringen Kaufpreis sind vor allem eine schwache Verhandlungsposition des Verkäufers und die große Zahl von Verhandlungspartnern sowie die unterschiedlichen Interessenlagen für Krisenunternehmen charakteristisch.[526]

Die Finanzierung des Kaufpreises geschieht bei Private-Equity-Transaktionen durch einen hohen Fremdkapitaleinsatz („Leverage"), bei dem die Private-Equity-Gesellschaft bei einer Bank Fremdkapital aufnimmt und dieses anschließend auf das Zielunternehmen überträgt. Dabei ist letztlich die Frage entscheidend, mit was für einem Fremdkapitaleinsatz der Kaufpreis gezahlt wird, was wiederum von der Leistungsfähigkeit des Unternehmens abhängt, da die Verbindlichkeiten auf dieses übertragen und von diesem gezahlt werden müssen.

Im positiven Fall endet der Verhandlungsprozess mit einer Zustimmung aller Verhandlungspartner. Nach einer letzten Prüfung durch die entsprechenden Gremien (Investment Committees, Kreditausschüsse etc.) wird die Akquisitionsphase mit Unterzeichnung des Beteiligungsvertrags abgeschlossen („Signing").[527] Der Akquisitionsprozess endet zum Zeitpunkt des rechtlich wirksamen Übergangs der Eigentumsrechte („Closing"), der je nach Vertragsgestaltung und Rahmenbedingungen (z. B. behördliche Auflagen und Genehmigungen) vom Signing abweichen kann.[528]

4.3.2.4 Restrukturierungskonzept

Das Restrukturierungskonzept stellt einen eigenständigen Bestandteil im Akquisitionsprozess dar, mit dem gegen Ende der Vorprüfung begonnen wird.[529] Dabei handelt es sich in der Regel um einen ersten Entwurf, der parallel zum weiteren Verlauf des Erwerbsprozesses detailliert und aktualisiert wird.[530] Dies ist bedingt durch den hohen Zeitdruck im Krisenfall, durch den ein frühzeitiges, grobes umfassendes Bild über das Unternehmen

---

524 Vgl. die empirische Erhebung von Schröder (1992), S. 196.
525 Zur Bewertung von (Krisen-)Unternehmen vgl. Spielberger (1996), S. 145 ff. sowie Kapitel 4.3.2.5.
526 Vgl. Howaldt (1994), S. 109 f.; Spielberger (1996), S. 218.
527 Vgl. Böttger (2007), S. 288.
528 Vgl. Richter (2005), S. 204 f.
529 Vgl. Abbildung 4.4. Das Restrukturierungskonzept kann auch schon zu Beginn vorliegen, wenn bspw. das Krisenunternehmen als Teil eines größeren Unternehmens veräußert werden soll und die Muttergesellschaft bereits entsprechende Vorarbeiten geleistet hat, vgl. Jobsky (2004), S. 390 ff.
530 Analog zu den Begrifflichkeiten bei der Krisenbewältigung sind die hier behandelten Themen in der Literatur auch unter den Begriffen Sanierungs- bzw. Turnaround-Konzept zu finden, die sich inhaltlich jedoch sehr ähneln. Zu den begrifflichen Unterschieden vgl. Kapitel 2.5.1.

4.3 Distressed-Investing-Prozess

Vorrang vor einem späteren, detaillierten hat.[531] Eine vorläufige Abschätzung der wesentlichen Parameter beschleunigt auch die Entscheidung im Auswahlprozess. Im Idealfall enthält ein Restrukturierungskonzept die folgenden Punkte:[532]

- eine Analyse der Ausgangssituation
- die strategische Leitidee bzw. das Leitbild des restrukturierten Unternehmens
- die strategischen, operativen, finanziellen und organisatorischen Maßnahmen zur Krisenbewältigung
- einen Business- / Geschäftsplan

Die Analyse der Ausgangssituation umfasst eine Bestandsaufnahme, bei der das Unternehmen und sein Umfeld untersucht wird, die Lage des Krisenunternehmens bewertet wird und Krisenursachen identifiziert werden. Auf die Analyse folgt die Entwicklung einer strategischen Leitidee bzw. eines Leitbildes des restrukturierten Unternehmens, die oft mit einer strategischen Neuausrichtung einhergeht. Sie beschreibt die angestrebte Position des Unternehmens im Markt und im Wettbewerb und ist somit Grundvoraussetzung für ein tragfähiges Restrukturierungskonzept.[533] Aufbauend auf dem Leitbild lassen sich die strategischen, operativen und finanziellen Maßnahmen zur Krisenbewältigung ableiten. Die Auswirkungen der geplanten Maßnahmen auf Gewinn- und Verlustrechnung (GuV), Bilanz, Cash Flow etc. werden im Business- / Geschäftsplan für die nächsten Jahre quantifiziert.[534]

Das Restrukturierungskonzept bildet eine wesentliche Entscheidungsgrundlage für die weitere Vorgehensweise bei der Krisenbewältigung und aus Sicht der Private-Equity-Gesellschaft für oder gegen eine Investition in das betreffende Krisenunternehmen. In der Literatur wird diesbezüglich auch zwischen der Sanierungsfähigkeit und der Sanierungswürdigkeit eines Unternehmens differenziert. Danach gilt ein Unternehmen als sanierungsfähig, wenn seine Finanzkraft mittelfristig zur Fortführung ausreicht, also eventuell bestehende Zahlungsschwierigkeiten und Insolvenzantragsgründe beseitigt werden und das Unternehmen in der Lage ist, aus eigener Kraft nachhaltig Einnahmenüberschüsse zu erzielen.[535] Ist die Krisenbewältigung nur durch Zugeständnisse von Stakeholdern des Krisenunternehmens möglich, rückt die Frage der Sanierungswürdigkeit in den Vorder-

---

531 Vgl. Kraus/Gless (2004), S. 125.
532 Vgl. Böckenförde (1996), S. 85 ff.; Stadlbauer (1991), S. 17; Institut der deutschen Wirtschaftsprüfer (2002), S. 352 ff.
533 Vgl. Hermanns (2004), S. 451.
534 Vgl. Spielberger (1996), S. 135. Die Verknüpfung der operativen und strategischen Maßnahmen mit der Finanzplanung wird auch als „Verprobungsrechnung" bezeichnet, vgl. Institut der deutschen Wirtschaftsprüfer (2002), S. 358 ff. Zur Entwicklung und Umsetzung eines Restrukturierungskonzeptes vgl. Kraus/Gless (2004), S. 125 ff.
535 Vgl. Andersch/Scheider (2006), S. 313, und dort aufgeführte Quellen; Böckenförde (1996), S. 58 ff.

grund. Sie wird subjektiv aus Sicht der Stakeholder beurteilt und ist durch deren jeweilige Interessenlage geprägt.[536] Dazu zählt beispielsweise aus Perspektive der Eigentümer die Erzielung einer angemessenen Rendite auf das eingesetzte Kapital.[537] Daraus ergibt sich, dass nicht jedes sanierungsfähige Unternehmen auch sanierungswürdig ist.[538]

4.3.2.5 Unternehmensbewertung

Ebenso wie das Restrukturierungskonzept stellt die Unternehmensbewertung einen weiteren wesentlichen Baustein des Akquisitionsprozesses dar, mit dem früh begonnen wird, um bereits zu Anfang eine erste, wenn auch grobe Einschätzung des Unternehmenswertes zu erhalten.[539] Bei der Wertbestimmung von Krisenunternehmen kann auf die klassischen Verfahren der Unternehmensbewertung zurückgegriffen werden, bei denen jedoch auf einige Besonderheiten zu achten ist, die sich zum einen aus der Krisensituation des Unternehmens und zum anderen daraus ergeben, dass die Unternehmen häufig nicht börsennotiert sind.[540] Zu den in der Praxis am häufigsten eingesetzten Verfahren zählen die Discounted-Cash-Flow-Methode, das Multiplikator-Verfahren und der Liquidationswert-Ansatz.[541]

Bei der Discounted-Cash-Flow-Methode wird der Unternehmenswert durch den Barwert zukünftiger erwarteter Cash Flows repräsentiert.[542] Hierzu werden in einem ersten Schritt die Cash Flows des Unternehmens prognostiziert und in einem zweiten Schritt mit einem Diskontierungssatz abgezinst. Als Cash Flow wird der Free Cash Flow (FCF) verwen-

---

536 Vgl. Böckenförde (1996), S. 45.
537 Vgl. Buth/Hermanns (2004), S. 444.
538 Vgl. Böckenförde (1996), S. 45.
539 Vgl. Jobsky (2004), S. 398 f.
540 Für innovative Ansätze zur Bewertung von nicht-börslichen Beteiligungen vgl. Rudolf/Witt (2006), S. 235 ff.
541 Vgl. Kraft (2001), S. 200 f. Die folgenden Ausführungen beschränken sich auf die genannten Methoden. Für eine umfassende Darstellung von (speziellen) Verfahren der Unternehmensbewertung vgl. stellvertretend Copeland/Koller/Murrin (2000), S. 131 ff.; Damodaran (2002); Drukarczyk/ Schüler (2007); Seppelfricke (2007). Nicht betrachtet werden die in der Praxis seltener anzutreffenden, eher theoretischen Optionspreisverfahren sowie die in der deutschen Wirtschaftsprüfungspraxis gebräuchlicheren Substanzwert- und Ertragswertverfahren. Für weitere Verfahren und Besonderheiten bei der Bewertung von Krisenunternehmen vgl. Altman/Hotchkiss (2006), S. 103 ff.; Kucher (2006), S. 92 ff.; Kraft (2001), S. 175 ff.; Spielberger (1996), S. 145 ff.; Spremann (2006a), S. 165 ff.
542 Diese Auffassung vom Unternehmenswert stammt aus der Investitionstheorie und geht auf den Gedanken zurück, dass sich der Wert eines Investitionsobjektes, als das ein Unternehmen hier betrachtet wird, allein aus den (diskontierten) Rückflüssen an den Investor bestimmt, vgl. Coenenberg/ Schultze (2006), S. 471 ff.

4.3 Distressed-Investing-Prozess

det, der den freien, an die Kapitalgeber auszahlbaren Cash Flow ausdrückt.[543] Im Rahmen des Investitionsprozesses in Krisenunternehmen können die Cash-Flow-Prognosen aus dem Restrukturierungskonzept verwendet werden.[544] Als Diskontierungsfaktor dient in der Regel der durchschnittliche Kapitalkostensatz, auch als Weighted Average Cost of Capital (WACC) bezeichnet, bei dem die jeweiligen Fremd- und Eigenkapitalkostensätze mit dem Marktwert von Fremd- und Eigenkapital gewichtet werden. Der Fremdkapitalkostensatz wird im Wesentlichen durch die Zinsen für das Fremdkapital terminiert, der Eigenkapitalkostensatz besteht hingegen aus dem risikolosen Zinssatz und einer Risikoprämie, die von den Eigenkapitalgebern in Abhängigkeit vom eingegangenen Risiko gefordert wird.[545]

Bei Krisenunternehmen ergeben sich zwei methodische Schwierigkeiten. Zum einen können die Cash Flows, bedingt durch die Verluste des Unternehmens, negative Werte annehmen. Durch die Diskontierung würde dann der Unternehmenswert relativ erhöht statt verringert werden. Zum anderen sind die Cash Flows bei Krisenunternehmen mit einem erhöhten Risiko behaftet, das sich im Diskontierungssatz in irgendeiner Form widerspiegeln muss. Für den ersten Fall wird eine negative Risikoprämie vorgeschlagen, die zu einer Verringerung des Diskontierungsfaktors führt.[546] Für den zweiten Fall wird die Verwendung von zwei WACCs vorgeschlagen: einen für die Zeit der Krisenbewältigung und einen für die Zeit danach.[547]

Im Multiplikator-Verfahren wird der Unternehmenswert mit Hilfe von Multiplikatoren („Multiples") durch einen Vergleich mit anderen, ähnlichen Unternehmen ermittelt, deren Marktpreise bekannt sind. Die Anwendung von Multiplikatoren erfolgt in zwei Schritten: Im ersten Schritt werden Multiplikatoren von Vergleichsunternehmen gebildet. Dabei werden einzelne Kennzahlen des Unternehmens, wie z. B. der Gewinn, ins Verhältnis zu seinem Marktwert gesetzt und dann z. B. das Kurs-Gewinn-Verhältnis gebildet. Im zweiten Schritt wird dieser Multiplikator auf das zu bewertende Unternehmen angewandt.[548]

---

543 Insbesondere sind beim FCF schon die notwendigen Investitionen des Unternehmens enthalten. Für die Arten und Berechnungen des FCF vgl. Stowe et al. (2007), S. 107 ff.

544 Vgl. hierzu Abbildung 4.4.

545 Vgl. für die Ermittlung und Diskussion der Kapitalkosten Brealey/Myers (2000), S. 484 ff.

546 Zu einem ähnlichen Ansatz, jedoch auf Basis von Gewinnen statt von Cash Flows vgl. Loitlsberger (1976), S. 44 ff.

547 Vgl. Spielberger (1996), S. 171; Jobsky (2004), S. 402.

548 Dieses Bewertungsprinzip wurde bereits 1966 von SCHMALENBACH unter dem Begriff „Leistungswerteinheit" formuliert: „Wenn [...] eine Kohlenzeche, die jährlich 100.000 Tonnen Kohle produziert, einen Wert von 5 Millionen DM hat, so muß nach dieser Regel eine andere gleichartige Kohlenzeche, die 150.000 Tonnen im Jahr produziert, einen Wert von 7,5 Millionen DM haben." (Schmalenbach (1966), S. 78).

In der Regel werden mehrere Multiplikatoren gebildet.[549] Entscheidend dabei ist zum einen die Auswahl vergleichbarer Unternehmen und zum anderen die Auswahl der Multiplikatoren. Sie sind nicht zuletzt aufgrund ihrer einfachen Anwendung weit verbreitet und eignen sich sowohl für börsennotierte als auch für nicht börsennotierte Unternehmen.[550] Bei Krisenunternehmen können einige Kennzahlen wie Gewinn, oder Cash Flow negativ sein, so dass sich diese nicht für die Multiple-Bildung eignen. Hier empfiehlt sich der Rückgriff auf nicht finanzielle Kennzahlen wie z. B. die Anzahl der Kunden.[551]

Der Liquidationswert entspricht der bei Auflösung des Unternehmens erzielbaren Summe der einzelnen Vermögensgegenstände abzüglich der Verbindlichkeiten und Abwicklungskosten. Abwicklungskosten können z. B. durch Altlastenbeseitigung, Sozialpläne, Beratungskosten oder die vorzeitige Auflösung von Vertragsverhältnissen anfallen. Der Liquidationswert hängt zum einen von der Zerschlagungsgeschwindigkeit und zum anderen von der Zerschlagungsintensität, also dem Grad der Teilung des Unternehmens, ab.[552] Eine kurze Liquidationsdauer unter hohem Verkaufsdruck kann auf der einen Seite zu niedrigeren erzielbaren Verkaufserlösen führen,[553] auf der anderen Seite können aber sich hinziehende Auflösungen mit weiteren Zahlungen verbunden sein. Im Gegensatz zu sonstigen Unternehmensbewertungen spielt der Liquidationswert bei der Wertermittlung von Krisenunternehmen aufgrund der weitaus höheren Insolvenzwahrscheinlichkeit eine wesentlich größere Rolle. Für die Verkäufer eines Unternehmens stellt der Liquidationswert eine Preis-Untergrenze dar.[554] Für Käufer hingegen könnte der Liquidationswert ein Argument für eine Kaufpreissenkung sein.[555]

Abschließend ist festzuhalten, dass es bei der Unternehmensbewertung nicht nur um die Anwendung wissenschaftlich fundierter Methoden und finanzmathematischer Formeln geht. Vielmehr kommt es auf die Analyse und Interpretation des Unternehmens und seiner Umwelt an, um Aussagen über die wahrscheinliche Unternehmensentwicklung zu treffen. Hier spielt Einschätzungsvermögen („Judgement") und die richtige Interpretation der verfügbaren Informationen eine wesentlich bedeutendere Rolle als detailliertes Methodenwissen.[556] Dies gilt insbesondere bei der Bewertung von Krisenunternehmen, da hier die

---

549 Für eine gute Übersicht und Beschreibung gebräuchlicher Multiplikatoren in der Unternehmensbewertung vgl. Stowe et al. (2007), S. 165 ff.
550 Vgl. Gaughan (2007), S. 550 f.
551 Vgl. Coenenberg/Schultze (2006), S. 471 ff.
552 Vgl. Moxter (1976), S. 50 f.
553 Vgl. Gaughan (2007), S. 535.
554 Vgl. Coenenberg/Schultze (2006), S. 477.
555 Vgl. Kraft (2001), S. 181.
556 Vgl. Jobsky (2004), S. 399. „Richtiges Bewerten geht über menschliche Fähigkeiten hinaus" (Mellerowicz (1952), S. 147), stellte MELLEROWICZ bereits 1952 in seinem Werk „Der Wert der Un-

4.3 Distressed-Investing-Prozess

verfügbaren Informationen einer großen Unsicherheit und einer kurzen Halbwertzeit unterliegen, so dass Bewertungsfehler häufig unvermeidlich sind.[557] Um ein umfassendes Bild zu erhalten, kommen in der Praxis mehrere der genannten Methoden gleichzeitig zum Einsatz. Da jede Methode durch ein hohes Maß an Subjektivität geprägt ist, bildet der ermittelte Unternehmenswert unabhängig von der angewandten Methode nur eine Basis für die Kaufpreisverhandlungen.[558] Besondere Bewertungsverfahren für Krisenunternehmen scheinen keinen Erfolgsfaktor für die Beteiligung an Krisenunternehmen darzustellen und im Vergleich zu anderen Handlungsfeldern im Investitionsprozess nur eine untergeordnete Rolle zu spielen. Der Grenznutzen ist bei einer zeit- und kostenaufwendigen Unternehmensbewertung unter Berücksichtigung aller Chancen und Risiken geringer als bei der Ausarbeitung eines tragfähigen Restrukturierungskonzeptes und einer geschickten Verhandlungstaktik.[559]

4.3.3 Betreuung und Restrukturierung von Portfolio-Unternehmen, Veräußerung und Kapitalrückzahlung

Die Betreuung und Wertsteigerung erfolgt durch die Umsetzung des Restrukturierungskonzeptes und ist Gegenstand des nachfolgenden Kapitels.[560]

Der Return on Investment und die Wertschaffung für den Investor werden maßgeblich durch den Verkauf (Exit) des restrukturierten Unternehmens bestimmt. Finanzinvestoren haben folgende Möglichkeiten, sich von Anteilen an einem Portfolio-Unternehmen zu trennen:[561]

- Verkauf an einen anderen Finanzinvestor (Secondary Sale)
- Verkauf an einen strategischen Investor (Trade Sale)
- Rückkauf durch die Firma (Company Buyback)
- Börsengang (Going-Public)

---

ternehmung als Ganzes" fest, so dass die Unternehmensbewertung nach GAUGHAN als Kunst und Wissenschaft zugleich betrachtet werden kann: „In some respects, business valuation is as much an art as it is a science." (Gaughan (2007), S. 533).

557 Vgl. zu „Valuation Errors" bei Krisenunternehmen Gilson/Hotchkiss/Ruback (1998), S. 2 ff.
558 Vgl. Kraft (2001), S. 206 f. Diese empirisch ermittelten Angaben gelten für den US-amerikanischen und kanadischen Markt. KRAFT vermutet, dass aufgrund der unterschiedlichen Verhandlungskulturen die DCF-Methode im kontinentaleuropäischen Raum eine stärkere Stellung hat.
559 Vgl. zur empirischen Bestätigung Kucher (2006), S. 102.
560 Vgl. Kapitel 5.
561 Vgl. von Daniels (2004), S. 44 ff.; Vater (2003), S. 113. Für eine umfassende Darstellung der genannten Exit-Kanäle vgl. Paffenholz (2004), S. 69 ff.; Prester (2002), S. 67 ff.

- Verkauf über Börse (Share Sale)
- Liquidation / Abschreibung (Write-off)

Die Durchführbarkeit des jeweiligen Exit-Kanals hängt von den Umständen des Einzelfalls ab, wie z. B. der Zeit, die für einen Exit-Kanal benötigt wird, dem Veräußerungsvolumen, rechtlichen Restriktionen, dem ökonomischen Umfeld oder Synergieeffekten mit potentiellen Käufern.[562] Einen Überblick über die aktuellen Exit-Kanäle gibt Abbildung 4.5.

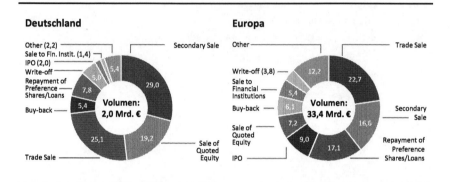

Abb. 4.5: Exit-Kanäle in Deutschland und Europa (im Jahr 2006, Angaben in Prozent)
Quelle: Eigene Darstellung
Datenquellen: BVK (2007b), S. 25; EVCA (2007), S. 80

Unter dem Exit wird in der Regel der Ausstieg aus einer Beteiligung verstanden, so dass im Anschluss an diesen keine Kapitalbeteiligungen mehr an dem Unternehmen bestehen. Hierbei handelt es sich allerdings nicht um die einzige Möglichkeit, Cash Flows aus dem Portfolio-Unternehmen zu erhalten. So können während der Haltedauer signifikante Zahlungen in Form von Dividenden oder Zinsen getätigt werden. Eine andere Möglichkeit sind Rekapitalisierungen, bei denen das Portfolio-Unternehmen Fremdkapital aufnimmt und dieses an den Finanzinvestor als Sonderzahlung auszahlt.[563]

Die letzten Schritte im Investitionsprozess stellen die vollständige Rückzahlung der erzielten Erträge aus den Investitionen und die formelle Auflösung des Fonds dar. In der Praxis erfolgt die Kapitalrückzahlung jeweils nach Realisierung einer Investition, die Fondsauflösung erfolgt dann nach Beendigung der letzten Investition. In der Praxis steht idealerweise rechtzeitig zur Desinvestition des ersten Portfolio-Unternehmens bereits der nachfolgende Fonds zur Einzahlung bereit.

---

562 Vgl. Prester (2002), S. 69 ff.
563 Vgl. Albrecht/Füger/Danneberg (2006), S. 803.

5 Empirische Untersuchung von Unternehmensrestrukturierungen

Im Mittelpunkt dieses Kapitels steht die im Rahmen der vorliegenden Arbeit durchgeführte empirische Untersuchung. Das Kapitel gliedert sich in vier Abschnitte. Der erste Abschnitt expliziert die methodische Anlage der empirischen Untersuchung. Im zweiten Abschnitt erfolgt die Beschreibung des Untersuchungsfeldes, wobei auf die teilnehmenden Private-Equity-Gesellschaften, die Krisenunternehmen, in die sie investiert haben, und auf die Charakteristika der Investitionen eingegangen wird. Im dritten Abschnitt werden die empirischen Ergebnisse der Arbeit hinsichtlich der von den Private-Equity-Gesellschaften initiierten Restrukturierungsmaßnahmen vorgestellt, die im vierten und letzten Abschnitt dieses Kapitels zusammengefasst und einer abschließenden Bewertung unterzogen werden.

5.1 Methodische Anlage der empirischen Untersuchung

In diesem Abschnitt wird zunächst die Befragung als Erhebungsinstrument der vorliegenden empirischen Untersuchung begründet und anschließend auf deren Spezifizierung eingegangen. Es folgen Ausführungen zur Bestimmung der Grund- und Erhebungsgesamtheit sowie zum Pretest und Versand sowie abschließend eine erste Analyse des Rücklaufes.

5.1.1 Wahl der Befragung als Erhebungsinstrument

Für die empirische Untersuchung wurde die Befragung als Erhebungsinstrument gewählt. Sie stellt das Standardinstrument der empirischen Sozialforschung zur Ermittlung von Fakten und Bewertungen dar.[564] Aus methodischer Sicht hat sie den Vorteil, dass mit ihr schnell und kostengünstig umfangreiche Informationen zu komplexen Sachverhalten gewonnen werden können.[565] Zugleich ist die Befragung ein erprobtes Instrument betriebswirtschaftlicher Forschung, das auch in zahlreichen Arbeiten zu den Themenberei-

---

564 Weitere grundsätzliche Erhebungsmethoden der sozialwissenschaftlichen Forschung sind die Beobachtung und die Inhaltsanalyse, die jedoch beide für den hier betrachteten Untersuchungsgegenstand nicht adäquat erschienen. Für die jeweiligen Vor- und Nachteile empirischer Datenerhebungsverfahren und -instrumente vgl. Kromrey (2006), S. 317 ff.

565 Vgl. Kromrey (2006), S. 317 ff.

chen Unternehmenskrisen und Private Equity Anwendung fand.[566] Befragungen lassen sich nach der Kommunikationsart und der Kommunikationsform unterscheiden. Nach der Kommunikationsart werden mündliche und schriftliche Befragungen, nach der Kommunikationsform wenig strukturierte, teilstrukturierte und stark strukturierte Befragungen unterscheiden.[567] Beide Verfahren kamen in der vorliegenden Untersuchung entsprechend ihren jeweiligen Vor- und Nachteilen zum Einsatz.[568] Dabei wurde ein zweistufiger Ansatz gewählt, der in Abbildung 5.1 dargestellt ist.

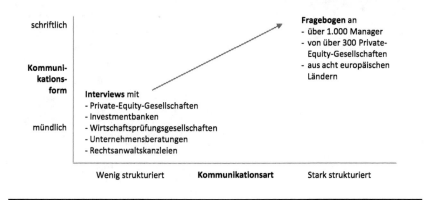

Abb. 5.1: Zweistufiger Erhebungsprozess
Quelle: Eigene Darstellung

Zu Beginn des empirischen Forschungsprozesses kamen mündliche Interviews mit einem geringen Strukturierungsgrad zum Einsatz mit dem Ziel, ein möglichst breites Verständnis der Thematik zu erlangen.[569] Diese Art der Befragung bietet sich an, wenn „der Forschungsgegenstand noch nicht in allen Dimensionen klar umrissen ist und eine Klärung notwendig erscheint, um Untersuchungen mit stärker standardisierten Methoden vorzubereiten oder zu ergänzen".[570] Durch die relativ geringe Strukturierung wird den Befragten ein größerer Beantwortungsspielraum gegeben. In Kombination mit dem persönlichen Gespräch können so Unklarheiten unmittelbar geklärt und für die Themenstellung inter-

---

566 Vgl. bspw. die Arbeiten von Kucher (2006), Kraft (2001), Spielberger (1996), Hagenmüller (2004), Matz (2002).

567 Vgl. Kromrey (2006), S. 388.

568 Je nach Forschungsvorhaben können in derselben Untersuchung unterschiedliche Verfahren zum Einsatz kommen, vgl. Atteslander (2006), S. 122.

569 Ziel wenig strukturierter Interviews ist die Erfassung von Sinnzusammenhängen oder der Meinungsstruktur des Befragten, vgl. Atteslander (2006), S. 124, bzw. das Verstehen von Sichtweisen und Handlungen von Personen, vgl. Schnell/Hill/Esser (2005), S. 389 ff.

570 Schnell/Hill/Esser (2005), S. 322. Nach ATTESLANDER sind stark strukturierte Befragungen ohne vorherige wenig oder teilstrukturierte Befragungen sogar undenkbar, vgl. Atteslander (2006), S. 125.

essante Aspekte ad-hoc vertieft werden.[571] Als nachteilig erwies sich der verhältnismäßig hohe Aufwand, der jedoch bei einer überschaubaren Zahl von Gesprächspartnern vertretbar war und im vorliegenden Fall durch die zuvor genannten Vorteile mehr als aufgewogen wurde.[572]

Im späteren Verlauf des Forschungsprozesses kam die stark strukturierte, schriftliche Befragung in Form eines postalisch versandten Fragebogens zum Einsatz. Dieses Verfahren wurde aus ökonomischen und methodischen Gründen gewählt. Zum einen lassen sich bei einer größeren Anzahl von Befragten schriftliche Befragungen kostengünstiger als persönliche Befragungen durchführen.[573] Zum anderen bieten sich aus methodischer Sicht die folgenden Vorteile:

- Möglichkeit der anonymen Beantwortung,[574]
- „ehrlicheres" Antwortverhalten,
- höhere zeitliche Flexibilität bei der Beantwortung, da Zeitpunkt und Dauer für die Beantwortung frei gewählt werden können, die tendenziell zu ausführlicheren und überlegteren Antworten führt.[575]

Die Nachteile stark strukturierter, schriftlicher Befragungen, die in der vorliegenden Arbeit aufgrund der begrenzten zur Verfügung stehenden Ressourcen in Kauf genommen werden mussten, liegen in den begrenzten Möglichkeiten der Informationsgewinnung und einer geringeren Rücklaufquote.[576]

5.1.2 Spezifizierung des Erhebungsinstruments

Die Fragebogengestaltung orientierte sich inhaltlich an den zu Beginn dieser Arbeit formulierten Zielsetzungen.[577] Dabei fand die entsprechende Literatur zu den Themen Private Equity, Unternehmenswertsteigerung, Restrukturierungen und Unternehmenskrisen

---

571 Vgl. Atteslander (2006), S. 125.
572 Zu weiteren, allgemeinen methodischen Problemen der Interview-Methode vgl. Schnell/Hill/ Esser (2005), S. 353 ff.
573 Als Anhaltspunkt werden 200 Befragte genannt, vgl. Schnell/Hill/Esser (2005), S. 358. Diese Anzahl wird in der vorliegenden Studie mit über 300 befragten Gesellschaften deutlich übertroffen, vgl. Abschnitt 5.1.4.
574 Von dieser Möglichkeit wurde jedoch kaum Gebrauch gemacht. Nur in wenigen Fällen haben die Ansprechpartner auf dem Fragebogen keine Kontaktdaten hinterlassen.
575 Es wurde ein Beantwortungszeitrahmen von zunächst drei Wochen anberaumt.
576 Zu einer ausführlichen Darstellung der Vor- und Nachteile postalischer Befragungen vgl. Schnell/ Hill/Esser (2005), S. 358.
577 Vgl. Kapitel 1.1.

umfassende Berücksichtigung, insbesondere wenn diese auf empirischen Erkenntnissen beruhte. Nicht zuletzt spielten die Interviews zu Beginn des empirischen Forschungsprozesses eine große Rolle, durch die Gegebenheiten, Probleme und Sichtweisen aus der Praxis in die Studie Eingang fanden. Insgesamt wurden die allgemeinen Empfehlungen zur formalen Gestaltung einer solchen Studie berücksichtigt, wie etwa ein übersichtlicher Aufbau des Fragebogens, die persönliche Ansprache der Befragten und nicht zuletzt das Beifügen eines Anschreibens, in dem Anlass und Zielsetzung der Studie erläutert wird.[578]

In Bezug auf den Spielraum, der dem Antwortenden gewährt wird, sind offene und geschlossene Fragen zu unterscheiden.[579] Der in der vorliegenden Arbeit verwendete Fragebogen enthielt geschlossene Fragen, bei denen entweder Antwortkategorien vorgegeben waren oder Fragen gestellt wurden, die die Nennung einer Zahl verlangten (z. B. Umsatz, EBITDA oder investierter Betrag).[580] Daraus ergab sich eine maximale Vergleichbarkeit der somit entweder als angekreuzte Kategorie oder als Zahl vorliegenden Antworten.[581] Ausnahmen bildeten lediglich diejenigen Fragen, welche die Möglichkeit gaben, bedarfsweise weitere Antwortkategorien aufzuführen.[582] Bei der Formulierung der Fragen wurden zahlreiche Empfehlungen berücksichtigt, wie bspw. Einfachheit, Unzweideutigkeit, Verwendung erschöpfender und überschneidungsfreier (disjunkter) Antwortkategorien.[583] Die Beantwortung besonders sensibler Fragen, wie bspw. nach investierten Beträgen, wurde den Teilnehmern freigestellt, indem die betreffenden Fragen als „optional" gekennzeichnet wurden.

Insgesamt stand die Fragebogenentwicklung im Spannungsfeld eines weitreichenden wissenschaftlichen Erkenntnisinteresses auf der einen Seite und der Bereitschaft seitens der Befragten, diese Informationen zur Verfügung zu stellen, auf der anderen Seite. Für die Teilnahme an der Studie war der Zeitfaktor entscheidend. Als obere Grenze für die Zeit, die für die Beantwortung eines Fragebogens aufgewendet werden konnte, wurden im Pretest und in den Vorab-Interviews 15 Minuten ermittelt.[584] Aus diesem Grund wurde der Fragebogen auf vier Seiten und 26 Fragepunkte begrenzt.[585]

---

578 Vgl. Meier (2006), S. 83, und dort aufgeführte Quellen; Bühner (2005), S. 1 ff.; Kirchhoff (2003), S. 29 ff.

579 Vgl. Atteslander (2006), S. 132; Schnell/Hill/Esser (2005), S. 330.; Mayer (2004), S. 89.

580 Vgl. zur Typologisierung von geschlossenen Fragen Atteslander (2006), S. 138, und dort aufgeführte Quellen.

581 Vgl. Atteslander (2006), S. 139.

582 Vgl. zu diesen sogenannten „Hybridfragen" Schnell/Hill/Esser (2005), S. 333.

583 Vgl. hierzu Schnell/Hill/Esser (2005), S. 334 f.; Kirchhoff (2003), S. 19 ff.; Porst (2000), S. 1 ff.

584 Zu einer gleichen Einschätzung kommt auch MEIER bei seiner schriftlichen Befragung von Private-Equity-Gesellschaften zum Thema „Post-Investment Value Addition to Buyouts", vgl. Meier (2006), S. 81 f.

585 Ein vollständiger Fragebogen befindet sich im Anhang, vgl. S. 262 ff.

5.1.3 Bestimmung von Grund- und Erhebungsgesamtheit

Bei Befragungen sind die Termini „Grundgesamtheit" und „Erhebungsgesamtheit" zu unterscheiden.[586] Unter einer *Grundgesamtheit* (Target Population) ist diejenige Menge von Individuen, Fällen, Ereignissen zu verstehen, auf die sich die Aussagen der Untersuchung beziehen sollen.[587] Sie wird erst durch und für die Fragestellung und Operationalisierung eindeutig abgegrenzt und konkretisiert.[588] In der vorliegenden Arbeit bestand die Grundgesamtheit aus allen Private-Equity-Gesellschaften, die in Deutschland Investitionen in Krisenunternehmen tätigen oder getätigt haben.

Im Idealfall sind die Elemente dieser Menge vollständig physisch anwesend, um eine Totalerhebung kontrollieren zu können. Da eine solche vollzählige physische Anwesenheit in der Praxis jedoch häufig – so auch in der vorliegenden Untersuchung – nicht realisierbar ist, wird auf eine symbolische Repräsentation, z. B. in Form von Listen oder Karteien, zurückgegriffen.[589] Diese Karteien / Listen werden als Auswahlgesamtheit respektive *Erhebungsgesamtheit* (Frame Population) bezeichnet. Problematisch an solchen Karteien / Listen ist, dass sie häufig fehlerhaft, unvollständig oder veraltet sind. Aus diesem Grunde ist davon auszugehen, dass Grundgesamtheit und Erhebungsgesamtheit nicht zwangsläufig kongruent sein müssen, wodurch es zu einer Über- bzw. einer Untererfassung kommt, die auch als Over- bzw. Undercoverage bezeichnet wird.[590]

In der vorliegenden Arbeit musste davon ausgegangen werden, dass in den zur Verfügung stehenden Adress- oder Mitgliederverzeichnissen und Datenbanken

1. für Private-Equity-Gesellschaften, die in Deutschland in Unternehmensrestrukturierungen investierten (oder investiert haben), *kein* Eintrag vorliegt, also in einem gewissen Maß mit Unterdeckung zu rechnen ist,

2. gleichzeitig zahlreiche Einträge vorliegen, die *nicht* Private-Equity-Gesellschaften repräsentieren, die in Unternehmensrestrukturierungen in Deutschland investierten (oder investiert haben), so dass mit einem erheblichen Maß an Überdeckung zu rechnen ist.

Eine Herausforderung bei der Bestimmung der Erhebungsgesamtheit besteht folglich dar-

---

586 Vgl. Schnell/Hill/Esser (2005), S. 271. Für ein anschauliches Beispiel vgl. Kromrey (2006), S. 267 ff.
587 Vgl. Kromrey (2006), S. 269.
588 Vgl. Kromrey (2006), S. 270.
589 Vgl. Kromrey (2006), S. 270 f.
590 Vgl. Stier (1999), S. 115; Kromrey (2006), S. 271.

in, die Unterdeckung und die Überdeckung zu minimieren. Hierzu wurden in der vorliegenden Untersuchung die folgenden Maßnahmen ergriffen:

Zur Minimierung der Unterdeckung wurde auf zahlreiche und umfangreiche Datenquellen zurückgegriffen. Basis stellte zunächst die proprietäre Private-Equity-Datenbank der Wirtschaftsprüfungsgesellschaft DELOITTE & TOUCHE dar, die nach eigenen Angaben etwa 80-90 % aller in Europa tätigen Private-Equity-Gesellschaften umfasst.[591] Darauf aufbauend wurde ein Abgleich mit den aktuellen Mitgliederlisten folgender Verbände und Institutionen durchgeführt:[592]

- Bundesverband Alternative Investments (BAI)[593]
- Bundesverband Deutscher Kapitalbeteiligungsgesellschaften (BVK)[594]
- Bundesvereinigung Restrukturierung, Sanierung und Interimmanagement (BRSI)[595]
- European Private Equity and Venture Capital Association (EVCA)[596]
- Private-Equity-Kompass (Finance-Magazin)[597]
- Turnaround Management Association (TMA)[598]

Im Zuge der Minimierung der Überdeckung galt es, sämtliche Einträge aus der vorliegenden Auswahlgesamtheit zu eliminieren, die mit Sicherheit nicht zur Grundgesamtheit gehörten. Hierzu zählten Nicht-Investoren, wie beispielsweise Rechtsanwaltskanzleien, Wirtschaftsprüfungsgesellschaften, Unternehmensberatungen,[599] aber auch Investoren, die ausschließlich Frühphasenfinanzierungen tätigen.

Auf einen weiteren Schritt zur Minimierung der Überdeckung, die Aussortierung von Private-Equity-Gesellschaften, die nicht in Krisenunternehmen investieren, wurde man-

---

[591] Die Datenbank ist u. a. Basis für das vierteljährlich erscheinende Private Equity Survey, bei dem allein in Deutschland, Österreich und der Schweiz 1.800 Private-Equity-Manager befragt werden, vgl. hierzu bspw. Deloitte (2006), S. 4.

[592] Der Abgleich erfolgte Mitte des Jahres 2006.

[593] Vgl. http://www.bvai.de. Der BAI hat die Mitgliedsliste für diese Umfrage zur Verfügung gestellt.

[594] Vgl. http://www.bvk-ev.de. Der BVK hat freundlicherweise eine aktuelle Mitgliedsliste für diese Umfrage zur Verfügung gestellt.

[595] Vgl. http://www.brsi.de.

[596] Vgl. http://www.evca.com. Von den insgesamt 914 vorhandenen Firmen sind in dem Abgleich nur diejenigen Private-Equity-Gesellschaften berücksichtigt, die als geographische Präferenz auch Deutschland angegeben hatten und eine volle Mitgliedschaft besaßen.

[597] Vgl. http://www.pe-kompass.de.

[598] Vgl. http://www.tma.org. Hier wurden nur die Unternehmen einbezogen, die einen europäischen Sitz hatten.

[599] Diese werden in den Mitgliederlisten häufig als „assoziierte" Mitglieder geführt, aber nicht immer als solche gekennzeichnet.

5.1 Methodische Anlage der empirischen Untersuchung

gels zuverlässiger Informationen bewusst verzichtet, da die in den öffentlichen Mitgliederverzeichnissen und Datenbanken vorhandenen Informationen seitens der Praxis als unzuverlässig eingestuft wurden.[600] Aus diesem Grund sind alle bekannten, in Europa tätigen Private-Equity-Gesellschaften befragt worden, die in Deutschland investieren, unabhängig von ihrem Investitionsschwerpunkt. Die daraus resultierenden höheren Kosten und eine geringere allgemeine Rücklaufquote (bezogen auf die große Erhebungsgesamtheit) wurde zugunsten einer höheren spezifischen Rücklaufquote (bezogen auf die kleine Grundgesamtheit) bewusst in Kauf genommen.

5.1.4 Pretest und Versand

Vor Versendung der Studie wurde ein Pretest mit einem Dutzend Vertretern der Praxis durchgeführt. Der postalische Versand erfolgte Anfang November 2006. Dem Anschreiben und Fragebogen wurden ein Rückumschlag und eine Postkarte beigefügt, beide adressiert und freigemacht. Der Rückumschlag sollte die Rücksendung möglichst einfach gestalten, die Postkarte konnte von den Angeschriebenen genutzt werden, um im Falle einer Nicht-Teilnahme den Grund dafür anzugeben. Auf eine durchgehende Nummerierung von Fragebogen bzw. Rückumschlag wurde verzichtet, um aus Sicht der Befragten ein Höchstmaß an möglicher Anonymität zu gewährleisten. Parallel dazu wurden die dem Autor persönlich bekannten Investmentmanager telefonisch kontaktiert und um Teilnahme gebeten. Gleichzeitig wurden diese Personen nach weiteren Interessenten an der Studie befragt.[601] Für die Beantwortung wurde eine Frist von drei Wochen vorgesehen. Zwei Wochen nach Ablauf dieser Frist wurde bei allen Teilnehmern, die nicht (oder nur anonym) geantwortet hatten, per Fax nachgehakt und erneut um Zusendung innerhalb einer Zwei-Wochen-Frist gebeten. Im Januar 2007 wurden Private-Equity-Gesellschaften, die mit hoher Wahrscheinlichkeit in die Grundgesamtheit gehören, telefonisch kontaktiert.[602] Der Großteil des Rücklaufs erstreckte sich auf die Zeit zwischen November 2006 und Februar 2007.

---

600 Diese Einschätzung wurde auch durch die wissenschaftliche Untersuchung von KUCHER bestätigt. Dort wurden durch Recherchen in Mitgliederverzeichnisse und Datenbanken 65 Private-Equity-Gesellschaften und weitere 18 durch die Auswertung von Presseartikeln identifiziert. Von diesen insgesamt 83 Private-Equity-Gesellschaften stellte sich jedoch bei fast der Hälfte (40) heraus, dass sie keine Investitionen in deutsche Krisenunternehmen tätigen, vgl. Kucher (2006), S. 34 ff.

601 Diese als „Snowball Sampling" bezeichnete Vorgehensweise hat den Vorteil relativ hoher Rücklaufquoten, vgl. Meier (2006), S. 83.

602 Hinweise hierfür gaben Presseartikel, Verbandsangaben und die Praxis.

5.1.5 Analyse und Bewertung des Rücklaufes

Zunächst galt es, die angeschriebene Erhebungsgesamtheit zu bereinigen. In 16 Fällen waren die Private-Equity-Gesellschaften postalisch nicht erreichbar und in neun Fällen stellte sich heraus, dass es sich bei der angeschriebenen Institution nicht um eine Private-Equity-Gesellschaft handelt. Daraus ergab sich, wie Abbildung 5.2 zeigt, eine bereinigte Erhebungsgesamtheit von 314 Private-Equity-Gesellschaften.

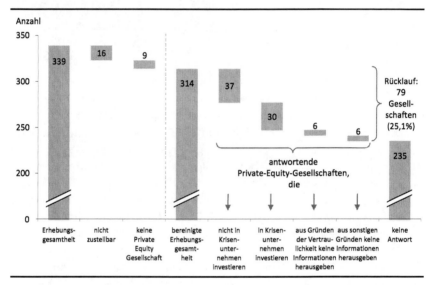

Abb. 5.2: Auswahlgesamtheit und Rücklauf
Quelle: Eigene Erhebung

Von den 314 adressierten Private-Equity-Gesellschaften haben 79 geantwortet, was einer Rücklaufquote von 25,1 % entspricht. Dabei stellte sich heraus, dass 37 Private-Equity-Gesellschaften keine Investitionen in Krisenunternehmen vornehmen. In 6 Fällen ließen die Unternehmensrichtlinien keine Teilnahme zu, weitere 6 Private-Equity-Gesellschaften haben aus sonstigen Gründen keine weiteren Angaben gemacht.[603] Einen ausgefüllten Fragebogen zurückgeschickt haben 30 Private-Equity-Gesellschaften. Bei genauerer Prüfung stellte sich heraus, dass eine Gesellschaft nicht direkt in Krisenunternehmen investierte, sondern sich nur an Private-Equity-Fonds beteiligte, die Investitionen in Krisenunternehmen vornehmen. Grundlage für die weitere Analyse von Restrukturierungen von Krisenunternehmen durch Private-Equity-Gesellschaften bildeten somit 29 Fragebögen.

---

[603] Hierunter fielen u. a. Neugründung, keine Begründung der Nicht-Teilnahme oder auch die Abneigung, nicht deutschsprachige Fragebögen auszufüllen.

5.1 Methodische Anlage der empirischen Untersuchung

Ein wesentlicher Grund für den hohen Rücklauf ist offenbar die aus den Befragungsunterlagen ersichtliche Kooperation zwischen Wissenschaft und Praxis. Sowohl die für die vorliegende Studie zuständige Universität des Autors als auch die kooperierende Wirtschaftsprüfungsgesellschaft traten in Anschreiben und Fragebogen als Interessenten des Vorhabens auf und unterstrichen so die Verknüpfung von Wissenschaft und Praxis. Der Rücklauf ist insbesondere auch vor dem Hintergrund zu sehen, dass Private-Equity-Gesellschaften in den letzten Jahren verstärkt in den Fokus der empirischen Wissenschaft gelangten und bereits zu zahlreichen Studien eingeladen wurden, wobei damit zu rechnen ist, dass die Bereitschaft zur Teilnahme mit jeder weiteren Anfrage sinkt. Zudem steht dem Aufwand i. d. R. kein entsprechender Nutzen gegenübersteht.[604]

Belastbare Aussagen zur Repräsentativität können aus den vorliegenden Daten nicht getroffen werden. Die Repräsentativität soll Auskunft darüber geben, inwiefern von den erhobenen Daten einer Teilgesamtheit auf die Grundgesamtheit geschlossen werden kann.[605] Dies ist dann der Fall, wenn die Teilgesamtheit die gleichen Strukturen wie die Grundgesamtheit aufweist, die Teilgesamtheit also ein verkleinertes Abbild der Grundgesamtheit darstellt.[606] Um die Repräsentativität einer Studie beurteilen zu können, müssen folglich *alle* Merkmale der Grundgesamtheit bekannt sein.[607] Häufig anzutreffende Nachweise, dass *einzelne* Merkmale in der Teilmenge genauso häufig vorkommen wie in der Grundgesamtheit, sind somit nicht ausreichend. Ein Rückschluss auf die Repräsentativität wäre nur dann zulässig, wenn alle anderen Merkmale und deren Kombinationen in der Teilmenge genauso verteilt wären wie in der Grundgesamtheit.[608] In der vorliegenden Arbeit waren jedoch weder die Grundgesamtheit noch deren Eigenschaften bekannt, einzig zur Erhebungsgesamtheit liegen Angaben vor.[609] Vielmehr war es ein Ziel der vorliegenden Arbeit, neue Erkenntnisse über Zusammensetzung und Eigenschaften der Grundgesamtheit zu gewinnen.

---

604 Als einziger Nutzen wurde den Befragten zugesagt, ihnen die Ergebnisse der Studie zukommen zu lassen.

605 Vgl. Kromrey (2006), S. 278.

606 Vgl. Kromrey (2006), S. 278.

607 Vgl. Brosius/Koschel (2005), S. 72.

608 Je nachdem, ob die Teilgesamtheit der Grundgesamtheit in allen oder nur in einigen Merkmalen entspricht, wird von globaler bzw. spezifischer Repräsentativität gesprochen, vgl. Schnell/Hill/Esser (2005), S. 306.

609 Die häufig in empirischen Untersuchungen vorzufindenden Aussagen zur Repräsentativität verwundern mithin, da (i) meist nur auf einzelne Merkmale und (ii) nur auf die Erhebungsgesamtheit Bezug genommen wird. Die damit unterstellte implizite Annahme der Nicht-Existenz von Unter- und Überdeckung (dass also Erhebungsgesamtheit = Grundgesamtheit sei) erscheint in vielen Fällen fraglich.

5.2 Deskription des Untersuchungsfeldes

Um einen Überblick über die Studie zu erhalten, werden nachfolgend die teilnehmenden Private-Equity-Gesellschaften, deren Investition und die Krisenunternehmen anhand der erhobenen Merkmalsausprägungen charakterisiert.[610]

5.2.1 Charakteristika der Private-Equity-Gesellschaften

Die 29 an der vorliegenden Untersuchung teilnehmenden Gesellschaften, die in Krisenunternehmen investieren, verwalteten zum Zeitpunkt der Befragung insgesamt ein Vermögen von deutlich über 100 Mrd. EUR. Es kann somit davon ausgegangen werden, dass die teilnehmenden Gesellschaften einen hinreichend großen Teil des Marktes abbilden, um aus den Daten aussagekräftige Ergebnisse im Rahmen dieser Studie abzuleiten.

Das Teilnehmerfeld war durch ein hohes Maß an Internationalität geprägt. 40 % der Private-Equity-Gesellschaften hatten ihren Hauptsitz außerhalb Deutschlands. Der größte Teil der ausländischen Investoren stammte mit 14 % aus dem angelsächsischen Raum (jeweils zur Hälfte aus den USA und Großbritannien), gefolgt mit je 10 % von österreichischen und skandinavischen Gesellschaften (Letztere jeweils gleichverteilt auf Dänemark, Schweden und Norwegen). Je 3 % der Gesellschaften kamen aus Frankreich und den Niederlanden.

Der größte Teil der Private-Equity-Gesellschaften war im klassischen Buyout-Geschäft tätig, etwa ein Drittel des Teilnehmerfeldes war für die Spezialisierung auf Restrukturierungsfälle bekannt. Nur wenige Private-Equity-Gesellschaften waren im Bereich Wachstums- und Expansionsfinanzierung tätig.[611]

Bei dem Großteil der Gesellschaften handelte es sich um unabhängige Gesellschaften (Independents), die an keinen dominierenden Eigentümer gebunden sind, und in 9 % der Fälle um Semi-Captives. Diese gehörten zu einer großen Versicherungsgesellschaft und einem Bankkonzern. Mit 6 % waren auch sogenannte Sondergesellschaften dabei, die als Gesellschaften eines deutschen Bundeslandes einen Förderauftrag haben.

---

610 Soweit nicht anders kenntlich gemacht, beziehen sich die Prozentangaben auf die Zahl der Fälle. Die Anzahl der zugrunde gelegten Fälle wird dabei in den Grafiken mit „N" angegeben.
611 Vgl. auch Kucher/Meitner (2004b), S. 56.

5.2.2 Charakteristika der Investitionen

Die Investitionen werden nachfolgend anhand des Status der Investition, der Branchenzugehörigkeit des Krisenunternehmens, der Art und der Höhe der Kapitalbeteiligung sowie den Verkäufern, den Käufern und der Haltedauer charakterisiert.[612]

5.2.2.1 Status und Branche der Investition

Am Beginn des Fragebogens wurden die Vertreter der Private-Equity-Gesellschaften gebeten, diejenige Investition in ein Krisenunternehmen zu beschreiben, deren Realisation (Desinvestition) am zeitnahesten erfolgte. Für den Fall, dass bereits eine Investition getätigt, aber noch keine vollständige Realisierung vorgenommen wurde, sollte auf das Investment zurückgegriffen werden, dessen vollständige Realisierung als Nächstes erwartet wurde. Dadurch wurde versucht, den Private-Equity-Gesellschaften bei der Auswahl von Investments keinen Ermessensspielraum zu lassen, um für die Untersuchung eine gleichzeitig zufällige und aktuelle Auswahl von Investitionen in Krisenunternehmen zu erhalten. Das Ergebnis findet sich in Abbildung 5.3.

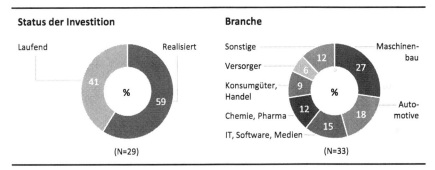

Abb. 5.3: Status der Investition und Branchenzugehörigkeit der Krisenunternehmen
Quelle: Eigene Erhebung, vgl. Fragebogen, S. 262, Frage 1 u. 2

Der hohe Anteil bereits realisierter Investments von über 60 % spricht für eine bereits erhebliche Erfahrung von Investoren, die Investitionen in Krisenunternehmen tätigen, und für dementsprechend verlässliche Angaben zur Restrukturierung. Der kleinere, aber dennoch hohe Anteil von laufenden Investments spricht für die Aktualität der Thematik, haben doch fast 40 % der Private-Equity-Gesellschaften das erste Mal eine Investition getätigt, an der sie noch beteiligt sind.

---

612 Der Erfolg der Investitionen in Krisenunternehmen wird im späteren Verlauf dieser Arbeit erörtert, vgl. hierzu Kapitel 6.

Mehr als die Hälfte der Unternehmen waren im Maschinenbau, im Automobilsektor oder in der Versorgungsindustrie tätig. Junge innovative Branchen wie IT, Software, Medien, oder, wie unter „Sonstige" angegeben, erneuerbare Energien,[613] waren weniger vertreten. Überhaupt nicht vertreten waren Banken, Versicherungen, Finanzdienstleister und Immobilienunternehmen. In zwei Fällen war das Krisenunternehmen in mehr als einer Branche tätig. Damit scheinen bei Investitionen in Krisenunternehmen dieselben Branchen interessant zu sein wie bei klassischen Buyout-Investoren:[614] Industrien mit etablierten Geschäftsmodellen, stabilen Cash Flows und einem hohem operativen Verbesserungspotential.[615]

5.2.2.2 Art und Höhe der Kapitalbeteiligung

Wie Abbildung 5.4 zeigt, dominiert bei der Art der Kapitalbeteiligung mit über 80 % klar der direkte Erwerb von Eigenkapitalanteilen.

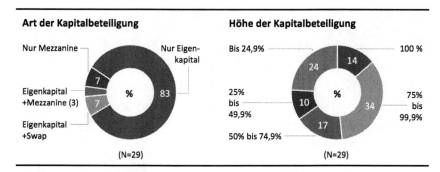

Abb. 5.4: Art und Höhe der Kapitalbeteiligung
Quelle: Eigene Erhebung, vgl. Fragebogen, S. 262, Frage 4 u. 5

Bei den verbleibenden knapp 20 % war auch überwiegend Eigenkapital mit im Spiel: bei 7 % in Kombination mit einem Debt-Equity Swap,[616] bei 3 % in Kombination mit Mezzaninkapital. Nur in 7 % der Fälle erfolgte die Beteiligung ausschließlich über Mezzaninkapital.

---

613 Zu den unter „Sonstige" zusammengefassten Branchen entfielen je 3 % auf Medizintechnik, Büroausstattung, Print und Erneuerbare Energien.
614 Vgl. Abbildung 3.9 für die Anlageschwerpunkte von sämtlichen europäischen Private-Equity-Gesellschaften. Dabei ist zu beachten, dass es sich bei der genannten Abbildung um Investitionsschwerpunkte eines Jahres (2006) handelt, die von Jahr zu Jahr schwanken und somit nicht direkt vergleichbar mit den untersuchten Investitionen sind, zum anderen findet dort die Gewichtung nach Investitionsvolumen statt, während hier nach Anzahl gewichtet wird.
615 Vgl. Busack/Kaiser (2006), S. 22; Kraft (2001), S. 327.
616 Vgl. hierzu auch Kapitel 4.1.2.3.

In der vorliegenden Studie haben fast zwei Drittel der Private-Equity-Gesellschaften eine Mehrheitsbeteiligung an dem Krisenunternehmen übernommen. Bei fast der Hälfte betrug der Anteil sogar 75 % oder mehr, bei 14 % wurde das Unternehmen vollständig übernommen. Der hohe übernommene Anteil ist zum einen typisch für das Buyout-Geschäft, zum anderen erfordern Krisensituationen aber auch schnelle und entschlossene Entscheidungen, die durch die gewählten Beteiligungshöhen ermöglicht werden.[617]

5.2.2.3 Investment, Haltedauer und Exit

Die dominierenden Gruppen auf der Verkäuferseite von Krisenunternehmen sind Konzerne und Gründer / Unternehmenseigentümer, die zusammen über 70 % der Verkäufer darstellen. Der hohe Anteil an Konzernen erklärt sich durch die in den letzten Jahren verstärkten Anstrengungen auf Seiten von Großunternehmen, sich auf das Kerngeschäft zu konzentrieren.[618] Unrentable oder nicht mehr dazugehörige Randgeschäfte werden in diesem Rahmen häufig abgestoßen und von Private-Equity-Gesellschaften aufgenommen.[619] Der hohe Anteil an Gründern / Unternehmenseigentümern erklärt sich mit dem in Deutschland hohen Anteil an mittelständischen (Familien-)Unternehmen, die das Rückgrat der deutschen Wirtschaft bilden. Viele von ihnen stehen vor strukturellen Veränderungen, sei es, weil die Gründer aussteigen, oder sei es, weil Anpassungen an die veränderte Wettbewerbssituation nötig wurden.[620] Mit Abstand folgen andere Private-Equity-Gesellschaften oder Hedgefonds (13 %) als Verkäufer von Krisenunternehmen. Hierbei handelt es sich im Allgemeinen häufig um Beteiligungen von Private-Equity-Gesellschaften, die sich nicht wie gewünscht entwickelten oder in eine Krise gerieten. In solchen Fällen ist es für die Private-Equity-Gesellschaften oft günstiger, diese Problemfälle an andere, evtl. darauf spezialisierte Gesellschaften zu übergeben.[621] In 6 % wurden Unternehmensanteile an der Börse erworben, was oft im Rahmen von Going-Privates erfolgte.[622] Insolvenzverwalter, der öffentliche Sektor oder M&A-Boutiquen sowie „Sonstige" traten nur in Einzelfällen

---

617 Angaben zur absoluten Höhe der investierten Beträge wurden wie erwartet nur ungern gemacht. So haben mit 55 % nur etwas über die Hälfte der teilnehmenden Private-Equity-Gesellschaften Angaben zum Investitionsvolumen gemacht. Die investierten Beträge reichten von null bis 50 Mio. EUR. Da zudem bei den (nach Umsatz) größten Unternehmen (mit einem Umsatz von 400 Mio. EUR und mehr) keine Angaben gemacht wurden, sind die Erhebungen wenig aussagekräftig.

618 Vgl. Charifzadeh (2002), S. 189.

619 Vgl. Arbeitskreis Finanzierung der Schmalenbach-Gesellschaft für Betriebswirtschaft (2006), S. 235 ff.; Fellhauer/Pinker (2006), S. 168, und dort aufgeführte Quellen. Zur Restrukturierung als ein Verkäufermotiv bei Buyouts vgl. auch Kitzmann (2005), S. 16 ff.

620 Vgl. zur sog. Nachfolgeproblematik bspw. Hohmann (2005), S. 1 ff.; Kokalj/Kayser (2002), S. 567 ff.; Lange/Schiereck (2003), S. 1 ff.; Reimers (2004), S. 18 ff.

621 Vgl. Andersch/Jugel (2004), S. 131 ff.; KPMG (2004), S. 1 ff.

622 Vgl. Andres/Betzer/Hoffmann (2006), S. 67 ff.; Eisele (2006), S. 79 ff.; Eisele/Walter (2006), S. 360 ff.; Paul (2004), S. 93 ff.; Roos/Arlt (2003), S. 185 ff.; Siemes (2003), S. 5 ff.; Weihe (2006), S. 133 ff.

auf der Verkäuferseite auf. Der äußerst geringe Anteil an Insolvenzverwaltern sowie die übrige Verkäuferstruktur lassen die erste Vermutung zu, dass es sich bei den zu verkaufenden Unternehmen um solche handelt, die sich in einem relativ frühen Krisenstadium befinden.

Trennen sich die Private-Equity-Gesellschaften nach erfolgter Restrukturierung wieder von den Unternehmen, stehen auf der Käuferseite wiederum zur Hälfte Industrieunternehmen mit fast 50 % der Nennungen, die das Portfolio-Unternehmen im Rahmen eines Trade Sales übernehmen. Mit großem Abstand folgen Börsengänge (Going Publics), Verkäufe an weitere Private-Equity-Gesellschaften (Secondary Buyouts) oder Rückkäufe durch die Firmeneigner (Company Buybacks). Die Ergebnisse sind in Abbildung 5.5 verdeutlicht:

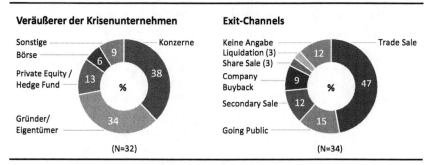

Abb. 5.5: Veräußerer der Krisenunternehmen und Exit-Kanäle
Eigene Erhebung, vgl. Fragebogen, S. 262, Frage 3 u. S. 265, Frage 22

Hierbei handelt es sich jedoch nicht um spezifische Besonderheiten von Investitionen in Krisenunternehmen, auch bei Buyout-Investitionen im Allgemeinen stellen Trade Sales den meistgenutzten Exit-Kanal dar.[623] Damit liegen die Ergebnisse im Rahmen vergleichbarer Studien. Bei nordamerikanischen Turnaround-Investitionen stellte der Trade-Sale mit 48 % ebenfalls den wichtigsten Exit-Kanal dar.[624] Auch die Studie von KUCHER kommt zu dem Ergebnis, dass keine signifikanten Unterschiede hinsichtlich des Exits zwischen Buyout- und Turnaround-Investoren feststellbar sind.[625]

Die Haltedauer, gemessen vom Investitionszeitpunkt bis zum letzten Exit, betrug im Durchschnitt 4,02 Jahre, wobei die Spanne zwischen ein und neun Jahren lag. Die ersten (Teil-)Exits fanden durchschnittlich nach 3,04 Jahren statt, mit einer Spannweite von ein

---

623 Dies deutet darauf hin, dass es sich bei den veräußerten Unternehmen um „normale" Unternehmen handelt, die erfolgreich restrukturiert wurden, und somit für den Käufer keine krisenspezifischen Risikofaktoren mehr bestehen.
624 Vgl. Kraft (2001), S. 263.
625 Vgl. Kucher (2006), S. 194.

5.2 Deskription des Untersuchungsfeldes

bis sechs Jahren. Eine in den letzten Jahren zunehmend populär gewordene Form eines (Teil-)Exits sind Rekapitalisierungen (Recaps), bei denen die Private-Equity-Gesellschaft einbehaltene Gewinne durch hohe Sonderausschüttungen an die Eigenkapitalgeber auszahlt, z. T. auch gegenfinanziert durch die Aufnahme neuer Kredite.[626]

Insgesamt liegt die Haltedauer unter den Ergebnissen vergleichbarer Untersuchungen, womit der Trend zu kürzeren Haltedauern weiter zu bestehen scheint und mit der Forderung nach einer höheren Liquidität seitens der institutionellen Anleger erklärt wird.[627] In der Erhebung von KRAFT aus dem Jahre 1999 lag die Haltedauer noch bei 4,4 Jahren,[628] in der Studie von MACMILLAN, KULOW und KHOYLIAN aus dem Jahre 1989 bei 5,6 Jahren[629] und bei der Umfrage von GOHRMAN / SAHLMAN im Jahr 1984 noch bei 5,8 Jahren.[630] Die Abbildung 5.6 stellt dar, nach wie vielen Jahren wie viele erste und letzte Exits erfolgt sind.[631]

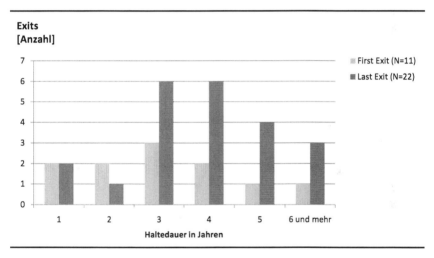

Abb. 5.6: Haltedauer von Krisenunternehmen in Jahren
Eigene Erhebung, vgl. Fragebogen, S. 265, Frage 23

---

626 Vgl. weiterführend Prester (2002), Ernst & Young (2007a), Povaly (2006), Paffenholz (2004).
627 Vgl. Kraft (2001), S. 248, und dort aufgeführte Quellen.
628 Vgl. Kraft (2001), S. 249.
629 Vgl. MacMillan/Kulow/Khoylian (1989), S. 29.
630 Vgl. Gorman/Sahlman (1989), S. 245.
631 Für eine empirische deutsche Untersuchung vgl. Reimers (2004), S. 56.

5.2.3 Charakteristika der Krisenunternehmen

Die Charakteristika der Private-Equity-Gesellschaften werden nachfolgend an den Ausprägungen von Umsatz und EBITDA-Marge dargestellt. Abschließend wird auf die Gründe und Ursachen des vorhandenen Restrukturierungspotentials eingegangen, wie sie sich aus Sicht der teilnehmenden Private-Equity-Gesellschaften darstellen.

Wie Abbildung 5.7 zeigt, weisen fast 60 % der Unternehmen einen Umsatz von über 50 Mio. EUR auf und können danach als große mittelständische Unternehmen klassifiziert werden. Weitere 26 % der Unternehmen hatten einen Umsatz von 10 bis 50 Mio. EUR und gehörten damit überwiegend zur Gruppe der mittleren mittelständischen Unternehmen. Kleinere Unternehmen mit einem Umsatz von 1 bis 10 Mio. EUR waren nur in 7 % der Fälle vorhanden, ebenso viele wie mit einem Umsatz von unter 1 Mio. EUR. Trotz des Investitionsschwerpunkts bei größeren Unternehmen wiesen die untersuchten Unternehmen mit Umsätzen zwischen 500.000 EUR und über 1 Mrd. EUR eine große Spannweite auf.

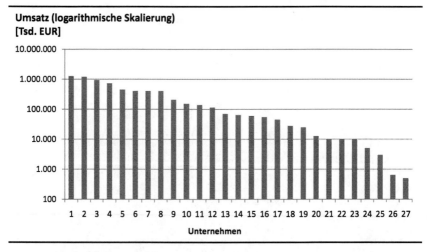

Abb. 5.7: Umsätze der Krisenunternehmen zum Investitionszeitpunkt
Quelle: Eigene Erhebung, vgl. Fragebogen, S. 263, Frage 7

Um die Angaben zum Gewinn vergleichbar zu machen, wurden diese ins Verhältnis zum Umsatz gesetzt und als Umsatzrendite ausgewiesen. Der Gewinn wird in dieser Untersuchung anhand der Earning before Interests, Taxes, Depreciation and Amortization (EBITDA) gemessen. Die nachfolgende Abbildung 5.8 auf der nächsten Seite zeigt die Verteilung der Umsatzrenditen. Auffallend ist, dass sich immerhin 75 % der Krisenunternehmen zum Investitionszeitpunkt (noch) in der Gewinnzone und lediglich 25 % in der Verlustzone befanden.[632] Die hohen Schwankungen von 33 % positiver bis zu 40 % negativer EBITDA-Marge deuten darauf hin, dass sich die betrachteten Unternehmen in unterschiedlichen Krisenstadien befanden.

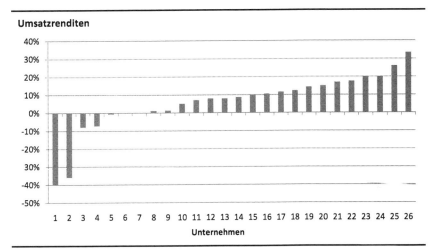

Abb. 5.8: Umsatzrenditen der Krisenunternehmen zum Investitionszeitpunkt
Quelle: Eigene Erhebung, vgl. Fragebogen, S. 263, Frage 7

Ein ähnliches Bild ergibt sich bei den Cash-Flow-Renditen. Wie zuvor beim EBITDA wurde der freie Cash Flow zum Umsatz ins Verhältnis gesetzt und somit die Cash-Flow-Rendite ermittelt. Diese lagen – von einer Ausnahme abgesehen – zwischen -10 % und +30 %. Die Hälfte der Krisenunternehmen lag zwischen 0 und 11,8 % und somit etwas näher beieinander als bei den EBITDA-Renditen.

Bevor in den nächsten Kapiteln auf die Restrukturierungsmaßnahmen eingegangen wird, sollen zunächst die Gründe für die schlechte Performance aufgezeigt werden, die sich aus Sicht der Private-Equity-Gesellschaften wie folgt darstellen:

Die beiden genannten Hauptgründe für die schlechte Unternehmensperformance liegen danach in ineffizienten Kernprozessen der Leistungserstellung und der obersten Unternehmensführung. 45 % der Private-Equity-Gesellschaften sahen hierin einen wesentlichen Grund, lediglich 17 % maßen ihm einen sehr geringen oder geringen Wert bei. In der obersten Unternehmensführung sah fast jede dritte Gesellschaft (31 %) einen sehr gewichtigen Faktor. Der mittleren Führungsschicht wurde nur ein verhältnismäßig geringer Einfluss zugeschrieben, in 90 % der Fälle wurde die oberste Unternehmensführung in hohem

---

632   Ein Fall konnte in dieser Auswertung quantitativ nicht berücksichtigt werden, da beim EBITDA lediglich die qualitative Angabe „negativ" gemacht wurde.

Krisenursache / Krisenursachenbereich	Mittelwert	Median	Modus	Std.-Abw.	Min	Max	N
Kernprozesse	3,50	4,0	4	1,21	1	5	26
Top-Management	3,35	3,0	5	1,50	1	5	26
Branchenentwicklung	3,08	3,0	3	1,35	1	5	26
Finanz-Management	3,07	3,0	4	1,24	1	5	27
Unterstützungsprozesse	3,04	3,0	3	1,31	1	5	25
Strategische Ausrichtung	3,04	3,0	2	1,37	1	5	26
Controlling- & Reporting	3,04	3,0	4	1,40	1	5	27
Mittleres Management	2,76	3,0	3	1,23	1	5	25
Produkt-Portfolio	2,70	3,0	2	1,35	1	5	27
Konjunkturelle Entwicklungen	2,22	2,0	2	1,34	1	5	27
Mitarbeiter	1,92	2,0	1	0,95	1	4	25

Tab. 5.1: Krisenursachen aus Sicht der Private-Equity-Gesellschaften
Quelle: Eigene Erhebung, vgl. Fragebogen, S. 263, Frage 9

oder sehr hohem Maße für die Krisensituation verantwortlich gemacht. Nahezu vollkommen entlastet wurden die Mitarbeiter, denen fast zwei Drittel (65 %) der Private-Equity-Gesellschaften eine sehr geringe oder geringe krisenverursachende Bedeutung zuschrieben und denen keine Gesellschaft eine hohe Bedeutung zusprach. Die makroökonomische Entwicklung erhielt ebenfalls geringe Werte, 72 % maßen ihr eine sehr geringe oder geringe Bedeutung zu, wohingegen Branchentrends in 50 % der Fälle eine höhere Bedeutung zukam. Nahezu gleich verteilt mit jeweils rund 20 % waren die Einschätzungen hinsichtlich der Informations- und Reportingsysteme.

Diese Ergebnisse gehen mit Erkenntnissen aus anderen Krisenfällen einher.[633] Die befragten Gesellschaften haben somit in „klassische" Krisenunternehmen investiert, die ineffiziente Kerngeschäftsprozesse und ein unfähiges Top-Management aufwiesen.

Zusammenfassend lässt sich festhalten, dass es sich bei der vorliegenden empirischen Untersuchung von Private-Equity-Investments in deutsche Krisenunternehmen um ein in jeglicher Hinsicht sehr heterogenes Feld handelt. Unterschiedlichste Gesellschaften unterschiedlichster Größe und Spezialisierung investierten in unterschiedlichste Krisenunternehmen ebenfalls unterschiedlichster Größe aus unterschiedlichsten Branchen. Für die weitere Analyse wird daher der bereits angewandte explorativ-deskriptive Ansatz beibehalten und die von den Private-Equity-Gesellschaften verfolgten Maßnahmen werden aggregiert betrachtet.[634]

---

633 Vgl. Kapitel 2.3.

634 Dies erscheint auch angesichts der Teilnehmerzahl (N=29) und der überwiegend ordinal skalierten Daten sinnvoll, vgl. für eine ähnliche Vorgehensweise bspw. Gunzenhauser (1995), S. 140.

5.3 Ergebnisse der empirischen Untersuchung

In diesem Abschnitt werden die Ergebnisse der empirischen Erhebung dargestellt, die sich auf die Restrukturierungsmaßnahmen und damit auf das methodische Element der Krisenbewältigung beziehen.[635] Der Abschnitt ist nach sechs Restrukturierungsansätzen unterteilt. Eine zusammenfassende Übersicht der Stellhebel mit ihrer Wirkungsweise auf die Krisenbewältigung und damit die Unternehmenswertsteigerung wird in Abbildung 5.9 dargestellt:[636]

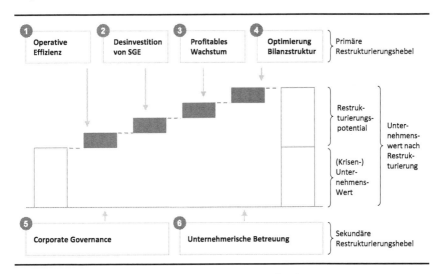

Abb. 5.9: Konzeptioneller Rahmen des Untersuchungsgegenstandes
Quelle: Eigene Darstellung

Die vier primären Restrukturierungshebel operative Effizienz, Desinvestion strategischer Geschäftseinheiten, profitables Wachstum und Optimierung der Kapitalstruktur wirken direkt auf die Krisenbewältigung, haben unmittelbaren Einfluss auf den Unternehmenswert und lassen sich i. d. R. ihrer Größe nach leicht quantifizieren. Die primären Restrukturierungshebel werden in der Literatur zur Krisenbewältigung häufig als strategische, operative (bzw. leistungswirschafliche) und finanzwirtschaftliche Maßnahmen zur Krisenbewältigung behandelt.[637]

---

635 Vgl. zu den Dimensionen der Krisenbewältigung Kapitel 2.5.2.
636 Dies geschieht in Anlehnung an die Wertgenerierungshebel in Buyout-Transaktionen (vgl. Berg/Gottschalg (2004), S. 207 ff.; Berg/Gottschalg (2003), S. 5 ff.) und in Anlehnung an das „Restructuring Hexagon" bei Copeland/Koller/Murrin (2000), S. 21 ff.; Copeland/Weston/Shastri (2005), S. 26.
637 Vgl. Bergauer (2001), S. 60 ff.; Kudla (2005), S. 103 ff., u. S. 124 ff.; Lafrenz (2004), S. 63 ff.

Anders verhält es sich mit den beiden sekundären Hebeln Corporate Governance und unternehmerische Betreuung: Sie wirken indirekt auf die Krisenbewältigung, haben nur mittelbaren Einfluss auf den Unternehmenswert und sind ihrer Größe nach i. d. R. nur schwer quantifizierbar.[638] Diese Ansätze sind aus der Forschung zu Private Equity bekannt, zu denen bereits zahlreiche Studien existieren. Obwohl sich einzelne Elemente dieser Ansätze auch in der Krisenforschung wiederfinden und dort unter organisatorischen und personellen Maßnahmen abgehandelt werden, wurden sie in diesem Umfang als Ansatz zur Krisenbewältigung bislang wenig erforscht. Dies gilt insbesondere für den Aspekt der Incentivierung des Top-Managements und die unternehmerische Betreuung seitens der Unternehmenseigentümer.

Eine weitere Möglichkeit der Unternehmenswertsteigerung, die nicht in Abbildung 5.9 auf der vorherigen Seite aufgezeigt ist, stellt der Werttransfer (Value Capturing) dar. Dieser bezieht sich auf Wertsteigerungen, ohne dass sich an dem fundamentalen Zustand des Unternehmens etwas verändert.[639] Hervorgerufen wird diese Wertsteigerung durch eine veränderte marktseitige Bewertung des Unternehmens, z. B. aus veränderten Bewertungsmaßstäben (Multiples),[640] oder durch veränderte Einschätzung der zukünftigen Geschäftsentwicklung.[641] Hierbei handelt es sich um einen passiven Investitionsansatz (sog. Multiple Riding oder Financial Arbitrage), der keinen Einfluss auf die Krisenbewältigung hat und deshalb nicht im Fokus dieser Arbeit steht.[642]

Die folgenden sechs Abschnitte betreffen die sechs genannten Restrukturierungshebel. Sie sind ähnlich aufgebaut und bestehen jeder für sich aus drei Teilen: Zunächst wird eine Beschreibung und Systematisierung der Ansätze auf Basis der Literatur, anschließend die Darstellung und Interpretation der Ergebnisse aus der eigenen Erhebung vorgenommen und abschließend wird ein Vergleich mit ähnlichen Studien angestellt.

---

638 Vgl. Berg/Gottschalg (2004), S. 207 ff.; Berg/Gottschalg (2003), S. 5 ff.
639 Vgl. Berg/Gottschalg (2003), S. 7 f.
640 Vgl. Kapitel 4.3.2.5.
641 Vgl. Berg/Gottschalg (2003), S. 7.
642 Vgl. Kapitel 4.1.1.

5.3.1 Operative Effizienz

Krisenunternehmen weisen häufig einen geringen Grad an operativer Effizienz auf, nicht selten stellt selbiger sogar eine der Ursachen für eine Krise dar.[643] In diesem Abschnitt werden Ansatzpunkte dargestellt, mit denen versucht wird, die Wettbewerbsfähigkeit eines Krisenunternehmens durch eine effizientere Gestaltung seiner Prozesse und Strukturen nachhaltig zu erhöhen.[644] Diese operativen Maßnahmen sind als weitestgehend unabhängig von den strategischen und finanziellen Maßnahmen zu betrachten, und nehmen eine eigenständige Funktion im Restrukturierungsprozess wahr.[645]

Die Maßnahmen zur Erhöhung der operativen Effizienz werden häufig in solche mit dem Fokus Kostensenkung und solche mit dem Fokus Umsatzsteigerung unterschieden.[646] Auch wenn in der vorliegenden Arbeit eine getrennte Behandlung dieser Maßnahmen erfolgt, ist in der Umsetzung jedoch zu beachten, dass beide häufig eng miteinander verknüpft sind. Aus diesem Grund sind die finanziellen Wirkungen der Maßnahmen auf die Gewinn- und Verlustrechnung und die Bilanz in einer kombinierten Kosten- und Erlösrechnung abzubilden, um ihre Erfolgswirksamkeit beurteilen zu können.[647]

5.3.1.1 Maßnahmen mit Fokus Kostensenkung

Als operative Maßnahmen zur kostenseitigen Verbesserung der Unternehmensergebnisse lassen sich in der Literatur verschiedene Systematisierungsansätze finden.[648] Im Fokus der in der Praxis häufig vorzufindenden Kostensenkungsprogramme stehen meist einer oder mehrere der folgenden Ansatzpunkte:

- Funktionalbereiche eines Unternehmens
- Produktions(einsatz)faktoren
- Produkt- / Kundenportfolio und
- Geschäftsprozesse

---

643 Unter Effizienz soll in dieser Arbeit das Verhältnis von Output zu Input verstanden werden, wobei sich der Output auf den Umsatz und der Input auf die Kosten bezieht.
644 Vgl. Lüthy (1988), S. 101.
645 Anstelle des in der vorliegenden Arbeit verwendeten Ausdrucks „operative Maßnahmen" finden sich in der Literatur auch häufig die Ausdrücke „leistungswirtschaftliche Maßnahmen" und „ertragswirtschaftliche Maßnahmen", unter denen jedoch im Wesentlichen die gleichen Aspekte behandelt werden.
646 Vgl. Buschmann (2006), S. 54; Moldenhauer (2004), S. 48.
647 Vgl. Schweitzer/Küpper (2003), S. 46.
648 Häufig findet dabei eine Orientierung an die in der Kostenrechnung üblichen Systematisierungsansätze nach Kostenarten / -stellen / -trägern statt, vgl. Schweitzer/Küpper (2003), S. 77 ff.

Für die Gestaltung der Kostenstrukturen stehen zahlreiche Instrumente zur Verfügung, die in der Literatur unter dem Begriff des Kostenmanagements behandelt werden. Häufig vorzufinden sind in diesem Zusammenhang die Prozesskostenrechnung, die Zielkostenrechnung (Target Costing), die Lebenszyklusrechnung (Life Cycle Costing) und das (Cost-) Benchmarking.[649] Diese Instrumente fokussieren auf jeweils andere Bezugsobjekte und Kategorien des Kostenmanagements und auf verschiedene Stellhebel zur Beeinflussung der Kostenstrukturen.[650] In der vorliegenden Untersuchung stand jedoch nicht das verwendete Instrumentarium, sondern die Frage im Vordergrund, wo und in welchem Ausmaß Private-Equity-Gesellschaften im Rahmen von Kostensenkungsmaßnahmen ansetzen.

Ansatzpunkt Funktionalbereiche: Klassischerweise werden die Funktionalbereiche eines Unternehmens als Ansatzpunkte für Effizienzsteigerungen herangezogen und Maßnahmen beschrieben, die innerhalb dieser Funktionalbereiche ergriffen werden können.[651] In der Literatur existieren hierzu zahlreiche Maßnahmenkataloge.[652] Viele der genannten Maßnahmen sind jedoch nicht nur in Unternehmenskrisen, sondern auch generell in der Unternehmensführung einsetzbar, womit auf deren begrenzten Nutzen hingewiesen wird.[653] Als Funktionalbereiche, auf die sich die Kostensenkungsmaßnahmen häufig konzentrieren, werden die Beschaffung,[654] die Produktion,[655] die Distribution,[656] die Forschung- & Entwicklung[657] sowie die Verwaltungsbereiche erwähnt.[658]

Ansatzpunkt Produktionsfaktoren: Ein weiteres Differenzierungskriterium für die Systematisierung von operativen Maßnahmen stellen die Produktionsfaktoren dar.[659] In Anlehnung an den gängigen Aufbau der Gewinn- und Verlustrechnung lassen sich auf Ebene

---

649 Vgl. Schweitzer/Küpper (2003), S. 38 ff. mit zahlreichen weiterführenden Literaturangaben sowie Kajüter (2005), S. 79 ff. Ein guter Überblick über Instrumente für das Management von Kostenniveau und Kostenstruktur findet sich auch bei Götze (2007), S. 277. Zu den genannten und weiteren Verfahren der Kostenanalyse vgl. Coenenberg/Salfeld (2007), S. 281 ff.

650 Vgl. Götze (2007), S. 1 ff.

651 Vgl. bspw. Bergauer (2001), S. 183; Clasen (1992), S. 238 ff.; Krystek (1985), S. 604; Krystek (1991), S. 334; Krystek (2002), S. 121 ff.; Lafrenz (2004), S. 89 ff.; Müller (1986), S. 205 f.

652 Eine Auflistung von Quellen hierzu findet sich bspw. bei Gless (1996), S. 73., Fußnote 275; Krystek (1987), S. 239 ff.; Kudla (2005), S. 106; Sievers (2006), S. 61.

653 Vgl. Moldenhauer (2004), S. 49, und dort aufgeführte Quellen.

654 Vgl. Siegler (2004), S. 202 ff.; Voegele/Gras (2006), S. 1101 ff.

655 Vgl. Jugel (2004), S. 183.

656 Vgl. Ziechmann (2004), S. 164 ff.

657 Vgl. Jobsky/Ziechmann (2004), S. 150 ff.

658 Für Maßnahmen im Verwaltungsbereich allgemein vgl. Venohr (2006), S. 1127 ff. und speziell für den EDV-Bereich vgl. Kütz (2004), S. 245 ff.; für Finanzen und Controlling vgl. Jünger (2004), S. 230 ff.; für Personalwesen vgl. Groß (2004), S. 213 ff.

659 Vgl. bspw. Giessler (2006), S. 175; Meffert/Bernhard (2006), S. 257; Moldenhauer (2004), S. 51 ff.; Faulhaber/Landwehr (2006), S. 89 ff.; Voegele/Gras (2006), S. 1111.

der Produktionsfaktoren nach Einsatzgüter- bzw. Kostenart Materialkosten, Personalkosten und sonstige Kosten unterscheiden.[660] Für jede Kostenart existieren zahlreiche Kostensenkungspotentiale.[661] Als Beispiele für Kostensenkungsmaßnahmen werden beim Materialaufwand die Lieferantenbündelung, Nachverhandlungen oder eine Senkung des Materialverbrauchs erwähnt, bei der Reduzierung des Personalaufwands werden eine Reduzierung der Personalnebenkosten, Überstundenabbau, Kurzarbeit und Personalanpassungen[662] und beim sonstigen betrieblichen Aufwand eine Reduzierung des Komfortgrades sowie eine Erhöhung des Kostenbewusstseins genannt.[663]

Ansatzpunkt Geschäftsprozesse: Durch eine Zuordnung der Kosten auf die Prozesse im Rahmen einer Prozesskostenanalyse werden Ressourcenbindung und Werteverzehr der jeweiligen Geschäftsprozesse deutlich.[664] Als Möglichkeiten zur Effizienzsteigerung bieten sich – neben einer umfangreichen Prozessoptimierung – vor allem die Auslagerung von Prozessen (Outsourcing) und die Verlagerung von Prozessen in Niedrigkostenstandorte (Offshoring) an. Als Entscheidungskriterien für derartige Maßnahmen sind die relative Kostenposition und die strategische Relevanz von Bedeutung. Je nach Ausprägung dieser Kriterien ergeben sich die in Abbildung 5.2 aufgezeigten Handlungsempfehlungen.[665]

	geringe relative Kostenposition	hohe relative Kostenposition
Kernprozess	Intern belassen und durch traditionelle Mittel verbessern, evtl. Offshoring-Kandidat	Sicherung und Ausbau des Wettbewerbsvorteils
Unterstützungsprozess	Outsourcing prüfen	Verkauf von Services an andere Unternehmen erwägen

Tab. 5.2: Handlungsoptionen zur Effizienzsteigerung von Prozessen in Abhängigkeit der strategischen Relevanz und der relativen Kostenposition
Quelle: Eigene Darstellung in Anlehnung an Coenenberg/Salfeld (2003), S. 167

Im Fokus der Kostensenkungsmaßnahmen stehen die Prozesse mit einer geringeren relativen Kosteneffizienz. Für eine Fremdvergabe von Prozessen (Outsourcing) eignen sich Prozesse, die für das Unternehmen keine hohe strategische Bedeutung[666] einnehmen und

---

660 Vgl. Schweitzer/Küpper (2003), S. 78.
661 Vgl. Kraus/Gless (2004), S. 130.
662 Vgl. für einen Überblick über Sanierungsmaßnahmen im Personalbereich Bezani/Richter (2006), S. 1151. und zu arbeitsrechtlichen Sanierungsmaßnahmen Notz/Sättele (2007), S. 255 ff.
663 Vgl. Moldenhauer (2004), S. 51.
664 Zu weiteren Ausführungen zum Thema Prozesskostenanalyse vgl. bspw. Burger (1999), S. 203 ff.; Coenenberg/Salfeld (2007), S. 126 ff.
665 Vgl. Coenenberg/Salfeld (2003), S. 167.
666 Als strategisch relevant werden solche Prozesse bezeichnet, mit denen sich das Unternehmen langfristig vom Wettbewerb differenzieren kann.

die im Vergleich zum Outsourcing-Dienstleister eine schlechtere Kostenposition aufweisen.[667] Prozesse, die für das Unternehmen eine hohe strategische Relevanz aufweisen, die aber ineffizient sind, können aufgrund der hohen strategischen Relevanz nicht fremdvergeben werden und müssen in einem nächsten Schritt optimiert werden. Eine Lösung kann hier sein, die Prozesse zwar im Unternehmen zu behalten, aber – sofern es mehrere Möglichkeiten gibt – diese in Regionen ausführen zu lassen, die günstigere Kostenstrukturen aufweisen. Für Prozesse, in denen das Krisenunternehmen eine höhere relative Effizienz aufweist, kann sich hingegen ein weiterer Ausbau anbieten.[668]

Ansatzpunkt Kunden- und Produktportfolio: Die Betrachtung eines Produktes bzw. einer Produktgruppe oder von Kunden bzw. Kundengruppen als Kostenträger ist ein weiterer Ansatzpunkt für die Ableitung von Maßnahmen zur Steigerung der operativen Effizienz.[669] Auskunft über Kosteneinsparpotentiale können hierbei Produkt- und Kundenwertrechnungen / -analysen geben, die nicht nur bei Krisenunternehmen jedoch oft Schwächen aufweisen, die zu Fehlsteuerung führen können.[670] Während die Umsätze, die ein Produkt erzielt, noch relativ leicht ermittelt werden können, ist die Bestimmung der Kosten auf Produktebene mit erheblichen Schwierigkeiten verbunden, da die i. d. R. nach Kostenstellen und Kostenarten vorliegenden Kosten den Produkten verursachungsgerecht zugeordnet werden müssen. Im Rahmen der Krisenbewältigung sind gegebenenfalls zunächst die Kosten zu schätzen und das Produktportfolio im Rahmen einer Neuausrichtung zu bereinigen. Hierbei sind jedoch Wechselwirkungen mit anderen Produkten zu betrachten.[671]

5.3.1.2 Maßnahmen mit Fokus Umsatzsteigerung

Umsatzerlöse können durch eine Erhöhung der Preise oder der abgesetzten Menge gesteigert werden.[672] Als Ansatzpunkte bieten sich eine Optimierung der Preispolitik und eine Optimierung des Vertriebsanreizsystems an.

---

667 Die bessere Kostenposition der Dienstleister kommt durch die Nutzung von Skaleneffekten, z. B. bei Nutzung von IT-Hardware, spezialisiertes Know-How, z. B. bei der Erstellung von Lohn-Abrechnungen oder eine günstigere Kostenstruktur zustande, wie es z. B. bei Gebäudereinigungsfirmen der Fall ist.

668 Vgl. Klein (2006), S. 147.

669 Vgl. Krystek (1987), S. 241.

670 Insbesondere bei deutschen Unternehmen führt ein auf Spitzentechnologie statt auf Profitabilität ausgerichtetes Management zu einem nicht unerheblichen Optimierungspotential im Produkt- und Geschäftsfeldspektrum, vgl. Albrecht/Füger/Danneberg (2006), S. 789.

671 Gleiche Überlegungen können für Kunden angestellt werden. Die Kundenwertbetrachtung hat in den letzten Jahren unter dem Schlagwort „Customer Value" eine erhöhte Aufmerksamkeit erfahren.

672 Hierbei wird davon ausgegangen, dass die bestehende Produkt-Markt-Strategie beibehalten wird. Diese und andere unternehmens- oder geschäftseinheitenspezifischen Strategien werden im Zusammenhang mit (Umsatz-)Wachstumsstrategien in Kapitel 5.3.3.

5.3 Ergebnisse der empirischen Untersuchung

Ansatzpunkt Preispolitik: Die Optimierung der Preispolitik umfasst nicht nur das direkte Entgelt für das Leistungsangebot, sondern auch mögliche Rabatte sowie Zahlungs- und Lieferungs-Konditionen.[673] Der Vorteil von Preismaßnahmen liegt in ihrer hohen Wirkungsgeschwindigkeit,[674] die bei Krisenbewältigung von großer Bedeutung ist. Jedoch haben Preisentscheidungen, in Abhängigkeit von der Preiselastizität, nicht nur eine Wert-, sondern auch eine Mengenkomponente, wobei Preiserhöhungen in der Regel mit Absatzmengenreduzierung korrespondieren und vice versa.[675] Zur Erzielung einer umsatz- und wertmaximierenden Preis-Mengen-Kombination bieten sich grundsätzlich zwei Möglichkeiten an:

- *Preissenkungen* können zwar umsatzerhöhende Mengensteigerungen bewirken, die je nach Kostenstruktur der Produkte jedoch nicht zwangsläufig zu einer Gewinnerhöhung führen.[676] So zeigt beispielsweise LÜTHY auf der Grundlage einer einfachen Modellrechnung, dass bei einem Anteil der variablen Kosten von 70 % am Umsatz eine Preissenkung von 10 % erst bei einer Absatzausweitung von 50 % den gleichen Deckungsbeitrag erzielt.[677]

- *Preiserhöhungen* können im Einzelfall (v. a. bei unprofitablen Produkten) eine sinnvolle Maßnahme darstellen, sie bergen jedoch stets die Gefahr eines den Preiseffekt überkompensierenden Absatzmengenrückgangs, der in Krisensituationen nicht oder nur schwer evaluierbar ist.[678]

Ansatzpunkt Vertriebsincentivierung: Ein weiterer Faktor zur Umsatzsteigerung ist die Incentivierung des Vertriebs. Als Instrumente kommen Vergütungen, Erfolgsbeteiligungen, Provisionen etc. zum Einsatz. Diese orientieren sich allerdings häufig am Umsatz, wodurch es zu erheblichen Fehlsteuerungen kommen kann, bei denen unter Umständen Produkte mit hohem Umsatz-, aber niedrigem / negativem Deckungs- / Wertbeitrag verstärkt vertrieben werden und weniger umsatzstarke, dafür aber rentable Produkte keine große Aufmerksamkeit seitens des Außendienstes erfahren.[679] Voraussetzung hierfür ist jedoch auch wieder eine genaue Kenntnis der Kosten auf Produkt- und Kundenebene.[680]

---

673 Vgl. Meffert (2000), S. 482.
674 Vgl. Meffert (2000), S. 482.
675 Hierbei wird unterstellt, das die Preiselastizität kleiner als -1 ist. Liegt die Preiselastizität bei einem Wert von größer als -1, sind Preis- und Umsatzänderungen gleichgerichtet.
676 Vgl. Ziechmann (2004), S. 180, der auf die besonders kritische deckungsbeitragsmindernde Wirkung von Preissenkungen hinweist.
677 Vgl. Lüthy (1988), S. 111 f.
678 Vgl. David (2001), S. 230; Ziechmann (2004), S. 179 f.
679 Vgl. David (2001), S. 231.
680 Vgl. Ausführungen in Kapitel 5.3.1.2.

Aufschluss können in diesem Fall Vertriebsergebnisrechnungen und Vertriebserfolgsanalysen geben.[681]

5.3.1.3 Darstellung und Vergleich der Ergebnisse der empirischen Untersuchung

Die Intensität der von den Private-Equity-Gesellschaften eingesetzten Maßnahmen zur Verbesserung der operativen Effizienz wird nachfolgend dargestellt. Dabei wird zunächst auf die Maßnahmen mit dem Fokus Kosten und anschließend auf die Maßnahmen mit dem Fokus Umsatz eingegangen. Die nachfolgende Tabelle 5.3 gibt einen Überblick über die Maßnahmen zur Verbesserung der operativen Effizienz mit dem Fokus Kostensenkung.

Maßnahme / Maßnahmenbereich	Mittelwert	Median	Modus	Std.-Abw.	Min	Max	N
Verwaltung	3,48	4,0	4	1,35	1	5	29
Beschaffung	3,46	3,5	3	1,17	1	5	28
Produktion	3,46	3,5	3	1,26	1	5	28
Sortimentsbereinigung	3,28	4,0	4	1,33	1	5	29
Personal	3,18	3,5	4	1,36	1	5	28
Vertrieb	3,07	3,0	3	1,22	1	5	29
Outsourcing	2,61	2,5	2	1,31	1	5	28
Offshoring	2,11	2,0	1	1,26	1	5	28
Forschung und Entwicklung	2,00	2,0	1	1,20	1	5	28

Tab. 5.3: Maßnahmen zur Verbesserung der operativen Effizienz mit dem Fokus Kosten
Quelle: Eigene Erhebung, vgl. Fragebogen, S. 264, Frage 13

Die Untersuchung zeigt, dass im Fokus von Kostensenkungen vor allem die Funktionalbereiche Verwaltung, Beschaffung und Produktion stehen, wohingegen Kostensenkungen im Personalbereich nur eine mittlere Bedeutung und im Forschungs- und Entwicklungsbereich nur eine geringe Bedeutung aufweisen. Im Bereich der Verwaltung wurden bei 58,6 % der Unternehmen Maßnahmen mit hoher oder sehr hoher Intensität initiiert, im Bereich Forschung und Entwicklung verhielt es sich fast umgekehrt: Hier wurden in 64,3 % der Fälle nur in sehr geringem oder geringem Umfang Kostensenkungsmaßnahmen eingeleitet.[682]

Das Kunden- und Produkt-Portfolio als Ansatzpunkt für Effizienzsteigerungen im Rahmen von Sortimentsbereinigungen stand nicht ganz so stark im Fokus wie die oben ge-

---

681 Vgl. Ziechmann (2004), S. 169.
682 Bei der Interpretation der Intensität bzw. der Bedeutung der Maßnahmen wird folgende Unterteilung zugrunde gelegt: 1 = sehr gering, 2 = gering, 3 = mittel, 4 = hoch, 5 = sehr hoch. Obwohl die Studie nur nach dem Grad der Intensität der Maßnahmen differenziert, wird dieser mit der Bedeutung synonym verwendet, da davon auszugehen ist, dass die Tätigkeiten, denen die größte Bedeutung beigemessen wird, in der Regel auch mit der größten Intensität ausgeübt werden.

nannten Funktionsbereiche und wurde nur in 24,1 % der Fälle in hohem oder sehr hohem Maße betrachtet.

Outsourcing- und Offshoring-Maßnahmen hatten eine vergleichsweise geringe Bedeutung und wurden von den Private-Equity-Gesellschaften nur in 25 % bzw. 21,4 % der Fälle in hohem oder sehr hohem Maße initiiert.

Im Wesentlichen ist die Schwerpunktsetzung von Private-Equity-Gesellschaften bei Kostensenkungsmaßnahmen mit der von Industrieunternehmen vergleichbar, die in anderen empirischen Studien ermittelt wurde:

BERGAUER kommt in ihrer Untersuchung zur Krisenbewältigung zu ähnlichen Ergebnissen. 80 % der in der Studie betrachteten Unternehmen haben im Bereich der Verwaltungsgemeinkosten massive Maßnahmen ergriffen und auch in den anderen Funktionalbereichen teilweise deutliche Kostenreduzierungen durchgeführt,[683] die Forschungs- und Entwicklungsinvestitionen blieben hingegen während der Krisenbewältigung mindestens konstant.[684]

Im Rahmen der Untersuchung von BUSCHMANN werden bei den Kostensenkungsmaßnahmen nach den Kostenarten Personal-, Material- und Sachkosten unterschieden und auch Outsourcing- und Offshoring-Maßnahmen adressiert, wobei Letztere mit Werten von 25 % bzw. 38 % in vergleichsweise nur geringem Maße ergriffen wurden. Eine Sortimentsbereinigung wurde hingegen von 77 % der betrachteten Unternehmen vorgenommen.[685] Insgesamt stellte sich heraus, dass ertragswirtschaftliche Maßnahmen kein Selektionskriterium zwischen erfolgreichen und nicht erfolgreichen Unternehmen darstellen, und es wird die These genährt, dass Maßnahmen zur Kostensenkung zum „Pflichtteil" bei Krisenbewältigungen gehören.

KRAFT konstatiert allgemein einen klaren Fokus von Kostensenkungsmaßnahmen auf operativer Ebene, wobei die Freisetzung von Mitarbeitern und die Optimierung der Geschäftsprozesse eine vergleichsweise geringe Bedeutung einnehmen.[686] Die Bereinigung des Produktportfolios zählt bei KRAFT zu den strategischen Maßnahmen, welche (mit der organisatorischen Neugestaltung) den höchsten Einfluss ausübten.[687]

Bei KUCHER stellen operative Restrukturierungsmaßnahmen nach den Sofortmaßnahmen

---

683 Vgl. Bergauer (2001), S. 209.
684 Vgl. Bergauer (2001), S. 183.
685 Vgl. Buschmann (2006), S. 186.
686 Vgl. Kraft (2001), S. 244.
687 Vgl. Kraft (2001), S. 244.

zwar den zweitwichtigsten Erfolgsfaktor dar, eine tiefergehende Analyse findet jedoch nicht statt.[688]

Die Maßnahmen zur Verbesserung der operativen Effizienz mit dem Fokus auf Umsatzsteigerung sind in nachfolgender Tabelle 5.4 aufgeführt:

Maßnahme / Maßnahmenbereich	Mittelwert	Median	Modus	Std.-Abw.	Min	Max	N
Preisoptimierung	3,32	3,0	4	1,09	1	5	28
Vertriebs-Incentivierung	3,10	3,0	3	1,05	1	5	29

Tab. 5.4: Maßnahmen zur Verbesserung der operativen Effizienz mit dem Fokus Umsatz
Quelle: Eigene Erhebung, vgl. Fragebogen, S. 263, Frage 12

Bei der Preisoptimierung und dem Vertriebs-Anreizsystem handelt es sich um kurzfristige Maßnahmen zur Umsatzsteigerung, die von den später behandelten Wachstumsstrategien mit dem Ziel einer langfristigen Umsatzsteigerung zu trennen sind.[689] Beide Maßnahmen wurden in der vorliegenden Untersuchung mit mittlerer bis hoher Intensität eingesetzt. Die Preisoptimierung wurde in 46,4 % der Fälle in hohem oder sehr hohem Maße, jedoch auch in jedem vierten Fall (25 %) in nur geringem oder sehr geringem Maße forciert. Bei der Vertriebs-Incentivierung liegen die entsprechenden Werte bei 34,5 % und 31 %.

In der Untersuchung von BERGAUER kamen Preisoptimierungsmaßnahmen lediglich bei 13 % der Krisenunternehmen zum Einsatz,[690] 23 % der Unternehmen nahmen eine Überprüfung der Provisionsverträge der Vertriebsmitarbeiter hinsichtlich einer stärkeren Ergebnisorientierung vor.[691]

Diese Ergebnisse zeigen, dass Private-Equity-Gesellschaften Kostensenkungsmaßnahmen sehr differenziert einsetzen. Dabei setzen sie bei den Krisenursachen an und sparen Bereiche wie die Forschung & Entwicklung, die für das spätere Wachstum von hoher Bedeutung sind, von diesen Maßnahmen weitestgehend aus.

---

688 Vgl. Kucher (2006), S. 179 ff.
689 Vgl. zu den Wachstumsstrategien Kapitel 5.3.3.
690 Vgl. Bergauer (2001), S. 204 f.
691 Vgl. Bergauer (2001), S. 200.

5.3.2 Desinvestition von strategischen Geschäftseinheiten

Unter einer Desinvestition von strategischen Geschäftseinheiten wird in der vorliegenden Arbeit das Herauslösen einer aktiven, klar abgrenzbaren, wirtschaftlich selbständigen Einheit aus dem Gesamtgefüge einer Unternehmung verstanden.[692] Dies widerspricht zwar dem Wortsinn, nach dem eine Desinvestition das Gegenteil einer Investition bezeichnen würde,[693] entspricht aber der herrschenden Meinung in der betriebswirtschaftlichen Forschung, der hier aus Gründen der Einfachheit gefolgt wird.[694] Unterschieden werden zwei Desinvestitionsformen.[695] Bei der ersten bleibt die Unternehmenseinheit durch Veräußerung an Dritte erhalten,[696] bei der zweiten erfolgt eine Aufgabe der Einheit durch Liquidation oder Stillegung. Desinvestitionen beziehen sich auf strategische Geschäftseinheiten (SGE), Geschäftsfelder und oder Divisionen.[697] Weder Veräußerungen einzelner Gegenstände des Anlage- und Umlaufvermögens noch das Outsourcing einzelner Wertschöpfungsstufen oder die Aufgabe einzelner Produkte oder die des gesamten Unternehmens zählen dazu.[698]

Im Zusammenhang mit Restrukturierungen bzw. Krisenbewältigungen finden Desinvestitionen zum einen als strategische Maßnahme zur Erhöhung des Unternehmenswertes und zum anderen als finanzwirtschaftliche Maßnahme zur Erhöhung der Liquidität und des Eigenkapitals Erwähnung.[699] Ob eher der strategische oder der finanzwirtschaftliche

---

692 Vgl. Brüggerhoff (1992), S. 9; Löffler (2001), S. 6; Stienemann (2003), S. 19 ff.

693 In Anlehnung an den in dieser Arbeit verwendeten Investitionsbegriff (vgl. Kapitel 3.1.2) wäre eine Desinvestition nach KERN als „Freisetzung der durch eine Investition festgelegten Mittel [...] in der Regel über den betrieblichen Umsatzprozess" (Kern (1974), S. 9) zu betrachten.

694 Zutreffender, aber weitaus umständlicher wäre bspw. der von KEMPER gewählte Ausdruck „Reduktion unternehmerischen Engagements" (vgl. Kemper (1982), S. 1 ff.). Eine Übersicht von Definitionen des Desinvestitionsbegriffes im deutschen Schrifttum findet sich bei Bartsch (2005), S. 25 f., Tab. 2. Als weiterer Begriff mit ähnlicher Bedeutung findet sich „Demerger", vgl. Achleitner/Wecker/Wirtz (2005), S. 1033 ff.; Charifzadeh (2002), S. 99 ff.; Wirtz/Wecker (2006), S. 1169 f.

695 Vgl. Weiher (1996), S. 28.

696 Die Desinvestition entspricht damit dem Gegenteil einer Akquisition. Hierbei können Akquisitionen und Desinvestition als zwei gegenüberliegende Seiten einer Medaille angesehen werden, vgl. Rechsteiner (1994), S. 2.

697 Vgl. Sievers (2006), S. 10, und dort aufgeführte Quellen. Als SGE werden in der vorliegenden Arbeit abgeschlossene Bereiche eines Unternehmens verstanden, die selbständig einen oder mehrere Märkte bearbeiten, vgl. Müller-Stewens/Lechner (2003), S. 165. Als Marktsegmentierungskriterien werden Produkte, Marktsegmente, Kundennutzen, Technologie, Geografie und Kostenstrukturen genannt, vgl. Müller-Stewens/Lechner (2003), S. 280. Für einen Überblick über Ansätze zur Abgrenzung von relevanten Märkten vgl. Backhaus (2003), S. 203 ff.

698 Vgl. Weiher (1996), S. 9 f. Die Veräußerung von Einzelgegenständen wird im Rahmen der Optimierung der Finanzstruktur behandelt, dort unter „Veräußerung von nicht betriebsnotwendigem Vermögen", vgl. Kapitel 5.3.4.1.

699 Vgl. Sievers (2006), S. 64 f., und dort aufgeführte Quellen. Auch die Literatur zum allgemeinen Desinvestitionsmanagement unterscheidet die finanzielle von der strategisch motivierten Desinve-

5.3.2.1 Desinvestitionen aus strategischen Gründen

Als übergeordnetes Ziel von Desinvestitionsmaßnahmen wird in der Literatur meist die Steigerung des Unternehmenswertes aufgeführt.[700] Zur Identifikation von Desinvestitionskandidaten existiert eine Vielzahl an Entscheidungsmodellen, wobei häufig Portfoliokonzepte, Potentialanalysen, Szenarioanalysen, Lebenszykluskonzepte, Cross-Impact-Analysen und Konkurrenzanalysen zum Einsatz kommen.[701] Als Ergebnis dieser strategischen Analysen und Überlegungen werden Desinvestitionen häufig als Normstrategie dann empfohlen, wenn die betreffende strategische Geschäftseinheit (SGE) auf absehbare Zeit in einem unattraktiven Markt operiert oder nur über unzureichende Wettbewerbsvorteile verfügt.[702]

An dieser Stelle soll allerdings nur kurz auf die grundsätzliche Logik von Wertsteigerungen durch Desinvestitionsmaßnahmen eingegangen werden. Nach FRIEDRICH VON DEN EICHEN kann die Wertsteigerung drei Quellen entspringen:[703]

- *Elimination:* Bei der Wertschaffung durch Elimination werden SGE abgestoßen (desinvestiert), die Wert vernichten. Geschäftseinheiten zerstören Unternehmenswert, wenn sie nicht in der Lage sind, die Kosten für das Kapital, das sie beanspruchen, zu erwirtschaften. Durch die Eliminierung aus dem SGE-Portfolio belasten sie nicht mehr das Geschäftsergebnis auf Unternehmensebene und tragen somit zur Unternehmenswertsteigerung bei.[704]

---

stition, vgl. Brüggerhoff (1992), S. 90, bzw. die strategische von der krisenbedingten Desinvestition, vgl. Rechsteiner (1994), S. 36 ff., u. S. 64 ff. In der deutschsprachigen Literatur wird in Abhängigkeit von den verfolgten Desinvestitionsmotiven auch häufig die Unterscheidung zwischen reaktiven und proaktiven Desinvestitionen getroffen. Für eine Übersicht vgl. Thissen (2000), S. 16.

700 Vgl. Achleitner/Wahl (2003), S. 59, u. S. 115; Rechsteiner (1994), S. 14 f.; Stienemann (2003), S. 6, u. S. 308 f.; Thissen (2000), S. 41 ff.; Weiher (1996), S. 20; Friedrich von den Eichen (2002), S. 99.

701 Vgl. für eine Übersicht von desinvestitionsentscheidungsrelevanten Analyse- und Prognosemethoden bspw. Brüggerhoff (1992), S. 109 ff. sowie Weiher (1996), S. 152 ff.

702 Für Desinvestitionsstrategien als Normstrategien von ausgewählten Produkt-Portfolio-Ansätzen vgl. Baum/Coenenberg/Günther (2007), S. 191 ff. und für Desinvestitionen als Strategieoption in schrumpfenden Märkten Baum/Coenenberg/Günther (2007), S. 239 ff.

703 Vgl. hierzu und im Folgenden Friedrich von den Eichen (2002), S. 137 f. Dieser bemerkt dabei richtig, dass es sich bei der Differenzierung nach den genannten Quellen um eine analytisch-artifizielle Unterscheidung handelt und eine Unternehmenswertsteigerung i. d. R. aus mehreren Quellen herrührt.

704 Ähnlich Achleitner/Wahl (2003), S. 44.

5.3 Ergebnisse der empirischen Untersuchung

- *Partizipation:* Die Wertsteigerung durch Partizipation erfolgt durch den Verkauf einer SGE zu einem Preis, der jenen Wert übersteigt, den das Unternehmen selbst mit der SGE hätte erwirtschaften können. Durch den Transaktionspreis werden potentielle Wertsteigerungen des Käufers vorweggenommen und auf den Verkäufer transferiert, der so an der (erwarteten) Wertsteigerung des Käufers partizipiert. Wie aus Abbildung 5.10, die die Wertsteigerungslogik durch Partizipation verdeutlicht, hervorgeht, sind dabei die Synergieeffekte auf Seiten der Käufer und Verkäufer von entscheidender Bedeutung.[705]

- *Reallokation:* Durch die Reallokation wird Wert geschaffen, wenn die aus einer Desinvestition frei werdenden Mittel einer alternativen, wertschaffenderen Verwendung zugeführt werden.[706]

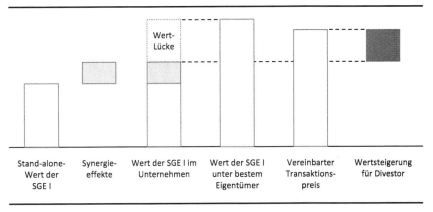

Abb. 5.10: Wertsteigerung durch Desinvestition
Eigene Darstellung in Anlehnung an Friedrich von den Eichen (2002), S. 139; Bartsch (2005), S. 84

---

[705] Die Wertsteigerung durch Partizipation entspricht damit im Wesentlichen der Effizienzhypothese von HITE / OWERS / ROGERS, nach der die Veräußerung einer SGE dann vorteilhaft ist, wenn der dabei zu erzielende Verkaufserlös den Wert der SGE bei Verbleib im Unternehmen übersteigt, vgl. Hite/Owers/Rogers (1987), S. 229 ff. Ähnlich argumentieren GOOLD / CAMPBELL, nach denen die Existenz einer SGE im Portfolio dann gerechtfertigt ist, wenn sie im Unternehmen leistungsfähiger ist und einen höheren Wert hat als bei jedem alternativen Eigentümer, vgl. Goold/Campbell (1994). Die spezifischen Gründe, warum eine SGE bei einem anderen Unternehmen mehr Wert haben kann, sind vielfältig. Auf der Verkaufsseite ist oft die schlechte Performance der SGE ausschlaggebend. Zahlreiche Studien zeigen, dass die Performance der zu veräußernden SGE sowohl relativ zur Branche als auch relativ zu anderen SGE im Unternehmen hinterherhinkt und im Vergleich zur eigenen historischen Performance schlechter ist, vgl. Achleitner/Wahl (2003), S. 58 ff.

[706] Die Reallokation führt streng genommen nur bei ineffizienten Kapitalmärkten zu einer Wertsteigerung, bzw. wenn das Unternehmen keine andere Möglichkeit hat, die alternative Verwendung aus eigener Kraft zu finanzieren. Auf vollkommenen Märkten stehen für alle Investitionen mit positivem Kapitalwert ausreichend finanzielle Mittel zur Verfügung, vgl. Brealey/Myers (2000), S. 21 ff.

5.3.2.2 Desinvestitionen aus finanzwirtschaftlichen Gründen

Bei Krisenunternehmen, die sich im fortgeschritteneren Stadium einer Liquiditätskrise befinden, steht nicht die Schaffung von Wert, sondern die Generierung von Liquidität und Eigenkapital im Vordergrund. Hier gilt es, Desinvestitionen als Instrument zur Sicherung der Unternehmensfortführung und zur Vermeidung des Insolvenztatbestands zu betrachten. Für Krisenunternehmen in solchen Situationen hat SIEVERS ein Instrumentarium für die Auswahl von Desinvestitionskandidaten entwickelt, das den gezielten Einsatz von Desinvestitionen in existenz-bedrohenden Krisen ermöglichen soll und deren Kernpunkte nachfolgend skizziert werden.[707]

In dem genannten Entscheidungsmodell findet zunächst eine Unterteilung der SGE in Performer und Non-Performer statt. Non-Performer zeichnen sich durch ein negatives Betriebsergebnis und einen negativen Cash Flow aus und belasten damit die Eigenkapital- und Liquiditätslage des Unternehmens.[708] SGE mit positivem Betriebsergebnis und positivem Cash Flow werden als Performer bezeichnet.[709]

Zunächst werden die Non-Performer behandelt. Als grundsätzliche Handlungsoptionen für Non-Performer stehen die Veräußerung, die Restrukturierung und die Liquidation zur Verfügung.[710] Welche dieser drei Alternativen für welche SGE am vorteilhaftesten ist, hängt vor allem von der strategischen Relevanz der SGE für das Gesamtunternehmen, ihrer Veräußerbarkeit und ihrer Werthaltigkeit ab:

- Zur Bestimmung der *strategischen Relevanz* existieren zahlreiche Ansätze. Im Wesentlichen geht es um die Frage, inwieweit eine SGE über Kompetenzen verfügt, die (i) der Konkurrenz überlegen sind und (ii) relevant für die Schaffung von Wert sind. Nach SIEVERS sind vor allem die Kunden, der Wettbewerb und das Leistungspotential des Unternehmens entscheidende Wirkfaktoren für einen strategischen Wettbewerbsvorteil.[711]

---

707 Vgl. Sievers (2004), S. 67 ff.; Sievers (2006), S. 66 ff.

708 Dabei kommt es nicht auf einmalige, sondern auf nachhaltige Verluste und Liquiditätsabflüsse an, vgl. Sievers (2006), S. 77 ff.

709 Des Weiteren kann auch nur eine der beiden Größen negativ sein, wobei dann keine eindeutige Einteilung möglich ist. Bei SGE mit positivem Betriebsergebnis und negativem Cash Flow deutet dies auf erhöhte Investitionstätigkeiten, im umgekehrten Fall (negatives Betriebsergebnis und positiver Cash Flow) auf erhöhte Desinvestitionstätigkeiten hin. In beiden Fällen sind genauere Analysen notwendig. Als mögliche Methoden werden Trendanalysen und Mittelwertbildungen vorgeschlagen, vgl. Sievers (2006), S. 77 ff.

710 Vgl. bspw. Lafrenz (2004), S. 129 ff.; Brühl (2004a), S. 23.

711 Vgl. Sievers (2006), S. 108, und dort aufgeführte Quellen.

5.3 Ergebnisse der empirischen Untersuchung

- Die *Veräußerbarkeit* ist dann gegeben, wenn ein Desinvestitionsobjekt kurzfristig und ohne Kaufpreisabschlag veräußert werden kann.[712] Der Grad der Veräußerbarkeit hängt ab von unternehmensinternen Faktoren wie bspw. der Größe und der Struktur der SGE oder dem Grad der organisatorischen Integration,[713] sowie von unternehmensexternen Faktoren wie bspw. dem Marktumfeld, der Branchensituation oder der strategischen Logik potentieller Käufer.[714]

- Die *Werthaltigkeit* beschreibt die finanziellen Eigenkapital- und Liquiditätseffekte der Handlungsalternative. Als wesentliche Bestandteile werden die erzielbaren Veräußerungserlöse, Verbundeffekte und Transaktionskosten erwähnt.[715]

Hieraus lassen sich die folgenden, in Tabelle 5.5 dargestellten Empfehlungen ableiten:[716]

	geringe Veräußerbarkeit	hohe Veräußerbarkeit
hohe strategische Relevanz	Restrukturierung	Restrukturierung
geringe strategische Relevanz	Liquidation	Veräußerung

Tab. 5.5: Handlungsoptionen für Non-Performer
Quelle: Eigene Darstellung in Anlehnung an Sievers (2006), S. 119

Die Restrukturierung von Non-Performern ist die naheliegendste Option, die bei SGE mit einer hohen strategischen Relevanz angestrebt wird, um eine nachhaltige strategische Schwächung des Unternehmens zu verhindern.

Die Veräußerung von Non-Performern ist bei SGE mit einer geringen strategischen Relevanz, aber hohen Veräußerbarkeit vorteilhaft.[717]

Die Liquidation von SGE mit geringer strategischer Bedeutung ist dann in Erwägung zu ziehen, wenn sich kein Käufer findet oder das Kaufpreisangebot unter dem Liquidationswert liegt. Dies gilt auch für den Fall, dass die Kosten zur Aufrechterhaltung bzw.

---

712 Vgl. Sievers (2006), S. 83.
713 Vgl. Sievers (2006), S. 86 ff.
714 Vgl. Sievers (2006), S. 90 ff.
715 Vgl. Sievers (2006), S. 96 ff.
716 Vgl. Sievers (2006), S. 119. Eine ähnliche Systematisierung von Handlungsalternativen findet sich bei BRÜGGERHOFF, wo Weiterführungs- Verkaufs- und Stillegungsalternativen unterschieden werden, vgl. Brüggerhoff (1992), S. 155 ff.
717 Neben der klassischen Veräußerung, bei der die Mehrheit eines selbständigen Unternehmensteils an einen oder mehrere juristische Personen verkauft wird, existieren zahlreiche andere Ausgestaltungsmöglichkeiten hinsichtlich der Desinvestitionsformen, vgl. hierzu ausführlich Achleitner/Wahl (2003), S. 14 ff.; Charifzadeh (2002), S. 89 ff. Für die Eignung verschiedener Desinvestitionsformen im Rahmen von Unternehmenskrisen vgl. Sievers (2006), S. 131 ff.

Restrukturierung des Geschäftsbetriebes höher sind als die Kosten für die Einstellung des Geschäftsbetriebes und die Veräußerung der einzelnen Vermögensgegenstände. Die Liquidation beschreibt einen primär rechtlichen Vorgang[718] und kann als das Gegenstück zur Unternehmensgründung angesehen werden.[719] Dabei werden die Geschäftstätigkeit einer Unternehmenseinheit, eines bestimmten Tochterunternehmens oder eines ganzen Unternehmens eingestellt und die einzelnen Vermögensgegenstände veräußert.[720] Die Liquidation gleicht insofern der soeben behandelten Veräußerung, als sich das Unternehmen von Teilen trennt und dafür liquide Mittel erhält. Wesentlicher Unterschied zur Veräußerung ist die Einstellung des laufenden Geschäftsbetriebs.

5.3.2.3 Darstellung und Vergleich der Ergebnisse der empirischen Untersuchung

Die von den an der empirischen Studie teilnehmenden Private-Equity-Gesellschaften initiierten Desinvestitionsmaßnahmen sind in Tabelle 5.6 wiedergegeben.

Maßnahme / Maßnahmenbereich	Mittelwert	Median	Modus	Std.-Abw.	Min	Max	N
Desinvestition durch Veräußerung von SGE	1,96	1,0	1	1,43	1	5	28
Desinvestition durch Stillegung / Liquidation	1,57	1,0	1	0,96	1	4	28

Tab. 5.6: Desinvestitionsmaßnahmen im Rahmen des Portfoliomanagements von SGE
Quelle: Eigene Erhebung, vgl. Fragebogen, S. 264, Frage 14

Wie daraus ersichtlich, haben Desinvestitionsmaßnahmen in der vorliegenden Untersuchung nur eine untergeordnete Bedeutung gespielt. Veräußerungen wurden von 60,7 % der Private-Equity-Gesellschaften in sehr geringem Maß initiiert, in sehr hohem Maße von nur 10,7 % der Gesellschaften. Stillegungen / Liquidationen wurden bei 67,9 % der Fälle in sehr geringem Maße initiiert, in sehr hohem Maße überhaupt nicht (0 %).

Diese Erkenntnisse ähneln anderen Untersuchungen von Private-Equity-Investitionen in Krisenunternehmen. Bei nordamerikanischen Private-Equity-Investitionen stellten Veränderungen im SGE-Portfolio des Krisenunternehmens durch Akquisitionen und Desinvestitionen weder einen besonders wichtigen noch einen besonders unwichtigen Faktor dar.[721]

---

718 Vgl. Kemper (1982), S. 7.
719 Vgl. Rechsteiner (1994), S. 22 f.
720 Vgl. Achleitner/Wahl (2003), S. 44. Hier werden jedoch nur Teilliquidationen von gesamten Geschäftsbereichen betrachtet, die sich im Gegensatz zur Vollliquidation nicht auf das gesamte Unternehmen erstrecken, vgl. Krystek (1987), S. 257.
721 Vgl. Kraft (2001), S. 242 ff.

5.3 Ergebnisse der empirischen Untersuchung

Die Untersuchung von KUCHER, bei der Desinvestitionen zur vermögenswirtschaftlichen Restrukturierung zählen, stellt Desinvestitionen zwar insgesamt als einen positiven Erfolgsfaktor dar, der aber im Vergleich zur operativen und organisatorischen Restrukturierung als weniger wichtig erachtet wird.[722] KUCHER erklärt die geringe Bedeutung von Desinvestitionen damit, dass sie bereits im Vorfeld der Transaktion durchgeführt worden sind, so dass die Private-Equity-Gesellschaften lediglich einen (einzigen) krisenbehafteten Geschäftsbereich eines Konzerns im Rahmen einer Ausgliederung erworben haben.[723]

Vielmehr scheint jedoch die Unternehmensgröße einen limitierenden Faktor für Desinvestitionen darzustellen. Die Private-Equity-Gesellschaften beteiligten sich im vorliegenden Fall überwiegend an mittelgroßen Unternehmen, die vermutlich nur aus wenigen Geschäftsbereichen oder häufig sogar nur aus einem Geschäftsbereich bestehen,[724] so dass sich keine Möglichkeiten für Desinvestitionen boten. Für diesen Erklärungsansatz spricht die Tatsache, dass in der vorliegenden Untersuchung der Umsatz in 80 % der Fälle, in denen Veräußerungen in hohem oder sehr hohem Maße initiiert wurden, bei über 400 Mio. EUR lag.

Zu einem ähnlichen Ergebnis kommt BERGAUER, in deren Untersuchung 67 % der Unternehmen im Rahmen einer Überprüfung des Produkt- / Marktportfolios im Hinblick auf unrentable oder nicht zum Kerngeschäft gehörende Aktivitäten den Verkauf von SGE vornahmen.[725] Diese Aktivitäten wurden allerdings ausschließlich von größeren Unternehmen mit einem Umsatz von über 100 Mio. EUR und über 1.000 Beschäftigten verfolgt.[726]

Bei Untersuchungen von Krisenbewältigungen in größeren Unternehmen kommen Desinvestitionen weitaus häufiger zum Einsatz: In der Studie von BUSCHMANN, die ausschließlich in Deutschland börsenkotierte Unternehmen mit einem Umsatz von über 50 Mio. EUR einbezog,[727] stellen Desinvestitionen ein häufig eingesetztes Instrument im Turnaround-Prozess dar, das bei 70 % der Unternehmen zum Einsatz kam.[728]

---

722 Vgl. Kucher (2006), S. 185.
723 Ähnlich Kucher (2006), S. 186.
724 Zur Zusammensetzung des Untersuchungsfeldes vgl. Kapitel 5.2.
725 Vgl. Bergauer (2001), S. 312. Schließungen / Liquidationen haben 55 % der Unternehmen durchgeführt, die eine Überprüfung vornahmen.
726 Vgl. Bergauer (2001), S. 312, zur Einteilung der Größenklassen vgl. ebenda, S. 42.
727 Vgl. Buschmann (2006), S. 156 f.
728 Vgl. Buschmann (2006), S. 192.

5.3.3 Profitables Wachstum

Als Unternehmenswachstum ist die Erhöhung der Unternehmensgröße im Zeitablauf zu verstehen.[729] Je nach verwendeter Messgröße wird quantitatives und qualitatives Unternehmenswachstum unterschieden.[730] Beispiele für qualitative Größen sind die Produktqualität und technologisches Know-how. Bei quantitativen Größen werden bspw. Ressourcenbestand (z. B. investiertes Vermögen, Anzahl Mitarbeiter), das Leistungsvermögen (z. B. Produktionskapazität) und die tatsächliche Leistung (z. B. Umsatz, Absatzmenge) oder die Erfolgshöhe (z. B. Jahresüberschuss vor oder nach Steuern) unterschieden.[731] Die am häufigsten und oft implizit verwendete Messgröße zur Bestimmung des Unternehmenswachstums ist der Umsatz.[732] Unter *profitablem* Wachstum soll im weiteren Verlauf das Wachstum verstanden werden, das – unabhängig von dem zugrundeliegenden Maß für die Bestimmung der Unternehmensgröße – zur Steigerung des Unternehmenswertes beiträgt.[733]

5.3.3.1 Wachstumsstrategien

Wachstum kann im Wesentlichen auf zwei Arten generiert werden: zum einen durch eine Erweiterung des Produktprogramms und zum anderen durch eine Expansion in neue Märkte. ANSOFF hat diese beiden Stoßrichtungen in einer Matrix zusammengeführt, die heute, trotz aller Erweiterungen, noch den am weitesten verbreiteten Orientierungsrahmen für Wachstumsstrategien darstellt.[734] Hiernach können, wie in Tabelle 5.7 auf der nächsten Seite dargestellt, vier grundlegende Wachstumsstrategien unterschieden werden:

Ziel der Wachstumsstrategie „Marktdurchdringung" ist es, das Nachfragepotential in be-

---

729 Vgl. Hutzschenreuter (2006), S. 34, und dort aufgeführte Quellen.

730 Vgl. bspw. die Ausführungen bei Schmid (1993), S. 34 ff.

731 Vgl. Hutzschenreuter (2006), S. 35, und dort aufgeführte Quellen; Harms (2004), S. 10 f.

732 Vgl. bspw. die Untersuchung von HARMS, wonach bei den von ihm analysierten über 60 Studien in über der Hälfte das Umsatzwachstum als Messgröße herangezogen wurde, vgl. Harms (2004), S. 14.

733 Die Profitabilität von Umsatzwachstum wird erst durch die Betrachtung der dafür eingesetzten Ressourcen deutlich. Hierzu zählen neben den klassischen Kostenpositionen wie Personal- und Materialkosten die häufig nicht berücksichtigten Kosten für das eingesetzte Kapital. Eine weitere Möglichkeit ist, die Größe des Unternehmens mit der Höhe des investierten Vermögens zu definieren. Ein direkter Bezug zur Unternehmenswertsteigerung kann durch den Renditespread hergestellt werden, der die Differenz zwischen der erreichten und der von den Kapitalgebern geforderten Rendite auf das eingesetzte Kapital (Kapitalkosten) beschreibt. Wertsteigerndes und damit profitables Wachstum wird erreicht, wenn vorhandene Ressourcen und die im Rahmen von Investitionen erworbenen Ressourcen einer Verwendung zugeführt werden, die eine über den Kapitalkosten liegende Rendite erwirtschaften, vgl. Hutzschenreuter (2006), S. 1 ff.

734 Vgl. Ansoff (1965), S. 109.

5.3 Ergebnisse der empirischen Untersuchung

	bestehende Produkte	neue Produkte
bestehende Märkte	Marktdurchdringung	Produktentwicklung
neue Märkte	Marktentwicklung	Diversifikation

Tab. 5.7: Wachstumsstrategien auf Basis von Produkt-Markt-Strategien
Quelle: Eigene Darstellung in Anlehnung an Ansoff (1965), S. 109

reits bearbeiteten Märken mit den bereits bestehenden Produkten besser auszuschöpfen. Hierzu finden sich in der Literatur drei Ansätze: (i) Überzeugung bestehender Kunden zu vermehrtem Produktkonsum, (ii) Kundenabwerbung von der Konkurrenz und (iii) Gewinnung bisheriger Nichtanwender.[735] Während bei gleichbleibenden oder gar schrumpfenden Märkten ein Wachstum nur durch Verdrängung von Konkurrenten möglich ist, kann bei wachsenden Märkten auch ein schrumpfender Marktanteil zu einer Umsatzsteigerung führen.[736] Einen weiteren Ansatzpunkt zum Wachstum stellt die Marktentwicklung dar, bei der mit vorhandenen Produkten neue Märkte erschlossen werden. Auch hierfür lassen sich drei Ansätze finden: (i) geographische Erschließung neuer Märkte, (ii) Erweiterung der Zielgruppen und (iii) Schaffung neuer Anwendungsmöglichkeiten.[737] Die Wachstumsstrategie Produktentwicklung zielt darauf ab, das Produktspektrum auf vertrauten Märkten auszuweiten. Grundsätzlich werden dabei Produktinnovationen, -variationen und -imitationen unterschieden.[738] Im Rahmen der Diversifikation wird das Umsatzwachstum durch eine kombinierte Erschließung neuer Märkte und die Entwicklung neuer Produkte generiert.

In Anlehnung an die bestehenden und weit verbreiteten Portfoliokonzepte hat MÜLLER einen in der Krisenliteratur weit verbreiteten Ansatz zur Systematisierung von Krisenbewältigungsstrategien entwickelt, der in Tabelle 5.8 auf der nächsten Seite dargestellt ist.[739]

Dabei werden unter Berücksichtigung der strategischen Grundhaltung (offensiv / defensiv) und des zukünftig angestrebten Tätigkeitsbereiches (Marktbehauptung / Marktwechsel) die vier Krisenbewältigungsstrategien „Diversifikation", „Verdrängung", „Konsolidierung" und „Aufgabe" unterschieden, die teilweise mit den oben genannten Strategien von AN-

---

735 Vgl. Kotler/Bliemel (1999), S. 111 f.; Meffert (2000), S. 244 f.

736 Zur Strategie in schrumpfenden Märkten vgl. Meffert (2006), S. 1 ff.

737 Vgl. Kotler et al. (2007), S. 189; Kotler/Bliemel (1999), S. 112; Hutzschenreuter (2006), S. 48 ff., der Wachstumsstrategien nach der Ausweitung der Produkt-und Regionenbasis und anhand der Verwandtschaft der Wertschöpfungssysteme systematisiert.

738 Vgl. Kotler/Bliemel (1999), S. 112 f.; Meffert (2000), S. 374 ff.; Nieschlag/Dichtl/Hörschgen (2002), S. 187 f.

739 Vgl. Müller (1986), S. 92 ff. Kritische Anmerkungen zu diesem Ansatz finden sich bei Buschmann (2006), S. 45 f.; Gless (1996), S. 72 f.; Kall (1999), S. 105 f.

		Tätigkeitsbereich
Strategische Grundhaltung	Marktwechsel	Marktbehauptung
Defensiv	Aufgabe-Strategien	Konsolidierungs-Strategien
Offensiv	Diversifikations-Strategien	Verdrängungs-Strategien

Tab. 5.8: Strategien zur Krisenbewältigung
Quelle: Eigene Darstellung in Anlehnung an Müller (1986), S. 132

SOFF korrespondieren. So bestehen die Diversifikationsstrategien aus der Erschließung neuer Märkte respektive neuer Produkte[740] und entsprechen den Klassifikationskriterien bei ANSOFF. Die Verdrängungsstrategien bei MÜLLER zielen auf die Besetzung einer führenden Position in bestehenden Märkten oder die Profilierung in ausgewählten Marktsegmenten und sind damit mit der Marktdurchdringungsstrategie bei ANSOFF vergleichbar.[741]

All diesen bisher erwähnten Ansätzen ist eine gewisse Statik gemein, da sie eine Strategie nur zu einem Zeitpunkt beleuchten. Zudem schließen sich die meisten Strategien gegenseitig aus. Hingegen finden sich in der angelsächsischen Literatur häufig Ansätze, die die defensiven Aufgabe- und Konsolidierungs-Strategien mit den offensiven Wachstums-Strategien in zeitlicher Hinsicht verknüpfen. Zwei häufig anzutreffende Ansätze stammen zum einen von ROBBINS / PEARCE[742] und zum anderen von AROGYASWAMY / BARKER / YASAI-ARDEKANI.[743] ROBBINS / PEARCE unterscheiden eine Retrenchment-Phase und eine Recovery-Phase, wobei in Ersterer die Kostenreduzierung (Cost Reduction) und die Reduzierung des Anlage- und Umlaufvermögens (Asset Reduction) im Vordergrund steht. In der zweiten Phase erfolgt dann der Übergang in eine wachstumsorientierte Strategie (Entrepreneurial Expansion).[744] In dem Modell von AROGYASWAMY / BARKER / YASAI-ARDEKANI wird zwischen Decline-Stemming-Strategien und Recovery-Strategien unterschieden. Die Decline-Stemming-Strategien beinhalten Maßnahmen zur kurzfristigen Sicherung des Überlebens, wohingegen in den Recovery-Strategien Wachstumsstrategien enthalten sind, die auf die Wiedererlangung von Erfolgspotentialen und Wettbewerbsfähigkeit zielen.[745]

---

740 Vgl. Müller (1986), S. 99 f.
741 Vgl. Müller (1986), S. 97.
742 Vgl. Robbins/Pearce (1992), S. 287 ff.
743 Vgl. Arogyaswamy/Barker/Yasai-Ardekani (1995), S. 493 ff.
744 Vgl. Robbins/Pearce (1992), S. 291.
745 Vgl. Arogyaswamy/Barker/Yasai-Ardekani (1995), S. 497 ff. Das Modell von AROGYASWAMY / BARKER / YASAI-ARDEKANI kann als Verallgemeinerung des Modells von ROBBINS / PEARCE betrachtet werden, vgl. Lafrenz (2004), S. 188. Ähnlich BRÜHL, der im Restrukturierungsprozess eine Überlebenskampf-Phase (Survival) und eine Erneuerungs-Phase (Revival) unterscheidet, vgl. Brühl (2004a), S. 19 ff. Auch KRAUS / GLESS unterscheiden Maßnahmen zur kurzfristigen Sicherung

Bei der Wahl zwischen Markt- und Produktentwicklung wird risikoscheuen, aber kapitalkräftigen Unternehmen aufgrund der höheren Erfolgswahrscheinlichkeit die Produktentwicklung, den kapitalschwächeren Unternehmen aufgrund der geringeren Ressourcenbindung die Marktentwicklung empfohlen.[746] Wachstumsstrategien sind in der Regel mit hohem Investitionsaufwand (Marketing-Kosten, Kosten für Preiskampf, Produktverbesserung und Entwicklung) und hohem Zeitaufwand (z. B. für die Entwicklung eines neuen Produkts oder die Vorbereitung eines Markteintritts) verbunden, die es bei Krisenunternehmen zu berücksichtigen gilt.[747] Somit eignen sich Wachstumsstrategien vor allem für Krisenunternehmen, die über ausreichende finanzielle Ressourcen verfügen und das Stadium der Liquiditätskrise noch nicht erreicht oder bereits wieder verlassen haben. Insbesondere bei größeren Wachstumsschritten ist deshalb die Unterstützung durch Eigen- und Fremdkapitalgeber ein wesentliches Element.[748]

5.3.3.2 Wachstumsarten

Nachdem im vorherigen Abschnitt zu den Wachstumsstrategien auf die Frage, in welchen Geschäftsfeldern (Markt / Produkt / Region) und mit welchen Strategien Unternehmen Wachstum generieren können, eingegangen wurde, wird nun behandelt, auf welche Arten Unternehmen wachsen. Klassischerweise wird hierbei organisches (internes) und anorganisches (externes) Wachstum unterschieden.[749]

Organisches Wachstum kann in verschiedenen Formen stattfinden. Nach WALDECKER werden der Ausbau, der Betriebsstättenbau und die Unternehmensgründung unterschieden.[750] Beim Ausbau wird durch gleiche oder neue Produktionsverfahren der Produktionsausstoß erhöht, ohne dass sich die Anzahl der rechtlich unselbständigen oder selbständigen Betriebe erhöht. Beim Betriebsstättenbau kommt es zur Erhöhung der Anzahl der rechtlich unselbständigen Betriebe, jedoch wird nicht die Zahl der rechtlich selbständigen Betriebe erhöht. Bei der Unternehmensgründung wird die Anzahl der rechtlich selbständi-

---

des Überlebens sowie Strategien und Maßnahmen zur Wiedererlangung der nachhaltigen Wettbewerbsfähigkeit, vgl. Kraus/Gless (2004), S. 131.
746 Vgl. Nieschlag/Dichtl/Hörschgen (2002), S. 188.
747 Vgl. Müller (1986), S. 115.
748 Vgl. Hofer (1980), S. 29.
749 Vgl. bspw. Schmid (1993), S. 45 ff.; Waldecker (1995), S. 14, der dort auch darauf verweist, dass es sich bei diesen beiden Arten in ihrer reinen Form um die Extrempunkte eines Optionenspektrums handelt, zwischen denen sich unterschiedliche Ausprägungen von Unternehmensverbindungen befinden, vgl. zu diesem Thema auch Hutzschenreuter (2006), S. 57 f.; Müller (1986), S. 157 ff.; Waldecker (1995), S. 55.
750 Vgl. Waldecker (1995), S. 16.

gen Betriebe erhöht, z. B. durch Gründung einer Tochtergesellschaft.[751] Nach einer empirischen Untersuchung von KÜTING stellt der Ausbau die typische interne Wachstumsform deutscher Unternehmen dar, gefolgt vom Betriebsstättenbau und der Unternehmensgründung.[752] Als Gründe hierfür werden die Vorteile bei der Konzentration der Geschäftstätigkeit an einem Ort genannt, die in den Bereichen Kommunikation, Information und Transport erzielt werden können. Des Weiteren entfallen Erschließungskosten sowie die anfänglichen Risiken bei der Errichtung weit entfernter Betriebsstätten.[753]

Als Motive für ein internes Unternehmenswachstum werden der gezielte Aufbau von Kapazitäten, der Erwerb neuester Technologien und die Unabhängigkeit von juristischen Rahmenbedingungen genannt. Beim gezielten Aufbau von Kapazitäten können – im Gegensatz zur Akquisition, bei der die Strukturen des Zielunternehmens übernommen werden und ggf. angepasst werden müssen – die Strukturen gemäß den gewählten Zielen errichtet werden. Diese Form bietet die größtmögliche Gestaltungsfreiheit in Bezug auf Mitarbeiter, Standorte, Produktionsmethoden und Kapazitäten, um den Bedürfnissen des Unternehmens gerecht zu werden. Die Planbarkeit und der gezielte Aufbau des neuen Geschäfts werden als Hauptgrund für die Wahl der internen Unternehmensentwicklung angesehen.[754] Als weitere Motive für internes Unternehmenswachstum werden der laufende Erwerb neuester Technologien[755] sowie die Unabhängigkeit von juristischen Rahmenbedingungen, wie z. B. dem Kartellrecht,[756] genannt.

Nachteilig bei dem internen Unternehmenswachstum ist das Risiko, das mit der Neuartigkeit der zu entwickelnden Produkte und der zu erschließenden Märkte steigt. Das Risiko steigt ebenso, je weiter ein Unternehmen organisch in Bereichen wächst, die außerhalb seiner Kernkompetenzen liegen. Die Ungewissheit über den Erfolg des Aufbaus der Kapazitäten in Verbindung mit dem hohen Zeitaufwand, der in verstärktem Maße mit der Gründung und dem Betriebsstättenbau, aber auch mit dem Ausbau durch die Planung und Durchführung einhergeht, werden als die Nachteile des organischen Wachstums angeführt.[757]

Alternativ zum internen Wachstum besteht die Möglichkeit der externen Unternehmen-

---

751 Vgl. Waldecker (1995), S. 16 ff.
752 Vgl. Küting (1980), S. 295 ff.
753 Vgl. Küting (1980), S. 300 ff.
754 Vgl. Waldecker (1995), S. 75.
755 Der laufende Erwerb neuester Technologien kann zwar, wie WALDECKER anmerkt, prinzipiell auch durch Unternehmensakquisitionen erfolgen, weist dann jedoch einen eher punktuellen Charakter auf, vgl. Waldecker (1995), S. 75.
756 Vgl. Waldecker (1995), S. 73 ff.
757 Vgl. Müller-Stewens/Lechner (2003), S. 287.

5.3 Ergebnisse der empirischen Untersuchung

sentwicklung, bei der im Gegensatz zum organischen Wachstum keine einzelnen Vermögensgegenstände erworben und in Betrieb gesetzt, sondern bereits bestehende produktive Kombinationen von Betrieben erworben werden, die bereits für Produktionszwecke eingesetzt wurden.[758] Die externe Unternehmensentwicklung, auch als anorganisches Wachstum bezeichnet, weist im Wesentlichen zwei Vorteile gegenüber der internen Entwicklung auf: Größter Vorteil ist die hohe Geschwindigkeit, mit der ein Unternehmen durch eine Akquisition seine Position in einem neuen Geschäftsfeld aufbauen kann.[759] Dauert der Aufbau von Markt und Produktwissen durch organisches Wachstum oft mehrere Jahre, so erfordert der Eintritt in ein neues Geschäftsfeld durch Akquisition häufig nur wenige Wochen oder Monate.[760] Oftmals ist der Kauf eines Unternehmens mit einer starken Marktposition günstiger als ein langwieriger und kostenintensiver Konkurrenzkampf, der für einen Markteintritt erforderlich sein kann. Zudem lassen sich bestimmte strategische Erfolgsfaktoren wie technisches Know-how oder erteilte Patente nur schwer beschaffen (Kompetenzvorteil). Auch ist die Übernahme eines laufenden und erprobten Geschäfts mit einem geringeren Risiko verbunden als die eigene Entwicklung.[761] Ein weiteres häufig erwähntes Motiv von Akquisition sind Synergien, die durch den Zusammenschluss zweier Unternehmen angestrebt werden.[762] Zwar werden damit häufig Synergien auf der Kostenseite adressiert, jedoch lassen sich auch umsatzorientierte Synergieeffekte identifizieren, die die Wachstumsstrategien unterstützen können.[763]

In der Literatur werden verschiedene Arten von Akquisitionen bzw. Wachstum unterschieden.[764] Expandiert ein Unternehmen innerhalb bestehender oder verwandter Geschäftsfelder, z. B. durch Übernahme eines Wettbewerbers, wird dies als *horizontales* Wachstum bezeichnet. Befindet sich das akquirierte Unternehmen auf einer vor- oder nachgelagerten Wertschöpfungsstufe, z. B. als Kunde oder Lieferant, wird von *vertikalem* Wachstum gesprochen, je nach Richtung von Rückwärts- oder Vorwärtsintegration. Stehen das akquirierende und das akquirierte Unternehmen in keiner der genannten Beziehungen zueinander, so handelt es sich um *konglomerates* Wachstum.[765]

---

758 Vgl. Hahn (1970), S. 615 f.
759 Vgl. Müller-Stewens/Lechner (2003), S. 289.
760 Vgl. Rappaport (1995), S. 215.
761 Vgl. Rappaport (1995), S. 215; Hungenberg/Wulf (2006), S. 133. Dafür können sich aber andere Risiken ergeben, wie z. B. die Abwanderung von Kunden oder Mitarbeitern nach der Übernahme.
762 Vgl. Waldecker (1995), S. 83, und dort aufgeführte Quellen zu zahlreichen empirischen Studien.
763 Des Weiteren existieren eine Reihe nicht-ökonomischer Motive, die auf die individuelle Nutzenfunktion des Managements abzielen. So wird bei der Empire-Building-Theorie davon ausgegangen, dass der Nutzen des Managers positiv mit der Größe seines Machtbereichs korreliert ist und somit durch Akquisitionen erhöht wird, vgl. Gaughan (2007), S. 117.
764 Vgl. hierzu nachfolgend Hungenberg/Wulf (2006), S. 131; Müller-Stewens/Lechner (2003), S. 280 ff.; Posten (2006), S. 247 f.; Franck/Meister (2006), S. 79 ff.
765 Darüber hinaus existieren zahlreiche weitere Unterscheidungsmöglichkeiten (freundliche / feindliche

In der Literatur werden Akquisitionen als Instrument zur Krisenbewältigung nur am Rande behandelt. Die – soweit ersichtlich – einzige nennenswerte Arbeit auf diesem Gebiet ist die Untersuchung von GRÜNERT, in der die Anwendbarkeit von M&A-Aktivitäten zur Bewältigung von Unternehmenskrisen untersucht wird.[766] Dabei unterscheidet er zwei Grundstrategien, die gleichzeitig die Extrempunkte eines Kontinuums darstellen: zum einen die Grundstrategie der kostenorientierten Konsolidierung und zum anderen die des leistungsorientierten Wachstums. Die Grundstrategie der kostenorientierten Konsolidierung hat die Senkung (operativer) Kosten zum Ziel und basiert auf der Annahme, dass vor allem bei horizontalen Zusammenschlüssen Redundanzen bei den Wertschöpfungsaktivitäten entstehen, die durch eine effizientere Auslastung der Kapazitäten oder Economies of Scale abgebaut werden können.[767]

Die Grundstrategie des leistungsorientierten Wachstums zielt hingegen auf Wachstum durch eine leistungsmäßige Verbesserung der Geschäftsaktivitäten, Vervollständigung bzw. Erweiterung des Produktprogramms oder Verbindung von komplementären Absatzmärkten und Vertriebsstrukturen.[768] Diese Strategie beruht somit hauptsächlich auf der Komplementarität von ressourcen- und marktbasierten Faktoren, mit der eine Produkt- und Marktausweitung angestrebt wird.[769]

Unternehmenswachstum durch Akquisitionen ist jedoch auch mit zahlreichen Risiken verbunden, die insbesondere bei Krisenunternehmen stark ausgeprägt sind. So sind nach zahlreichen Studien über die Hälfte der Unternehmenszusammenschlüsse als Misserfolg zu bewerten,[770] zumindest aus Sicht der Eigentümer des übernehmenden Unternehmens. Wie Untersuchungen zeigen, fällt die Wertsteigerung für die Anteilseigner der akquirierten Unternehmen weitaus höher aus als für die Anteilseigner des akquirierenden Unternehmens, was auf eine regelmäßige Überschätzung von Synergieeffekten und damit zu hohen gezahlten Übernahmeprämien schließen lässt.[771] Auf Unternehmensebene ist es vor allem die unzureichende Integration des akquirierten Unternehmens, die nicht zuletzt durch die unterschiedlichen Unternehmenskulturen erschwert wird.[772]

Übernahme, Bezahlung durch Barkauf / Aktientausch, Akquisition / Merger-of-Equals etc.), für die auf die bereits genannte Literatur verwiesen wird.

766 Vgl. Grünert (2007), S. 1 ff.

767 Vgl. Grünert (2007), S. 52. Zu den Kostenvorteilen durch Akquisitionen vgl. Glaum/Lindemann/ Friedrich (2006), S. 292 f. Zu den Economies of Scale vgl. Brealey/Myers (2000), S. 943.

768 Vgl. Grünert (2007), S. 56 f.

769 Vgl. Grünert (2007), S. 57.

770 Vgl. bspw. Porter (1987), S. 43 ff.; Krystek (1992b), S. 539 ff.

771 Vgl. Copeland/Koller/Murrin (2002), S. 148 ff. und die Meta-Analyse von King et al. (2003), S. 187. Für einen Überblick über die Ergebnisse empirischer Studien in USA und Deutschland vgl. Glaum/ Lindemann/Friedrich (2006), S. 301 ff.

772 Vgl. Krystek (1992b), S. 539 ff.

5.3.3.3 Darstellung und Vergleich der Ergebnisse der empirischen Untersuchung

Wie aus den theoretischen Erläuterungen bereits hervorgeht, können zum einen die Wachstumsstrategien und Wachstumsarten unterschieden werden. Zu beiden Bereichen wurden die Private-Equity-Gesellschaften befragt, wie sie das Wachstum des Krisenunternehmens beeinflusst haben. Nachfolgend wird zunächst auf die Ergebnisse der Wachstumsstrategien eingegangen, die in Tabelle 5.9 darstellt sind.

Maßnahme / Maßnahmenbereich	Mittelwert	Median	Modus	Std.-Abw.	Min	Max	N
Penetration bestehender Märkte	4,17	4,0	5	1,10	1	5	29
Expansion in neue Märkte	4,03	4,0	4	0,91	2	5	29
Entwicklung neuer Produkte	4,00	4,0	5	1,13	1	5	29

Tab. 5.9: Strategische Maßnahmen mit Fokus Umsatzwachstum
Quelle: Eigene Erhebung, vgl. Fragebogen S. 263, Frage 12

Wie die Ergebnisse zeigen, wurde Wachstum auf allen Ebenen mit allen Mitteln forciert: In hohem oder sehr hohem Maße setzten 82,8 % der Private-Equity-Gesellschaften auf die Penetration bestehender Märkte, 75,9 % auf die Expansion in neue Märkte und 69 % auf die Entwicklung neuer Produkte. In nur etwa 10 % wurden einzelne Wachstumsstrategien in sehr geringem Maße verfolgt, dafür dann in der Regel umso stärker in anderen Bereichen. So wurde bspw. in einem Fall die Penetrationsstrategie in sehr geringem Maße, dafür aber die Expansion und Produktentwicklung in sehr hohem Maße verfolgt, in einem anderen Fall wurde die Penetrationsstrategie in sehr hohem Maße, dafür aber die Expansion und Produktentwicklung in sehr geringem bzw. geringem Maße verfolgt.

Der Fokus bisheriger Untersuchungen liegt klassischerweise eher auf dem Bereich der Decline-Stemming-Strategien wie Kostensenkungen und der Reduzierung von Aktiva.[773] Auch in den Studien von KRAFT und KUCHER wurden Wachstumsstrategien nicht explizit untersucht. Lediglich bei KRAFT hatten die nordamerikanischen Turnaround-Investoren der „Entwicklung einer neuen Marketingstrategie" und der „Forcierung von Produktinnovationen" eine mittlere Bedeutung beigemessen.[774]

Neuere Studien verweisen jedoch zunehmend auf die hohe Bedeutung des Wachstums für die Krisenbewältigung. BUSCHMANN zeigt in seiner Untersuchung, dass sowohl neue Produkte als auch Diversifikation (neue Produkte und neue Märkte) positiven Einfluss auf

---
773 Vgl. Buschmann (2006), S. 53.
774 Vgl. Kraft (2001), S. 242.

die Restrukturierung ausüben,[775] hingegen stellt die alleinige Adressierung neuer Märkte keinen signifikanten Erfolgsfaktor dar.[776] Des Weiteren wird in der genannten Untersuchung deutlich, dass in Abhängigkeit von der Fähigkeit zu wachsen ein deutlicher Einfluss auf den Turnaround-Erfolg besteht. Die Betrachtung der Umsatzentwicklung zeigt, dass 63 % der Krisenunternehmen, die eine Wachstumsstrategie verfolgen, aber nur 18 % der Krisenunternehmen, die eine reine Konsolidierungsstrategie fahren, erfolgreich sind. Die Umsatzentwicklungen erfolgreicher und nicht erfolgreicher Krisenunternehmen sind in nachfolgender Abbildung 5.11 abgebildet.[777]

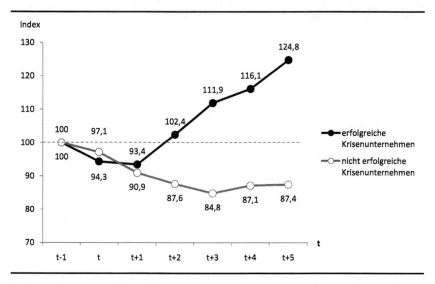

Abb. 5.11: Umsatzentwicklung erfolgreiche vs. nicht erfolgreiche Krisenunternehmen (indexiert)
Quelle: Eigene Darstellung in Anlehnung an Buschmann (2006), S. 180

Bemerkenswert ist, dass auch bei erfolgreichen Krisenunternehmen der Wachstumsphase eine kurze Konsolidierungsphase von 1 bis 2 Jahren vorausgeht, die sogar bei erfolgreichen Unternehmen mit einem Umsatzrückgang von ca. 6 % im ersten Jahr stärker ausgeprägt ist als bei nicht erfolgreichen Unternehmen, die im ersten Jahr lediglich ca. 3 % Umsatzrückgang verzeichnen.[778]

Nach der Untersuchung von BERGAUER verfolgten alle dreißig untersuchten Unternehmen

---

775 Vgl. Buschmann (2006), S. 181 f.
776 Vgl. Buschmann (2006), S. 184.
777 Vgl. Der Zeitpunkt „t=0" bezeichnet dabei den Kulminationspunkt der Krise, vgl. Buschmann (2006), S. 178 f.
778 Vgl. Buschmann (2006), S. 180. Dieses Ergebnis beweist nach Aussagen von BUSCHMANN erstmalig die in qualitativen Studien hervorgebrachte Empfehlung eines zweistufigen Turnaround-Prozesses.

5.3 Ergebnisse der empirischen Untersuchung

„eine offensive Strategie des profitablen Wachstums".[779] Hierzu wurden Investitionen in die Forschung und Entwicklung getätigt, um die Entwicklung neuer Produkte sowie die Verbesserung bzw. Variation bestehender Produkte zu ermöglichen.[780] Des Weiteren verfolgten 93 % der Unternehmen eine Globalisierungsstrategie, im Rahmen derer durch den weltweiten Ausbau von Vertriebsaktivitäten neue Absatzmärkte erschlossen wurden.[781]

Auch NOTHARDT kommt in seiner breit angelegten empirischen Untersuchung von 95 deutschen börsennotierten Krisenunternehmen zu dem Schluss, dass bei den Turnaround-Maßnahmen diejenigen mit dem Ziel der Umsatzsteigerung den bedeutendsten Erfolgsfaktor für eine Krisenbewältigung darstellen.[782]

Nachdem die Bedeutung des Wachstums dargelegt wurde, wird nachfolgend auf die Frage der Ausgestaltung der Wachstumsstrategie eingegangen. Einen Überblick über die Erkenntnisse dieser empirischen Studie gibt nachfolgende Tabelle 5.10.

Maßnahme / Maßnahmenbereich	Mittelwert	Median	Modus	Std.-Abw.	Min	Max	N
Organisches Wachstum in bestehenden SGF	4,07	4,0	4	0,65	3	5	29
Organisches Wachstum in neuen SGF	3,75	4,0	4	1,14	1	5	28
Marktbehauptung / Halten der Marktposition	3,10	3,0	3	0,98	1	5	29
Anorganisches Wachstum durch Kauf von SGE	2,18	2,0	1	1,02	1	4	28

Tab. 5.10: Wachstumsmaßnahmen im Rahmen des Portfoliomanagements von SGE
Quelle: Eigene Erhebung, vgl. Fragebogen, S. 264, Frage 14

Der Fokus lag dabei klar auf dem organischen Wachstum. Dieses wurde in 82,8 % der Fälle mit hoher oder sehr hoher Intensität durchgeführter Maßnahmen in bestehenden Märkten und in 71,4 % der Fälle mit hoher oder sehr hoher Intensität durchgeführter Maßnahmen in neuen Märkten erzielt.

Auch in der Untersuchung von BUSCHMANN lag der Fokus auf organischem Wachstum, jeweils 38 % entwickelten neue Produkte und eroberten neue Märkte, nur in 23 % wurde das Wachstum durch Akquisitionen forciert.[783]

---

779 Bergauer (2001), S. 142.
780 Vgl. Bergauer (2001), S. 146.
781 Vgl. Bergauer (2001), S. 142.
782 Vgl. Nothardt (2001), S. 256 ff., u. S. 271.
783 Vgl. Buschmann (2006), S. 181.

5.3.4 Optimierung der Kapital- und Vermögensstruktur

Unter der Optimierung der Kapital- und Vermögensstruktur werden in der vorliegenden Arbeit sämtliche finanzwirtschaftlichen Maßnahmen verstanden, die zum einen die Gewährleistung der Zahlungsbereitschaft und die Sicherstellung einer ausreichenden Kapitalbasis zum Ziel haben[784] und zum anderen auf die Minimierung der Kapitalkosten abzielen.[785] Befindet sich ein Unternehmen im fortgeschrittenen Stadium einer Liquiditätskrise oder in der Insolvenz, kommen die finanzwirtschaftlichen Maßnahmen häufig zu Beginn der Krisenbewältigung im Rahmen von Sofortmaßnahmen zum Einsatz, um drohende Insolvenztatbestände abzuwehren.[786] In diesem Abschnitt werden die finanzwirtschaftlichen Maßnahmen zunächst auf der Vermögensseite und anschließend auf der Kapitalseite betrachtet.[787] Dabei wird auf die jeweiligen Besonderheiten der Krisenstadien eingegangen, die unterschiedliche Implikationen in der Ausgestaltung der finanzwirtschaftlichen Maßnahmen haben.[788]

5.3.4.1 Maßnahmen auf der Vermögensseite

Bei den finanzwirtschaftlichen Maßnahmen auf der Vermögensseite handelt es sich um die Verflüssigung von Aktiven bzw. die Freisetzung von gebundenen Mitteln. Dabei lassen sich Maßnahmen im Anlage- und Umlaufvermögen unterscheiden.

Im Bereich des Anlagevermögens werden als Maßnahmen für die Restrukturierung und Krisenbewältigung die Veräußerung von nicht betriebsnotwendigem Vermögen sowie das Sale-and-lease-back-Verfahren genannt.[789] Zum nicht betriebsnotwendigen Vermögen ge-

---

784 Vgl. Lüthy (1988), S. 152.
785 Vgl. Coenenberg/Salfeld (2003), S. 172.
786 Vgl. Lafrenz (2004), S. 23.
787 Ähnlich Lüthy (1988), S. 162 ff.
788 In dieser Arbeit nicht weiter betrachtet werden buchhalterische Maßnahmen, die zwar zu einer optischen Verbesserungen von GuV und Bilanz führen, aber keinen Einfluss auf den Cash Flow haben. Hierzu zählen bspw. die Kapitalherabsetzung (durch die das gezeichnete Kapital reduziert und damit der Verlust gedeckt wird), die Mobilisierung stiller Reserven oder die Auflösung von Rückstellungen. Dabei handelt es sich um Anpassungen an die wirtschaftliche Realität und nicht um wertschaffende Restrukturierungshebel, die die grundlegenden Probleme des Krisenunternehmens lösen.
789 Vgl. Bergauer (2001), S. 216 f.; Böckenförde (1996), S. 145 f.; Lüthy (1988), S. 166 ff. Des Weiteren werden in den genannten Quellen die Rückstellung von geplanten Investitionen als Maßnahmen genannt, die jedoch weder einen direkten Liquiditätseffekt noch Auswirkungen auf die aktuelle Vermögensstruktur haben und deshalb hier nicht behandelt werden. Für eine tabellarische Übersicht zu den unmittelbaren Wirkungen der genannten Maßnahmen vgl. Lüthy (1988), S. 169, Abb. 5.4.

5.3 Ergebnisse der empirischen Untersuchung

hören einzelne Güter,[790] die in keinem direkten Zusammenhang mit der unternehmerischen Leistungserstellung stehen oder, bedingt durch die operative oder strategische Neuausrichtung, in der Zukunft nicht mehr zum betriebsnotwendigen Anlagevermögen gehören werden.[791] Häufig wurde das früher betriebsnotwendige Vermögen nach und nach akkumuliert, bspw. in Form von Immobilien, Beteiligungen oder Wertpapieren, und hat im Laufe der Zeit seine Betriebsnotwendigkeit verloren.[792]

Beim Sale-and-lease-back-Verfahren wird betriebsnotwendiges Vermögen an eine Leasinggesellschaft verkauft und von dieser im gleichen Zuge an das Unternehmen vergeben. Vorteil dieses Verfahren ist der unmittelbare Liquiditätsgewinn für das veräußernde Unternehmen. Inwieweit sich dieses Verfahren als Restrukturierungshebel eignet, ist zweifelhaft.[793] Für Unternehmen in einer Liquiditätskrise kommt dieses Verfahren in der Regel nicht in Frage, da Leasinggesellschaften hohe Anforderungen an die Bonität der Leasingnehmer stellen und sich das Leasing somit häufig teurer darstellt als die Aufnahme von Bankkrediten.[794] Bei Unternehmen in früheren Krisenstadien kann das Verfahren sinnvoll sein, hängt aber von den Umständen des Einzelfalls ab, wobei steuerliche Aspekte ebenso wie kurz- und mittelfristige Liquiditätswirkungen zu berücksichtigen sind.[795]

Im Bereich des Umlaufvermögens bietet sich eine Reduzierung von Lagerbeständen und Forderungen an.[796] Das Ausmaß möglicher Reduzierungen der Lagerbestände als physischer Teil des Umlaufvermögens ist stark von den Gegebenheiten des operativen Geschäftsbetriebes abhängig. Die durch eine straffere Bewirtschaftung des Umlaufvermögens möglichen Einsparpotentiale, die ohne Beeinträchtigung des betriebswirtschaftlichen Leistungserstellungsprozesses möglich sind, werden auf bis zu 30 % beziffert.[797] So sind beispielsweise die Bestände an Roh-, Hilfs- und Betriebsstoffen – insbesondere bei schlecht gemanagten Krisenunternehmen – ebenso wie die Bestände an Vor-, Halb- und Fertigfa-

---

790 Davon zu unterscheiden ist die Veräußerung von ganzen Geschäftsbereichen, die bereits in Kapitel 5.3.2 behandelt wurde.
791 Vgl. Böckenförde (1996), S. 145; Lüthy (1988), S. 166.
792 Vgl. Wöhe/Bilstein (2002), S. 391 f.
793 Zu weiteren Literaturangaben bzgl. der Möglichkeiten und Problematiken des Sale-and-Lease-Back-Verfahrens in Unternehmenskrisen vgl. Clasen (1992), S. 244.
794 Vgl. Clasen (1992), S. 245.
795 Für ein Beispiel zu den möglichen Konsequenzen von Sale-and-Lease-back-Transaktionen bei Krisenunternehmen vgl. Bilstein (2007), S. 240 ff. Zudem handelt es sich bei dem Leasing um ein Kreditsubstitut, mit dem eher die Frage adressiert wird, wie betriebsnotwendige Vermögensgegenstände finanziert werden, vgl. Perridon/Steiner (1997), S. 434, u. S. 438 ff.
796 Vgl. Böckenförde (1996), S. 140 ff.; Bergauer (2001), S. 218 ff.; Lüthy (1988), S. 162 ff.
797 Vgl. Böckenförde (1996), S. 141 f. Bei BERGAUER finden sich empirische Ergebnisse zu Maßnahmen und Resultaten der Bestandsoptimierung bei Krisenunternehmen, vgl. Bergauer (2001), S. 220 ff.

brikaten, häufig zu hoch.[798] In die Berechnung des optimalen Lagerbestands fließen unterschiedliche Parameter wie Bedarf, Bestellhäufigkeit, Lieferzeit, Lagerhaltungskosten, Lieferkosten, Sicherheitsbestand etc. mit ein. Ansätze zur Reduzierung ergeben sich damit zum einen aus einer Verbesserung der Berechnungsmethodik oder aus der Umgestaltung der operativen Abläufe in Produktion und Logistik, so dass bspw. bestimmte Teile just-in-time angeliefert werden können.[799]

Durch die Reduzierung von Forderungsbeständen als den nicht-physischen Teil des Umlaufvermögens lassen sich ebenfalls erhebliche Liquiditätseffekte erzielen. Dies geschieht durch eine effizientere Debitorenbewirtschaftung mittels Verkürzung von Zahlungszielen, restriktiverer Konditionenpolitik oder der konsequenten Verfolgung der Einhaltung von Zahlungsfristen durch ein straffes Inkasso.[800] Sowohl die Reduzierung von Lagerbeständen als auch von Forderungen sind Bestandteil des Working-Capital-Managements, das zusätzlich die kurzfristigen Verbindlichkeiten mit einbezieht[801] und in der Unternehmenspraxis und Literatur relativ weite Verbreitung gefunden hat.[802] Hier lässt sich durch Ausnutzung oder Verlängerung bestehender Zahlungsziele eine Reduzierung der Verbindlichkeiten erreichen, jedoch ist dies je nach Liquiditätslage bei Krisenunternehmen häufig nicht mehr möglich, da bereits bewusst Zahlungsverzögerungen betrieben wurden.[803] Des Weiteren wird das Factoring erwähnt, das den Verkauf ausstehender Forderungen beschreibt, jedoch häufig eine teure Finanzierungsform darstellt, die nicht unbedingt zur Krisenbewältigung oder Unternehmenswertsteigerung beiträgt.[804]

Wie die gewonnene Liquidität genutzt wird, hängt u. a. vom Krisenstadium ab. So kann die Liquidität einerseits genutzt werden, um laufenden Zahlungsverpflichtungen nachzukommen und die Zahlungsfähigkeit wiederherzustellen.[805] Andererseits kann die Liquidität zur Reduzierung der Mittelbindung verwendet werden, indem die freien Mittel an die Eigenkapitalgeber ausgezahlt werden, oder zur Tilgung von Fremdkapital, wodurch die Kapitalkosten gesenkt werden.

---

798 Vgl. Böckenförde (1996), S. 141 f., wo auch mögliche Ursachen für zu hohe Bestände genannt werden.

799 Vgl. Jünger (2004), S. 242.

800 Vgl. Lüthy (1988), S. 163 f. Für einen Maßnahmenkatalog zur Optimierung der Forderungsrealisierung vgl. Jünger (2004), S. 241. Dabei sind jedoch auch mögliche negative Effekte, z. B. durch Kundenunzufriedenheit zu berücksichtigen.

801 Der aus der angelsächsischen Literatur entstammende Begriff Working Capital umfasst die „Current Assets" und „Current Liabilities" Das „Net Working Capital" bezeichnet die Differenz von beiden, vgl. einführend Brealey/Myers (2000), S. 858 und ausführlich Meyer (2007), S. 22 ff.

802 Vgl. Knecht (2006), S. 759 ff.; Kudla (2005), S. 130; Krystek/Moldenhauer (2007), S. 154.

803 Vgl. Krystek/Moldenhauer (2007), S. 158.

804 Vgl. Böckenförde (1996), S. 144; Bergauer (2001), S. 223 f.; Baur (1978), S. 152.

805 Für eine Übersicht der Maßnahmen im Bereich des Anlagevermögen vgl. Lüthy (1988), S. 169.

5.3.4.2 Maßnahmen auf der Kapitalseite

Auf der Kapitalseite sind Maßnahmen im Eigenkapital- und Maßnahmen im Fremdkapitalbereich zu unterscheiden.[806] Weitere Unterscheidungskriterien sind liquiditätswirksame und buchhalterische Maßnahmen,[807] direkte Liquiditätsmaßnahmen, bei denen der Unternehmung neues Kapital zufließt, und indirekte Liquiditätsmaßnahmen, bei denen lediglich ein Kapitalabfluss verhindert wird.[808] Während die Maßnahmen auf der Vermögensseite überwiegend vom Unternehmen selbst gestaltet werden können, sind die Maßnahmen auf der Kapitalseite i. d. R. von der Mitwirkung der Kapitalgeber abhängig.[809]

Für die Verbesserung der Liquidität hinsichtlich des Eigenkapitals finden sich in der Literatur zwei wesentliche Hebel: die Kapitalerhöhung und der Dividendenverzicht.[810]

Die Kapitalerhöhung dient der Zufuhr von frischem Kapital und stellt die klassische Variante zur Erhöhung des Eigenkapitals dar.[811] Problematisch ist die Kapitalerhöhung bei Unternehmen in fortgeschrittenem Krisenstadium, deren Anteile unter dem Nennwert gehandelt werden. In diesem Fall ist eine vorherige Kapitalherabsetzung notwendig, da eine Emission unter pari verboten ist.[812] Mit der Kapitalherabsetzung, auch Kapitalschnitt genannt, wird das Grundkapital formell herabgesetzt und damit den ökonomischen Gegebenheiten angepasst.[813] An der Kapitalerhöhung können sich die Alteigentümer, die in der Regel ein Bezugsrecht erhalten, und neue Eigentümer beteiligen.[814] Als Eigenkapitalgeber kommen zum einen die bisherigen Eigentümer in Frage – sofern sie über die nötigen Mittel verfügen – da sie das größte Interesse an einer Krisenbewältigung haben.

---

806 Vgl. Buth/Hermanns/Janus (2004), S. 257 ff.; Pernsteiner (2007), S. 357 ff.

807 Buchhalterische Maßnahmen ohne Liquiditätseffekt lassen sich in der Literatur zwar häufig finden, werden aber wie bereits oben erwähnt, nicht weiter betrachtet. Zur ausführlichen Darstellung bilanzbereinigender Maßnahmen vgl. Böckenförde (1996), S. 151 ff.; Jozefowski (1985), S. 86 ff.

808 Vgl. Pernsteiner (2007), S. 355 ff.

809 Vgl. zur Unterscheidung autonomer und heteronomer Maßnahmen Böckenförde (1996), S. 138 ff.

810 Vgl. Lüthy (1988), S. 174 f., u. S. 183 ff.; Bergauer (2001), S. 225 ff.

811 Als weitere Maßnahme wird die Zuzahlung genannt, bei der Kapitalgeber dem Unternehmen liquide Mittel zur Verfügung stellen, ohne eine Gegenleistung zu erhalten, so dass sich die Liquidität erhöht, das Grund- bzw. Stammkapital aber unberührt bleibt, vgl. bspw. Kudla (2005), S. 131; Jozefowski (1985), S. 100 ff.; Böckenförde (1996), S. 147 f. Dieses Sanierungselement wird jedoch in der Praxis nur selten verwendet, vgl. Böckenförde (1996), S. 147.

812 Vgl. § 9 Abs. 1 AktG.

813 Vgl. § 9 AktG sowie ausführlich zur Kapitalherabsetzung und Kapitalerhöhung als Maßnahme zur Sanierung des Eigenkapitals Reger (2006), S. 809 ff. sowie Bilstein (2007), S. 248 ff. Dort finden sich auch anschauliche Beispielrechnungen zur Kapitalherabsetzung.

814 Vgl. Pernsteiner (2007), S. 358.

Hierbei können vier Gruppen neuer Kapitalgeber unterschieden werden.[815] Erstens sind dies strategische Investoren, die nicht am Management beteiligt sind, aber am Erhalt des Krisenunternehmens ein Interesse haben (z. B. um einen Schlüssellieferanten zu erhalten) und ein langfristiges Engagement anbieten. Zweitens kommen Finanzinvestoren in Form von Private-Equity-Gesellschaften in Frage, die notwendiges Krisenmanagement-Knowhow mitbringen und ein mittelfristiges Engagement eingehen. Drittes kommt das alte oder ein neues Management im Rahmen eines MBO / MBI als Kapitalgeber in Frage. Viertens wird die Belegschaft als möglicher, aber gleichzeitig unüblicher Eigenkapitalgeber erwähnt.[816]

Bei einem Dividendenverzicht wird von einer Ausschüttung liquider Mittel an die Anteilseigner abgesehen. Diese Maßnahme bietet sich vor allem bei Unternehmen in einer Liquiditätskrise an, um eine weitere Schwächung der Liquiditätssituation und der Eigenkapitalsubstanz zu vermeiden. Bei Unternehmen in einem früheren Krisenstadium ist die positive Wirkung für die Liquiditätslage gegenüber der Signalwirkung nach außen und den möglichen (negativen) Auswirkungen auf das Verhältnis zu den Eigentümern abzuwägen.[817]

Auf der Fremdkapitalseite können ebenfalls Liquiditätszuflüsse und die Verringerung von Kapitalabflüssen unterschieden werden. Während bei Unternehmen im fortgeschritteneren Krisenstadium auf der Eigenkapitalseite Mittelzuflüsse im Fokus stehen, geht es auf der Fremdkapitalseite um die Verringerung von Mittelabflüssen. Bei den Mittelabflüssen können dauerhafte Verringerungen und zeitlich beschränkte Verringerungen unterschieden werden.[818]

Bei der dauerhaften Verringerung werden im Rahmen von Forderungsverzichten (Schuldenerlass) der Kapital- und der Zinsverzicht unterschieden.[819] Bei den Forderungsverzichten verzichten die Kapitalgeber ganz oder teilweise auf Forderungen, die aus den Zinsen oder der Kapitalrückzahlung resultieren. Da diese Maßnahme für die Gläubiger zu erheblichen Kosten führt, wird diese Option nur im äußersten Fall ergriffen. Der größte Teil der Forderungsverzichte entfällt auf Kapitalverzichte, den Zinsverzichten kommt eher

---

815 Ähnlich Pernsteiner (2007), S. 358 ff.
816 Vgl. Pernsteiner (2007), S. 362.
817 Vgl. Lüthy (1988), S. 174 f.; Bergauer (2001), S. 225. In der empirischen Untersuchung von BERGAUER haben 78 % der Unternehmen während der Krisenbewältigung auf die Auszahlung einer Dividende verzichtet. Dabei betrug die durchschnittliche Ausfalldauer etwa 2,5 Jahre.
818 Vgl. Pernsteiner (2007), S. 365; Kucher (2006), S. 172 ff.
819 Vgl. Lüthy (1988), S. 191 ff.; Pernsteiner (2007), S. 365. Dort wird als weiteres Instrument zur dauerhaften Verringerung die Wandlung von Fremd- in Eigenkapital (Debt-Equity Swap) genannt, die bereits in Kapitel 4.1.2.3 behandelt wurde.

komplementärer Charakter zu.[820] Als Gegenleistung für den Schuldenerlass kann ein sogenannter „Besserungsschein" ausgestellt werden, durch den sich das Krisenunternehmen verpflichtet, im Falle einer genau definierten Verbesserung seiner wirtschaftlichen Lage eine bestimmte Zahlung an die Gläubiger zu leisten.[821]

Zu der zeitlich beschränkten Verringerung von Mittelabflüssen zählen die Stundungen von Forderungen. Die Stundung kann sich auf Zins- und Tilgungszahlungen beziehen, die durch diese Maßnahme erst zu einem späteren Zeitpunkt geleistet werden müssen. Im Gegensatz zur Stundung bezieht sich die Verlängerung der Kreditlaufzeit auf anstehende Kapitalrückzahlungen. Ist das Krisenunternehmen zwar in der Lage, die periodischen Zinszahlungen zu leisten, aber nicht, einen fälligen Kredit zurückzuführen, kommt eine Kreditverlängerung als Alternative zu einer Verwertung der Sicherheiten in Frage.[822]

Ebenfalls zu den Maßnahmen auf der Fremdkapitalseite zählt die Beschaffung neuer Fremdmittel. Die Gewährung von Krediten erfolgt in Hinblick auf die Zukunftsaussichten des Unternehmens oder die Erwartung einer zukünftig positiven Geschäftsentwicklung und / oder auf Basis von Sicherheiten, so dass diese Maßnahme nicht von allen Krisenunternehmen genutzt werden kann.[823] Sofern ausreichend finanzielle Mittel zur Verfügung stehen, können diese auch zur Ablösung von Bankverbindlichkeiten genutzt werden, um den laufenden Zinsaufwand zu reduzieren.

5.3.4.3 Darstellung und Vergleich der Ergebnisse der empirischen Untersuchung

Nachfolgend wird beleuchtet, inwiefern die Private-Equity-Gesellschaften von welchen Maßnahmen im Bereich der Kapital- und Vermögensstruktur bei Krisenunternehmen Gebrauch machten. Einen Überblick hierzu gibt Tabelle 5.11 auf der nächsten Seite.

Die Maßnahme mit der durchschnittlich höchsten Intensität ist die Optimierung des Working Capitals. Nur 10,7 % der Private-Equity-Gesellschaften verfolgten diese Maßnahme mit einer geringen oder sehr geringen Intensität, hingegen 35,7 % mit einer sehr hohen Intensität. Wie bereits oben erläutert, dient diese Optimierung der kurzfristigen Freisetzung von Liquidität und fokussiert auf das Umlaufvermögen.

Die hier identifizierte hohe Bedeutung zeigt sich auch in anderen Untersuchungen. In der Studie von BERGAUER ergriffen alle untersuchten Unternehmen Maßnahmen zur Opti-

---

820 Vgl. Lüthy (1988), S. 192.
821 Vgl. Lüthy (1988), S. 192.
822 Vgl. Lüthy (1988), S. 190; Pernsteiner (2007), S. 368 ff.
823 Vgl. Lüthy (1988), S. 196 f.

Maßnahme / Maßnahmenbereich	Mittel-wert	Medi-an	Mo-dus	Std.-Abw.	Min	Max	N
Optimierung Working Capital	3,89	4,0	5	1,10	1	5	28
Bereitstellung von Eigenkapital	3,52	4,0	5	1,60	1	5	27
Reduzierung der Kapitalkosten	3,41	4,0	5	1,47	1	5	27
Bereitstellung von Fremdkapital	2,96	3,0	2	1,54	1	5	26
Veräußerung nicht betriebsnotwendiges Vermögen	2,58	2,0	1	1,50	1	5	26

Tab. 5.11: Maßnahmen im Bereich Corporate Finance
Quelle: Eigene Erhebung, vgl. Fragebogen, S. 263, Frage 10

mierung des Umlaufvermögens.[824] Sämtliche Unternehmen führten Maßnahmen zur Reduzierung des Materialbestands durch Verbesserungen im logistischen Gesamtsystem durch, 73 % forcierten den Abbau von Forderungen durch Intensivierung des Mahnwesens und Einrichtung eines Überwachungssystems für Außenstände.[825] Ebenfalls 73 % forcierten den Aufbau von Verbindlichkeiten durch die Ausschöpfung von Zahlungskonditionen im Kreditorenbereich und Neuverhandlungen längerer Zahlungsziele.[826]

In der Untersuchung von BUSCHMANN führen zwar 57 % der Unternehmen Maßnahmen zur Reduzierung des Working Capitals durch, jedoch konnte kein statistisch signifikanter Einfluss auf den Turnaround-Erfolg festgestellt werden.[827] Auch bei der Untersuchung von nordamerikanischen Private-Equity-Investitionen wurde den Maßnahmen im Bereich des Working Capitals keine besondere Bedeutung beigemessen.[828]

Die Bereitstellung von Eigenkapital stellt im Bereich der finanziellen Maßnahmen die zweitbedeutendste Maßnahme dar, hier ergibt sich jedoch ein zweigeteiltes Bild: Fast die Hälfte (48,1 %) der Private-Equity-Gesellschaften stellten Eigenkapital in hohem Maße bereit, aber auch ein Drittel (33,3 %) in nur geringem oder sehr geringem Maße. Auch wenn in der Literatur häufig davon ausgegangen wird, dass die Beschaffung von neuem Kapital bei Krisenunternehmen aufgrund des hohen Risikos mit Schwierigkeiten behaftet ist,[829] weisen andere empirische Studien auf eine rege Verwendung dieses Instruments hin. So haben 47,8 % der von BERGAUER untersuchten Krisenunternehmen eine Kapitalerhöhung im Zuge der Krisenbewältigung durchgeführt.[830] Bei der Untersuchung von BUSCHMANN

---

824 Vgl. Bergauer (2001), S. 218.
825 Vgl. Bergauer (2001), S. 223 f.
826 Vgl. Bergauer (2001), S. 224.
827 Vgl. Buschmann (2006), S. 193.
828 Vgl. Kraft (2001), S. 242.
829 Vgl. Baur (1978), S. 145 f.; Lüthy (1988), S. 197; Moldenhauer (2004), S. 228.
830 Vgl. Bergauer (2001), S. 227.

5.3 Ergebnisse der empirischen Untersuchung

waren es immerhin 26 % der Unternehmen, auch zeigte sich dort ein signifikant positiver Einfluss auf den Turnaround-Erfolg.[831]

Die Reduzierung der (Fremd-)Kapitalkosten durch Verhandlung der Konditionen oder Forderungsverzicht nahm ebenfalls eine bedeutende Stellung ein. Hier waren es über die Hälfte (55,5 %), die von dieser Maßnahme in hohem oder sehr hohem Maße Gebrauch machten. Im Gegensatz dazu wurde die Aushandlung von Forderungsverzichten bei nordamerikanischen Transaktionen als die seltenste Maßnahme erwähnt.[832] Auch bei Industrieunternehmen spielen diese Maßnahmen eine eher untergeordnete Rolle, in der Untersuchung von BUSCHMANN waren es nur 23 %,[833] in der Untersuchung von BERGAUER machten sogar nur 10 % davon Gebrauch.[834] Der hohe Stellenwert, den diese Maßnahme für die Private-Equity-Gesellschaften in der vorliegenden Untersuchung aufweist, stützt die These, dass Finanzinvestoren hohe Sanierungsbeiträge anderer Stakeholder einfordern.[835] Die Höhe von Forderungsverzichten ist häufig von der Position und dem Verhandlungsgeschick der Verhandlungspartner abhängig. Als Gegenleistung für den Forderungsverzicht werden von kreditgebenden Banken häufig entsprechende Eigenkapitaleinlagen der Private-Equity-Gesellschaft gefordert.[836]

Die Bereitstellung von Fremdkapital durch die Aufnahme neuer Kredite, die oft zur Finanzierung des Kaufpreises eingesetzt werden, spielte in dieser Untersuchung nur eine mittlere Rolle. Dies ist darauf zurückzuführen, dass bei Krisenunternehmen statt einer Erhöhung der Fremdkapitalbasis die Rückführung von Krediten im Vordergrund steht (De-Leveraging).[837] Dieser Sachverhalt zeigt sich auch bei den von BERGAUER untersuchten Industrieunternehmen. Hier nahmen 30 % neue Kredite auf, wohingegen 60 % sich um eine schnelle Rückführung von Bankverbindlichkeiten bemühten.[838] Bei der Untersuchung von BUSCHMANN nahmen zwar 47 % der Krisenunternehmen neue Kredite auf, jedoch konnte kein messbarer Einfluss auf den Turnaround-Erfolg festgestellt werden.[839]

Die Veräußerung von nicht betriebsnotwendigem Vermögen kam in der vorliegenden Un-

---

831 Vgl. Buschmann (2006), S. 190 f.
832 Vgl. Kraft (2001), S. 244.
833 Vgl. Buschmann (2006), S. 190. Dort stellte sich eine statistisch signifikante negative Korrelation mit dem Turnaround-Erfolg heraus, wonach Forderungsverzichte als Indikator für eine hohe Misserfolgswahrscheinlichkeit zu werten wären.
834 Vgl. Bergauer (2001), S. 327.
835 Ähnlich Kudla (2004), S. 235.
836 Vgl. hierzu die Fallstudie bei Kucher (2006), S. 178.
837 Vgl. hierzu die Ausführungen bei Kucher (2006), S. 129 ff., u. Kraft (2001), S. 226.
838 Vgl. Bergauer (2003), S. 327.
839 Vgl. Buschmann (2006), S. 194.

tersuchung bei etwa der Hälfte (53,8 %) der Unternehmen nur in geringem oder sehr geringem Maße zum Einsatz und stellte von allen finanzwirtschaftlichen Maßnahmen diejenige mit der geringsten Bedeutung dar.[840] Auch bei KRAFT stellt der Verkauf von Anlagevermögen (nach der Aushandlung von Forderungsverzichten) die seltenste Maßnahme dar,[841] wohingegen in der Untersuchung von BERGAUER 60 % der Unternehmen diese Maßnahme zur Verbesserung der Liquidität ergriffen. Dabei standen vor allem materielle Vermögensgegenstände wie Grundstücke, Werks- und Wohngebäude sowie Maschinen und Anlagen zur Disposition, immaterielle Vermögensgegenstände wie Patente und Lizenzen dagegen kaum.[842]

Abschließend sei darauf hingewiesen, dass viele der in der Literatur genannten Maßnahmen Einmal-Effekte darstellen, die die Lage des Krisenunternehmens kurzfristig verbessern können. Hierzu zählen insbesondere die Reduzierung des Working Capitals und der Verkauf von „Tafelsilber", aber auch – sofern möglich – die Aufnahme neuer Fremd- und Eigenkapitalmittel. Langfristig kann jedoch nur ein ausreichend großer operativer Cash Flow zu einer nachhaltigen Unternehmenswertsteigerung und damit Bewältigung der Unternehmenskrise führen, der ausreicht, notwendige Investitionen und Zahlungen an die Kapitalgeber zu gewährleisten.[843]

Die beschriebenen finanzwirtschaftlichen Maßnahmen sind stets im Zusammenhang mit den anderen, in den vorigen Abschnitten behandelten Maßnahmen zu sehen. Rein finanzwirtschaftliche Maßnahmen sind weder Garant für Wertsteigerung noch sind sie in der Lage, eine Unternehmenskrise zu bewältigen. Auch wenn diese Maßnahmen einen wesentlichen Beitrag zur Krisenbewältigung leisten oder gar Voraussetzung dafür sein können, so sind sie i. d. R. nicht in der Lage, operative und strategische Probleme zu lösen, vielmehr ist ihnen ein flankierender Charakter zuzuschreiben.[844] Eine Ausnahme bilden lediglich die Krisenunternehmen, bei denen die finanziellen Engpässe nicht auf strategische oder operative Krisenursachen zurückzuführen sind, sondern ausschließlich im finanzwirtschaftlichen Bereich liegen und z. B. in Einnahmeverlusten durch Forderungsausfälle oder Auszahlungsverpflichtungen durch (Waren-)Termingeschäfte begründet sind.[845]

---

840 Des Weiteren gaben zwei Private-Equity-Gesellschaften unter „sonstige Maßnahmen" an, „Project Finance Capability" in hohem Maße und „Business Development" in sehr hohem Maße einzusetzen.
841 Vgl. Kraft (2001), S. 244.
842 Vgl. Bergauer (2001), S. 217.
843 Vgl. Andres/Betzer/Hoffmann (2006), S. 67 ff.
844 Vgl. Krystek (1987), S. 232; ähnlich GLESS, der finanzwirtschaftliche Maßnahmen, sofern nicht nur eine Liquiditätskrise vorliegt, als „nur" notwendige, aber nicht hinreichende Basis für die Sanierung betrachtet, vgl. Gless (1996), S. 81.
845 Vgl. Gless (1996), S. 81.

5.3.5 Corporate Governance

Der angelsächsische Begriff „Corporate Governance" hat Mitte der 1990er Jahre Eingang in die deutsche Literatur gefunden.[846] Seither hat sich weder ein deutscher Begriff noch eine allgemein anerkannte Definition herausbilden können.[847] Eine Definition, die zunehmende Verbreitung findet, geht auf v. WERDER zurück. Demnach bezeichnet Corporate Governance „den rechtlichen und faktischen Ordnungsrahmen für die Leitung und Überwachung eines Unternehmens".[848] Corporate Governance wird häufig mit dem deutschen Begriff Unternehmensverfassung[849] in Verbindung gebracht, jedoch bezieht diese sich primär auf die Binnenordnung des Unternehmens, während der Begriff Corporate Governance weiter gefasst ist und auch die Einbindung des Unternehmens in sein Umfeld adressiert.[850] Diesen beiden Perspektiven entsprechend kann zwischen einer Innen- und einer Außensicht der Corporate Governance unterschieden werden.[851]

Die Innensicht bezieht sich auf das Zusammenwirken der jeweiligen Funktionsweisen, Kompetenzen und Rollen von Unternehmensorganen wie z. B. Vorstand, Aufsichtsrat und Hauptversammlung.[852] Die Außensicht behandelt hingegen das Verhältnis der Träger der Unternehmensführung zu den Stakeholdern.[853] Je nachdem, wie weit der Kreis der Stakeholder gezogen wird, kann zwischen einer engen, allein auf die Interessen der Kapitalgeber abzielenden und einer weiten, die Interessen aller Stakeholder inkludierenden Auslegung differenziert werden.

Die ursprüngliche, US-amerikanisch geprägte Auffassung des Begriffs Corporate Governance thematisiert das (Kontroll-)Verhältnis zwischen den Eigentümern und dem Management als Funktionär des Unternehmens und zielt damit auf die divergierenden Interessen, die durch die Trennung zwischen Eigentum und Kontrolle (Verfügungsmacht) auftreten.[854] Nach dieser engen Auffassung werden unter Corporate Governance diejenigen Strukturen verstanden, die sicherstellen sollen, dass das Management für die Kapitalgeber eine

---

846 Vgl. Bach (2008), S. 100.
847 Vgl. Fiege (2006), S. 5; Wiederhold (2008), S. 6; Zöllner (2007), S. 8. Für eine Übersicht und Systematisierung von Definitionsansätzen vgl. Nagy (2002), S. 73, u. Hausch (2004), S. 39.
848 Werder (2009), S. 23.
849 Vgl. Bach (2008), S. 100.
850 Vgl. Werder (2009), S. 24.
851 Bzw. zwischen einer internen und externen Corporate Governance, vgl. Bach (2008), S. 101, und dort aufgeführte Quellen.
852 Vgl. Werder (2008), S. 2.
853 Vgl. Rudolph (2006), S. 580; Werder (2008), S. 4.
854 Vgl. Bach (2008), S. 101.

ausreichende Rendite erwirtschaftet.[855] In der kontinentaleuropäischen Literatur – und zunehmend auch in der neueren angelsächsischen Literatur – wird hingegen ein weiter gefasster Begriff verwendet, der neben den Shareholdern auch weitere Stakeholder in die Betrachtung mit einbezieht.[856]

Als theoretische Grundlagen zur Beschreibung der Probleme und Funktionen der Corporate Governance werden häufig die Principal-Agent-Theorie und die Theorie der unvollständigen Verträge herangezogen.[857] Während mit der Principal-Agent-Theorie die bereits erläuterten Probleme im Vordergrund stehen,[858] fokussiert die Theorie der unvollständigen Verträge auf die Vertragsbeziehungen zwischen zwei oder mehreren Stakeholdern. Hierbei wird davon ausgegangen, dass erstens eine Agency-Problematik zwischen verschiedenen Stakeholdern eines Unternehmens vorliegt (z. B. zwischen Aktionären und Vorstand) und dass sich zweitens diese Problematik aufgrund (zu) hoher Transaktionskosten nicht durch einen vollständigen Vertrag lösen lässt. Die Prämisse ist hierbei, dass Verträge per se unvollständig sein müssen, da in der Realität weder alle bestehenden noch alle zukünftigen Eventualitäten in einem Vertrag berücksichtigt werden können.[859]

Aufgabe von Corporate Governance ist es daher, die Motivationen und Spielräume der Akteure für opportunistisches Verhalten durch geeignete rechtliche und faktische Gestaltung des Ordnungsrahmens einzuschränken.[860] Nachfolgend werden mit der Erhöhung der Unternehmenskontrolle, der Implementierung unternehmenszielkonformer Managementanreizsysteme und der Reduzierung von freien Cash Flows durch Aufnahme von Fremdkapital drei häufig in der Literatur vorzufindende Maßnahmen erläutert, die von Private-Equity-Gesellschaften genutzt werden, um die beschriebenen Herausforderungen im Bereich der Corporate Governance anzugehen.[861]

---

855 Beispielhaft sei an dieser Stelle die für die enge Sichtweise häufig zitierte Aussage von SHLEIFER/VISHNY erwähnt: „Corporate Governance deals with the ways in which suppliers of finance to corporations assure themselves of getting a return on their investment." (Shleifer/Vishny (1997), S. 737).
856 Vgl. Richter (2006), S. 584.
857 Vgl. exemplarisch Bach (2008), S. 100; Wiederhold (2008), S. 8 ff.; Zöllner (2007), S. 66 ff.
858 Vgl. auch die Ausführungen in Kapitel 3.1.3.2.
859 Vgl. Hart (1995), S. 678 ff.; Grossman/Hart (1986), S. 691.
860 Vgl. Werder (2008), S. 8; Jensen (1993), S. 831 ff.; Witt (2001), S. 73 ff.
861 Vgl. Loos (2005), S. 19 ff.; Berg/Gottschalg (2004), S. 208; Berg (2005), S. 89.

5.3.5.1 Erhöhung der Unternehmenskontrolle

Die erste Möglichkeit zur Reduzierung der Agency-Kosten ist die stärkere Kontrolle des Managements, die üblicherweise mit einem erhöhten Informationsaufwand einhergeht. Oft werden in Beteiligungsverträgen umfangreiche Rechte zu Gunsten der Private-Equity-Gesellschaft festgehalten, die häufig über die gesellschaftsrechtlich festgelegten Regelungen hinausgehen.[862] Hier kann nach Informations- / Kontrollrechten, Mitwirkungs- / Entscheidungsrechten und Abbruch- / Exitrechten differenziert werden.[863]

Bei den Informations- und Kontrollrechten kann unterschieden werden zwischen Bring- und Holschulden. Hier haben Investoren die Möglichkeit, sich monatlich oder vierteljährlich Finanz- und Planungsberichte erstatten zu lassen, die Auskunft geben über Aufwands- und Ertragspositionen aus der GuV, Cash Flows aus der Kapitalflussrechnung und einen Lagebericht, der strategische Informationen zur Wettbewerbssituation oder zum Stand von Entwicklungsprojekten enthält.[864] Hinzu kommen relevante Kennzahlenberichte und Prognosen zu Beschaffung, Produktion und Absatz. Neben diesen regelmäßigen Standardberichten können auch aperiodische Abweichungsberichte vereinbart werden, bei denen das Management verpflichtet ist, über besondere Vorkommnisse oder wichtige aktuelle Geschäftsvorfälle zu berichten. Während diese Berichte als Bringschuld bzw. Informationspflichten des Managements zu betrachten sind, können darüber hinaus Regelungen getroffen werden, bei denen der Investor über Auskunftsrechte verfügt, die es ihm erlauben, bei Bedarf weitere Informationen anzufordern, um ein besseres Bild über seine Beteiligung zu erhalten.[865] Hierfür ist es oft erforderlich, entsprechende Controlling- und Reporting-Systeme zu implementieren, da die existierenden Systeme oftmals nur steuerlichen Bedürfnissen genügen oder sich, z. B. bei Konzern-Spinoffs, noch an alten Berichtsstrukturen orientieren.[866]

Durch Mitwirkungs- und Entscheidungsrechte sichert sich der Investor gegenüber dem Management die Möglichkeit, seine Beteiligung effizient zu steuern. Wesentliches Element hierbei sind Stimmrechte in Aufsichtsräten, Beiräten und Hauptversammlungen. So können zum einen Geschäftsvorfälle definiert werden, die die mehrheitliche Zustimmung einer der genannten Institutionen erfordern. Dazu vereinbaren Private-Equity-Gesellschaften oft einen Stimmrechtsanteil, der höher als der eigentliche Kapitalanteil ist (z. B. an Auf-

---

862 Vgl. Stubner (2004), S. 50.
863 Beispiele für Beteiligungsverträge finden sich etwa bei Hirsch (2004), S. 109 ff. Eine Erörterung der Einzelbestandteile von MBO-Verträgen findet sich bei Neukirchen (1996), S. 91 ff.
864 Vgl. Sadtler (1993), S. 5.
865 Vgl. Reißig-Thust/Brettel/Witt (2004), S. 640.
866 Vgl. Reißig-Thust/Brettel/Witt (2004), S. 640.

sichtsratsmandaten oder Hauptversammlung).[867] Des Weiteren ist es möglich, Vetorechte in Form von Mindestzustimmungsanteilen zu definieren, mit denen der Investor trotz Minderheitsanteil bestimmte Entwicklungen verhindern kann. In diesem Zusammenhang kann auch ein Recht zum Austausch einzelner Manager vereinbart werden, dass nicht an die üblichen Gepflogenheiten gebunden ist. Durch die genannten Maßnahmen und entsprechende Gestaltung der Satzung (z. B. durch einen sog. Katalog zustimmungsbedürftiger Rechtsgeschäfte) können Private-Equity-Gesellschaften auch aus Aufsichtsgremien (Aufsichtsrat oder Beirat) heraus einen erheblichen Grad an Mitwirkung erreichen, obwohl die Aufsichtsgremien über kein direktes Weisungsrecht gegenüber der Unternehmensleitung verfügen.[868]

Darüber hinaus lassen sich Abbruch- und Exitrechte vereinbaren, die dem Investor ermöglichen, jederzeit aus seiner Investition auszusteigen. Hiermit wäre der Investor auch für Fälle gerüstet, die extern – also nicht vom Management zu vertreten – sind, sich aber dennoch ungünstig auf seine Investition auswirken. Hier werden Exitrechte, die den erfolgreichen Ausstieg sichern sollen, und Abbruchrechte, die die Begrenzung von Verlusten gewährleisten sollen, unterschieden. Zu den Exitrechten gehören die Mitverkaufspflicht weiterer Anteilseigner (z. B. des Managements) oder Vorverkaufsrechte des Investors. Zu den Abbruchrechten zählen die Rückkaufpflicht des Managers oder anderer Eigentümer, die einer Put-Option für die Private-Equity-Gesellschaft gleichkommt. Eine weitere Möglichkeit ist die Durchführung gestaffelter Finanzierungen, die an den Restrukturierungsfortschritt gebunden ist, der über entsprechende Meilensteine gemessen werden kann. Werden diese nicht erreicht und wird ein Turnaround zunehmend unwahrscheinlich, hat der Kapitalgeber so die Möglichkeit, seinen Verlust zu begrenzen. Zudem besteht bei jeder Runde die Möglichkeit zur Anpassung der Verträge.[869]

Dadurch, dass Private-Equity-Gesellschaften i. d. R. einen signifikanten, wenn nicht gar einen Mehrheitsanteil an Unternehmen halten, haben sie auch größere Durchsetzungsmöglichkeiten als Kleinanteilseigner. Im Falle von Minderheitsbeteiligungen sind vertragliche Regelungen über die Kontrolle von hoher Bedeutung, um dennoch Einfluss auf unternehmerische Entscheidungen nehmen zu können.[870]

---

867 Vgl. Reißig-Thust/Brettel/Witt (2004), S. 640.
868 Vgl. Krystek (2006c), S. 96.
869 Vgl. Zimmermann/Bienz/Hirsch (2005), S. 77 ff. Zum Anreiz- und Strafpotential von gestaffelten Finanzierungen vgl. Zemke (1995), S. 236 ff.
870 Vgl. Kraft (2001), S. 235.

5.3.5.2 Unternehmenszielkonforme Managementanreizsysteme

Die Angleichung der Interessen von Unternehmenseignern und Unternehmensführung stellt ein weiteres Instrument zur Reduzierung der Agency-Kosten dar.[871] Die Interessenangleichung kann durch Management-Anreizsysteme erfolgen.[872] Implizit wird hierbei davon ausgegangen, dass sich das Management vor allem durch extrinsische Anreize steuern lässt.[873] Als Gestaltungsparameter von Anreizsystemen lassen sich Adressatenkreis, Bemessungsgrundlage, Entlohnungsfunktion, Art und Höhe der Entlohnung und die Ausschüttungspolitik identifizieren.[874]

Mit dem *Adressatenkreis* wird festgelegt, auf welchen Führungsebenen das Anreizsystem zum Einsatz kommt und welche Organisationseinheit (Individuum oder Gruppe) als Bezugseinheit für die Anreizsetzung dient.[875] Grundsätzlich sollten bei Buyouts sämtliche Führungsebenen miteinbezogen werden, die einen unmittelbaren Einfluss auf die Zielgrößen der Private-Equity-Gesellschaft haben.[876] Der Aggregationsgrad beim Adressatenkreis ist so zu wählen, dass einerseits die persönliche Einzelleistung des Individuums und andererseits die Teamleistung berücksichtigt wird.[877]

Da das Verhalten und damit die Leistung eines Managers einer Messung nicht direkt zugänglich ist, muss auf Surrogate ausgewichen werden. Die *Bemessungsgrundlage* hat bestimmte Kriterien (Objektivität, Reliabilität, Validität, Transparenz, Verfügbarkeit, Nichtmanipulierbarkeit etc.) zu erfüllen.[878] Im Hinblick auf eine wertorientierte Unternehmenssteuerung können einperiodige Performancemaße wie der Economic Value Added (EVA), Cash Value Added (CVA) und der Economic Profit (EP) sowie mehrperiodige Performancemaße wie Marktkapitalisierung (bzw. Eigenkapitalwert), der DCF-Wert und der Market Value Added (MVA) herangezogen werden. Da Private-Equity-Beteiligungen in der Regel nicht börsennotiert sind, sind Marktkapitalisierung und MVA wenig praktikabel, da sich der Marktwert zum einen nur schwer bestimmen lässt und zum anderen in

---

871 Vgl. Hirsch (2004), S. 93 ff.

872 Ein Anreizsystem kann als „Summe aller bewußt gestalteten Arbeitsbedingungen, die bestimmte Verhaltensweisen (durch positive Anreize, Belohnungen etc.) verstärken, die Wahrscheinlichkeit des Auftretens anderer dagegen mindern (negative Anreize, Strafen)" (Wild (1973), S. 47), definiert werden.

873 Vgl. Jepsen (2007), S. 65.

874 Vgl. Jepsen (2007), S. 78 ff.; Fischer/Rödl (2007), S. 7, Tab. 1; Coenenberg/Salfeld (2007), S. 791 ff.

875 Vgl. Fischer/Rödl (2007), S. 7.

876 Für umfangreiche Literaturangaben vgl. Jepsen (2007), S. 79.

877 Vgl. auch hier für umfangreiche Literaturangaben Jepsen (2007), S. 79.

878 Vgl. Jepsen (2007), S. 83 f.

hohem Maße von den (subjektiven) Zukunftserwartungen abhängig ist.[879]

Mit der *Entlohnungsfunktion* werden die Bemessungsgrundlage und der Anreiz (Entlohnung) verknüpft. Die Entlohnungsfunktion gibt an, wie hoch die Entlohnung für eine spezifische Ausprägung der Bemessungsgrundlage ist. Sie kann unterschiedliche Verlaufsformen annehmen (linear, exponentiell, logarithmisch, konvex) und nach oben („Cap") oder unten („Floor") begrenzt sein.[880] Aus Anreizgesichtspunkten sollte nach oben keine Begrenzung existieren, da ansonsten ab Erreichen dieser Grenze kein Leistungsanreiz mehr bestehen würde.[881]

Bei der *Art der Anreize* können einerseits monetäre und nicht-monetäre sowie andererseits intrinsische und extrinsische Anreize unterschieden werden. Unter monetären Anreizen sind bspw. Kapital- und Erfolgsbeteiligungen zu verstehen, zu nicht-monetären Anreizen werden beispielsweise die Arbeitsinhalte, Arbeitsplatzgestaltung, Statussymbole oder die Führung und der Grad unternehmerischer Freiheit gezählt.[882] In diesem Zusammenhang ist auch der „Cafeteria-Ansatz" zu erwähnen, bei dem Führungkräfte die Möglichkeit haben, aus einem „Menü" von Vergütungskomponenten zu wählen.[883] Bei intrinsischen Anreizen kommt die Motivation von „innen" und entsteht bei der Ausführung der Tätigkeit selbst, wobei bspw. monetäre Anreize keine Rolle spielen. Extrinsische, wie etwa monetäre Anreize für eine Handlung, werden hingegen von außen gesetzt.[884]

Die *Höhe der Entlohnung* macht den Betrag aus, zu dem das Management für seine Leistung gemäß der Entlohnungsfunktion kompensiert wird. Häufig werden dabei signifikante Eigenkapitalbeteiligungen des Managements zur Steigerung der Motivation gefordert, womit der Manager aber gleichzeitig auch ein Verluste-Risiko trägt. Dieses darf allerdings nicht zu groß sein, um nicht zur Vermeidung jeglichen Risikos zu verleiten.[885]

Mit der *Ausschüttungspolitik* wird festgelegt, wann die Entlohnung dem Management zugute kommt. Hier können monatliche, jährliche oder verzögerte Auszahlungen unterschie-

---

879 Für eine Übersicht von geeigneten Bemessungsgrundlagen für jede Managementebene vgl. Copeland/Koller/Murrin (2000), S. 106.
880 Vgl. Fischer/Rödl (2007), S. 7.
881 Vgl. Jepsen (2007), S. 107, und dort aufgeführte Quellen.
882 Vgl. Fischer/Rödl (2007), S. 7.
883 Vgl. Hahn/Willers (2006), S. 369.
884 Vgl. Jepsen (2007), S. 65, Fußnote 195.
885 Zu umfangreichen Literaturangaben vgl. Jepsen (2007), S. 118, Fußnote 381. Einige Autoren gehen sogar davon aus, dass sämtliche Agency-Probleme durch ein anreizkompatibles Vergütungssystem gelöst werden können, vgl. Kudla (2005), S. 47, und dort aufgeführte Quellen. Kaplan weist auf die positiven Effekte von MBO hin, die auf eine Verbesserung der Incentivierung zurückführen sind, vgl. Kaplan (1989), S. 217 ff.

den werden.[886] Bei der zeitlichen Verzögerung werden die Zahlungen für eine Periode mit den nachfolgenden Perioden verrechnet, wobei sogenannte „Bonusbanken" zum Einsatz kommen.[887]

5.3.5.3 Reduzierung der freien Cash Flows durch Aufnahme von Fremdkapital

Ein hoher Verschuldungsgrad ist eine weitere Möglichkeit, den Handlungsspielraum des Managements einzugrenzen und den Handlungsdruck in Bezug auf den Unternehmenserfolg zu erhöhen. Dieser Ansatz geht auf die „Free-Cash-Flow-Hypothese" von JENSEN zurück.[888] Freie Cash Flows sind die liquiden Mittel, die über den Betrag hinausgehen, der für Projekte mit einem positiven Nettobarwert benötigt wird. Hinsichtlich der Free Cash Flows besteht ein Interessengegensatz zwischen Unternehmensführung und Eigentümern. Eigentümer sind an der Auszahlung der Free Cash Flows interessiert, um sie am Kapitalmarkt in wertschaffende Investitionsprojekte zu leiten. Für die Unternehmensführung hingegen ist die Auszahlung mit einem Verlust an Ressourcen, die ihrem Einflussbereich unterliegen, und damit mit einem Machtverlust verbunden. Werden die Free Cash Flows später für wertschaffende Investitionen benötigt, müssen diese über den Kapitalmarkt aufgenommen werden, womit ein Rechtfertigungsaufwand entsteht, der bei einer Einbehaltung der Free Cash Flows entfällt. Da häufig zusätzlich eine positive Korrelation zwischen Vergütung der Unternehmensführung und Unternehmensgröße besteht,[889] sind die Anreize aus Sicht der Unternehmensführung, die freien Mittel an die Eigentümer zurückzuzahlen, aus mehreren Gründen gering. Stattdessen besteht die Gefahr, die freien Mittel für Investitionsvorhaben mit negativem Nettobarwert oder wertvernichtende Akquisitionen zur Verfügung zu stellen („Empire Building").[890]

Die Aufnahme von Fremdkapital kann diese Agency-Kosten reduzieren. Um dies zu veranschaulichen, vergleicht JENSEN zwei Alternativen der Rückzahlung der freien Mittel: „Dauerhafte" Erhöhung der Dividendenzahlungen versus Aufnahme von Fremdkapital.[891] Für beide Fälle werden freie Cash Flows benötigt. Während es sich im ersten Fall jedoch um ein *Versprechen* handelt (das jederzeit wieder zurückgenommen werden kann), handelt es sich im zweiten Fall um eine *Verpflichtung*. Im Gegensatz zu den Eigenkapitalgebern haben Fremdkapitalgeber die Möglichkeit, bei Nichteinhaltung der Zinszahlungen

---

886 Vgl. Fischer/Rödl (2007), S. 7.
887 Vgl. Coenenberg/Salfeld (2007), S. 849 ff.
888 Vgl. die diesem Abschnitt zugrundeliegenden Ausführungen bei Jensen (1986), S. 323 ff.
889 Vgl. bspw. Murphy (1985), S. 11 ff., zitiert nach Hermanns (2006), S. 45.
890 Vgl. Kapitel 3.1.3.2.
891 Vgl. Jensen (1986), S. 324.

ihre Forderungen gegenüber dem Unternehmen (bis hin zur Liquidierung) rechtlich durchzusetzen. Da die Aufnahme von Fremdkapital jedoch auch mit Kosten verbunden ist,[892] existiert ein optimaler, unternehmenswertmaximierender Verschuldungsgrad,[893] bei dem die Grenzkosten des zusätzlich aufgenommenen Fremdkapitals dem Grenznutzen entsprechen.[894]

Die aufgezeigte Kontrollfunktion entfaltet jedoch nicht bei allen Unternehmen ihre Wirkung. Sie ist für Unternehmen von Bedeutung, die große Free Cash Flows generieren und begrenzte Wachstumsmöglichkeiten haben, da hier der Anreiz zu unökonomischen Investitionen und Verschwendung besonders ausgeprägt ist. Bei schnell wachsenden Unternehmen, die zahlreiche profitable Investitionsprojekte und keinen freien Cash Flow aufweisen, ist die Kontrollfunktion des Fremdkapitals von untergeordneter Bedeutung. Solche Unternehmen müssen den Kapitalmarkt bemühen, der ausreichend Möglichkeiten hat, das Unternehmen, sein Management und die Investitionsprojekte zu bewerten.[895] Gleiches dürfte für Krisenunternehmen gelten, die bereits einen (zu) hohen Verschuldungsgrad aufweisen oder Zahlungsverpflichtungen aufgrund nicht oder zu geringer Cash Flows nachkommen.

Neben der Kontrollfunktion schreiben HARRIS / RAVIV dem Fremdkapital eine Informationsfunktion zu. Bei Unternehmen, bei denen der Liquidationswert größer ist als der Fortführungswert, kommt es zu einem weiteren Interessengegensatz, bei dem Anteilseigner an einer Liquidation, das Management hingegen an einer Fortführung interessiert ist. Auch diese Agency-Kosten können durch Fremdkapital reduziert werden. Dies ist vor allem auf die Informationsgenerierungsfunktion von Fremdkapital zurückzuführen, die zwei Aspekte aufweist: Zum einen gibt die Fähigkeit, Zinszahlungen nachzukommen, Aufschluss über den Zustand des (Krisen-)Unternehmens. Zum anderen ist für den Fall, dass nicht gezahlt wird, der Anreiz seitens des Managements groß, relevante Informationen für die Kapitalgeber zu liefern, um eine Liquidation zu verhindern.[896]

5.3.5.4 Darstellung und Vergleich der Ergebnisse der empirischen Untersuchung

Corporate-Governance-Maßnahmen wiesen in der vorliegenden Untersuchung insgesamt eine hohe Bedeutung auf. Die Intensität der im Corporate-Governance-Bereich durch-

---

892 Vgl. Kapitel 3.1.3.2.
893 Vgl. Kapitel 3.1.1.3.
894 Vgl. Jensen (1986), S. 324.
895 Vgl. Jensen (1986), S. 324.
896 Vgl. Harris/Raviv (1990), S. 321 ff.

5.3 Ergebnisse der empirischen Untersuchung

geführten Maßnahmen seitens der Private-Equity-Gesellschaften ist der nachfolgenden Tabelle 5.12 zu entnehmen.

Maßnahme / Maßnahmenbereich	Mittelwert	Median	Modus	Std.-Abw.	Min	Max	N
Monitoring von Unternehmens-/ Managementleistung	4,45	5,0	5	0,69	3	5	29
Implementierung von Managementanreizsystemen	4,10	5,0	5	1,23	1	5	29
Neubesetzung von Schlüsselpositionen	3,62	5,0	5	1,13	1	5	29
(Ver-)Stärkung der unternehmerischen Kultur	3,61	5,0	5	0,91	2	5	28
Einsatz von Interimsmanagern	1,83	1,0	1	1,13	1	5	29

Tab. 5.12: Maßnahmen im Bereich Corporate Governance
Quelle: Eigene Erhebung, vgl. Fragebogen, S. 263, Frage 11

Von höchster Bedeutung ist das intensive Monitoring der Leistung von Unternehmen und Management. Diese Maßnahme stellt mit einem Mittelwert von 4,45 die am intensivsten verfolgte Aktivität überhaupt dar.[897] 90 % der Private-Equity-Gesellschaften setzten diese Maßnahme in hohem oder sehr hohem Maße ein, nur 10 % in mittlerem Maße und keine Private-Equity-Gesellschaft hat diese Maßnahme mit nur mittlerer, niedriger oder gar sehr niedriger Intensität verfolgt. Diese Erkenntnis bestätigen die Ergebnisse von nordamerikanischen Turnaround-Investitionen, bei denen die Einrichtung bzw. Verbesserung von Kontroll- und Informationssystemen zur Überwachung der Ausführung der Krisenbewältigungsmaßnahmen das am häufigsten gebrauchte Instrument darstellte, das bei jeder Turnaround-Situation ergriffen wurde.[898] Der hierfür häufig notwendige Aufbau von Informations- und Reportingsystemen stellt nach der Untersuchung von MEIER den Hauptwerttreiber bei den „Post-Investment-Activities" von Private-Equity-Gesellschaften dar.[899] Die hohe Bedeutung der Leistungskontrolle von Unternehmen und Management beschränkt sich dabei nicht nur auf Investitionen in Krisenunternehmen, sondern ist auch bei Investitionen in neu gegründete Unternehmen oder Wachstumsunternehmen zu beobachten.[900]

Die Implementierung von Managementanreizsystemen stellte die zweitintensivste Maßnahme dar. Hier waren es 79,3 % der Private-Equity-Gesellschaften, die diese Maßnahme in hohem oder sehr hohem Maße einsetzten. Auch bei nordamerikanischen Turnaround-Investitionen stellte diese Maßnahme auf der Governance-Ebene die zweithäufigste Maß-

---

897 Vgl. Tabelle 5.14.
898 Vgl. Kraft (2001), S. 241 ff.
899 Vgl. Meier (2006), S. 114.
900 Vgl. hierzu stellvertretend die grundlegenden Studien von Gorman/Sahlman (1989), S. 231 ff., u. MacMillan/Kulow/Khoylian (1989), S. 27 ff.

nahme dar.[901] Wie bei dem Monitoring der Unternehmensleistung stellt auch die Ausgestaltung erfolgsorientierter Anreizsysteme für das Management bei Private-Equity-Investitionen allgemein einen bedeutenden Hebel dar, der in zahlreichen Studien belegt ist.[902]

Ebenfalls hohe Bedeutung wurde der Neubesetzung von Schlüsselpositionen beigemessen. 58,6 % der Private-Equity-Gesellschaften machten von dieser Maßnahme intensiv oder sehr intensiv Gebrauch. Auch diese Maßnahme wurde in der Untersuchung von KRAFT auf der Governance-Ebene als dritthäufigste aufgeführt.[903] Mit der Neubesetzung von Schlüsselpositionen werden häufig die Konsequenzen aus der Vergangenheit gezogen[904] und die Grundlage für einen Neubeginn geschaffen. Auch gegenüber anderen Stakeholdern stellt der Austausch eine Maßnahme dar, um das Vertrauen von Kunden, Lieferanten und anderen Gläubigern wiederherzustellen.[905] Der Untersuchung von BERGAUER zufolge wurden in 93 % der Unternehmen Schlüsselpositionen neu besetzt, dabei wurde bei 61 % dieser Unternehmen die Position des Vorsitzenden der Unternehmensleitung neu besetzt. In den übrigen Führungsebenen kam es zu 100% zu personellen Veränderungen.[906] In der Untersuchung von BUSCHMANN kommt es bei über der Hälfte der Krisenunternehmen (56 %) im Jahr des Krisenhöhepunktes oder im Jahr danach zum Austausch des Managements, wobei ein statistisch signifikanter positiver Einfluss auf den Turnaround-Erfolg nicht nachgewiesen werden konnte.[907]

Nach einer Studie von ERNST & YOUNG, die sich mit der Wertschaffung von Private-Equity-Investitionen beschäftigt, findet ein Austausch in den meisten Fällen zu Beginn der Transaktion statt, aber auch zu einem erheblichen Teil im Verlauf der Krisenbewältigung, wenn sich herausstellt, dass die Unternehmensführung den Erwartungen der Private-Equity-Gesellschaft nicht gerecht wird.[908]

Ähnlich intensiv wurde die Stärkung der unternehmerischen Kultur / Motivation der Mitarbeiter verfolgt. Die Motivation der Mitarbeiter ist eine der vordringlichsten Aufgaben

---

901 Vgl. Kraft (2001), S. 242 f.
902 Vgl. bspw. Jepsen (2007), S. 65 ff.
903 Vgl. Kraft (2001), S. 242 f.
904 Zu Missmanagement als einen der Hauptgründe für die Krisen vgl. Kapitel 2.3.
905 Vgl. Eisenberg (2006), S. 614; Kraft (2001), S. 251.
906 Vgl. Bergauer (2001), S. 172, u. S. 318.
907 Vgl. Buschmann (2006), S. 195.
908 Vgl. Ernst & Young (2007a), S. 9. Danach kam es in Europa in 68 % (USA 76 %) der Fälle zum Austausch des Topmanagements. In jeweils 38 % der Fälle fand dies zu Beginn der Transaktion statt.

und wird als kritisch für den Erfolg der Krisenbewältigung erachtet.[909] Gelingt es nicht, die Mitarbeiter eines Unternehmens für die bevorstehenden Krisenbewältigungsmaßnahmen zu gewinnen, droht eine unzureichende Umsetzung und eine Verschärfung der Krisensituation,[910] die nicht zuletzt durch die Gefahr der Abwanderung qualifizierter Mitarbeiter besteht.[911]

Interimsmanagement kam hingegen in der vorliegenden Untersuchung weniger zum Einsatz. Unter Interimsmanagern werden externe Spezialisten verstanden, die sich aufgrund ihrer Kenntnisse und Erfahrungen für die Krisenbewältigung des betreffenden Unternehmens besonders eignen und diese zeitlich befristet übernehmen.[912] Gegenüber Unternehmensberatungen sind sie nicht nur in der Lage, Restrukturierungsmaßnahmen zu planen, sondern aufgrund ihrer Managementbefugnisse auch umzu- und durchzusetzen.[913] Nur 6,9 % der Private-Equity-Gesellschaften forcierten ihren Einsatz in hohem Maße, der überwiegende Teil (62,1 %) nur in sehr geringem Maße. Zu ähnlichen Ergebnissen kommt KRAFT, bei dem Interimsmanager nur 15 % der für den Turnaround benötigten Managementkapazitäten stellten.[914] Abweichend hierzu kommt KUCHER zu dem Schluss, dass der Einsatz von externen Sanierungsspezialisten als Interimsmanager einen höchst signifikanten Erfolgsfaktor darstellt.[915]

5.3.6 Unternehmerische Betreuung

Wie bereits im Grundlagen-Kapitel zu Private Equity dargestellt, zeichnen sich Private-Equity-Gesellschaften gegenüber dem Portfolio-Unternehmen nicht nur durch die Bereitstellung finanzieller Mittel aus, sondern auch durch eine unternehmerische Betreuung des Portfolio- bzw. Krisenunternehmens.[916] Die Betreuung von Portfolio-Unternehmen durch Private-Equity-Gesellschaften ist in der Unternehmenspraxis häufig eng mit den im vorherigen Abschnitt besprochenen Informations-, Kontroll- und Mitbestimmungsrech-

---

909 Vgl. Müller (1986), S. 505.
910 Vgl. Lüthy (1988), S. 137 f.
911 Vgl. Baur (1978), S. 211 f. Für Maßnahmen zur Motivation von Mitarbeitern in Krisensituationen vgl. auch Clasen (1992), S. 223 ff.
912 Vgl. David (2001), S. 247 ff., u. S. 289 ff. Eine kritische Einstellung zu Interimsmanagern bei KMU findet sich bei Howaldt (1994), S. 254.
913 Vgl. Kaufmann (2004), S. 378 ff.
914 Vgl. Kraft (2001), S. 259.
915 Vgl. Kucher (2006), S. 187, u. S. 248; Kaufmann (2004), S. 378.
916 Vgl. Kapitel 3.2.

ten verbunden. Die unternehmerische Betreuung in Form von Vorschlägen und konkreten Handlungsanweisungen ergibt sich häufig erst aus dem Monitoring und der Bewertung der aktuellen Situation bzw. baut hierauf auf. Häufig finden sich in diesem Zusammenhang auch die Ausdrücke „Managementunterstützung"[917], „Beteiligungssteuerung"[918] oder „unternehmerische Begleitung"[919].

Während die Maßnahmen zur Erhöhung der Unternehmenskontrolle[920] eher risikoorientiert sind und eine Risikominimierung zum Ziel haben,[921] ist die unternehmerische Betreuung[922] eher chancenorientiert und auf die Erhöhung des Wertsteigerungspotentials und die Förderung der Unternehmensentwicklung durch Beratung in inhaltlichen Fragestellungen fokussiert. Die Maßnahmen zur Erhöhung der Unternehmenskontrolle haben einen eher rechtlichen und formellen Charakter, die Betreuung des Unternehmens einen eher partnerschaftlichen und informellen Charakter. Auf der Grundlage vertraglicher Regelungen schaffen Private-Equity-Gesellschaften die Möglichkeit, sich über den Verlauf der Geschäfte zu informieren, richtungsweisende Entscheidungen zu beeinflussen, Maßnahmen durchzusetzen und sich im Notfall von der Beteiligung zu trennen.[923]

Nachfolgend wird auf die inhaltlichen Schwerpunkte, die institutionelle Form und die Intensität der Betreuung eingegangen. Da die Veröffentlichungen in diesem Bereich stark praxisorientiert und durch ein hohes Maß an Empirie geprägt sind, werden abweichend von der bisherigen Vorgehensweise die eigenen empirischen Ergebnisse in jedem Abschnitt direkt im Zusammenhang mit der Literatur behandelt und nicht erst im Zwischenfazit.

5.3.6.1 Inhaltliche Schwerpunkte der Betreuung

Die inhaltlichen Schwerpunkte der Betreuung, welche Private-Equity-Gesellschaften in der vorliegenden Untersuchung in den Krisenunternehmen gesetzt haben, sind in nachfolgender Tabelle 5.13 auf der nächsten Seite dargestellt.

Vielfach stellen Private-Equity-Gesellschaften damit einen Gesprächspartner dar, der we-

---

917 Vgl. Matz (2002), S. 39 f.
918 Vgl. Neukirchen (1996), S. 125.
919 Vgl. Schröder (1992), S. 232.
920 Diese Maßnahmen werden in der angelsächsischen Literatur als „Monitoring" bezeichnet, vgl. Sadtler (1993), S. 5.
921 Vgl. Matz (2002), S. 39; Schröder (1992), S. 232; Stubner (2004), S. 50 f.
922 Hierfür werden auch die Begriffe „Beratung" bzw. „Managementunterstützung im engeren Sinne" verwendet, vgl. Neukirchen (1996), S. 131; Schröder (1992), S. 232; Stubner (2004), S. 51 f.
923 Vgl. Kapitel 5.3.5.1.

5.3 Ergebnisse der empirischen Untersuchung

Maßnahme / Maßnahmenbereich	Mittelwert	Median	Modus	Std.-Abw.	Min	Max	N
Strategische Beratung	4,28	5,0	5	1,03	1	5	29
Finanzielle Beratung	4,07	4,0	5	1,07	1	5	29
Zugang zu weiteren Finanzierungsquellen	3,79	4,0	4	1,24	1	5	29
Operative Beratung	3,32	4,0	2	1,33	1	5	28
Zugriff auf persönliches Netzwerk	3,11	3,0	4	1,31	1	5	27
Synergieeffekte mit Portfolio-Unternehmen	1,96	2,0	1	1,07	1	5	28

Tab. 5.13: Inhaltliche Schwerpunkte der Betreuung
Quelle: Eigene Erhebung, vgl. Fragebogen, S. 264, Frage 15

sentliche Themen aus seiner Sicht anspricht oder für Fragen der Unternehmensführung zur Verfügung steht.[924] Der Schwerpunkt der Beratungsleistung lag in den Bereichen Strategie und Finanzen: Den höchsten Stellenwert hatte dabei die strategische Beratung, mit der die Private-Equity-Gesellschaften (Krisen-)Unternehmen bei strategischen Fragestellungen wie der generellen Ausrichtung der Unternehmenstätigkeit, der Auswahl von Zielmärkten und der Positionierung oder bei der langfristigen Geschäftsplanung unterstützen.[925] Ebenfalls eine sehr hohe Bedeutung hatte die finanzielle Beratung, mit der Hilfestellung beim Aufbau von Controlling- und Reportingsystemen sowie bei Finanzierungs- oder Investitionsangelegenheiten geleistet wurde. Es folgte in der Bedeutung der Zugang zu weiteren Kapitalgebern, zu denen die Private-Equity-Gesellschaften gute Beziehungen pflegen und die für eine Beteiligung am Krisenunternehmen gewonnen werden können. Von geringerer Bedeutung war die operative Beratung, mit der Fragen von der generellen Gestaltung des Wertschöpfungsprozesses bis hin zum Tagesgeschäft adressiert werden. Der Zugriff auf das persönliche Netzwerk, bei dem Kontakte zu (potentiellen / neuen) Kunden, Lieferanten oder Dienstleistern hergestellt werden, die das Krisenunternehmen bei der Bewältigung seiner Herausforderungen unterstützen, wurde ebenfalls nur durchschnittlich eingesetzt. Synergieeffekte mit anderen Portfolio-Unternehmen, an denen die Private-Equity-Gesellschaft beteiligt war, spielten in diesem Zusammenhang kaum eine Rolle.

Diese Ergebnisse zeigen, dass auch bei Krisenunternehmen die „klassischen" Beratungsfelder von Private-Equity-Gesellschaften zum Einsatz kamen. Eine der ersten Studien in diesem Bereich, die Studie von GORMAN / SALMAN, die die Aktivitäten von Private-Equity-Gesellschaften hinsichtlich des Themas unternehmerische Betreuung bei VC-Finanzierungen untersucht, zählt die Erschließung weiterer Finanzierungsquellen und die

---

[924] In der angelsächsischen Literatur findet sich dazu auch der Begriff „Sounding Board", vgl. MacMillan/Kulow/Khoylian (1989), S. 31.

[925] Vgl. zur Beschreibung der hier genannten und weiterer Inhalte und Arten der Managementunterstützung Stubner (2004), S. 52 ff.

strategische Planung zu den wichtigsten beiden Unterstützungsleistungen, die Unterstützung bei der operativen Planung und beim Herstellen von Kontakten zu potentiellen Kunden und Lieferanten rangieren auf den hinteren Plätzen.[926]

Diese Erkenntnisse bestätigen auch die Ergebnisse von MACMILLAN, KULOW und KHOYLIAN, die eine der grundlegenden Untersuchungen in diesem Bereich durchführten. Hiernach wies die Tätigkeit mit der höchsten Aktivität, das Wirken als Gesprächs- bzw. Coaching-Partner, auch die höchste Betreuungsintensität auf. Von den folgenden fünf Tätigkeiten betreffen vier Finanzierungsfragen. Mit operativen Aufgaben wie dem Marketing oder der Gewinnung von Kunden und Lieferanten befassten sich die Private-Equity-Gesellschaften am wenigsten.[927] Weitere internationale Studien kommen zu ähnlichen Ergebnissen.[928]

In Deutschland führte SCHRÖDER Anfang der 1990er Jahre eine der ersten Untersuchungen durch, in der Vertreter von Private-Equity-Gesellschaften aus Deutschland und den USA vergleichend befragt wurden. Auch hier verzeichneten die Bereiche „Strategische Planung" und „Finanzierung" das höchste, Marketing / Vertrieb und Produktentwicklung das niedrigste Betreuungsniveau.[929]

In Bezug auf Krisenunternehmen war die Untersuchung von KRAFT eine der ersten, in der auch die Maßnahmen zur Krisenbewältigung empirisch erhoben wurden. Insgesamt wurde ein recht hohes Aktivitätsniveau konstatiert, bei dem die Governance- und finanzielle Ebene im Vordergrund der aktiven Einflussnahme stand. Strategische Maßnahmen wiesen ein etwas geringeres Niveau auf, wurden aber insgesamt höher bewertet als operative Maßnahmen.[930]

5.3.6.2 Institutionelle Form der Betreuung

Als organisatorischer Rahmen für die Zusammenarbeit von Private-Equity-Gesellschaft und Portfolio-Unternehmen existieren verschiedene Möglichkeiten. Zum einen sind die formellen Gremien wie Aufsichtsrat, Geschäftsführung, Vorstand etc. und zum anderen

---

926 Vgl. Gorman/Sahlman (1989), S. 236 f.
927 Vgl. MacMillan/Kulow/Khoylian (1989), S. 31 f.
928 Für Quellenangaben und eine übersichtliche Darstellung vgl. Pankotsch (2005), S. 93 ff.
929 Vgl. Schröder (1992), S. 238. Die Reihenfolge der Inhalte ist in Deutschland und den USA dieselbe, obgleich US-amerikanische Investoren insgesamt eine höhere Betreuungsintensität aufweisen.
930 Vgl. Kraft (2001), S. 239 ff.

5.3 Ergebnisse der empirischen Untersuchung

die Mitarbeit im Arbeitsalltag oder bei Projekten möglich.[931]

Als Basis für ihre empirische Untersuchung unterscheiden SCHEFCZYK / GERPOTT drei Ausprägungen von Managementunterstützung. Hierzu zählen in der Reihenfolge abnehmender Intensität und zunehmenden Eingriffs in das operative Geschäft:[932]

- Mitarbeit in Gremien des Portfolio-Unternehmens
- inhaltliche Beratung bei Fachfragen sowie Methoden- und Prozessunterstützung
- temporäre Übernahme operativer Aufgaben

Die Mitarbeit in Gremien findet ihre Ausprägung in Beiräten,[933] Aufsichtsräten oder in der Gesellschafterversammlung und ist in Rechten aus dem Anteilsbesitz begründet. Hier sind auch die übrigen Eigentümer des Portfolio-Unternehmens vertreten. Solche Gremien treten gewöhnlich mit großem zeitlichen Abstand zusammen und beschäftigen sich nicht mit Fragen der operativen Geschäftsführung. Entsprechend gering ist hierbei die Managementunterstützung im eigentlichen Sinn. Die Aktivitäten zielen vielmehr auf risikominimierende Kontroll- und Informationsfunktionen ab.

Inhaltliche Beratung bei Fachfragen erfolgt in der Regel dann, wenn die Qualifikation oder Erfahrung des Managements als nicht ausreichend erachtet werden. Die inhaltliche Beratung erfolgt auch bei bevorstehenden Entscheidungen mit großer Tragweite, die eine Abstimmung mit der Private-Equity-Gesellschaft sinnvoll erscheinen lassen.[934] Die Methoden- und Prozessunterstützung bezieht sich auf die Generierung von Ideen, Festlegung von Maßnahmenplänen und Zurverfügungstellung von Kontakten.[935]

Die temporäre Übernahme operativer Aufgaben durch Mitarbeiter der Private-Equity-Gesellschaft stellt die intensivste Form der unternehmerischen Betreuung dar. Der Mitarbeiter der Private-Equity-Gesellschaft fungiert als eine Art Interimsmanager, der im Tagesgeschäft mit eingebunden ist und einen Beitrag für zur laufenden Aufgabenbewältigung leistet.[936]

In der vorliegenden Untersuchung wurden seitens der Private-Equity-Gesellschaften nur

---

931 SCHEFCZYK unterscheidet hier die Beratung im weiteren Sinn durch Mitarbeit in den Gremien und die Beratung im engeren Sinn durch Mitarbeit im Arbeitsalltag, vgl. Schefczyk (2006), S. 35 f.
932 Vgl. Schefczyk/Gerpott (1998), S. 145 f.
933 In vielen Fällen werden die Beiräte erst auf Initiative der Private-Equity-Gesellschaften gegründet, damit diese der Unternehmensführung als Sparring-Partner dienen können, vgl. Schröder (1992), S. 248.
934 Vgl. Schefczyk/Gerpott (1998), S. 146.
935 Vgl. Schefczyk/Gerpott (1998), S. 146.
936 Vgl. Schefczyk/Gerpott (1998), S. 146.

unzureichende oder gar widersprüchliche Angaben zur institutionellen Zusammenarbeit in Gremien gemacht.[937] Angaben zur Gesamtzahl der Mitglieder im Management Board bzw. Supervisory Board sind nur in zwei bzw. vier Fällen vorhanden. Mangels Aussagekraft wird deshalb an dieser Stelle von einer Aufbereitung der empirischen Ergebnisse abgesehen. Die vorliegenden Erkenntnisse zur institutionellen Zusammenarbeit in Gremien deuten darauf hin, dass der formellen Zusammenarbeit eine eher geringe Bedeutung beigemessen wird und davon auszugehen ist, dass die Zusammenarbeit eher auf informeller Ebene erfolgt.[938]

5.3.6.3 Intensität der Betreuung

Neben der dargestellten Unterscheidung bezüglich unterschiedlicher inhaltlicher Schwerpunkte und unterschiedlicher Formen der Betreuung wird auch nach der Intensität der Betreuung differenziert. So bewegen sich die Betreuungsintensitäten auf einem Kontinuum zwischen einem „Hands-on"- und einem „Hands-off"-Ansatz. Beim Hands-on-Ansatz sind die Private-Equity-Gesellschaften häufig in den Gremien vertreten und leisten in hohem Maße inhaltliche Beratung bei Fachfragen. Sie sind in die Entscheidungen des Portfolio- / Krisenunternehmens involviert und kümmern sich auch verstärkt um operative Angelegenheiten. Beim „Hands-off"-Ansatz weisen die Private-Equity-Gesellschaften ein geringes Aktivitätsniveau auf und leisten im Extremfall hinsichtlich der unternehmerischen Betreuung keinen Beitrag.[939] Der verfolgte Betreuungsansatz (Advising Approach) in der vorliegenden Untersuchung ist in nachfolgender Abbildung 5.12 auf der nächsten Seite dargestellt.

Dabei zeigt sich, dass die Private-Equity-Gesellschaften eher einen Hands-on- als einen Hands-off-Ansatz verfolgten. Es ist davon auszugehen, dass dies auch auf den hohen und häufig auch akuten Handlungsbedarf in Krisenunternehmen zurückzuführen ist.[940] Dass eine Abhängigkeit der Betreuungsintensität vom Finanzierungsanlass vorliegen kann, wird durch eine Studie der KFW-BANK gezeigt, aus der hervorgeht, dass z. B. Investitionen in besonders junge Unternehmen mit einem erhöhten Betreuungsaufwand verbunden sind.[941]

Inwieweit eine höhere Betreuungsintensität zu einem höheren Beteiligungserfolg führt, ist

---

937 Vgl. Fragebogen, S. 263, Frage 11.
938 Vgl. Matz (2002), S. 183, und dort aufgeführte Quellen.
939 Vgl. Bader (1996), S. 133; Jungwirth/Moog (2004), S. 109 f.
940 Ähnlich Kraft (2001), S. 241, wonach Turnaround-Investitionen im Vergleich zu traditionellen Private-Equity-Investitionen auf allen Ebenen ein hohes Aktivitätsniveau aufweisen.
941 Vgl. KfW (2003), S. 18 ff.

5.3 Ergebnisse der empirischen Untersuchung

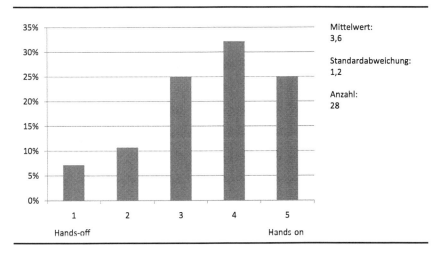

Abb. 5.12: Intensität der Betreuung
Quelle: Eigene Erhebung, vgl. Fragebogen, S. 264, Frage 18

unklar. So haben MACMILLAN, KULOW und KHOYLIAN in ihrer vielbeachteten Studie drei Gruppen unterschiedlicher Betreuungsintensität identifiziert: Die „Close Tracker"-, die „Moderate"- und die „Laissez Faire"-Group.[942] Unternehmen der Close Tracker Group werden intensiv betreut, insbesondere hinsichtlich der Aufstellung eines Managementteams und der strategischen Ausrichtung. In der Moderate Group bieten die Gesellschaften Unterstützung nur auf konkrete Fragestellungen hin an, sind allerdings kontinuierlich über das Unternehmen informiert, so dass bei Beratungsbedarf keine aufwendige Einarbeitung notwendig ist. Bei der Laissez Faire Group wird nur passiv ein Zugang zu einem Netzwerk an Dienstleistern angeboten, derer sich das Portfolio-Unternehmen bei Bedarf bedienen kann. Da sich die drei Gruppen weder in Bezug auf die Performance noch hinsichtlich der Eigenschaften der Beteiligungsgesellschaften unterscheiden, gehen MACMILLAN, KULOW und KHOYLIAN davon aus, dass das Maß der Betreuung auf individuelle Präferenzen zurückzuführen ist.[943]

---

942 Vgl. MacMillan/Kulow/Khoylian (1989), S. 27 ff.
943 Vgl. MacMillan/Kulow/Khoylian (1989), S. 27 ff.; Leopold/Frommann/Kühr (2003), S. 171 ff.; Matz (2002), S. 182, und dort aufgeführte Quellen.

5.4 Zusammenfassende Betrachtung und Zwischenfazit

Nachdem in den vorangegangenen Ausführungen auf die einzelnen Maßnahmen innerhalb eines Restrukturierungshebels eingegangen wurde, stehen in diesem Abschnitt die Restrukturierungshebel selbst im Vordergrund. Nachfolgend werden zunächst die wesentlichen Erkenntnisse aus den vorherigen Abschnitten zusammengefasst und anschließend der Frage nachgegangen, welche Hebel mit welcher Intensität bei der Restrukturierung von Krisenunternehmen zum Einsatz kamen:

- *Operative Effizienz:* Schwerpunkte der Maßnahmen zur Erhöhung der operativen Effizienz waren die Unternehmensbereiche Verwaltung, Beschaffung und die Produktion.

- *Desinvestitionen:* Desinvestitionsmaßnahmen wie Veräußerung, Stilllegung oder Liquidation fanden bei der Restrukturierung keine wesentliche Anwendung, da sie entweder im Vorfeld stattfanden oder die Krisenunternehmen nicht aus mehreren Geschäftsbereichen bestanden.

- *Profitables Wachstum:* Maßnahmen, die zum profitablen Wachstum des Krisenunternehmens beitragen sollen, wurden in der höchsten Intensität genutzt. Im Vordergrund standen dabei die Penetration bestehender Märkte, die Expansion in neue Märkte und die Entwicklung neuer Produkte. Dabei wurde das organische Wachstum dem anorganischen Wachstum klar vorgezogen.

- *Kapital- und Vermögensstruktur:* Die beiden wichtigsten Maßnahmen in diesem Bereich waren die Optimierung des Working Capitals und die Bereitstellung von Eigenkapital für das Krisenunternehmen seitens der Private-Equity-Gesellschaft.

- *Corporate Governance:* Die Maßnahmen im Bereich Corporate Governance zielten auf eine verbesserte Verknüpfung von Management- und Eigentümerinteressen. Die dazugehörige Überwachung von Management- und Unternehmensleistung gehörte zu der am intensivsten verfolgten Maßnahme. Ebenfalls eine hohe Bedeutung wurde der Incentivierung des Managements beigemessen.

- *Unternehmerische Betreuung:* Die Private-Equity-Gesellschaften unterstützten und berieten das Management des Krisenunternehmens in hohem Maße. Die inhaltlichen Schwerpunkte der unternehmerischen Betreuung lagen in den Bereichen Strategie und Finanzierung / Controlling.

5.4 Zusammenfassende Betrachtung und Zwischenfazit

Die Intensität des Einsatzes der Restrukturierungshebel wurde durch Bildung eines arithmetischen Mittelwertes der in ihm enthaltenen Maßnahmen bestimmt. Das Ergebnis ist in Abbildung 5.13 dargestellt:

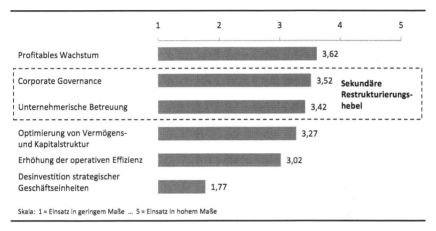

Abb. 5.13: Restrukturierungshebel im Vergleich
Quelle: Eigene Erhebung

Aus der Gegenüberstellung der Restrukturierungshebel auf Basis der durchschnittlichen Intensität der einzelnen Maßnahmen lassen sich hinsichtlich der Schwerpunktsetzungen der Private-Equity-Gesellschaften bei Restrukturierungen zwei wesentliche Erkenntnisse ziehen:

1. Der Fokus von Private-Equity-Gesellschaften bei der Restrukturierung von Krisenunternehmen liegt klar auf der Umsatz- und nicht auf der Kostenseite. Während die Maßnahmen zum profitablem Wachstum im Durchschnitt die höchste Intensität aufwiesen, werden die Maßnahmen zur Erhöhung der operativen Effizienz – nach den Desinvestitionen – mit der durchschnittlich geringsten Intensität eingesetzt.

2. Die beiden sekundären Restrukturierungshebel Corporate Governance und unternehmerische Betreuung bilden ein wesentliches Element in der Restrukturierung von Krisenunternehmen. Beide Maßnahmen wurden am zweit- bzw. drittintensivsten verfolgt.

Eine weitere Analyse der am intensivsten initiierten Maßnahmen zeigt die Bedeutung der sekundären Hebel und des Primärhebels „Wachstum" noch deutlicher. Das Ergebnis ist in Tabelle 5.14 auf der nächsten Seite festgehalten:

Maßnahme	Mittelwert	Restrukturierungshebel	Art des Hebels
Monitoring Management / Unternehmen	4,45	Corporate Governance	sekundär
Strategische Beratung	4,28	Unternehmerische Betreuung	sekundär
Penetration bestehender Märkte	4,17	Profitables Wachstum	primär
Incentivierung des Managements	4,10	Corporate Governance	sekundär
Organisches Wachstum	4,07	Profitables Wachstum	primär
Finanzielle Beratung	4,07	Unternehmerische Betreuung	sekundär
Expansion in neue Märkte	4,03	Profitables Wachstum	primär
Produktentwicklung	4,00	Profitables Wachstum	primär

Tab. 5.14: Hauptmaßnahmen während der Restrukturierungsphase
Quelle: Eigene Erhebung

Mit vier von acht Maßnahmen stellen die sekundären Maßnahmen die Hälfte der wichtigsten Maßnahmen bei der Restrukturierung dar, die beiden sekundären Maßnahmen, „Monitoring von Unternehmens- und Managementleistung" und „Strategische Beratung" stellen die beiden am intensivsten genutzten Maßnahmen dar. Insgesamt zeigt sich, dass die Private-Equity-Gesellschaften im Rahmen von Restrukturierungen an drei Punkten gleichzeitig ansetzen:

- striktes Monitoring des Managements und der Unternehmensperformance
- angemessene Belohnung des Managements bei Erbringung der geforderten Leistung
- Beratung des Managements in strategischen und finanziellen Aspekten

Während die ersten beiden Punkte einer „Zuckerbrot und Peitsche"-Politik ähneln, kommt mit dem letzten Punkt ein wesentliches Element einer vertrauensvollen Zusammenarbeit mit dem Management bei der Restrukturierung hinzu, so dass die Vorgehensweise insgesamt als ein „Fordern und Fördern" des Managements interpretiert werden kann.

Die andere Hälfte der acht wichtigsten Restrukturierungsmaßnahmen gehören zum Hebel „profitables Wachstum". Dieses Ergebnis steht im starken Kontrast zu den Schwerpunktsetzungen eines großen Teils der Krisenliteratur, die den Schwerpunkt häufig auf Kostensenkungsmaßnahmen setzt.[944] Trotz der relativen geringen Bedeutung von Kostenmaßnahmen waren diese absolut betrachtet nicht in geringem Maße eingesetzt worden. Somit scheinen Maßnahmen zur Erhöhung der betrieblichen Effizienz zwar eine notwendige, aber keine hinreichende Bedingung für erfolgreiche Restrukturierungen zu sein.

---

944 Erst einige neuere Publikationen, wie z. B. die von BUSCHMANN weisen auf Basis empirischer Erkenntnisse auf die hohe Bedeutung von Wachstum für die Krisenbewältigung hin, vgl. Buschmann (2006).

6 Determinanten des Erfolgs von Investitionen in Krisenunternehmen

In diesem Kapitel steht die Untersuchung des Erfolgs der im vorangegangenen Kapitel beschriebenen Restrukturierungsmaßnahmen im Vordergrund. Dazu wird im ersten Abschnitt auf die Erfolgsfaktorenforschung eingegangen. Im zweiten Abschnitt werden die in der vorliegenden Studie verwandten Erfolgsmaße erläutert und deren Ausprägungen dargestellt. Anschließend werden im dritten Abschnitt Erfolgsfaktoren dargestellt, bevor im letzten Abschnitt dieses Kapitels Handlungsempfehlungen abgeleitet werden.

6.1 Grundsätzliches zur Erfolgsfaktorenforschung

Die Erfolgsfaktorenforschung ist in der Betriebswirtschaft ein gleichermaßen weit verbreitetes wie umstrittenes Forschungsgebiet.[945] Da auch in der vorliegenden Arbeit die Begriffe Erfolg und Erfolgsfaktoren Anwendung finden, soll nachfolgend auf die Begrifflichkeiten und die Methodik der Erfolgsfaktorenforschung eingegangen und eine Positionierung der vorliegenden Arbeit innerhalb dieser Thematik vorgenommen werden.

6.1.1 Begrifflichkeiten

Die beiden Begriffe „Unternehmenserfolg" und „Erfolgsfaktoren" werden in der Literatur unterschiedlich weit ausgelegt. Aus diesem Grunde soll zunächst kurz dargelegt werden, was unter diesen Begriffen in der vorliegenden Arbeit verstanden wird.

6.1.1.1 Der Erfolg

Bei Sichtung der Literatur, die das Thema „Unternehmenserfolg" bzw. „Erfolgsfaktoren" zum Gegenstand hat, wird deutlich, dass eine Vielzahl von Erfolgsmaßstäben und dahinterstehenden Erfolgsdefinitionen existiert, wobei sich (i) der Zielansatz, (ii) der Systemansatz und (iii) der interessenpluralistische Ansatz unterscheiden lassen.[946]

---

[945] Vgl. bspw. Nicolai/Kieser (2002), S. 579 ff.; sowie die Repliken hierauf von Bauer/Sauerland (2004), S. 621 ff.; Fritz (2004), S. 623 ff.; Homburg/Krohmer (2004), S. 626 ff., sowie die Replik hierauf von Nicolai/Kieser (2004), S. 631 ff. Weiter vgl. Albers/Hildebrandt (2006), S. 3 ff.

[946] Vgl. nachfolgend Fritz (1995), S. 217 ff.; Näther (1993), S. 125 ff.; Urselmann (1998), S. 54 ff.

Beim *Zielansatz* wird Erfolg nach dem Grad der Erreichung von zuvor gesetzten Zielen beurteilt.[947] Je mehr seiner Ziele ein Unternehmen erreicht, desto erfolgreicher ist es. Problematisch dabei ist das hohe Maß an Subjektivität, das mit der Zielsetzung verbunden ist. So ist weder sichergestellt, ob die gesetzten Ziele erreichungswürdig sind noch ob sie dem Unternehmen dienlich sind; letztlich kann nach dem Zielansatz jedes Unternehmen bei nur ausreichend niedriger Zielsetzung als erfolgreich definiert werden.[948]

Eine Erweiterung des Zielansatzes stellt der *Systemansatz* dar, bei dem das Unternehmen als System und dessen Interaktion mit seiner Umwelt im Fokus der Betrachtung stehen. Der Erfolg wird hier durch die Fähigkeit des Unternehmens bestimmt, sich den Zugang zu knappen und wertvollen Ressourcen zu sichern, um das langfristige Überleben und damit den Systemerhalt zu gewährleisten. Je besser und länger dies dem System „Unternehmen" gelingt, desto erfolgreicher ist das Unternehmen.[949]

Einen noch weiter gefassten Ansatz stellt der *interessenpluralistische Ansatz* dar. Hiernach bemisst sich der Erfolg eines Unternehmens nach dem Grad der Berücksichtigung der unterschiedlichen Interessen, die von Unternehmens-Stakeholdern vertreten werden. Es wird auf den Beitrag zur gesamtgesellschaftlichen Entwicklung abgestellt, womit bei der Erfolgsbeurteilung auch nicht-ökonomische Ziele Einzug halten können.[950] Nach dem interessenpluralistischen Ansatz ist ein Unternehmen umso erfolgreicher, je mehr es die Interessen seiner Stakeholder befriedigt.

Wie diese Ausführungen zeigen, ist eine Erfolgsbeurteilung durch eine Vielzahl von Kriterien möglich und wird durch den jeweiligen Anwendungsbezug und die kontextbezogene Sichtweise und Interessenlage des Beobachters bestimmt.[951] In der Praxis führt dies zu unterschiedlichen Auffassungen bzgl. des Erfolges von ein und demselben Sachverhalt. So werden beispielsweise Private-Equity-Beteiligungen an Unternehmen aus Sicht der Investoren, des Krisenunternehmens und der Öffentlichkeit teilweise ungleich wahrgenommen. Der vorliegenden Arbeit wird der interessenpluralistische Ansatz zugrunde gelegt und hierbei der Erfolg von Investitionen in Krisenunternehmen aus Perspektive der Private-Equity-Gesellschaften und aus Perspektive der Krisenunternehmen betrachtet.

---

947 Vgl. Näther (1993), S. 126 f.
948 Auch lässt der Zielansatz außer Acht, dass Unternehmen auch dann erfolgreich sein können, wenn sie keine zuvor gesetzten Ziele erreichen, vgl. Olderog/Wirtz (2003), S. 62.
949 Vgl. Näther (1993), S. 127 ff.
950 Vgl. Näther (1993), S. 138.
951 Vgl. Näther (1993), S. 155 ff.

6.1.1.2 Der Erfolgsfaktor

Unter einem Erfolgsfaktor können die Determinanten verstanden werden, die den Erfolg oder Misserfolg eines Vorhabens langfristig wirksam beeinflussen:[952] „Für die Erfolgs-Analyse wesentlich erweist sich [...], dass [...] Erfolg [...] auf vorgelagerten Ursache-Wirkungs-Ketten beruht und [...] versucht werden muss, derartige Ursachenfaktoren oder Erfolgsfaktoren zu analysieren."[953] Einen der zentralen Aspekte in der Erfolgsfaktorenforschung stellt somit die Kausalität dar, die auf einen unmittelbaren Ursache-Wirkungs-Zusammenhang von Einflussfaktoren und Erfolg abstellt.[954] Inwieweit sich jedoch bei Unternehmenskrisen Ursache-Wirkungs-Zusammenhänge vollständig aufzeigen lassen, erscheint aufgrund der hohen Komplexität mehr als fraglich.[955]

6.1.2 Ansätze der Erfolgsfaktorenforschung

Von dem *Begriff* des Erfolgsfaktors losgelöst ist die *Methodik* zur Bestimmung von Erfolgsfaktoren. Auch wenn den Ansätzen der Erfolgsfaktorenforschung eine starke Heterogenität bescheinigt wird,[956] findet sich häufig die folgende Unterteilung nach den Dimensionen der Untersuchungsmethodik:

- Ermittlungsmethodik (direkte vs. indirekte Forschung)
- Erhebungsmethodik (qualitatitive vs. quantitative Forschung)
- Erklärungsmethodik (explorative vs. konfirmative Forschung)

Durch vollständige Kombination wären theoretisch acht unterschiedliche Forschungsmodelle denkbar. Von praktischer Relevanz sind jedoch nur die in Abbildung 6.1 auf der nächsten Seite dargestellten vier Modelle:[957]

---

952 Vgl. Haenecke (2002), S. 166. Für eine Übersicht von Definitionsansätzen vgl. exemplarisch Herr (2007), S. 44.

953 Dietz (1989), S. 277.

954 Was unter Kausalität zu verstehen ist, wird in Philosophie und Wissenschaftstheorie kontrovers diskutiert. Für das Vorliegen einer Kausalität zwischen zwei Variablen x und y werden häufig die folgenden Bedingungen gefordert: (i) eine gemeinsame Varianz zwischen x und y, (ii) das Auftreten von x geht dem Auftreten von y zeitlich voraus; (iii) weder x noch y werden durch eine Dritt- bzw. Störvariable beeinflusst; (iv) bei der Messung von x und y liegen keine systematischen Messfehler vor, vgl. Herr (2007), S. 60 f.

955 Vgl. Kapitel 2.3.1.

956 Vgl. Haenecke (2002), S. 167.

957 Vgl. Herr (2007), S. 62, und dort genannte Quellen; Haenecke (2002), S. 168.

6 Determinanten des Erfolgs von Investitionen in Krisenunternehmen

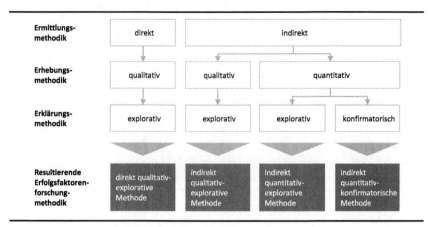

Abb. 6.1: Methodische Ansätze der Erfolgsfaktorenforschung
Quelle: Eigene Erhebung in Anlehnung an Herr (2007), S. 63

Die vorliegende Arbeit lässt sich nicht vollständig einem der Ansätze zuordnen. Wie bereits aus der Zielsetzung der vorliegenden Arbeit[958] und der methodischen Anlage der in ihr durchgeführten empirischen Untersuchung von Unternehmensrestrukturierungen hervorgeht,[959] kombiniert sie mehrere methodische Ansätze. Es wird ein praxisorientierter Forschungsansatz verfolgt, der sowohl qualitative Elemente (Interviews und Gespräche mit Vertretern der Praxis) als auch quantitative Elemente (schriftliche Befragung) aufweist. Bei der Erklärungsmethodik liegt der Schwerpunkt auf dem explorativen Ansatz, wobei zunächst ein Verständnis über den Erfolg von Investitionen in Krisenunternehmen gewonnen werden soll.[960] Vor diesem Hintergrund sind die nachfolgend als Erfolgsfaktoren bezeichneten Einflussfaktoren als Hypothesen zu verstehen, die auf Basis der durchgeführten Interviews, der schriftlichen Befragung sowie der Gespräche einerseits und der Literaturanalyse andererseits generiert wurden.

In diesem Sinne folgt die vorliegende Arbeit dem bereits erläuterten Forschungsprozess nach ULRICH:[961] Probleme der Praxis werden aufgegriffen (in der vorliegenden Arbeit im Rahmen der Experten-Interviews), dann anhand wissenschaftlicher Methoden und Erkenntnisse bearbeitet (schriftliche Befragung und anschließende Auswertung) und zum Schluss der Praxis in Form von ausgearbeiteten Lösungen zurückgespielt. Die nachfolgen-

---

958 Vgl. Kapitel 1.2.
959 Vgl. Kapitel 5.1.
960 Konfirmatorische Aspekte finden nur insofern Anwendung, als Vergleiche mit verwandten Untersuchungen, die jedoch einen anderen Schwerpunkt legen, angestellt und bisherige Ergebnisse hinterfragt und überprüft werden.
961 Vgl. hierzu Kapitel 1.2.

den Ausführungen können somit sicherlich keine Patentrezepte liefern, wohl aber Anregungen und Hinweise für die Bewältigung von Unternehmenskrisen und leisten damit einen anwendungsorientierten Beitrag zu der von ULRICH geforderten Beratung der Praxis.

6.2 Kriterien und Ausprägungen des Erfolgs

Zur Bestimmung des Erfolgs von Private-Equity-Investitionen wurden in Wissenschaft und Praxis zahlreiche Ansätze entwickelt und angewandt.[962] Eine umfassende Systematisierung stammt von SCHEFCZYK, wonach Erfolgsmaße in die folgenden sieben, allerdings nicht ganz überschneidungsfreien, Gruppen unterteilt werden:[963]

- Jahresabschlusskennzahlen (z. B. Umsatz, Gewinn, Kosten)
- Markterfolgsmaße (z. B. Marktanteil)
- Wachstumsmaße (z. B. Umsatz-, Gewinn-, Mitarbeiterwachstum)
- Hyridmaße / Multiples (z. B. Market-to-Book-Value)[964]
- Subjektive Erfolgskriterien (z. B. relative Unternehmensentwicklung im Vergleich zum Plan oder im Vergleich zu Wettbewerbern)[965]
- Beteiligungsrentabilitätsmaße (z. B. interne Kapitalverzinsung)
- Insolvenzvermeidung

Bei der Erfolgsbestimmung von Krisenbewältigungen bietet sich ein Rückgriff auf die Definition von Unternehmenskrisen an. Eine Krisenbewältigung ist dann erfolgreich abgeschlossen, wenn die Umstände, nach denen eine Unternehmenskrise vorliegt, nicht mehr gegeben sind. Nach der Definition von Unternehmenskrisen darf demnach die Existenz des Unternehmens nicht mehr gefährdet sein und dominante Ziele müssen (wieder) erreicht werden.[966] Dazu zählen insbesondere:

- Bereitstellung ausreichender Liquidität und eines die Verbindlichkeiten übersteigenden Vermögens (zur Vermeidung von Liquiditätskrisen und des Insolvenztatbestands)

---

962 Vgl. bspw. Bader (1996), S. 310 ff.; Kitzmann (2005), S. 69; Wegner (2007), S. 51 ff., sowie die Übersicht bei Söderblom (2006), S. 50 ff.

963 Vgl. Schefczyk (2004), S. 195 ff.; Schefczyk (2006), S. 139, u. S. 150 ff. Für eine Diskussion der Vor- und Nachteile der Erfolgsmaße vgl. Reißig-Thust (2003), S. 171 ff.

964 Vgl. Kapitel 4.3.2.5.

965 Bei MEIER wird auf die empirisch nachgewiesenen hohen statistischen Korrelationen zwischen subjektiven und objektiven Erfolgskriterien verwiesen, vgl. Meier (2006), S. 79 f., und dort aufgeführte Quellen.

966 Vgl. zur Definition von Unternehmenskrisen Kapitel 2.1.

- Erreichung von Erfolgszielen wie z. B. Umsatz-, Gewinn- und Rentabilitätsziele (zur Vermeidung von Erfolgskrisen)
- Vorhandensein von Erfolgspotentialen (zur Vermeidung strategischer Krisen)

6.2.1 Perspektive der Private-Equity-Gesellschaften

Die Erfolgsbestimmung im Sinne von Private-Equity-Gesellschaften erfolgt aus der Investorenperspektive. Wie bereits erläutert,[967] stellen die wichtigsten Investitionskriterien die erzielbare Rendite und das damit verbundene Risiko dar, die beide zusammen als Performance bezeichnet werden. Die Bestimmung beider Größen gestaltet sich jedoch bei Private-Equity-Investitionen recht komplex. Die aus der Kapitalmarkttheorie und insbesondere aus der Neoklassik bekannten Zusammenhänge von Risiko und Rendite im Rahmen von Portfolioinvestitionen und einer risikoadjustierten Renditemessung wurden in der Wissenschaft bereits umfangreich diskutiert.[968] Eine direkte Übertragung dieser Konzepte auf das Kapitalmarktsegment Private Equity scheint jedoch kaum möglich, da die neoklassischen Modellprämissen zur Marktvollkommenheit durch die ausgeprägte Illiquidität und Intransparenz bei Private Equity in der Realität kaum gegeben sind.[969]

6.2.1.1 Internal Rate of Return (IRR) als Erfolgsmaß

Für die vorliegende Untersuchung schien die interne Kapitalverzinsung, auch als interner Zinsfuß bzw. Internal Rate of Return (IRR) bezeichnet,[970] ein geeignetes Renditemaß zur Bestimmung des Erfolgs von Investitionen in Krisenunternehmen aus Investorensicht zu sein.[971] Erstens handelt es sich bei dieser Methode um ein ausreichend theoretisch fundiertes Maß zur Bestimmung der Rentabilität von Investitionen.[972] Zweitens hat sich die Internal Rate of Return seit Ende der 80er Jahre in den USA und seit Anfang der 90er

---

967 Vgl. hierzu Kapitel 3.1.2.

968 Vgl. Kapitel 3.1.2.2.

969 Vgl. Groh (2004), S. 240 f. Zu den Charakteristika des Private-Equity-Marktes vgl. die Ausführungen in Kapitel 3.2.

970 Nachfolgend wird in Anlehnung an die wissenschaftliche Praxis der englische Ausdruck verwendet.

971 Die interne Kapitalverzinsung ist definiert als der Zinssatz, bei dem der Kapitalwert einer Investition gleich null ist. Für eine einführende Darstellung vgl. bspw. Brealey/Myers (2000), S. 98 ff. Als weitere diesbezüglich weit verbreitete Erfolgskennzahlen seien der Vollständigkeit halber die sogenannten Return Multiples erwähnt, die das Verhältnis von kumulierten Ein- und Auszahlungen wiedergeben, vgl. hierzu Kapitel 4.3.2.5.

972 Vgl. für eine ausführliche Darstellung der Methodik des internen Zinsfußes bspw. Busse von Colbe/ Laßmann/Hammann (1990), S. 105 ff.

6.2 Kriterien und Ausprägungen des Erfolgs

Jahre auch in Europa und Deutschland als Standard bei der Erfolgsmessung von Private-Equity-Beteiligungen etabliert.[973] Jedoch ist die IRR aus methodischer Sicht nicht unproblematisch. Nach BREALEY / MYERS existieren vier entscheidende „Pitfalls": Die ersten beiden betreffen Zahlungsreihen, die nicht der Norm (zunächst Auszahlungen, dann nur Einzahlungen) entsprechen. Beginnt eine Zahlungsreihe mit einer Einzahlung und endet mit einer Auszahlung, führt die Erhöhung des Diskontierungsfaktors zu einer Erhöhung des Kapitalwertes. Des Weiteren können bei mehrfachem Vorzeichenwechsel des Zahlungsstroms mehrfache IRR auftreten. Drittens können Vorteilhaftigkeiten nach der IRR im Konflikt zur Vorteilhaftigkeit des Kapitalwertes stehen. Als viertes Problem unterstellt die IRR eine flache Zinsstrukturkurve mit gleichem Zinssatz für kurz- und langfristige Anlagen, die jedoch nicht immer gegeben ist.[974] Als besonders kritisch erweist sich die bei der IRR implizit unterstellte Wiederanlageprämisse, die davon ausgeht, dass desinvestierte Beträge, z. B. durch Verkauf einer Beteiligung, zu demselben Zinssatz wiederangelegt werden. Fehlen alternative Anlagemöglichkeiten, kann es vorteilhafter sein, eine Beteiligung mit einer geringen IRR über einen längeren Zeitraum als eine hohe IRR über einen kurzen Zeitraum (solange die geringere IRR noch über den Opportunitätskosten liegt) zu akzeptieren.[975]

Die Anwendung der IRR in der Praxis orientiert sich häufig an den Empfehlungen (Guidelines, Standards) nationaler und internationaler Verbände von Private-Equity- und Venture-Capital-Gesellschaften.[976] Sie beinhalten sowohl Definitionen zur Berechnungsmethodik als auch Empfehlungen zur inhaltlichen und optischen Aufbereitung von Ergebnisberichten. Ziel dieser Standards ist die Etablierung eines einheitlichen Verfahrens, das Kapitalgebern die Investitionskontrolle erleichtert und den Vergleich von Renditen ermöglicht. Bezüglich der Berechnug der IRR werden üblicherweise drei Ebenen unterschieden:[977]

- *Bruttorendite auf realisierte Beteiligungen:* Auf der ersten Ebene werden ausschließlich jene Investitionen in Unternehmen betrachtet, von denen sich die Private-Equity-Gesellschaft entweder wieder vollständig getrennt hat oder die abgeschrieben wurden. Auf dieser Ebene werden nur Cash Flows zwischen der Private-Equity-Gesellschaft und dem Portfolio-Unternehmen bzw. seinen Verkäufern betrachtet. Der größte Teil der Cash Flows kommt in der Regel zu Beginn und am Ende einer Beteiligung durch den Erwerb und die Veräußerung der Beteiligung zustande. Cash

---

973 Vgl. Schefczyk (2006), S. 139 f., und dort aufgeführte Quellen.
974 Für eine anschauliche Erklärung vgl. Brealey/Myers (2000), S. 98 ff.; Busse von Colbe/Laßmann/Hammann (1990), S. 105 ff.
975 Vgl. Busse von Colbe/Laßmann/Hammann (1990), S. 115 ff.
976 Vgl. bspw. EVCA (2006b).
977 Vgl. Jesch (2004), S. 171 f.; Schefczyk (2004), S. 195 ff.; Kraft (2001), S. 290 ff.; Povaly (2006), S. 57.

Flows im Laufe der Beteiligung können durch Kapitalerhöhungen sowie laufende Dividenden-, Zinszahlungen und Sonderausschüttungen erfolgen.[978]

- *Bruttorendite auf realisierte und bestehende Beteiligungen:* Auf der zweiten Ebene werden alle Investitionen in Unternehmen berücksichtigt. Neben den Cash Flows, die aus den realisierten und bestehenden Beteiligungen resultieren, ist auch der Wert noch bestehender Beteiligungen mit einzubeziehen. Da die Bewertung von Private-Equity-Beteiligungen nicht nur komplex ist, sondern auch einen großen Interpretationsspielraum zulässt, wurden auch hier von verschiedenen Verbänden Richtlinien erlassen, die ein Mindestmaß an Objektivität sicherstellen sollen.[979]

- *Nettorendite für den Fondsinvestor:* Die dritte Ebene der IRR betrachtet ausschließlich die Cash Flows zwischen einem Private-Equity-Fonds und seinen Investoren. Es handelt sich dabei um die Cash Flows der zweiten Ebene, die um die Vergütung der Private-Equity-Gesellschaft und die Fondsverwaltung reduziert wurden. Dazu gehören vor allem die Erfolgsbeteiligung der Private-Equity-Gesellschaft am Veräußerungsgewinn („Carried Interest") und die laufende Verwaltungsgebühr („Management Fee") sowie alle sonstigen Kosten, Steuern und Gebühren, die mit der Fondsverwaltung verbunden sind.[980]

6.2.1.2 Darstellung und Vergleich der Ergebnisse der empirischen Untersuchung

Im Rahmen der vorliegenden empirischen Untersuchung wurde die IRR in der Weise erhoben, dass die Private-Equity-Gesellschaften gebeten wurden, die IRR der betrachteten Investition anzugeben.[981] Von den 29 untersuchten Private-Equity-Gesellschaften haben 22 die erfragte Angabe machen können bzw. wollen. Die Verteilung der ermittelten IRR je Unternehmen ist in Abbildung 6.2 auf der nächsten Seite dargestellt.

---

978 Vgl. EVCA (2006b), S. 28 f.

979 Vom EVCA wurden hierfür Mindeststandards für die Bewertung veröffentlicht, um Verzerrungen zu vermeiden und eine Vergleichbarkeit zu gewährleisten. Hiernach sind bestehende Beteiligungen mit den Anschaffungskosten zu bewerten. Korrekturen an diesem Wert sind in positiver Hinsicht möglich bzw. in negativer Hinsicht verpflichtend, wenn (i) eine Nachfinanzierung Dritter erfolgte, aus der sich neue objektive Anhaltspunkte für den Wert der Beteiligung ergeben, (ii) der Anteil der Private-Equity-Gesellschaft am Buchwert des Unternehmens die Anschaffungskosten deutlich übersteigt oder (iii) die Unternehmensergebnisse nachhaltig vom Plan abweichen. Im Falle von Abwertungen sollten diese in vereinfachten Stufen (-25 %, -50 % oder -100 %) erfolgen, vgl. EVCA (2006a), S. 9 ff.

980 Vgl. EVCA (2006b), S. 29.

981 Des Weiteren wurden die Gesellschaften nach dem investiertem Betrag, dem Veräußerungserlös und der Haltedauer gefragt, woraus sich ebenfalls näherungsweise die IRR bestimmen lässt und somit die nach der ersten Methode gewonnenen Ergebnisse plausibilisiert werden können. Jedoch hielten sich die befragten Gesellschaften bei der (optionalen) Angabe von absoluten Beträgen zurück, mit 24,1 % hat noch nicht einmal jeder vierte Teilnehmer der Studie diesbezüglich Angaben getätigt.

6.2 Kriterien und Ausprägungen des Erfolgs

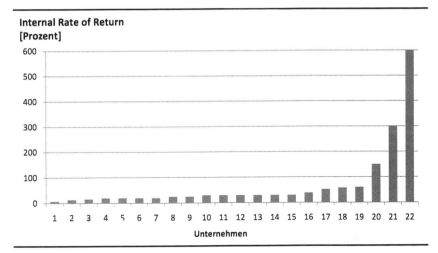

Abb. 6.2: Verteilung der erzielten Renditen (IRR)
Quelle: Eigene Erhebung, vgl. Fragebogen, S. 265, Frage 24

Auf Basis der in dieser Studie vorliegenden Informationen lassen sich folgende Erkenntnisse gewinnen:

- *Überdurchschnittlich hohe Renditen:* Die durchschnittliche IRR lag in der vorliegenden Studie bei 70 % p. a. und damit sowohl deutlich über den Renditen „klassischer" Anlagen als auch deutlich über den bei Private-Equity-Fonds üblichen Renditen, die i. d. R. zwischen 10 und 20 % p. a. liegen.[982]

- *Keine negativen Renditen bzw. Totalverluste:* Die niedrigste IRR lag bei 7 %. Die Private-Equity-Gesellschaften waren somit in der Lage, mit ihrer Investition in das Krisenunternehmen zumindest eine über dem risikolosen Zinssatz liegende Rendite zu erzielen und Totalverluste zu vermeiden.[983]

- *Hohe Varianz der Renditen:* Die Spannweite der ermittelten Renditen betrug rund 600 %, die Standardabweichung lag bei 130 %.[984]

---

[982] Literaturhinweise zu empirischen Untersuchungen, die auf die genannten Renditen hinweisen, finden sich bei Tausend (2006), S. 1 f.

[983] Auf einen sogenannten Survivor-Ship-Bias, der auf Fondsebene auftritt, und dadurch, dass nur erfolgreiche Gesellschaften Angaben machen, die Renditen nach oben treibt, kann in der vorliegenden Untersuchung nicht geschlossen werden, da einzelne Investitionen und keine Fondsrenditen untersucht werden. Eine weitere Erklärung wäre, dass zum einen nur Gesellschaften mit positiven Erfahrungen an der Umfrage teilnahmen und zum anderen nur Angaben gemacht wurden, wenn positive Werte vorlagen.

[984] Die Ergebnisse werden durch einen Ausreißer bei den Renditen, der bei 600 % liegt, maßgeblich

6 Determinanten des Erfolgs von Investitionen in Krisenunternehmen

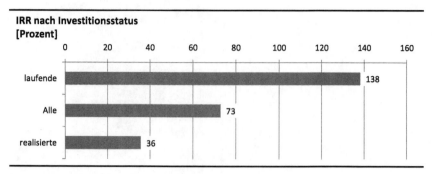

Abb. 6.3: Durchschnittliche Renditen (IRR) nach Investitionsstatus
Quelle: Eigene Erhebung, vgl. Fragebogen, S. 262, Frage 1 und S. 265, Frage 24

Erhebliche Auswertungsunterschiede ergeben sich bei der Differenzierung nach dem Investitionsstatus. Wie Abbildung 6.3 zeigt, verdeutlicht die Unterteilung der Ergebnisse nach Investitionsstatus, dass die Renditen laufender Investitionen mit 138 % mehr als drei mal so hoch sind wie die der realisierten Investitionen mit 36 %. Da die Teilnehmer gebeten wurden, die letzte abgeschlossene Transaktion zu bewerten und nur für den Fall, dass diese bisher noch nicht existiert, die laufende und als nächste abzuschließende zu bewerten, sollte es sich bei sämtlichen laufenden Investitionen folglich um Erstinvestitionen handeln. Somit kann zumindest methodisch ein Lernkurveneffekt als Erklärung für die hohen Renditen ausgeschlossen werden. Warum allerdings Erstinvestitionen höher als Folgeinvestitionen ausfallen sollen, kann hier nicht abschließend geklärt werden. Zwei mögliche Erklärungsansätze wären: Erstens kann eine überoptimistische Einschätzung seitens der Teilnehmer vorliegen, die sich im weiteren Verlauf der Beteiligung und spätestens beim Exit als zu hoch gegriffen erweisen wird. Zweitens kann eine verbesserte Marktlage bestehen. Wie zahlreiche Studien zeigen, hat das Auflegungsdatum eines Private-Equity-Fonds und damit (seiner Investments) einen erheblichen Einfluss auf die Rendite.[985]

Als vergleichbare Studie, in der Renditen von Private-Equity-Investitionen in Krisenunternehmen ermittelt wurden, ist dem Autor nur die Untersuchung von KRAFT bekannt.[986] Eine Gegenüberstellung der Ergebnisse der vorliegenden Studie mit denen der Untersuchung von KRAFT wird in Tabelle 6.1 auf der nächsten Seite vorgenommen.

Hierbei zeigt sich, dass die US-amerikanischen Renditen, gemessen am Mittelwert, zwar unter den in Deutschland erwirtschafteten Renditen liegen, jedoch gemessen am Median

---

beeinflusst. Ohne diesen Wert läge die durchschnittliche Rendite bei 47,5 %, die Standardabweichung bei 65 %.

985   Vgl. Bader (1996), S. 176 f.

986   KUCHER hat in seiner Studie aufgrund geringer Angaben zu den erzielten Renditen auf die Angabe von IRR verzichtet, vgl. Kucher (2006), S. 232.

6.2 Kriterien und Ausprägungen des Erfolgs

	Nordamerikanischer Markt (Kraft (2001))	Deutscher Markt (eigene Erhebung)
Mittelwert	59,5 %	72,9 %
Median	50,0 %	30,0 %
Standardabweichung	45,8 %	133,7 %
Minimum	k. A.	7 %
Maximum	k. A.	600 %
Anzahl	32	22

Tab. 6.1: Bruttorenditen nordamerikanischer und deutscher Investitionen in Krisenunternehmen im Vergleich
Quelle: Eigene Erhebung; Kraft (2001), S. 314

deutlich über den deutschen Renditen liegen und auch eine erheblich geringere Streuung aufweisen. Dies verdeutlicht ein Vergleich der Verteilung der Renditen nach einzelnen Größenklassen, wie in der Abbildung 6.4 gezeigt.[987]

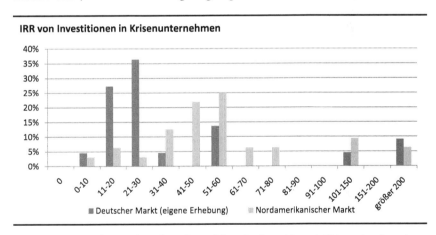

Abb. 6.4: Bruttorenditen nordamerikanischer und deutscher Investitionen in Krisenunternehmen im Vergleich
Quelle: Eigene Erhebung; Kraft (2001), S. 314

Dieser Vergleich ist jedoch nur als indikativ zu betrachten – zu unterschiedlich sind die Einflüsse, die auf Renditen wirken. Deshalb sind auch Vergleiche mit „normalen" Private-Equity-Investitionen methodisch nicht einfach. Beide Studien deuten jedoch daraufhin, dass zumindest auf Einzelinvestmentebene die Renditen über denen „klassischer" Private Equity Investitionen liegen.[988]

---

[987] Dabei ist zu beachten, dass KRAFT zum einen nur die Renditen realisierter Investitionen betrachtet und zum anderen die Messung auf Fondsebene vornimmt.

[988] So kommt auch KRAFT in seiner Untersuchung zu dem Ergebnis, dass die Bruttorenditen deut-

6.2.2 Perspektive der Krisenunternehmen

Aus Sicht der Krisenunternehmen werden als Erfolgsmaß der Krisenbewältigung Umsatz, Cash-Flow- und EBITDA-Renditen sowie der Verschuldungsgrad als die Kennzahlen betrachtet,[989] anhand derer durch einen Vergleich ihrer Ausprägungen jeweils zu Beginn und am Ende des Beteiligungsverhältnisses der Erfolg bestimmt wird.[990]

6.2.2.1 Unternehmenskennzahlen

Die Veränderung der genannten Kennzahlen zwischen Beginn und Ende des Beteiligungsverhältnisses ist in Abbildung 6.5 auf der nächsten Seite dargestellt.[991]

Dabei zeigt sich, dass die Änderungen für das Krisenunternehmen im Durchschnitt positiver Natur waren:

- Der durchschnittliche *Umsatz* konnte von etwa 207 Mio. EUR um 27 % auf etwa 263 Mio. EUR gesteigert werden. Diese Umsatzsteigerung gilt nicht nur für einzelne (große) Unternehmen, sondern bezieht sich auf über vier von fünf Krisenunternehmen: 81,8 % der Krisenunternehmen wiesen nach der Veräußerung einen höheren Umsatz auf, bei 13,6 % hat sich der Umsatz nicht verändert und nur bei 4,5 % der Unternehmen ist der Umsatz gesunken.

- Die durchschnittliche *EBITDA-Marge*[992] konnte mehr als verdoppelt werden: Betrug sie zum Zeitpunkt der Investition nur 6,3 %, lag sie bei der Veräußerung bei 13,4 %. Auch hier betraf die Steigerung den überwiegenden Teil der Unternehmen: 71,4 % der Unternehmen erwirtschafteten zum Ende der Investition eine höhere EBITDA-Marge als zu Beginn, bei 4,8 % blieb sie gleich, jedoch sank sie auch in 23,8 % der Fälle. Aber auch in diesen Fällen blieb sie im positiven Bereich. Diejenigen der hier betrachteten Krisenunternehmen, die vor dem Erwerb durch die Private-Equity-

---

lich über den Durchschnittsrenditen anderer Private-Equity-Investitionen liegen, vgl. Kraft (2001), S. 323. Zur Performance europäischer Private-Equity-Fonds vgl. bspw. Matz (2002), S. 102.

989 Ähnlich Bergauer (2001), S. 13.

990 Auch wenn unterschiedliche Berechnungsmethoden für diese Kennzahlen existieren, wird davon ausgegangen, dass diese dem Leser hinreichend bekannt sind und im Gegensatz zum IRR auf eine Erläuterung verzichtet. Zur Literatur zu Kennzahlen vgl. bspw. einführend Weber/Schäffer (2006).

991 Dabei ist zu beachten, dass die Anzahl der vorliegenden Informationen im Einzelfall stark variiert. So wurden beispielsweise zwar in 22 Fällen Angaben zum Umsatz, aber nur in 9 Fällen Angaben zum Verschuldungsgrad gemacht. Es wurden hier jedoch nur die Fälle berücksichtigt, in denen Angaben sowohl zum Investitions- als auch zum Desinvestitionszeitpunkt vorlagen.

992 EBITDA-Marge = EBITDA ÷ Umsatz

6.2 Kriterien und Ausprägungen des Erfolgs

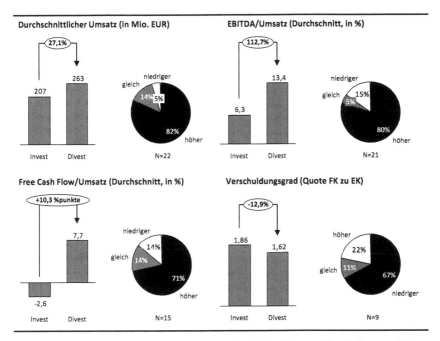

Abb. 6.5: Entwicklung von Umsatz, EBITDA-Marge, Cash-Flow-Marge und Verschuldungsgrad der Krisenunternehmen zum Investions- und Desinvestitionszeitpunkt
Quelle: Eigene Erhebung, vgl. Fragebogen, S. 2, Frage 7 u. S. 4, Frage 20

Gesellschaft negative EBITDA-Margen oder EBITDA-Margen von null aufwiesen, konnten ihre durchschnittliche Marge von -15,2 % auf +11,2 % steigern.[993]

- Die durchschnittliche *Cash-Flow-Marge*[994] lag zu Beginn der Beteiligung mit -2,6 % im negativen Bereich und konnte im Zuge der Restrukturierung auf +7,7 % gesteigert werden. Bei 73,3 % der Krisenunternehmen wurde die Cash-Flow-Marge gesteigert, bei 6,7 % konnte sie gehalten werden, nur bei 20 % der Unternehmen ist sie gesunken.

- Der *Verschuldungsgrad*[995] konnte im Durchschnitt von 1,86 um 12,9 % auf 1,62 reduziert werden. In 66,7 % der Fälle war er zum Ende des Beteiligungsverhältnisses kleiner, in 22,2 % der Fälle größer, in den restlichen 11,1 % der Fälle blieb er unverändert.[996]

---

993 Dies betraf 28,6 % der hier betrachteten Krisenunternehmen.
994 Cash Flow-Marge = Cash Flow ÷ Umsatz
995 Verschuldungsgrad = Fremdkapital ÷ Eigenkapital
996 Allerdings war die Anzahl der von den Private-Equity-Gesellschaften diesbezüglich gemachten Angaben mit N=9 verhältnismäßig gering.

6.2.2.2 Marktposition

Über die soeben dargestellten objektiven Angaben hinaus wurden die Private-Equity-Gesellschaften zur Einschätzung der Marktposition der Krisenunternehmen befragt. So sollten Aussagen zur relativen Positionierung der Krisenunternehmen im Vergleich zum Wettbewerb gewonnen werden. Wie bei den Kennzahlen sollte auch hier die Einschätzung zu Beginn[997] und zum Ende[998] des Beteiligungsverhältnisses abgegeben werden. Die diesbezüglichen Ergebnisse werden in Abbildung 6.6 in Form einer Übergangsmatrix dargestellt. Neben den am Rand zu entnehmenden Verteilungen der Marktpositionen sind auch die Bewegungen zu erkennen, welche die Unternehmen hinsichtlich ihrer Marktpositionen vollzogen haben.

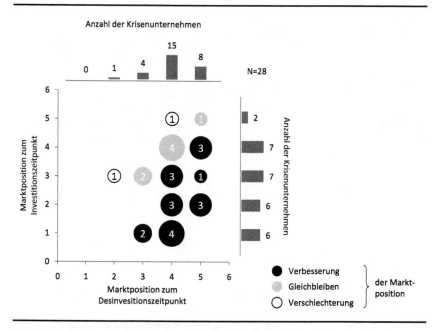

Abb. 6.6: Veränderung der Marktposition der Krisenunternehmen
Quelle: Eigene Erhebung, vgl. Fragebogen, S. 263, Frage 8 u. S. 265, Frage 21

Beispielsweise befanden sich zum Investitionszeitpunkt sechs Unternehmen in einer sehr schlechten relativen Marktposition (Kategorie 1 = wesentlich schlechter als Wettbewerber), zum Desinvestitionszeitpunkt hingegen keines. Zwei der sechs Unternehmen nahmen zum Desinvestitionszeitpunkt eine mittlere Position (Kategorie 3 = weder besser noch

---

997 Vgl. Fragebogen, S. 263, Frage 8.
998 Vgl. Fragebogen, S. 265, Frage 21.

schlechter als Wettbewerber) ein, vier wiesen sogar eine überdurchschnittliche Marktposition (Kategorie 4 = besser als Wettbewerber) auf.

In der Summe hatte der Großteil der Krisenunternehmen (67,9 %) seine Marktposition verbessern können. Jedes vierte Krisenunternehmen (25 %) konnte seine Marktposition halten, nur in zwei Fällen (7,1 %) hat sich die Marktposition verschlechtert.

6.2.3 Zusammenfassende Betrachtung

In diesem Abschnitt sollen die wesentlichen Erkenntnisse der Erfolgsmessung zusammengefasst werden, die durch Auswertung und Analyse der erhobenen Daten gewonnen wurden:

- Der Erfolg von Investitionen in Krisenunternehmen stellt sich, gemessen an der IRR, aus der *Investorenperspektive* wie folgt dar:

  - Überdurchschnittlich hohe Renditen: Im Durchschnitt konnten die Private-Equity-Gesellschaften mit den betrachteten Investitionen eine IRR von 72,9 % erzielen.
  - Keine Totalverluste: Die niedrigste IRR lag bei 7 %.
  - Hohe Varianz der Renditen: Die Spannweite der ermittelten Renditen betrug rund 600 %, die Standardabweichung lag bei 130 %.

- Aus *Krisenunternehmensperspektive* wurden Unternehmenskennzahlen ermittelt, die sich im Durchschnitt positiv entwickelt haben:

  - Umsatzwachstum: +27 %
  - EBITDA-Marge: +114 %
  - Cash-Flow-Marge: von -2,6 % auf +7,7 %
  - Verschuldungsgrad: -12,9 %

- Die Marktposition der Krisenunternehmen konnte im Vergleich zum Wettbewerb deutlich, nämlich in mehr als zwei von drei Fällen verbessert werden.

Somit deutet die Erfolgsbeurteilung auf Basis der vorliegenden Informationen darauf hin, dass Investitionen in Krisenunternehmen sowohl aus Investorensicht als auch für das betreffende Krisenunternehmen von Vorteil sind.

6.3 Erfolgsfaktoren bei Investitionen in Krisenunternehmen

Nachdem in den vorherigen Kapiteln die Methoden zur Erfolgsbestimmung erläutert und die Ausprägungen von Erfolgsmaßen dargelegt wurden, werden in diesem Kapitel die Faktoren des Erfolgs zu beleuchten sein. Diese Faktoren lassen sich, wie Abbildung 6.7 veranschaulicht, der Restrukturierung, der Transaktion oder dem Unternehmensumfeld zuordnen und werden nachfolgend entsprechend dieser Kategorisierung behandelt.

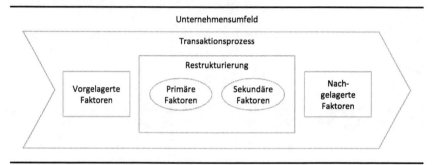

Abb. 6.7: Einflussfaktoren auf den Erfolg von Investitionen in Krisenunternehmen
Quelle: Eigene Darstellung

Dabei ist von einer additiven Verknüpfung dieser Faktoren auszugehen: Der Gesamterfolg von Investitionen in Krisenunternehmen ergibt sich aus der Summe der positiven oder negativen Ausprägungen der einzelnen Faktoren.

6.3.1 Restrukturierungsbezogene Faktoren

Im Mittelpunkt der vorliegenden empirischen Untersuchung standen die restrukturierungsbezogenen Faktoren. Hierunter werden alle Faktoren subsumiert, die seitens des Krisenunternehmens bzw. seiner Eigentümer ergriffen werden und die den Erfolg einer Restrukturierung beeinflussen. Bei den restrukturierungsbezogenen Faktoren spielen die bereits in Kapitel 5 behandelten primären und sekundären Restrukturierungshebel eine wesentliche Rolle. Aufgrund der Multikausalität von Krisenursachen und der Komplexität von Wirkungszusammenhängen beim Verlauf und bei der Bewältigung von Unternehmenskrisen[999] sind Einsatz und Intensität einzelner Maßnahmen auf die jeweiligen Besonder-

---

999 Vgl. Kapitel 2.3.1.

6.3 Erfolgsfaktoren bei Investitionen in Krisenunternehmen 197

heiten des Einzelfalles abzustimmen.[1000] Aus diesem Grunde erscheint es nicht sinnvoll, nur auf der Ebene einzelner Maßnahmen bzw. einzelner Fälle Erfolgsfaktoren bestimmen zu wollen. Jedoch sind auf einem höheren Aggregationsniveau generelle Grundmuster und Tendenzen erkennbar. Auf dieser Basis werden im nächsten Abschnitt Hypothesen entwickelt, wie sich Unternehmenskrisen zukünftig zielgerichteter bewältigen und vermeiden lassen.[1001]

6.3.2 Transaktionsbezogene Faktoren

Neben den soeben behandelten restrukturierungsbezogenen Faktoren, die den Erfolg der Restrukturierung aus Sicht des Krisenunternehmens beschreiben, existiert mit den transaktionsbezogenen Faktoren eine Reihe weiterer Einflussgrößen, die die Investitionen in Krisenunternehmen aus Sicht der Private-Equity-Gesellschaft maßgeblich beeinflussen und die der eigentlichen Restrukturierung vor- oder nachgelagert sind.[1002] Diese Faktoren sind – wenn überhaupt – nur von den Private-Equity-Gesellschaften beeinflussbar, die Krisenunternehmen selbst haben auf die transaktionsbezogenen Faktoren keinen oder nur einen sehr geringen Einfluss.

6.3.2.1 Vorgelagerte Faktoren

Zu den vorgelagerten Faktoren werden alle Faktoren gezählt, die aus Sicht der Private-Equity-Gesellschaft von hoher Bedeutung für den Investitionserfolg sind und im Investitionsprozess zeitlich vor der Beteiligung am Krisenunternehmen einzuordnen sind.[1003] Hierzu zählen im Einzelnen:

- der Deal Flow
- der Selektionsprozess
- die Vertragsverhandlung

1000 Hierbei kommt einem ganzheitlichen Restrukturierungskonzept, das die geplante Intensität und beabsichtigte Wirkung einzelner Maßnahmen konsolidiert, eine besondere Rolle zu. Zum Restrukturierungskonzept vgl. Kapitel 4.3.2.4.
1001 Vgl. Kapitel 6.4.
1002 Vgl. hierzu v. a. die Ausführungen in den Arbeiten von Kraft (2001) und Kucher (2006), die beide ihren Schwerpunkt auf den Investitionsprozess legen.
1003 Vgl. hierzu auch die Darstellung des Investitionsprozesses in Krisenunternehmen in Kapitel 4.3.

Beim Deal Flow ist es entscheidend, Kenntnis von einer möglichst großen Anzahl von Krisenunternehmen zu erlangen, die als potentielle Investitionsobjekte von Interesse sind.[1004] Dies ist insbesondere vor dem Hintergrund von Bedeutung, dass Unternehmenskrisen in der Regel nicht öffentlichkeitswirksam kommuniziert werden und die Kenntniserlangung über allgemein zugänglich Informationsquellen nicht oder nur eingeschränkt möglich ist. Daher spielt das persönliche Netzwerk eine bedeutende Rolle, das durch den Aufbau und die Pflege von Kontakten zu Wirtschaftsprüfungsgesellschaften, Unternehmensberatungen, Investmentbanken, Rechtsanwaltskanzleien, Insolvenzverwaltern, M&A-Beratern etc. erweitert und gefestigt werden kann. Wie bereits erwähnt, resultiert bei nordamerikanischen Turnaround-Investitionen der Deal Flow auch zu über 80 % aus Hinweisen Dritter, die die Beteiligungsmöglichkeit an die Private-Equity-Gesellschaft herantragen.[1005] Dabei spielt auch die Größe, Reputation und das Alter der Private-Equity-Gesellschaft eine Rolle. Während große und etablierte Private-Equity-Gesellschaften bei entsprechenden Anfragen automatisch berücksichtigt werden, müssen junge und kleine Gesellschaften in höherem Maße von sich aus die Initiative ergreifen, um zum einen kurzfristig von den Investitionsmöglichkeiten Kenntnis zu erlangen und zum anderen langfristig eine Reputation aufzubauen, um zukünftig bei Anfragen und Hinweisen mit berücksichtigt zu werden.[1006]

Im Selektionsprozess ist von Bedeutung, möglichst schnell die aktuelle Situation einzuschätzen sowie Restrukturierungs- und Wertsteigerungsansätze zu identifizieren und bei Bedarf eingehend zu prüfen. Hierfür ist eine genaue Kenntnis der Ursachen und des Ausmaßes der Krise von Bedeutung, die häufig Aufschluss darüber geben, inwieweit die vorliegende Krise fortgeschritten ist und damit seitens der Private-Equity-Gesellschaft beeinflusst werden kann. Dabei ist die Lebensfähigkeit des Kerngeschäfts des Krisenunternehmens von entscheidender Bedeutung, also die Frage, ob das Unternehmen im Kern gesund ist und ein ausbaufähiges Nutzenpotential aufweist, wie z. B. eine attraktive Kundenbasis, herausragende technische Fähigkeiten oder starke Marken.[1007]

Bei der Vertragsverhandlung gilt es, neben dem Aushandeln eines attraktiven Kaufpreises, die übernommenen Risiken durch eine vorteilhafte Gestaltung der finanziellen, steuerlichen und rechtlichen Struktur der Transaktion zu minimieren. Hinsichtlich der vertraglichen Gestaltungsmöglichkeiten werden Garantieerklärungen des Verkäufers (z. B. hinsichtlich der Richtigkeit von Bilanz und GuV), Kontroll- und Mitwirkungsrechte[1008] und

---

1004 Vgl. Kapitel 4.3.2.1.
1005 Vgl. Kapitel 4.3.2.1.
1006 Vgl. Kraft (2001), S. 120 f.
1007 Vgl. Böttger (2007), S. 286; für eine empirische Untermauerung dieser Angaben vgl. Kraft (2001), S. 149.
1008 Vgl. Kapitel 5.3.5, S. 5.3.5 ff.

Zusatzvereinbarung mit anderen Stakeholdern (z. B. hinsichtlich Lieferbeziehungen) als maßgeblich für den Akquisitionserfolg erachtet.[1009]

6.3.2.2 Nachgelagerte Faktoren

Zu den nachgelagerten Faktoren zählen alle Größen, die nach erfolgter Restrukturierung Einfluss auf den Investitionserfolg haben. Die erfolgreiche Restrukturierung eines Krisenunternehmens ist in der Regel eine notwendige, aber keine hinreichende Bedingung für einen erfolgreichen Exit. Wie bei anderen Private-Equity-Beteiligungen auch, kommt es darauf an, möglichst schnell einen möglichst hohen Verkaufspreis zu erzielen, sich vollständig vom Unternehmen und den damit verbundenen Verpflichtungen zu trennen. Analog zum Deal Flow zu Beginn des Transaktionsprozesses ist auch hier der Aufbau eines entsprechenden Netzwerkes von potentiellen Käufern von Vorteil.

Die mit einem Exit-Kanal verbundenen unterschiedlichen Verkaufserlöse sind jedoch nicht nur auf die Wahl des Kanals zurückzuführen, vielmehr bedingt die Gesamtsituation die Wahl des Channels. Die Wahl des Exit-Kanals ist somit nicht als Ursache, sondern als Folge der Gesamtsituation zu verstehen. Ein wichtiger Punkt ist es dabei, den Exit-Kanal bereits zu Beginn, also schon beim Einstieg den Ausstieg zu planen. Idealerweise hat der Investor bereits vor Tätigung des Investments eine oder mehrere Exit-Möglichkeiten geplant. So können dann auch während der Restrukturierung schon die Weichen im Hinblick auf die Bedürfnisse des nächsten Eigentümers gestellt werden.[1010]

6.3.3 Unternehmensumfeldbezogene Faktoren

Wie bereits oben gezeigt wurde, kann das Unternehmensumfeld bei der Entstehung von Krisen eine bedeutende Rolle spielen.[1011] Gleiches gilt für den Verlauf von Krisen und Restrukturierungen, die ebenfalls stark durch die Unternehmensumwelt beeinflusst werden können. Hier sind es vor allem die Güter- und Kapitalmärkte, die großen Einfluss auf den Restrukturierungs- und Investitionserfolg haben. Entsprechend werden *gütermarktbezogene* und *kapitalmarktbezogene* Faktoren unterschieden. Die marktbezogenen Faktoren beschreiben all jene Faktoren, die in der Unternehmensumwelt begründet liegen. Diese

---

1009 Die Verhandlungsphase bzw. Kaufpreisverhandlung bei der Akquisition von Krisenunternehmen wird auch durch empirische Untersuchungen gestützt. Nach KUCHER stellt die Verhandlungsphase einen höchst relevanten Erfolgsfaktor bei der Akquisition von Krisenunternehmen dar, vgl. Kucher (2006), S. 166.
1010 Vgl. vertiefend Paffenholz (2004), Povaly (2006), Prester (2002), Stein (2005).
1011 Vgl. Kapitel 2.3.4.1.

externen Faktoren können zwar erheblichen Einfluss auf den Erfolg von Investitionen in Krisenunternehmen ausüben, sind aber von den Krisenunternehmen und den Private-Equity-Gesellschaften nicht oder nur sehr bedingt beeinflussbar.

Die *gütermarktbezogenen Faktoren* beziehen sich auf das Marktumfeld, in dem das Krisenunternehmen operiert. Die Eigenschaften der Märkte (Marktwachstum, Wettbewerbsintensität, Kundenstruktur, Margenentwicklung etc.) haben großen Einfluss auf den Erfolg des Unternehmens, da der Umsatz und damit ein Großteil des Cash-in-Flows zu einem wesentlichen Teil durch die Nachfrage in den einzelnen Märkten getrieben wird. Sowohl die gesamtwirtschaftliche Konjunktur als auch branchenspezifische Entwicklungen üben erheblichen Einfluss auf die Unternehmensperformance aus. Der Branchenentwicklung und Konjunktur wird unterschiedliche Bedeutung beigemessen. In der empirischen Untersuchung von KUCHER wird diesen Faktoren bspw. nur eine mittlere Relevanz zugesprochen,[1012] in der empirischen Untersuchung von BUSCHMANN hingegen hat das Vorliegen einer Konjunktur- oder Branchenkrise vollkommen unterschiedliche Implikationen für den Erfolg von Krisenbewältigungen: Bei Vorliegen einer Konjunkturkrise schaffen 50 % der Krisenunternehmen den Turnaround, wohingegen diese Quote bei einer Branchenkrise auf 18 % sinkt.[1013] In der vorliegenden Arbeit wurde bei der Frage nach den Krisenursachen der Branchenentwicklung ebenfalls eine weitaus größere Bedeutung beigemessen als der Konjunkturentwicklung.[1014]

Zu den *kapitalmarktbezogenen Faktoren* zählen alle Faktoren, die unabhängig von der operativen Unternehmensleistung Auswirkung auf die Unternehmensbewertung haben. Zu den Hauptfaktoren gehören dabei die bereits erwähnten Multiples.[1015] Hier ist ein wesentlicher Einflussfaktor die Spanne zwischen den Bewertungsmultiplikatoren zum Investitionszeitpunkt und zum Zeitpunkt des Exits. So hat die Erhöhung der Multiples in den 90er Jahren einen Großteil zu den hohen Renditen von Private-Equity-Fonds beigetragen.[1016] Die Multiplikatoren sind nur in begrenztem Maße von den Private-Equity-Gesellschaften beeinflussbar. Hierzu zählen zum einen das mit einem Unternehmen verbundene Risiko und das Verhandlungsgeschick beim Exit. Das Risiko kann für den Käufer gesenkt werden, wenn die Informationsasymmetrie durch Transparenz abgebaut wird und dadurch der Käufer bereit ist, einen höheren Preis zu zahlen.

Ein weiterer wesentlicher kapitalmarktbezogener Faktor ist die Verfügbarkeit von Fremd-

---

1012 Vgl. Kucher (2006), S. 227.
1013 Vgl. Buschmann (2006), S. 240.
1014 Vgl. Tabelle 5.1.
1015 Vgl. Kapitel 4.3.2.5.
1016 Vgl. Kraft (2001), S. 284.

kapital zur Finanzierung von Transaktionen. Private-Equity-Investitionen werden häufig durch Kredite „gehebelt" (geleveraged). Dies ist insbesondere bei Investitionen in größere Unternehmen, die sich in einem früheren Krisenstadium befinden, der Fall. Hierbei sind die Verfügbarkeit von Krediten und die (Zins-)Konditionen ein entscheidender Faktor. Selbst kleine Zinsänderungen können erhebliche Wirkungen auf die erzielbaren Renditen ausüben. Je höher der Zinssatz, desto geringer die Rendite und damit die Attraktivität von Investitionen. Kleinere Investitionen in schwere Krisenfälle werden hingegen zu einem weitaus größeren Teil vollständig eigenkapitalfinanziert und sind somit weniger anfällig.

Wie aus Abbildung 6.8 ersichtlich, hat der Einfluss rein kapitalmarktgetriebener Private-Equity-Transaktionen in den letzten Jahren kontinuierlich abgenommen.

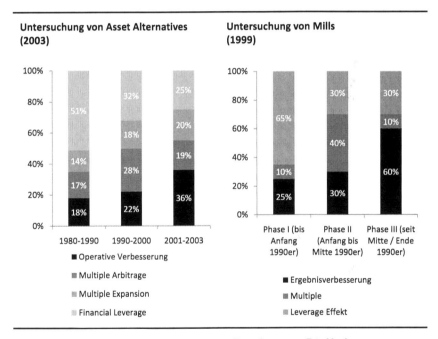

Abb. 6.8: Wertsteigerungsquellen von Private-Equity-Transaktionen im Zeitablauf
Quelle: Eigene Darstellung
Datenquellen: Arnaboldi (2007), S. 14; Mills (2006)

6.4 Handlungsempfehlungen für Stakeholder von Krisenunternehmen

Aus den bis dato gewonnenen Ergebnissen werden nachfolgend Handlungsempfehlungen für Private-Equity-Gesellschaften, Krisenunternehmen, Investoren und die Volkswirtschaft abgeleitet. Diese Ableitung erfolgt auf Basis aller bisherigen Erkenntnisse, wobei darauf hingewiesen sei, dass hierfür die empirische Untersuchung der vorliegenden Arbeit eine wesentliche, aber nicht die einzige Grundlage darstellt. Vielmehr fließen die Erkenntnisse aus der Literatur, den Gesprächen mit Vertretern der Praxis und die Erfahrung des Autors mit ein. Somit sind die folgenden Handlungsempfehlungen als praxisrelevante Thesen im Sinne von ULRICH zu verstehen,[1017] die einen positiven Einfluss auf die unternehmerische Praxis bei der Vermeidung und Bewältigung von Unternehmenskrisen und damit der Funktions- und Wettbewerbsfähigkeit ganzer Volkswirtschaften zum Ziel haben. Aufgrund der Komplexität der Thematik können derartige Empfehlungen jedoch nur den allgemeinen Fall abdecken, durch den nicht alle besonderen Umstände des Einzelfalls erfasst und berücksichtigt werden. Es könnte eine Aufgabe von Wissenschaft und Praxis sein, die Nützlichkeit und Plausibilität dieser Empfehlungen weiter zu prüfen und gegebenenfalls entsprechende Verifikationen, Falsifikationen oder Modifizierungen vorzunehmen.

6.4.1 Handlungsempfehlungen für Private-Equity-Gesellschaften

Für Private-Equity-Gesellschaften stellen Krisenunternehmen eine bislang nur am Rande betrachtete Investitionsalternative dar. Private-Equity-Gesellschaften sollten grundsätzlich die Investitionen in Krisenunternehmen im Rahmen ihrer strategischen Ausrichtung in Erwägung ziehen und entscheiden, inwieweit sie hieran partizipieren möchten und können. Je nach strategischer Ausrichtung der Private-Equity-Gesellschaft bieten sich bei der Auflegung eines Fonds zwei Optionen:

- *Investitionen in Krisenunternehmen als Beimischung von klassischen Buyout-Fonds:* Für Buyout-Fonds stellen Krisenunternehmen eine Möglichkeit dar, den Anlagedruck auf Seiten der Zielobjekte zu mildern und opportunistisch Investitionsmöglichkeiten in ausgesuchte Krisenunternehmen wahrzunehmen. Diese Alternative eignet sich besonders für Private-Equity-Gesellschaften mit geringer oder gar keiner Erfahrung im Umgang mit Krisenunternehmen.

- *Auflegung eines reinen Restrukturierungs-Fonds:* Spezialisierte Fonds stellen eine

---

[1017] Zur Darstellung des Forschungsprozesses von ULRICH vgl. Kapitel 1.2.

Möglichkeit dar, sich vom Wettbewerb zu differenzieren, indem sie ihren Kapitalgebern eine weitere Diversifikationsmöglichkeit ihres Portfolios ermöglichen. Hierbei ist zu beachten, dass reine „Restructuring-Funds" zwar höhere Rendite-Chancen bieten, aber ein höheres Risiko-Profil aufweisen dürften.

Unabhängig davon, ob es sich um einen auf Krisenunternehmen fokussierten Private-Equity-Fonds oder einen opportunistisch in Krisenunternehmen investierenden Buyout-Fonds handelt, existieren zahlreiche Aspekte, die es im Rahmen der Transaktion und Restrukturierung zu beachten gilt. Neben den allgemein für Private-Equity-Investitionen geltenden Erfolgsfaktoren (günstiger Kaufpreis, Qualität der Bewertung, Strukturierung der Transaktion, Perspektiven für den späteren Verkauf etc.)[1018] lassen sich entlang des Investitionsprozesses fünf Handlungsempfehlungen ableiten, die für den Erfolg von Investitionen in Krisenunternehmen von hoher Bedeutung sind und auf die nachfolgend näher eingegangen wird:[1019]

1. Um als geeignetes Investitionsobjekt aus Sicht von Private-Equity-Gesellschaften in Frage zu kommen, muss ein Krisenunternehmen eine Reihe von Kriterien erfüllen und ein bestimmtes Restrukturierungspotential aufweisen:

   - *Krisenursachen:* Mit einem vertretbaren Aufwand muss es für die Private-Equity-Gesellschaft vor Beteiligungserwerb möglich sein, ein möglichst umfassendes Bild von Art, Ausmaß und Ursachen der Unternehmenskrise zu erlangen. Häufig erweist es sich aufgrund unzureichender Controllingsysteme in Krisenunternehmen als schwierig, zuverlässige Informationen zu erhalten, die eine kritische Bewertung der Unternehmenssituation ermöglichen.

   - *Verbesserungspotentiale:* Die operativen, strategischen und finanziellen Verbesserungspotentiale des Krisenunternehmens sollten klar erkennbar sein, um bereits vor der Investition Ansatzpunkte für die Restrukturierung bestimmen zu können und ein erstes, grobes Restrukturierungskonzept erstellen zu können, in dem die notwendigen Maßnahmen mit ihren Auswirkungen auf GuV und Bilanz enthalten sind.

   - *Wachstumspotentiale:* Das Krisenunternehmen sollte über ein etabliertes Geschäftsmodell mit tragfähigen Produkten und Dienstleistungen verfügen. Im Idealfall sollte das Krisenunternehmen im Kern gesund sein und sich im Kerngeschäft in einem stabilen Marktumfeld bewegen. Darüber hinaus sollte die

---

1018 Vgl. Achleitner/Everling (2004), S. 34; Jakoby (2000), S. 349; Forst (1992), S. 41.
1019 Vgl. hierzu insbesondere Kucher (2006), S. 244 ff.; Kraft (2001), S. 324 ff.

grundsätzliche Möglichkeit bestehen, mit dem bestehenden, eventuell erneuerten Produktportfolio zu expandieren. Die Marktposition des Krisenunternehmens muss nicht herausragend sein, sollte zumindest aber verteidigungsfähig und idealerweise auch ausbaufähig sein.

- *Unternehmensgröße:* Hinsichtlich der Größe scheinen mittelgroße Industrieunternehmen attraktiv zu sein. Ca. 80 % der untersuchten Krisenunternehmen wiesen einen Umsatz zwischen 10 Mio. und 1 Mrd. EUR auf. Bei den Unternehmen handelte es überwiegend um Tochtergesellschaften von Konzernen (ca. 38 %) und eigenständige mittelständische Unternehmen (ca. 34 %). Diese Größenordnung hat den Vorteil, dass die Unternehmen zwar über ausreichend Restrukturierungspotential verfügen, gleichzeitig aber noch überschau- und damit beherrschbar sind.

- *Krisenstadium:* Für Private-Equity-Gesellschaften scheint ein mittleres Krisenstadium attraktiv zu sein. Ein noch nicht allzu weit fortgeschrittenes Krisenstadium bietet einerseits Restrukturierungspotential, anderseits aber auch noch genügend wirtschaftlichen Handlungsspielraum, der im Gegensatz zur Insolvenz noch nicht durch rechtliche Auflagen eingeschränkt ist.

- *Branchenzugehörigkeit:* Die spezifische Branchenzugehörigkeit der Krisenunternehmen scheint grundsätzlich keinen bedeutenden Einflussfaktor darzustellen, jedoch fällt in der vorliegenden Untersuchung auf, dass der Großteil der Krisenunternehmen einer produzierenden Industrie angehörte.

2. Dem Managementteam, das das Krisenunternehmen durch die Krisenbewältigung führen soll, kommt eine entscheidende Bedeutung zu. Ein mittelmäßiges Managementteam mag bereits an einem einfachen Restrukturierungsfall scheitern, wohingegen ein gutes Managementteam auch komplexe Restrukturierungsfälle zum Erfolg führen kann. Das Managementteam sollte auf jeden Fall über Restrukturierungserfahrung, idealerweise auch über entsprechende Branchenerfahrung verfügen, um die Umsetzung und Konkretisierung der einzelnen Restrukturierungsmaßnahmen zügig vorantreiben zu können. Das Spektrum der Möglichkeiten, diese Kompetenzen sicherzustellen, reicht vom Austausch des gesamten Managements über den Einsatz von Interimsmanagern bis hin zur fallweisen Unterstützung durch externe Beratungsgesellschaften.

3. Das Managementteam sollte dahingehend incentiviert sein, dass Interessen von Managern und Eigenkapitalgebern übereinstimmen. Dies kann durch die Implementierung entsprechender Anreizsysteme erfolgen. Dabei kommt es nicht nur auf ein

Bonus-, sondern auch auf ein Malus-System an. Das ist insbesondere dann der Fall, wenn das Management nicht nur am „Upside" beteiligt ist, sondern, z. B. zum Erwerb einer Eigenkapitalbeteiligung, eine signifikante Zahlung aus dem persönlichen Vermögen leisten muss. Die Eigenkapitalbeteiligung erhält das Management zwar zu besonders günstigen Konditionen (Sweet Equity), trägt aber auch das entsprechende Risiko eines Wertverlustes. Die folgende Regel gibt nach BAKER / SMITH das richtige Maß für die Praxis vor: „The downside had to hurt, but not too much; the upside had to be sweet."[1020]

4. Die Private-Equity-Gesellschaft sollte stets den Überblick über die aktuelle Performance des Unternehmens und den Fortschritt bei den Maßnahmen zur Krisenbewältigung behalten und sich hierfür entsprechende Informationsrechte sichern lassen. Etwaige Abweichungen und aufkommende Probleme gilt es frühzeitig zu identifizieren und diesen entgegenzuwirken. Dazu sollte es seitens der Private-Equity-Gesellschaft eine Durchgriffsmöglichkeit geben, um im Zweifelsfall auch Entscheidungen gegen den Willen des Managements oder auch gegen andere Kapitalgeber durchsetzen zu können. Gerade in Krisensituationen sind schnelle und konsequente Entscheidungen notwendig, langwierige Abstimmungsprozesse hingegen können für das Unternehmen zu einer Intensivierung der Krise führen. Um diese Möglichkeiten sicherzustellen, können entweder – wie es bei der vorliegenden Untersuchung die Regel war – Mehrheitsbeteiligungen erworben werden oder entsprechende Mitsprache- und Kontrollrechte vertraglich vereinbart werden.

5. Es sollte eine intensive unternehmerische Betreuung seitens der Private-Equity-Gesellschaft erfolgen. Neben den bei Private-Equity-Gesellschaften klassischerweise vorhandenen Kompetenzen im Bereich Financial Engineering und Erfahrungen bei Unternehmenstransaktionen sind bei Investitionen in Krisenunternehmen zusätzliche Kenntnisse und Erfahrungen im operativen Management und im Umgang mit Krisenunternehmen erforderlich, die in sämtlichen Schritten, angefangen von der Auswahl über die Bewertung bis hin zur Restrukturierung und Verkauf des Krisenunternehmens entscheidend sind. Die Schwerpunkte der Betreuung sollten in der Unterstützung bei strategischen und finanziellen Fragestellungen liegen. Die Zusammenarbeit sollte informell und fallweise erfolgen, wobei die Private-Equity-Gesellschaft als Ansprechpartner jederzeit zur Verfügung stehen sollte.

1020 Baker/Smith (1999), S. 96.

6.4.2 Handlungsempfehlungen für (Krisen-)Unternehmen

Wie auch diese Untersuchung zeigt, haben Unternehmenskrisen meistens einen langen zeitlichen Vorlauf und entstehen in der Regel durch unterbliebene Anpassungen an eine sich verändernde Unternehmensumwelt. Da Krisenmanagement nach KRYSTEK nicht erst beim Auftreten akuter (Performance-)Probleme, sondern mit einer ständigen Wachsamkeit in Bezug auf endogene und exogene Veränderungen beginnt,[1021] kommt der Bewertung und Einschätzung von deren Einfluss auf das Unternehmen sowie der Vorbereitung und Durchführung von Gegenmaßnahmen besondere Bedeutung zu. Hierfür eignet sich der gezielte Einsatz adäquater Früherkennungssysteme, um zukünftige Anforderungen des Marktes zu erkennen und rechtzeitig strategische, operative und finanzielle Implikationen für das Unternehmen antizipieren zu können. Da nachhaltiges Wachstum einen wesentlichen Erfolgsfaktor für Unternehmen darstellt, sollte der Fokus dieser Systeme jedoch nicht, wie häufig in der Literatur vorzufinden, nur auf der Minimierung von Risiken, z. B. durch geeignete Risikomanagementsysteme, sondern auf dem frühzeitigen Erkennen von (Wachstums-)Chancen liegen.[1022]

In akuten Krisensituationen sind häufig kosten- und ressourcenseitige Anpassungen nicht vermeidbar und oft notwendig für die Rückkehr in die Profitabilität und damit Grundvoraussetzung für späteres profitables Wachstum. Der Krisenbewältigung sollte ein Restrukturierungskonzept zugrunde liegen, das alle notwendigen Maßnahmen enthält. Einen Handlungsrahmen hierfür können jedoch die in der vorliegenden Arbeit beschriebenen Restrukturierungsstellhebel bieten. Auch wenn sich die konkrete Ausgestaltung der Maßnahmen an den besonderen Umständen des Einzelfalls zu orientieren hat, sollte wie bei der Krisenvermeidung der Fokus nicht auf die Kosten als das risikominimierende Element, sondern auf das Wachstum als das chancenmaximierende Element gelegt werden. Bei der Bestimmung des Wachstumspfades sind sowohl die externen Marktgegebenheiten (Market-based-View) als auch die internen Fähigkeiten des Unternehmens (Ressourcebased-View) zu berücksichtigen und aufeinander abzustimmen. Daraus sollte das Unternehmen die Wachstumschancen identifizieren und geeignete Wachstumsstrategien festlegen. Aufgrund des durch die Krisensituation bedingten hohen Handlungs- und Zeitdrucks und der geringeren Fehlertoleranz ist ein konsequentes und treffsicheres Handeln seitens der Führungsverantwortlichen erforderlich. Hierbei ist kritisch zu prüfen, inwieweit diese personellen Kapazitäten im Unternehmen vorhanden sind, und gegebenenfalls der Rückgriff auf neues Führungspersonal, externe Interimsmanager oder der Einsatz kri-

---

[1021] Vgl. Krystek (1987), S. 121 ff.

[1022] Vgl. grundlegend zum Thema „Früherkennung" Krystek (1990), S. 419 ff.; Krystek/Müller-Stewens (1993), Krystek/Müller-Stewens (2006), S. 175 ff.; Krystek/Moldenhauer (2007), S. 50 ff. sowie Kapitel 2.4.

senerfahrener Unternehmensberatungen / Wirtschaftsprüfungsgesellschaften in Erwägung zu ziehen. Auch eine Offenheit gegenüber Finanzinvestoren ist in diesem Zusammenhang grundsätzlich nicht schadhaft.

6.4.3 Handlungsempfehlungen für Unternehmenseigentümer

Für Eigentümer von Unternehmen kommt es – sofern sie nicht selbst das Unternehmen führen – auf die richtige Auswahl, Incentivierung und Kontrolle des Managements an. Dabei können sich Eigentümer an der von Private-Equity-Gesellschaften eingesetzten und in der vorliegenden Arbeit beschriebenen Kombination von Beratung und Monitoring orientieren. Die Incentivierung des Managements lässt sich als langfristiger Faktor betrachten, der in akuten (Liquiditäts-)Krisensituationen eine geringere Bedeutung aufweist. Unternehmenseigentümer in akuten Krisensituationen sollten – sofern sie nicht selbst über das nötige Krisenbewältigungswissen verfügen, externe Unterstützung in Form von Interimsmanagern, Unternehmensberatungen oder Wirtschaftsprüfungsgesellschaften in Erwägung ziehen oder einen (Teil-)Verkauf ihrer Anteile an Finanzinvestoren prüfen.

6.4.4 Handlungsempfehlungen für Investoren

Die Betrachtung internationaler Distressed Debt- und Equity-Märkte deutet nicht nur auf ein interessantes Rendite-Risiko-Profil hin, sondern auch auf eine geringe Korrelation mit traditionellen Anlageklassen. Krisenunternehmen stellen somit für Investoren eine interessante Anlagealternative dar, die sich gut zur weiteren Diversifizierung eines entsprechend breit angelegten Portfolios anbietet. Dabei sind die Investoren gut beraten, nicht passiv zu investieren, indem sie „den Markt" kaufen, sondern die Bewertung und Restrukturierung der Investition Experten zu überlassen. Die hohen erzielbaren Renditen sind nicht zuletzt auf die Auswahl von Krisenunternehmen und die aktive Begleitung bei der Restrukturierung zurückzuführen. Die durch aktives Management erzielbare Rendite lässt sich durch die mit Private Equity allgemein verbundene hohe Intransparenz, Informationsasymmetrie und Illiquidität begründen, die bei Krisenunternehmen nochmals ausgeprägter ist.

Je nach gewünschtem Grad der Partizipation an den Möglichkeiten von Investitionen in Krisenunternehmen sollten Anleger sich entweder an spezialisierten Restrukturierungs-Fonds oder an traditionellen Buyout-Fonds, die opportunistisch Investitionen in Krisenunternehmen vornehmen, beteiligen.

6.4.5 Handlungsempfehlungen für Staat und Gesellschaft

Staat und Gesellschaft standen der Beteiligung von – häufig angelsächsischen – Private-Equity-Gesellschaften an deutschen Unternehmen häufig kritisch gegenüber. Beteiligungen an Krisenunternehmen scheinen dabei in der öffentlichen Wahrnehmung von besonderer Brisanz zu sein.[1023] Zahlreiche Studien und der Erfolg von Private Equity belegen jedoch die grundsätzlich für beide Seiten fruchtbare Zusammenarbeit.[1024] Auch oder insbesondere für Krisenunternehmen kann Private Equity hilfreich sein. Ähnlich wie bei jungen, neu gegründeten Unternehmen mangelt es auf Unternehmensseite häufig an Know-how und Kapital – die Bereitstellung von Beidem gehört zum Kerngeschäft von Private-Equity-Gesellschaften. So weisen auch in der vorliegenden Arbeit die Ergebnisse auf vorteilhafte Zusammenarbeit für beide Seiten hin: Der hohen Rendite von Private-Equity-Gesellschaften standen auf Unternehmensseite Umsatz- und Ertragssteigerungen gegenüber. Dem Staat und der Gesellschaft sei deshalb ein offenerer Umgang mit Private-Equity-Gesellschaften nahegelegt und die Schaffung von attraktiven Rahmenbedingungen empfohlen, die das Geschäftsmodell zum Vorteil beider Seiten fördern.

Auch wenn der Nutzen von Private-Equity-Investitionen allgemein und Private-Equity-Investitionen in Krisenunternehmen im Speziellen nicht immer zweifelsfrei quantifizierbar ist, so kann auf Basis der gewonnenen Ergebnisse davon ausgegangen werden, dass durch die dargestellte Praxis ein erheblicher volkswirtschaftlicher Vorteil entsteht. Häufig übernehmen Private-Equity-Gesellschaften Krisenunternehmen von Konzernen und veräußern sie zu einem großen Teil wieder an Konzerne. Damit übernehmen sie einen wesentlichen Teil der Restrukturierungsleistung und der volkswirtschaftlichen Ressourcenallokation. Aufgabe von Politik und Gesellschaft sollte es sein, die notwendigen Rahmenbedingungen zu schaffen, damit sich die innovativen Kräfte der Menschen und Unternehmen zum Wohle der Allgemeinheit frei entfalten können.

[1023] Vgl. Papendick (2003), S. 73 ff.; Papendick (2004), S. 78 ff.
[1024] Vgl. Achleitner/Geidner/Klöckner (2006), S. 140 ff.

7 Schlussbetrachtung

Zum Abschluss der vorliegenden Arbeit werden die wesentlichen Ergebnisse der theoretischen und empirischen Untersuchung zusammengefasst, der weitere Forschungsbedarf aufgezeigt und es wird ein Ausblick auf mögliche künftige Entwicklungen gegeben.

7.1 Zusammenfassung und Schlussfolgerungen

Ziel der vorliegenden Arbeit war es, in wissenschaftlich fundierter Weise die Restrukturierungspraxis von Finanzinvestoren bei Investitionen in deutsche Krisenunternehmen zu untersuchen, um hieraus praxisrelevante Erkenntnisse für die Bewältigung und Vermeidung von Unternehmenskrisen zu gewinnen und Empfehlungen für Manager, Eigentümer und Investoren abzuleiten.

Kern der Arbeit war eine europaweite empirische Erhebung, in der über 300 Private-Equity-Gesellschaften zu ihren Investitionen in Krisenunternehmen in Deutschland befragt wurden. Um den Markt möglichst breit abzudecken und den Praxisbezug zu gewährleisten, wurde die schriftliche Befragung in Zusammenarbeit mit einer führenden internationalen Wirtschaftsprüfungsgesellschaft durchgeführt. Von den über 300 Gesellschaften haben insgesamt nahezu 79 geantwortet, 29 von ihnen haben sich an Krisenunternehmen beteiligt und ausführliche Angaben zu ihrer Investition gemacht. Das Profil der teilnehmenden Private-Equity-Gesellschaften reichte von kleinen, deutschen, auf Krisenunternehmen spezialisierten Gesellschaften bis hin zu großen, internationalen, breit aufgestellten Gesellschaften. Zusammen verfügten die teilnehmenden Private-Equity-Gesellschaften zum Investitionszeitpunkt über ein Fondsvolumen von weit über 100 Mrd. EUR.

Bei den Krisenunternehmen, in die die Private-Equity-Gesellschaften investierten, handelte es sich vorzugsweise um mittelständische Industrieunternehmen oder Teile von größeren Industriekonzernen mit einem durchschnittlichen Umsatz von etwa 250 Mio. EUR. Dienstleistungsunternehmen oder Kreditinstitute waren nicht vertreten. Die Kennzahlen der Unternehmen deuteten darauf hin, dass es sich bei den Krisenstadien um ein frühes bis mittleres Krisenstadium handelte. Der Hauptgrund für die schlechte Performance der Unternehmen wurde seitens der Private-Equity-Gesellschaften in ineffizienten Kernprozessen und Missmanagement gesehen. Die Private-Equity-Gesellschaften erwarben am Krisenunternehmen überwiegend die Kontrollmehrheit, in zwei von drei Fällen lag die Eigenkapitalbeteiligung bei über 50%. Verkäufer waren überwiegend Konzerne, die sich von Teilbereichen trennten, Eigentümerunternehmer oder Private-Equity-Gesellschaften.

Durch die Beteiligung an und Restrukturierung von Krisenunternehmen konnten im Fall der vorliegenden Untersuchung hohe Renditen erzielt werden. Die durchschnittliche Rendite lag bei über 72,9 %, jedoch erwies sich auch die Varianz mit einer Spannweite von fast 600 % als erheblich. Gut die Hälfte der Renditen lag zwischen 20 und 30 %. Aus Sicht der Krisenunternehmen hat sich die Beteiligung ebenfalls als positiv erwiesen, zumindest konnten signifikante Umsatz- und Ertragssteigerungen verzeichnet und die Marktposition erheblich verbessert werden. Nach durchschnittlich 4 Jahren haben die Private-Equity-Gesellschaften das ehemalige Krisenunternehmen wieder verkauft. Käufer der restrukturierten Unternehmen waren vorwiegend strategische Käufer oder Finanzinvestoren.

Auf Basis der vorhandenen Literatur und aus Gesprächen mit Vertretern der Praxis wurden in der vorliegenden Arbeit sechs Restrukturierungshebel identifiziert, die entweder direkt auf den Restrukturierungserfolg wirken und damit direkt zu einer Wertsteigerung des Krisenunternehmens führen (primäre Restrukturierungshebel) oder indirekt die Restrukturierung bzw. Wertsteigerung beeinflussen (sekundäre Restrukturierungshebel). Zu den primären Restrukturierungshebeln zählen die operative Effizienz, Desinvestitionen von strategischen Geschäftseinheiten, profitables Wachstum und die Optimierung von Kapital- und Vermögensstruktur. Zu den sekundären Restrukturierungshebeln zählen die Corporate Governance und die unternehmerische Betreuung. In Kombination mit der eigenen empirischen Untersuchung konnten dabei Erkenntnisse gewonnen werden, die für die Vermeidung und Bewältigung von Unternehmenskrisen neue Denkanstöße geben.

Für Private-Equity-Gesellschaften konnten Handlungsempfehlungen abgeleitet werden, die sich sowohl auf den Investitions- als auch den Restrukturierungsprozess beziehen:

- Grundlage für eine erfolgreiche Investition stellt die *Auswahl des Krisenunternehmens* dar, das über ein ausreichendes Restrukturierungspotential verfügt und damit bestimmten Anforderungen hinsichtlich Größe, Krisenstadium, Krisenursachen, Verbesserungs- und v. a. auch Wachstumspotentialen genügt.

- Für die Umsetzung der Restrukturierung ist ein *Managementteam* notwendig, das über entsprechende Erfahrungen und Kenntnisse im Umgang mit Krisenunternehmen verfügt und in der Lage ist, das Restrukturierungskonzept zu detaillieren und konsequent umzusetzen.

- Die *Incentivierung* dieses Managementteams sollte derart gestaltet sein, dass die Interessen der Private-Equity-Gesellschaft und des Managements durch entsprechende Bonus- / Malus-Regelungen gleichgerichtet und miteinander verknüpft sind.

- Seitens der Private-Equity-Gesellschaft ist eine strikte *Umsetzungskontrolle* der Restrukturierung ebenso unabdingbar wie die *Möglichkeit der Einflussnahme*, um im Zweifelsfall notwendige Entscheidungen im Unternehmen autonom durchsetzen zu können.

- Über das Monitoring bzw. die Kontrolle von Management- und Unternehmensleistung hinaus stellt die *unternehmerische Betreuung* des Managements seitens der Private-Equity-Gesellschaft in strategischen und finanziellen Aspekten einen wesentlichen Erfolgsfaktor dar.

Die Handlungsempfehlungen für Unternehmen bezogen sich sowohl auf die Vermeidung als auch die Bewältigung von Unternehmenskrisen. Bei der Ableitung von Handlungsempfehlungen war zwischen Unternehmensführung und Unternehmenseigentümern zu unterscheiden. Der Unternehmensführung wurde zur Vermeidung von Unternehmenskrisen der Einsatz geeigneter Früherkennungssysteme empfohlen, wobei vor dem Hintergrund der Erkenntnisse der vorliegenden Arbeit sich die Ausrichtung solcher Systeme nicht nur an Risiken, sondern auch und vor allem an (Wachstums-)Chancen orientierten sollte. Als wesentliches Instrument zur Bewältigung akuter Krisen wurde das Restrukturierungskonzept empfohlen, das sämtliche Maßnahmen und deren Wirkungen auf den Unternehmenserfolg abbilden sollte und sich inhaltlich an den in der vorliegenden Arbeit identifizierten Restrukturierungshebeln orientieren kann. Hier sollte der Schwerpunkt nicht nur auf kurzfristigen Kostensenkungen, sondern auch und vor allem auf mittel- und langfristigen Wachstumsoptionen liegen. Den Unternehmenseigentümern wurde empfohlen, zum einen ein System zu implementieren, mit dem sie stets über die wesentlichen Vorgänge und Entwicklungen im Unternehmen informiert sind, und zum anderen dafür Sorge zu tragen, dass ihre Interessen mit denen des Managements weitestgehend deckungsgleich sind.

Investoren wurde eine Beschäftigung mit der Anlageklasse „Investitionen in Krisenunternehmen" nahegelegt. Sowohl die Ergebnisse aus der eigenen empirischen Untersuchung als auch aus weiteren gesichteten Studien deuten auf für Kapitalgeber attraktive Investitionscharakteristika hin, die sich im Vergleich zu klassischen Anlageklassen durch eine hohe Rendite und einen geringen Korrelationskoeffizienten auszeichnen, aber auch eine hohe Varianz der Renditen aufweisen. Aufgrund der Komplexität der Thematik und des damit verbundenen Investitionsrisikos ist von Direktinvestitionen in Krisenunternehmen abzusehen und auf Finanzintermediäre wie Private-Equity-Gesellschaften zurückzugreifen.

Die Empfehlungen an Staat und Gesellschaft bezogen sich im Wesentlichen auf die Schaffung attraktiverer rechtlicher und steuerlicher Rahmenbedingungen für Investitionen in Krisenunternehmen, von denen nicht nur Investoren, Private-Equity-Gesellschaften und die Krisenunternehmen, sondern auch die Allgemeinheit profitieren sollten.

7.2 Weiterführender Forschungsbedarf

Die vorliegende Arbeit konnte neue Erkenntnisse über die Restrukturierungspraxis von Private-Equity-Investoren gewinnen und Handlungsimplikationen für die Praxis ableiten. Aufgabe der zukünftigen Forschung könnte es sein, diese einer weiteren Überprüfung zu unterziehen und gegebenenfalls zu modifizieren und zu ergänzen. Darüber hinaus sind im Laufe des Forschungsprozesses Themenkomplexe in Erscheinung getreten, die in der bisherigen betriebswirtschaftlichen Forschung – soweit ersichtlich – vernachlässigt wurden, jedoch als Gegenstand zukünftiger wissenschaftlicher Abhandlungen lohnenswert erscheinen:

Verhaltensorientierte Forschungsansätze: Trotz der Erkenntnis, dass Unternehmenskrisen auch, aber nicht nur auf externe Effekte der Unternehmensumwelt, sondern vor allem auf das Management und damit auf das Denken und Handeln von Menschen, die für die Führung von Unternehmen verantwortlich sind, zurückzuführen sind,[1025] findet eine Berücksichtigung der Eigenschaften des menschlichen, individuell handelnden „Akteurs" in der Krisenforschung nur unzureichend Beachtung. Zwar existieren auf diesem Gebiet durch die Principal-Agent-Theorie gewisse Grundlagen,[1026] jedoch beziehen sich diese in der Regel nur auf Unternehmen im Allgemeinen. Eine explizite Untersuchung zur Erklärung des Verhaltens der Akteure in Hinblick auf die Vermeidung und Bewältigung von Unternehmenskrisen auf Basis einer empirischen Untersuchung steht aber noch aus. *Einfluss von Corporate Governance und Eigentümerstrukturen auf die Vermeidung und Bewältigung von Krisen:* Ausgehend von der Thematik der vorliegenden Arbeit, in der der Unternehmensrestrukturierung ein Eigentümerwechsel vorausgeht, stellt sich die Frage, inwiefern in Krisensituationen bestimmte Eigentümerstrukturen besser zur Krisenbewältigung geeignet sind als andere. Hiermit könnte die bereits von BERLE / MEANS erstmalig behandelte Thematik der Trennung von Eigentum und Management auf Krisenunternehmen ausgeweitet werden.[1027]

Finanztheoretische Betrachtung der Charakteristika von Investitionen in Krisenunternehmen: In der vorliegenden Arbeit standen Investitionen in einzelne Krisenunternehmen im Fokus. Hieraus lassen sich jedoch keine ausreichenden Rückschlüsse auf die Performance des gesamten Fonds ziehen, aus dem heraus die Investitionen getätigt werden. Aus dieser Investorenperspektive könnten auch Fragen zum Einfluss der Spezialisierung auf den Restrukturierungserfolg beantwortet werden und dazu, ob Investitionen in Krisen-

---

[1025] Vgl. hierzu die Ausführungen in Kapitel 2. Auch in der vorliegenden Untersuchung wurde als Hauptursache für die schlechte Unternehmensperformance das Top-Management verantwortlich gemacht.
[1026] Vgl. hierzu die Ausführungen in Kapitel 3.1.3.2.
[1027] Vgl. Berle/Means (1930).

unternehmen auch risikoadjustiert eine höhere Rendite aufweisen als klassische (Private-Equity-)Investitionen.

Krisenmanagement bei Finanzinstitutionen, insbesondere bei Banken: Bei der Sichtung der bisherigen Literatur, aber auch bei der Analyse der in der vorliegenden Arbeit vertretenen Branchen fällt auf, dass Finanzinstitutionen bisher nicht im Fokus standen. Die Krisenforschung konzentriert sich häufig auf Industrieunternehmen, die sich durch klassische Produktionsfunktionen beschreiben lassen. Die Banken wurden in der Krisenforschung i. d. R. auf ihre Rolle als Gläubiger reduziert. Dass sie aber auch selbst als Unternehmen „Bank" in eine Krise geraten können, wurde bisher kaum berücksichtigt. Die Vernachlässigung von Banken muss ob ihrer volkswirtschaftlichen Bedeutung jedoch verwundern.

7.3 Ausblick

Zum Schluss der empirischen Befragung wurden die teilnehmenden Private-Equity-Gesellschaften gebeten, einen Ausblick auf die von ihnen erwartete zukünftige Entwicklung zu geben. Die betreffenden Ergebnisse sowie die Einschätzung des Autors sollen an dieser Stelle dargestellt werden. Die Ergebnisse aus der Befragung, die wiederum Rückschlüsse auf das veränderte Wettbewerbsumfeld zulassen, sind in nachfolgender Tabelle 7.1 wiedergegeben.

Themengebiet	Mittelwert	Median	Modus	Std.-Abw.	Min	Max	N
Targets	4,38	4,0	4	0,62	3	5	29
Active Management	4,00	4,0	5	1,00	2	5	29
Restructuring Investments	3,90	4,0	4	0,72	2	5	29
Hedge Fund Rivalry	3,83	4,0	4	0,89	2	5	29
Spezialisierung	3,83	4,0	4	1,07	1	5	29
Fundraising	3,31	4,0	4	1,14	1	5	29
Co-investments	3,14	3,0	3	1,09	1	5	29
Financial Engineering	3,07	3,0	3	0,84	2	5	29

Tab. 7.1: Einschätzung der Private-Equity-Gesellschaften zur zukünftigen Marktentwicklung
Quelle: Eigene Erhebung, vgl. Fragebogen, S. 265, Frage 26

Wie ersichtlich, erwarten die befragten Private-Equity-Gesellschaften eine zunehmende Bedeutung von Investitionen in Unternehmen mit Restrukturierungspotential. Dies geht einher mit der Einschätzung, dass der Wettbewerb um Zielunternehmen härter wird, wobei hier Krisenunternehmen eine gute Alternative darstellen können. Damit ist auch die

Einschätzung verbunden, dass aktives Management von Portfolio-Unternehmen gegenüber reinen Financial-Engineering-Maßnahmen an Bedeutung gewinnen wird.

Investitionen in Krisenunternehmen werden derzeit von mehreren Seiten her begünstigt. Zum einen existiert seit längerem ein Trend, dass Investitionen nicht mehr nur durch Financial Engineering (v. a. durch Leverage), sondern zunehmend auch durch strategische, operative Verbesserungen vonstatten gehen. Unter diesem Aspekt stellen Krisenunternehmen eine attraktive Möglichkeit dar, da hier die Chancen, durch entsprechende Restrukturierungsmaßnahmen eine signifikante Wertsteigerung zu erreichen, am höchsten sind. Zum anderen stehen Krisenunternehmen – auch wenn ihre Anzahl im Vergleich zu anderen Unternehmen weitaus geringer ist – noch nicht im Fokus von Private-Equity-Gesellschaften. Wie sich allerdings ein Zuwachs der Nachfrage nach Krisenunternehmen auf das Geschäftsmodell „Investitionen in Krisenunternehmen" auswirken wird, bleibt abzuwarten. So würde ein mit dem Anstieg der Nachfrage einhergehender Anstieg der Kaufpreise die stark kaufpreisabhängigen Wertsteigerungsmechanismen bei einer Krisenbeteiligung nachteilig beeinflussen und Beteiligungen an Krisenunternehmen an Attraktivität verlieren lassen.[1028]

Die aktuelle Wirtschafts- und Finanzkrise hat auf dem Markt für Private Equity ihre Spuren hinterlassen. Auf der einen Seite wird das klassische Private-Equity-Geschäft, bei dem ein erheblicher Teil des Kaufpreises durch Fremdkapital finanziert wird, durch die Zurückhaltung der Banken bei der Kreditvergabe empfindlich gestört, so dass den Private-Equity-Gesellschaften ein wesentlicher Renditehebel fehlt.[1029] Investitionen in Krisenunternehmen, v. a. in jene, die sich in einem fortgeschrittenen Krisenstadium befinden, sind davon zwar auch, jedoch tendenziell weniger betroffen. Denn je fortgeschrittener die Krise eines Unternehmens ist, desto geringer fallen der zu finanzierende Kaufpreis und die Eignung einer Fremdfinanzierung aus, da sich ein Kredit auf solche Krisenunternehmen häufig nicht übertragen lässt. Die aktuelle Krise bietet jedoch auch Chancen: Zum einen können Private-Equity-Gesellschaften, die noch über ausreichend liquide Mittel verfügen, Portfolio-Unternehmen zu günstigen Preisen erwerben. Der Markt für Private Equity wird in den nächsten Jahren von einer anhaltenden Konsolidierung geprägt sein. Die Private-Equity-Gesellschaften müssen zeigen, dass ihre Geschäftsmodelle nachhaltig sind, und demonstrieren, dass sie die in Aussicht gestellten Renditen auch ohne Leverage-Effekte erreichen können. Es wird immer mehr darauf ankommen, dass Private-Equity-Gesellschaften in der Lage sind, die Unternehmen langfristig und nachhaltig zu restrukturieren und in ihnen strategische und operative Verbesserungen herbeizuführen. Die in der vorliegenden Arbeit aufgezeigten Hebel mögen hierzu einen Beitrag leisten.

1028 Vgl. Klockenbrink/Wömpener (2007), S. 641 ff.
1029 Vgl. Achleitner/Kaserer/Lahr (2009), S. 364.

Literaturverzeichnis

Achleitner, A.-K. (2002): Handbuch Investment Banking. Wiesbaden: Gabler, ISBN 3-4093-4184-6

Achleitner, A.-K./Everling, O. (Hrsg.) (2004): Handbuch Ratingpraxis. Wiesbaden: Gabler, ISBN 3-409-12523-X

Achleitner, A.-K./Fingerle, C. H. (2003): Unternehmenswertsteigerung durch Management Buyout: Technische Universtität München, DtA-Stiftungslehrstuhl für Entrepreneurial Finance, EF Working Paper Series No. 01-03. München

Achleitner, A.-K./Geidner, A./Klöckner, O. (2006): Der Beitrag von Private Equity and Venture Capital zur Beschäftigung in Europa. In: Finanz-Betrieb, 8. Jg., Nr. 3, S. 140–145

Achleitner, A.-K./Kaserer, C. (2005): Private Equity Funds and Hedge Funds - A Primer, Center for Entrepreneurial and Financial Studies Working Paper Series (CEFS), Working Paper No. 2005-03. München

Achleitner, A.-K./Kaserer, C./Lahr, H. (2009): Private Equity in der Krise? In: Zeitschrift für das gesamte Kreditwesen, 62. Jg., Nr. 8, S. 364–367

Achleitner, A.-K./Wahl, S. (2003): Corporate Restructuring in Deutschland: Eine Analyse der Möglichkeiten und Grenzen der Übertragbarkeit US-amerikanischer Konzepte wertsteigernder Unternehmensrestrukturierungen auf Deutschland. Sternenfels: Verlag Wissenschaft & Praxis, ISBN 3-89673-191-2

Achleitner, A.-K./Wecker, R. M./Wirtz, B. W. (2005): Demerger-Konzepte. In: Das Wirtschaftsstudium, 34. Jg., Nr. 8-9, S. 1033–1037

Ackermann, U./Jäckle, J. (2006): Ratingverfahren aus Emittentensicht. In: Betriebs-Berater, 61. Jg., Nr. 16, S. 878–884

Adam, D. (2000): Investitionscontrolling. München: Oldenbourg, ISBN 3-4862-5333-6

Aichholzer, C./Petzel, J. (2003): The Challenges of German Turnaround Investing. Harvard Business School, Venture Capital & Private Equity Paper Assignment. Cambridge

Akerlof, G. A. (1970): The market for lemons: quality uncertainty and the market mechanism. In: Quarterly Journal of Economics, 84. Jg., Nr. 3, S. 488–500

Albach, H. (1979): Kampf ums Überleben: Der Ernstfall als Normalfall für Unternehmen in einer freiheitlichen Wirtschafsordnung. In: **Albach, H./Hahn, D./Mertens, P. (Hrsg.)**: Frühwarnsysteme. Wiesbaden: Gabler, ISBN 3–4093–3161–1, S. 9–22

Albach, H./Bock, K./Warnke, T. (1985): Kritische Wachstumsschwellen in der Unternehmensentwicklung. Stuttgart: Poeschel, ISBN 3–7910–5008–7

Albers, S./Hildebrandt, L. (2006): Methodische Probleme bei der Erfolgsfaktorenforschung: Messfehler, formative versus reflektive Indikatoren und die Wahl des Strukturgleichungs-Modells. In: Schmalenbachs Zeitschrift für betriebswirtschaftliche Forschung, 58. Jg., Nr. 1, S. 2–33

Albrecht, H./Füger, R./Danneberg, N. (2006): Distressed Equity: Maßnahmen zur Sanierung des Eigenkapitals. In: **Hommel/Knecht/Wohlenberg** (2006), S. 779–805

Aldenhoff, H.-H./Kalisch, I. (2006): Distressed Debt und Vulture Investing: Maßnahmen zur Sanierung des Fremdkapitals. In: **Hommel/Knecht/Wohlenberg** (2006), S. 875–905

Altman, E. I. (1998): Market Dynamics and Investment Performance of Distressed and Defaulted Debt Securities, New York University, Working Paper. New York

Altman, E. I. (1999): Distressed Securities: Analyzing and Evaluating Market Potential and Investment Risk. Washington: Beard Books, ISBN 1–8931–2204–2

Altman, E. I. (2003): Market Size and Investment Performance of Defaulted Bonds and Bank Loans: 1987-2002. In: Journal of Applied Finance, 13. Jg., Nr. 2, S. 43–53

Altman, E. I. (2007): Current Conditions in Global Credit Markets - Are historically based default and recovery models in the high yield and distressed debt markets still relevant in today's credit environment? New York University, Stern School of Business, Working Paper. New York

Altman, E. I./Hotchkiss, E. S. (2006): Corporate Financial Distress and Bankruptcy: Predict and Avoid Bankruptcy, Analyze and Invest in Distressed debt. 3. Auflage, Hoboken (New Jersey): Wiley, ISBN 0–4716–9189–5

Altman, E. I./Pompeii, J. (2003): Market Size and Investment Performance of Defaulted Bonds and Bank Loans: 1987-2001. In: Economic Notes, 32. Jg., Nr. 2, S. 147–176

Altman, E. I./Swanson, J. (2007): The Investment Performance and Market Size of Defaulted Bonds and Bank Loans - 2006 Review and 2007 Outlook. New York University, Stern School of Business, Special Report. New York

Andersch, T./Jugel, S. (2004): Unternehmensrestrukturierung durch Private Equity-Häuser: Ergebnisse einer empirischen Vollerhebung. In: **Brühl** (2004b), S. 131–148

Andersch, T./Scheider (2006): Erstellung und Testierung von Sanierungskonzepten. In: **Hommel/Knecht/Wohlenberg** (2006), S. 303–333

Andres, C./Betzer, A./Hoffmann, M. (2006): Leveraged Going Private-Transaktionen: Eine Analyse der Kursgewinne am euopäischen Kapitalmarkt. In: **Busack/Kaiser** (2006b), S. 67–87

Ansoff, H. I. (1965): Corporate strategy: An analytic approach to business policy for growth and expansion. New York, London: McGraw-Hill

Ansoff, H. I. (1976): Managing surprise and discontinuity: Strategic response to weak signals. In: Schmalenbachs Zeitschrift für betriebswirtschaftliche Forschung, 28. Jg., Nr. 3, S. 129–152

Anson, M. J. P. (2002): A Primer on Distressed Debt Investing. In: Journal of Private Equity, 5. Jg., Nr. 3, S. 6–17

Anson, M. J. P. (2006): Chancen und Risiken von Private Investments in Public Equity (PIPEs). In: **Busack/Kaiser** (2006b), S. 127–140

Arbeitskreis Finanzierung der Schmalenbach-Gesellschaft für Betriebswirtschaft (2006): Eine empirische Untersuchung zur Veräußerung von Konzernteilen an Private-Equity-Investoren. In: Schmalenbachs Zeitschrift für betriebswirtschaftliche Forschung, 58. Jg., Nr. 2, S. 235–264

Arnaboldi, N. (2007): Credit Suisse Alternative Investments Day - Private Equity and Credit Overview. London

Arogyaswamy, K./Barker, I. V. L./Yasai-Ardekani, M. (1995): Firm

Turnarounds: An Integrative Two-Stage-Model. In: Journal of Management Studies, 32. Jg., Nr. 4, S. 493–525

Atteslander, P. (2006): Methoden der empirischen Sozialforschung. 11. Auflage, Berlin: Erich Schmidt, ISBN 3-503-09740-6

Bach, N. (2008): Effizienz der Führungsorganisation deutscher Konzerne. Wiesbaden: Gabler, ISBN 978-3-8349-1307-4

Backhaus, K. (2003): Industriegütermarketing. 7. Auflage, München: Vahlen, ISBN 3-8006-2886-4

Bader, H. (1996): Private Equity als Anlagekategorie: Theorie, Praxis und Portfoliomanagement für institutionelle Investoren. Bern: Haupt, ISBN 3-2580-5456-8

Baetge, J. (2002): Die Früherkennung von Unternehmenskrisen anhand von Abschlusskennzahlen: Rückblick und Standortbestimmung. In: Der Betrieb, 55. Jg., Nr. 44, S. 2281–2287

Baetge, J./Dossmann, C./Kruse, A. (2000): Krisendiagnose mit Künstlichen Neuronalen Netzen. In: **Hauschildt/Leker** (2000), S. 179–220

Baetge, J./Kirsch, H.-J./Thiele, S. (2004): Bilanzanalyse. Düsseldorf: IDW-Verlag, ISBN 3-8021-1156-7

Baetge, J./Stellbrink, J. (2005): Früherkennung von Unternehmenskrisen mit Hilfe der Bilanzanalyse. In: Controlling, 17. Jg., Nr. 4/5, S. 213–222

Baker, G. P./Smith, G. D. (1999): The new financial capitalists: Kohlberg Kravis Roberts and the creation of corporate value. Cambridge: Cambridge Univ. Press, ISBN 0-5216-4260-4

Balk, T. (2006): Aktives vs. passives Management. In: **Kurr, V. (Hrsg.):** Praktiker-Handbuch Asset-Management. Stuttgart: Schäffer-Poeschel, ISBN 3-7910-2426-4, S. 149–160

Bamberg, G./Coenenberg, A. G. (2006): Betriebswirtschaftliche Entscheidungslehre. München: Vahlen, ISBN 978-3-8006-3323-4

Bartsch, D. (2005): Unternehmenswertsteigerung durch strategische Desinvestitionen:

Eine Ereignisstudie am deutschen Kapitalmarkt. Wiesbaden: Deutscher Universitäts-Verlag, ISBN 3-8350-0004-7

Bauer, H. H./Sauerland, N. E. (2004): Die Erfolgsfaktorenforschung als schwarzes Loch? In: Die Betriebswirtschaft, 64. Jg., Nr. 4, S. 621-623

Baum, H.-G./Coenenberg, A. G./Günther, T. (2007): Strategisches Controlling. 4. Auflage, Stuttgart: Schäffer-Poeschel, ISBN 978-3-7910-2545-2

Baur, W. (1978): Sanierungen: Wege aus Unternehmenskrisen. Wiesbaden: Gabler, ISBN 3-409-96511-4

Bea, F. X./Friedl, B./Schweitzer, M. (2004): Allgemeine Betriebswirtschaftslehre. Bd. 1: Grundfragen. 9. Auflage, Stuttgart: Lucius & Lucius, ISBN 3-8282 0296-9

Bea, F. X./Haas, J. (1994): Möglichkeiten und Grenzen der Früherkennung von Unternehmenskrisen. In: Wirtschaftswissenschaftliches Studium, 23. Jg., Nr. 10, S. 486-491

Bea, F. X./Kötzle, A. (1983): Ursachen von Unternehmenskrisen und Maßnahmen zur Krisenvermeidung. In: Der Betrieb, 36. Jg., Nr. 11, S. 565-571

Berens, W./Brauner, H. U./Frodermann, J. (Hrsg.) (2005): Unternehmensentwicklung mit Finanzinvestoren: Eigenkapitalstärkung, Wertsteigerung, Unternehmensverkauf. Stuttgart: Schäffer-Poeschel, ISBN 3-7910-2231-8

Berens, W./Brauner, H. U./Högemann, B. (2005): Due Diligence und Controlling-Instrumente von Finanzinvestoren. In: **Berens/Brauner/Frodermann** (2005), S. 51-76

Berens, W./Brauner, H. U./Strauch, J. (Hrsg.) (2005): Due Diligence bei Unternehmensakquisitionen. 4. Auflage, Stuttgart: Schäffer-Poeschel, ISBN 3-7910-2338-1

Berens, W./Strauch, J. (2006): Financial Due Diligence: Die vergangene, gegenwärtige und zukünftige Vermögens-, Finanz- und Ertragslage. In: **Wirtz** (2006), S. 533-555

Berg, A. (2005): What is Strategy for Buyout Associations? Berlin: VWF, ISBN 3-8970-0199-3

Berg, A./Gottschalg, O. (2003): Understanding Value Generation in Buyouts. INSEAD, Department of Strategy and Management, Working Paper Version 1.1 as of May 26, 2003. Fontainebleau

Berg, A./Gottschalg, O. (2004): Wertgenerierungshebel in Buyout-Transaktionen. In: Mergers & Akquisitions Review, 15. Jg., Nr. 5, S. 207–212

Bergauer, A. (2001): Erfolgreiches Krisenmanagement in der Unternehmung: Eine empirische Analyse. Berlin: Erich Schmidt

Bergauer, A. (2003): Führen aus der Unternehmenskrise: Leitfaden zur erfolgreichen Sanierung. Berlin: Erich Schmidt

Berktold, K. (1999): Strategien zur Revitalisierung von strategischen Geschäftseinheiten: Eine empirische Untersuchung zur Ermittlung einer Typologie von Unternehmenskrisen und von typischen Strategien zu deren Bewältigung. Frankfurt am Main: Lang, ISBN 3-631-35188-7

Berle, A. A./Means, G. C. (1930): Corporations and the public investor. In: American economic review, 20. Jg., S. 54–71

Bezani, T./Richter, M. (2006): Sanierungsmaßnahmen im Personalbereich: Individual- und kollektivrechtliche Mittel. In: **Hommel/Knecht/Wohlenberg** (2006), S. 1151–1187

Bibeault, D. B. (1982): Corporate turnaround: how managers turn losers into winners. New York: McGraw-Hill, ISBN 0-0700-5190-9

Bickhoff, N. et al. (Hrsg.) (2004): Die Unternehmenskrise als Chance: Innovative Ansätze zur Sanierung und Restrukturierung. Berlin, Heidelberg, New York: Springer, ISBN 3-540-21433-X

Bilo, S. (2002): Alternative Asset Class publicly traded Private Equity - Performance, Liquidity, Diversification Potential, and Pricing Characteristics. Universität St. Gallen, Hochschule für Wirtschafts-, Rechts- und Sozialwissenschaften (HSG), Dissertation. St. Gallen

Bilstein, J. (2007): Finanzielle Restrukturierung in der Unternehmenskrise. In: **Krystek/Moldenhauer** (2007), S. 229–258

Bitz, M. (2005): Finanzdienstleistungen. München: Oldenbourg, ISBN 3-4865-7688-7

Blanke, W. (2004): Aussagekraft und Nutzbarkeit von Kennzahlen und Frühindikatoren im Rating. In: **Achleitner/Everling** (2004), S. 465–480

Blatz, M./Haghani, S. (2006): Innovative Konzepte zur Krisenbewältigung: Eine aktuelle Bestandsaufnahme. In: **Blatz, M./Kraus, K.-J./Haghani, S.** (Hrsg.): Gestärkt aus der Krise. Berlin: Springer, ISBN 3–5402–9416–3, S. 3–22

Bleicher, K. (1976): Unternehmensentwicklung und Organisationsplanung. Teil 1. In: Zeitschrift Führung + Organisation, 45. Jg., S. 4–12

Blöse, J./Kihm, A. (Hrsg.) (2006): Unternehmenskrisen: Ursachen - Sanierungskonzepte - Krisenvorsorge - Steuern. Berlin: Erich Schmidt, ISBN 3–5030–9063–0

Böckenförde, B. (1996): Unternehmenssanierung. 2. Auflage, Stuttgart: Schäffer-Poeschel, ISBN 3–8202–0995–6

Böhler, C. (2006): Anlagevehikel für Private Equity: Einführung der Limited Partnership im schweizerischen Recht. In: Der Schweizer Treuhänder, 80. Jg., Nr. 8, S. 506–513

Borello, I./Bader, H. (2004): Hedge Funds: A threat to Private equity? Unigestion

Böttger, A. (2007): Bedeutung von Turnaround Fonds für die Restrukturierung. In: **Krystek/Moldenhauer** (2007), S. 278–292

Bötzel, S. (1993): Diagnose von Konzernkrisen. Köln: Dr. Otto Schmidt KG, ISBN 3–5046–9000–3

Bowman, E. H./Singh, H. (1993): Corporate Restructuring: Reconfiguring the Firm. In: Strategic Management Journal, Nr. 14, S. 5–14

Bowman, E. H. et al. (1999): When Does Restructuring Improve Economic Performance? In: California Management Review, 41. Jg., Nr. 2, S. 33–54

Brade, J. (2005): Strategisches Management in der außeruniversitären Forschung: Entwicklung einer Konzeption am Beispiel der Helmholtz-Gemeinschaft. Wiesbaden: Deutscher Universitäts-Verlag, ISBN 3–8350–0018–7

Branch, B./Ray, H. (2002): Bankruptcy investing: how to profit from distressed companies. Washington: Beard Books, ISBN 1–5879–8121–1

Brealey, R. A./Myers, S. C. (2000): Principles of Corporate Finance. 6. Auflage, Boston: McGraw-Hill, ISBN 0–0770–9565–0

Brealey, R. A./Myers, S. C./Allen, F. (2006): Corporate Finance. 8. Auflage, Boston: McGraw-Hill/Irwin, ISBN 0–0711–1799–7

Brebeck, F./Bredy, J. (2005): Financial Due Diligence I: Vermögen, Ertrag und Cashflow. In: **Berens/Brauner/Strauch** (2005), S. 371–394

Breuer, W./Gürtler, M./Schuhmacher, F. (2004): Grundlagen. 2. Auflage, Wiesbaden: Gabler, ISBN 3–4092–1508–5

Brockhoff, K. K. (1999): Forschung und Entwicklung: Planung und Kontrolle. 5. Auflage, München: Oldenbourg, ISBN 3–4862–4928–2

Brosius, H.-B./Koschel, F. (2005): Methoden der empirischen Kommunikationsforschung: Eine Einführung. 3. Auflage, Wiesbaden: VS Verl. für Sozialwiss., ISBN 3–5314–3365–2

Brüggerhoff, J. (1992): Management von Desinvestitionen. Wiesbaden: Gabler, ISBN 3–4091–3749–1

Brühl, V. (2004a): Restrukturierung: Ursachen, Verlauf und Management und Unternehmenskrisen. In: **Brühl** (2004b), S. 3–31

Brühl, V. (Hrsg.) (2004b): Unternehmensrestrukturierung: Strategien und Konzepte. Stuttgart: Schäffer-Poeschel, ISBN 3–7910–2312–8

Buehler, K. S./D'Silva, V./Wang, Z. (2003): The allure of distressed debt. In: McKinsey Quarterly, Nr. 1, S. 21–25

Bühner, M. (2005): Einführung in die Test- und Fragebogenkonstruktion. München: Pearson Studium, ISBN 3–8273–7083–3

Bundesverband deutscher Banken (2008): Banken 2008 - Fakten, Meinungen, Perspektiven. Berlin

Burger, A. (1999): Kostenmanagement. 3. Auflage, München: Oldenbourg, ISBN 3–4862–3830–2

Burtscher, J. G. (1996): Wertorientiertes Krisenmanagement: Ein integriertes

Konzept zur Vermeidung und Bewältigung von Unternehmenskrisen. Bern, Stuttgart, Wien: Haupt, ISBN 3-2580-5435-5

Busack, M./Kaiser, D. G. (2006): Alternative Investment-Strategien: Definition, Klassifikation und Anlagetechniken. In: **Busack/Kaiser** (2006a), S. 3–31

Busack, M./Kaiser, D. G. (Hrsg.) (2006a): Handbuch Alternative Investments Band 1. Wiesbaden: Gabler, ISBN 3-8349-0151-2

Busack, M./Kaiser, D. G. (Hrsg.) (2006b): Handbuch Alternative Investments Band 2. Wiesbaden: Gabler, ISBN 3-8349-0298-5

Büschgen, H. E./Börner, C. J. (2003): Bankbetriebslehre. 4. Auflage, Stuttgart: Lucius & Lucius

Büschgen, H. E./Everling, O. (Hrsg.) (2007): Handbuch Rating. 2. Auflage, Wiesbaden: Gabler, ISBN 978-3-8349-0301-3

Buschmann, H. (2006): Erfolgreiches Turnaround-Management: Empirische Untersuchung mit Schwerpunkt auf dem Einfluss der Stakeholder. Wiesbaden: Deutscher Universitäts-Verlag, ISBN 978-3-8350-0602-7

Busse, F.-J. (2003): Grundlagen der betrieblichen Finanzwirtschaft. 5. Auflage, München: Oldenbourg, ISBN 3-4862-5406-5

Buth, A. K./Hermanns, M. (2004): Grundsätzliche Aspekte zur Beurteilung von Sanierungskonzepten. In: **Buth/Hermanns** (2004), S. 437–448

Buth, A. K./Hermanns, M. (Hrsg.) (2004): Restrukturierung, Sanierung, Insolvenz: Handbuch. 2. Auflage, München: Beck, ISBN 3-4065-1219-4

Buth, A. K./Hermanns, M./Janus, R. (2004): Finanzwirtschaftliche Aspekte bei Fortführung von Krisenunternehmen. In: **Buth/Hermanns** (2004), S. 257–283

BVK (2007a): Bundesverband deutscher Kapitalbeteiligungsgesellschaften (BVK): BVK Special - Private Equity in Europa 2006. Berlin

BVK (2007b): Bundesverband deutscher Kapitalbeteiligungsgesellschaften (BVK): BVK Statistik - Das Jahr 2006 in Zahlen. Berlin

BVK (2009): Bundesverband deutscher Kapitalbeteiligungsgesellschaften (BVK): BVK Statistik - Das Jahr 2008 in Zahlen. Berlin

Charifzadeh, M. (2002): Corporate Restructuring: Ein wertorientiertes Entscheidungsmodell. Lohmar: Josef Eul, ISBN 3-8901-2956-0

Chmielewicz, K. (1994): Forschungskonzeptionen der Wirtschaftswissenschaft. 3. Auflage, Stuttgart: Schäffer-Poeschel, ISBN 3-7910-9197-2

Christophers, H. et al. (2006): Listed Private Equity: Charakteristika einer aufstrebenden Anlageklasse. In: **Busack/Kaiser** (2006b), S. 213-231

Clasen, J. P. (1992): Turnaround Management für mittelständische Unternehmen. Wiesbaden: Gabler, ISBN 3-409-13670-3

Clausen, T. F. (2003): Beurteilung von Fondstrategien. In: **Jugel** (2003), S. 103-114

Coase, R. H. (1937): The nature of the firm. In: Economica, 4. Jg., S. 386-405

Coenenberg, A. G./Bischof, B. (2005): Jahresabschluss und Jahresabschlussanalyse. Stuttgart: Schäffer-Poeschel, ISBN 3-7910-2378-0

Coenenberg, A. G./Salfeld, R. (2003): Wertorientierte Unternehmensführung: Vom Strategieentwurf zur Implementierung. Stuttgart: Schäffer-Poeschel, ISBN 3-7910-2113-3

Coenenberg, A. G./Salfeld, R. (2007): Wertorientierte Unternehmensführung: Vom Strategieentwurf zur Implementierung. 2. Auflage, Stuttgart: Schäffer-Poeschel, ISBN 978-3-7910-2586-5

Coenenberg, A. G./Schultze, W. (2006): Methoden der Unternehmensbewertung. In: **Wirtz** (2006), S. 471-500

Colbe, W. Busse von/Laßmann, G./Hammann, P. (1990): Investitionstheorie. 3. Auflage, Berlin: Springer, ISBN 0-3875-2170-4

Copeland, T. E./Koller, T./Murrin, J. (2000): Valuation: Measuring and managing the value of companies. 3. Auflage, New York: Wiley, ISBN 0-471-36190-9

Copeland, T. E./Koller, T./Murrin, J. (2002): Unternehmenswert: Methoden und Strategien für eine wertorientierte Unternehmensführung. 3. Auflage, Frankfurt am Main: Campus, ISBN 3-5933-6895-1

Copeland, T. E./Weston, J. F./Shastri, K. (2005): Financial theory and corporate policy. Boston: Pearson/Addison-Wesley, ISBN 0–321–22353–5

Corsten, H./Gössinger, R./Schneider, H. (2006): Grundlagen des Innovationsmanagements. München: Vahlen, ISBN 3–8006–3327–2

Creditreform (2007): Insolvenzen in Europa, Jahr 2006/07: Eine Untersuchung der Creditreform Wirtschaftsforschung. Neuss

Dalla-Costa, J. (2005): Alternative fund managers converge. In: Euromoney, 36. Jg., Nr. 1, S. 41–43

Damnitz, M./Rink, A. (2006): Strategien der Investoren. In: Lützenrath/Schuppener/Peppmeier (2006), S. 45–78

Damodaran, A. (2002): Investment Valuation: Tools and Techniques for Determing the Value of Any Asset. 2. Auflage, New York: John Wiley & Sons, ISBN 0–4714–1488–3

Daniels, H. von (2004): Private Equity Secondary Transactions: Chancen und Grenzen des Aufbaus eines institutionalisierten Secondary Market. Wiesbaden: Deutscher Universitäts-Verlag, ISBN 3–8244–8160–X

David, S. (2001): Externes Krisenmanagement aus Sicht der Banken. Lohmar: Josef Eul, ISBN 3–89012–875–0

Daynes, C./Schalast, C. (2006): Distressed Debt Investing: Analyse und Bedeutung des Marktes für Problemkredite in Deutschland. In: **Busack/Kaiser** (2006b), S. 271–290

Deibert, V./Schellenberger, D. (1998): Vulture Investing: Geld anlegen, wo andere aufgeben. In: Die Bank, Nr. 7, S. 434–436

Deloitte (2006): Private Equity Survey Q2/2006. Düsseldorf

Dietz, J.-W. (1989): Gründung innovativer Unternehmen. Wiesbaden: Gabler, ISBN 3–4091–3355–0

Diller, C. (2007): Private Equity Rendite, Risiko und Markteinflussfaktoren: Eine empirische Analyse europäischer Private-Equity-Fonds. Bad Soden am Taunus: Uhlenbruch, ISBN 3–9332–0758–4

Dimitrakopoulos, D./Spahr, R. (2004): Ablauf des Ratingverfahrens bei internationalen Ratingagenturen. In: **Achleitner/Everling** (2004), S. 211–222

Drukarczyk, J./Schüler, A. (2007): Unternehmensbewertung. 5. Auflage, München: Vahlen, ISBN 978–3–8006–3270–1

Eckhoff, J. (2007): Turnaround Equity in Deutschland: Perspektiven und Erfolgspotenziale für Private Equity Investments in Krisenunternehmen. Saarbrücken: VDM Verl. Müller, ISBN 978–3–8364–2996–2

Eichen, S. A. Friedrich von den (2002): Kräftekonzentration in der diversifizierten Unternehmung: Eine ressourcenorientierte Betrachtung der Desinvestition. Wiesbaden: Deutscher Universitäts-Verlag, ISBN 3–8244–7622–3

Eilers, S. (2005): Steuerliche Strukturierung der Transaktionen. In: **Picot** (2005), S. 69–111

Eisele, F. (2006): Going Private in Deutschland: Eine institutionelle und empirische Analyse des Rückzugs vom Kapitalmarkt. Wiesbaden: Deutscher Universitäts-Verlag, ISBN 978–3–8350–9255–6

Eisele, F./Walter, A. (2006): Finanzwirtschaftliche Charakteristika deutscher Going Private-Unternehmen. In: Finanz-Betrieb, 8. Jg., Nr. 6, S. 360–371

Eisenberg, N. (2006): Sanierungsmanagement: Veränderung der Unternehmensführung. In: **Hommel/Knecht/Wohlenberg** (2006), S. 609–624

Elst, C. van der (2000): The Equity Markets, Ownership Structures and Control: Towards an International Harmonisation? Universiteit Gent, Financial Law Institute, Working Paper Series, WP 2000-04. Gent

Ernst & Young (2006): German Private Equity Activity. December 2006. o. O.

Ernst & Young (2007a): German Private Equity Activity December 2007: „Germany takes shelter from the storm". o.O.

Ernst & Young (2007b): Der Private Equity-Markt in Deutschland 2006. Frankfurt am Main

Euler Hermes (2009a): Euler Hermes Kreditversicherung: Insolvenzen in Zeiten der Finanzkrise - Befragung von Insolvenzverwaltern zu Entwicklung, Ursachen, Konsequenzen. Hamburg

Euler Hermes (2009b): Euler Hermes Kreditversicherung: Insolvenzprognose 2010 - Im Abwärtssog der Weltwirtschaft - Stand: Mai 2009. Hamburg

EVCA (2006a): European Private Equity & Venture Capital Association (EVCA): EVCA Reporting Guidelines. Zaventem

EVCA (2006b): European Private Equity & Venture Capital Association (EVCA): International Private Equity and Venture Capital Valuation Guidelines. Zaventem

EVCA (2007): European Private Equity & Venture Capital Association (EVCA): EVCA Yearbook 2007: Annual survey of Pan-European private equity & venture capital activity. Zaventem

EVCA (2009a): European Private Equity and Venture Capital Association - Divestments at cost. Zaventem

EVCA (2009b): European Private Equity and Venture Capital Association - Investments. Zaventem, Belgium

EVCA (2009c): European Private Equity and Venture Capital Association - Private equity funds raised. Zaventem, Belgium

Everling, O./Bargende, D. (2005): Externe Ratingsysteme als Frühwarnsysteme. In: Controlling, 17. Jg., Nr. 4/5, S. 261–269

EZB (2009): Europäische Zentralbank (EZB): Monatsbericht Oktober 2009. Frankfurt am Main

Fahrmeir, L. et al. (2004): Statistik: Der Weg zur Datenanalyse. 5. Auflage, Berlin, Heidelberg: Springer, ISBN 3–5402–1232–9

Falkenberg, A. D. (2005): Turnaround Management in South-East Asia. Universität St. Gallen, Hochschule für Wirtschafts-, Rechts- und Sozialwissenschaften (HSG), Dissertation. St. Gallen

Fama, E. F./French, K. R. (2002): Testing trade-off and pecking order predictions about dividends and debt. In: Review of financial studies, 15. Jg., Nr. 1, S. 1–33

Faulhaber, P./Landwehr, N. (2001): Turnaround-Management in der Praxis: Umbruchphasen nutzen - neue Stärken entwickeln. 2. Auflage, Frankfurt am Main: Campus, ISBN 3–5933–6674–6

Faulhaber, P./Landwehr, N. (2006): Turnaround-Management: Crisis Survival for German Mid-Caps. 3. Auflage, Frankfurt am Main: Campus, ISBN 3–5933–8254–7

Feinendegen, S./Schmidt, D./Wahrenburg, M. (2003): Die Vertragsbeziehung zwischen Investoren und europäischen Venture Capital-Fonds: Eine empirische Untersuchung und Klassifizierung unterschiedlicher Vertragsmuster. In: Zeitschrift für Betriebswirtschaft, 73. Jg., Nr. 11, S. 1167–1195

Fellhauer, E./Pinker, J. (2006): Die Rolle von Private Equity-Funds im M&A-Markt. In: Wirtz (2006), S. 157–178

Fendel, A./Groh, A. P. (2002): Private Equity zur Sicherung langfristiger Unternehmensstrategien. In: **Booz Allen Hamilton (Hrsg.):** Strategic Corporate Finance. Frankfurt am Main: Ueberreuter, ISBN 3–8323–0887–3, S. 90–123

Fenn, G. W./Liang, N./Prowse, S. (1997): The Private Equity Market: An Overview. In: Financial Markets, Institutions and Instruments, 6. Jg., Nr. 4, S. 1–105

Fiege, S. (2006): Risikomanagement- und Überwachungssystem nach KonTraG: Prozess, Instrumente, Träger. Wiesbaden: Deutscher Universitäts-Verlag, ISBN 978–3–8350–5704–3

Findeisen, F. (1932): Aufstieg der Betriebe: Der gesunde und der kranke Betrieb. Leipzig: Lindner

Finsterer, H. (1999): Unternehmenssanierung durch Kreditinstitute: Eine Untersuchung unter Beachtung der Insolvenzordnung. Wiesbaden: Deutscher Universitäts-Verlag, ISBN 3–8244–7029–2

Fischer, A. (2004): Qualitative Merkmale in bankinternen Ratingsystemen: Eine empirische Analyse zur Bonitätsbeurteilung von Firmenkunden. Bad Soden am Taunus: Uhlenbruch, ISBN 3–9332–0747–9

Fischer, T. M./Rödl, K. (2007): Unternehmensziele und Anreizsysteme: Theoretische Grundlagen und empirische Befunde aus deutschen Unternehmen. In: Controlling, 19. Jg., Nr. 1, S. 5–14

Fleege-Althoff, F. (1930): Die notleidende Unternehmnung, Erster Band: Krankheitserscheinungen und Krankheitsursachen. Stuttgart: Poeschel

Forst, M. (1992): Management Buy-out und Buy-in als Form der Übernahme mittelständischer Unternehmen. Stuttgart: Schäffer-Poeschel, ISBN 3–7910–5048–6

Franceschetti, A. (1993): Der Turnaround aus Sicht der Anteilseigner, der Unternehmensleitung und der Banken. Universität St. Gallen, Hochschule für Wirtschafts-, Rechts- und Sozialwissenschaften (HSG), Dissertation. St. Gallen

Franck, E./Meister, U. (2006): Vertikale und Horizontale Unternehmenszusammenschlüsse: Ökonomische Grundlagen der Entscheidung über die Unternehmensgrenzen. In: **Wirtz** (2006), S. 79–107

Franke, G./Hax, H. (2004): Finanzwirtschaft des Unternehmens und Kapitalmarkt. Berlin: Springer, ISBN 3–5404–0644–1

Franke, R. (1997): Das Management in der Unternehmenskrise. Bad Urach: Verl. Institut für Arbeitsorganisation e.V., ISBN 3–9321–6003–7

Friedrich, A. (2005): Auswahl von Syndikatspartnern im Private-Equity-Geschäft: eine deutschlandweite empirische Betrachtung. Wiesbaden: Deutscher Universitäts-Verlag, ISBN 3–8350–0213–9

Fritsch, M./Wein, T./Ewers, H.-J. (1996): Marktversagen und Wirtschaftspolitik: Mikroökonomische Grundlagen staatlichen Handelns. 2. Auflage, München: Vahlen, ISBN 3–8006–2080–4

Fritz, W. (1995): Marketing-Management und Unternehmenserfolg: Grundlagen und Ergebnisse einer empirischen Untersuchung. 2. Auflage, Stuttgart: Schäffer-Poeschel, ISBN 3–7910–0946–X

Fritz, W. (2004): Die Erfolgsfaktorenforschung – ein Misserfolg? In: Die Betriebswirtschaft, 64. Jg., Nr. 5, S. 623–625

Fritzsche, M./Griese, M. (2005): Legal Due Diligence. In: **Berens/Brauner/Strauch** (2005), S. 457–487

Froitzheim/Froitzheim, R. (2006): Non Performing Loans (NPL) in Deutschland: Praxisrelevante Aspekte, Instrumente zur Abgabe von notleidenden Krediten und Bedeutung für die Banksteuerung. Köln: Bank-Verlag, ISBN 3–86556–110–1

Gälweiler, A. (2005): Strategische Unternehmensführung. Frankfurt am Main: Campus, ISBN 3–5933–7761–6

Gaughan, P. A. (2007): Mergers, acquisitions and corporate restructurings. Hoboken (New Jersey): Wiley, ISBN 978-0-4717-0564-2

Gemünden, H. G. (2000): Defizite der statistischen Insolvenzdiagnose. In: **Hauschildt/Leker** (2000), S. 144-167

Gerhardt, S. E. (2005): Basel II im Wettstreit internationaler Regulierungsinteressen: Auswirkungen auf Transmission und Wettbewerb. Wiesbaden: Deutscher Universitäts-Verlag, ISBN 3-8350-0046-2

Gerke, W. (2005): Kapitalmärkte - Funktionsweisen, Grenzen, Versagen. In: **Hungenberg, H. (Hrsg.):** Handbuch Strategisches Management. Wiesbaden: Gabler, ISBN 3-4092-2312-6, S. 255-272

Gerke, W./Bank, M. (2003): Grundlagen für Investitions- und Finanzierungsentscheidungen in Unternehmen. Stuttgart: Kohlhammer, ISBN 3-1701-8169-6

Giessler, J. W. (2006): Bedeutung des Unternehmenswerts für das Sanierungsmanagement: Shareholder Value-Management in der Krise. In: **Hommel/Knecht/Wohlenberg** (2006), S. 157-184

Gilson, S. C. (1995): Investing in Distressed Situations: A Market Survey. In: Financial Analysts Journal, 51. Jg., Nr. 6, S. 8-27

Gilson, S. C./Hotchkiss, E. S./Ruback, R. S. (1998): Valuation of Bankrupt Firms. Harvard Business School, Working Paper. Boston

Gischer, H./Herz, B./Menkhoff, L. (2005): Geld, Kredit und Banken: Eine Einführung. 2. Auflage, Berlin, Heidelberg: Springer, ISBN 978-3-5402-7462-9

Glaum, M./Lindemann, J./Friedrich, N. (2006): Erfolg von Mergers & Akquisitions: Ergebnisse empirischer Forschung. In: **Wirtz** (2006), S. 287-314

Gless, S.-E. (1996): Unternehmenssanierung: Grundlagen, Strategien, Maßnahmen. Wiesbaden: Deutscher Universitäts-Verlag, ISBN 3-8244-6273-7

Göbel, E. (2002): Neue Institutionenökonomik: Konzeption und betriebswirtschaftliche Anwendungen. Stuttgart: Lucius & Lucius, ISBN 3-8282-0174-1

Goold, M./Campbell, M. A. (1994): Corporate-level strategy: creating value in the multibusiness company. New York: Wiley, ISBN 0–471–04716–3

Gorman, M./Sahlman, W. A. (1989): What do venture capitalists do? In: Journal of Business Venturing, 4. Jg., Nr. 4, S. 231–248

Götze, U. (2007): Kostenrechnung und Kostenmanagement. Berlin: Springer, ISBN 978–3–540–32715–8

Graf, S./Gruber, A./Grünbichler, A. (2001): Der Private Equity Markt in Europa. In: Grünbichler, A./Graf, S./Böhmer, C. (Hrsg.): Private Equity und Hedge Funds. Zürich: Verl. Neue Zürcher Zeitung, ISBN 3–8582–3905–4, S. 21–44

Gramtke, M. R. (2007): Übernahme insolventer Unternehmen: Rechtliche und wirtschaftliche Chancen und Risiken aus Käufersicht. Hamburg: Diplomica, ISBN 3–8366–5238–2

Grape, C. (2006): Sanierungsstrategien: empirisch-qualitative Untersuchung zur Bewältigung schwerer Unternehmenskrisen. Wiesbaden: Deutscher Universitäts-Verlag, ISBN 3–8350–0210–4

Grell, F./Demisch, D. (2006): Einfallstor Kredit: Rechtliche Hürden bei Debt-Equity-Swaps. In: Finance Magazin, Nr. 2, S. 34–35

Grob, H. L. (2006): Einführung in die Investitionsrechnung: Eine Fallstudiengeschichte. 5. Auflage, München: Vahlen, ISBN 3–8006–3276–4

Groh, A. P. (2004): Risikoadjustierte Performance von Private Equity-Investitionen. Wiesbaden: Deutscher Universitäts-Verlag, ISBN 3–8244–8188–X

Groh, A. P./Gottschalg, O. (2005): Venture capital und private equity aus Sicht der Wissenschaft. In: Zeitschrift für das gesamte Kreditwesen, 58. Jg., Nr. 1, S. 26–29

Groß, H. (2004): Beiträge zur Restrukturierung/Sanierung - Personalwesen. In: Buth/Hermanns (2004), S. 213–229

Grossman, S. J./Hart, O. S. D. (1986): The costs and benefits of ownership: A theory of vertical and lateral integration. In: Journal of Political Economy, 94. Jg., Nr. 4, S. 691–719

Grundmann, S./Hofmann, C./Möslein, F. (Hrsg.) (2009): Finanzkrise und

Wirtschaftsordnung. Berlin: De Gruyter Rechtswissenschaften, ISBN
978-3-89949-651-2

Grünert, T. (2007): Mergers & Acquisitions in Unternehmungskrisen:
Krisenbewältigung durch Synergierealisation. Wiesbaden: Deutscher
Universitäts-Verlag, ISBN 978-3-8350-0474-0

Grunow, H.-W. G./Figgener, S. (2006): Handbuch Moderne
Unternehmensfinanzierung: Strategien zur Kapitalbeschaffung und
Bilanzoptimierung. Berlin: Springer, ISBN 3-5402-5651-2

Gunzenhauser, P. (1995): Unternehmenssanierung in den neuen Bundesländern: eine
Branchenuntersuchung des Werkzeugmaschinenbaus. Bergisch-Gladbach, Köln:
Josef Eul, ISBN 3-8901-2449-6

Gutenberg, E. (1987): Die Finanzen. 8. Auflage, Berlin, Heidelberg, New York, ISBN
3-540-09904-2

Haarmann, W./Wildberger, J. (2006): Die Rolle des Anwalts in
M&A-Transaktionen. In: **Wirtz** (2006), S. 179-201

Hackethal, A. (2004): German banks and banking structure. In: **Krahnen,
J. P./Schmidt, R. H. (Hrsg.):** The German financial system. Oxford: Oxford
Univ. Press, ISBN 0-1992-5316-1, S. 71-105

Hackethal, A./Schmidt, R. H./Tyrell, M. (2006): The transformation of the
German financial system. In: Revue d'économie politique, 116. Jg., Nr. 4,
S. 431-456

Haenecke, H. (2002): Methodenorientierte Systematisierung der Kritik an der
Erfolgsfaktorenforschung. In: Zeitschrift für Betriebswirtschaft, 72. Jg., Nr. 2,
S. 165-183

Hagenmüller, M. (2004): Investor Relations von Private-Equity-Partnerships,
Universität St. Gallen, Hochschule für Wirtschafts-, Rechts- und
Sozialwissenschaften (HSG), Dissertation. St. Gallen

Haghani, S. (2004): Strategische Krisen von Unternehmen und praxisorientierte
Möglichkeiten einer Früherkennung. In: **Bickhoff et al.** (2004), S. 41-65

Hahn, D. (1970): Wachstumspolitik industrieller Unternehmungen. In: Betriebswirtschaftliche Forschung und Praxis, 22. Jg., Nr. 11, S. 609–626

Hahn, D. (2006): Strategische Unternehmungsführung - Grundkonzept. In: Hahn/Taylor (2006), S. 29–50

Hahn, D./Taylor, B. (Hrsg.) (2006): Strategische Unternehmungsplanung - strategische Unternehmungsführung: Stand und Entwicklungstendenzen. 9. Auflage, Berlin: Springer, ISBN 3–5402–3575–2

Hahn, D./Willers, H. G. (2006): Unternehmungsplanung und Führungskräftevergütung. In: Hahn/Taylor (2006), S. 365–374

Hambrick, D. C. (1985): Turnaround Strategies. In: Guth, W. D. (Hrsg.): Handbook of business strategy. Boston: Warren Gorham Lamont, ISBN 0–8871–2162–4, S. 10.1–10.32

Hamilton, D. T. (2002): Default & Recovery Rates of European Corporate Bond Issuers, 1985-2001. New York

Harms, R. (2004): Entrepreneurship in Wachstumsunternehmen: Unternehmerisches Management als Erfolgsfaktor. Wiesbaden: Deutscher Universitäts-Verlag, ISBN 3–8244–8163–4

Harris, M./Raviv, A. (1990): Capital structure and the informational role of debt. In: Journal of Finance, 45. Jg., Nr. 2, S. 321–349

Hart, O. D. (1995): Corporate governance: Some theory and implications. In: Economic journal, 105. Jg., Nr. 430, S. 678–689

Hartmann, W./Schwarzhaupt, O. (2007): Die Bedeutung des Ratings im Bankkreditgeschäft. In: Büschgen/Everling (2007), S. 25–45

Hartmann-Wendels, T./Pfingsten, A./Weber, M. (2007): Bankbetriebslehre. 4. Auflage, Berlin, Heidelberg: Springer, ISBN 3–5403–8109–0

Harz, M./Hub, H. G./Schlarb, E. (2006): Sanierungs-Management: Unternehmen aus der Krise führen. Düsseldorf: Verl. Wirtschaft und Finanzen

Haupt, R. (2000): Industriebetriebslehre: Einführung; Management im Lebenszyklus industrieller Geschäftsfelder. Wiesbaden: Gabler, ISBN 3–4091–2943–X

Hausch, K. T. (2004): Corporate governance im deutschen Mittelstand: Veränderungen externer Rahmenbedingungen und interner Elemente. Wiesbaden: Deutscher Universitäts-Verlag, ISBN 3-8244-0744-2

Hauschildt, J. (1983): Aus Schaden klug. In: Manager Magazin, 13. Jg., Nr. 10, S. 142-152

Hauschildt, J. (Hrsg.) (1988a): Krisendiagnose durch Bilanzanalyse. Köln: Erich Schmidt, ISBN 3-5046-6055-4

Hauschildt, J. (1988b): Unternehmenskrisen - Herausforderungen an die Bilanzanalyse. In: **Hauschildt** (1988a), S. 1-16

Hauschildt, J. (2002): Krisendiagnose durch Bilanzanalyse. In: **Krimphove/Tytko** (2002), S. 1003-1018

Hauschildt, J. (2003): Anmerkungen zum Umgang der Betriebswirtschaftslehre mit Unternehmenskrisen. Universität Kiel, Institut für Betriebswirtschaftslehre, Manuskript. Kiel

Hauschildt, J. (2006a): Bilanzanalyse im Dienste der Krisendiagnose. In: **Hutzschenreuter/Griess-Nega** (2006), S. 95-115

Hauschildt, J. (2006b): Entwicklungen in der Krisenforschung. In: **Hutzschenreuter/Griess-Nega** (2006), S. 19-39

Hauschildt, J./Grape, C./Schindler, M. (2006): Typologien von Unternehmenskrisen im Wandel. In: Die Betriebswirtschaft, 66. Jg., Nr. 1, S. 7-25

Hauschildt, J./Leker, J. (Hrsg.) (2000): Krisendiagnose durch Bilanzanalyse. 2. Auflage, Köln: O. Schmidt, ISBN 3-5046-6056-2

Heidorn, T./Hoppe, C./Kaiser, D. G. (2006): Konstruktion und Verzerrungen von Hedgefondsindizes. In: **Busack/Kaiser** (2006a), S. 573-599

Heinke, V. (2007): Rating aus Sicht der modernen Finanzierungstheorie. In: **Büschgen/Everling** (2007), S. 655-707

Hepp, S. (2006): Private Equity-Märkte: Rückblick und Analyse der Entwicklung der internationalen Buy-out-Märkte. In: **Busack/Kaiser** (2006b), S. 19-41

Literaturverzeichnis

Hermann, W./Röttgen, J. (2004): Betriebswirtschaftliche Beurteilung von Sanierungskonzepten. In: **Buth/Hermanns** (2004), S. 449–475

Hermanns, J. (2006): Optimale Kapitalstruktur und Market Timing: Empirische Analyse börsennotierter deutscher Unternehmen. Wiesbaden: Deutscher Universitäts-Verlag, ISBN 978-3-8350-0584-6

Hermanns, M. (2004): Private Equity. In: **Buth/Hermanns** (2004), S. 431–435

Herr, C. (2007): Nicht-lineare Wirkungsbeziehungen von Erfolgsfaktoren der Unternehmensgründung. Wiesbaden: Deutscher Universitäts-Verlag, ISBN 3-8350-0669-X

Hess, H./Fechner, D. (1991): Sanierungshandbuch. 2. Auflage, Neuwied: Luchterhand, ISBN 3-4720-0158-5

Hesselmann, S./Stefan, U. (1990): Sanierung oder Zerschlagung insolventer Unternehmen: Betriebswirtschaftliche Überlegungen und empirische Ergebnisse. Stuttgart: Schäffer-Poeschel, ISBN 3-7910-5039-7

Hilmer, E. (1914): Wirtschaftliche Zusammenbrüche und ihre Abwehr: Ein statistischer Beitrag zum Sicherheitsgedanken im deutschen Erwerbsleben. Wolmirstedt: Grenzau

Hilpold, C./Kaiser, D. G. (2005): Alternative Investment-Strategien: Einblick in die Anlagetechniken der Hedgefonds-Manager. Weinheim: Wiley-VCH, ISBN 3-5275-0105-3

Hirsch, N. (2004): Agency-theoretische Analyse der Private-Equity Beteiligung: Gestaltungsmöglichkeiten zur Minimierung von Informationsasymmetrien. Norderstedt: Books on Demand, ISBN 3-8334-1127-9

Hirt, G. A./Block, S. B. (2005): Managing investments. New York: McGraw-Hill, ISBN 0-0714-1364-2

Hirth, H. (2005): Grundzüge der Finanzierung und Investition. München: Oldenbourg, ISBN 3-4865-7783-2

Hite, G. L./Owers, J. E./Rogers, R. C. (1987): The market for interfirm asset sales: Partial Sell-offs and Total Liquidations. In: Journal of Financial Economics, 18. Jg., Nr. 2, S. 229–252

Hofer, C. W. (1980): Turnaround Strategies. In: Journal of Business Strategy, 1. Jg., Nr. 1, S. 19–31

Hohmann, D. (2005): Die Finanzierung der Unternehmensnachfolge: Gestaltungsempfehlungen für Private Equity-Beteiligungen im Mittelstand. Berlin: wvb, ISBN 3–8657–3155–4

Homburg, C./Krohmer, H. (2004): Die Fliegenpatsche als Instrument des wissenschaftlichen Dialogs. In: Die Betriebswirtschaft, 64. Jg., Nr. 5, S. 626–631

Hommel, U./Knecht, T. C./Wohlenberg, H. (Hrsg.) (2006): Handbuch Unternehmensrestrukturierung: Grundlagen, Konzepte, Maßnahmen. Wiesbaden: Gabler, ISBN 3–4091–2654–6

Hommel, U./Schneider, H. (2006): Die Kreditentscheidung im Rahmen von Leveraged-Buy-Out-Transaktionen. In: Finanz-Betrieb, 8. Jg., Nr. 9, S. 521–526

Hornberg, K. W. (2006): Hedgefonds: Gute Renditen durch Risikokontrolle und Verlustvermeidung. Wiesbaden: Gabler, ISBN 3–8349–0276–4

Horsch, A. (2005): Agency und Versicherungsintermediation. In: **Horsch, A./Meinhövel, H./Paul, S. (Hrsg.):** Institutionenökonomie und Betriebswirtschaftslehre. München: Vahlen, ISBN 3–8006–3212–8, S. 81–99

Horváth, P. (2006): Controlling. München: Vahlen, ISBN 3–8006–3252–7

Hotchkiss, E. S./Mooradian, R. M. (1997): Vulture investors and the market for control of distressed firms. In: Journal of Financial Economics, 43. Jg., Nr. 3, S. 401–432

Howaldt, S. D. (1994): Sanierungsakquisitionen bei Klein- und Mittelunternehmen (KMU). Hallstadt: Rosch-Buch

Hradsky, G. T./Long, R. D. (1989): High-Yield Default Losses And The Return Performance Of Bankrupt Debt. In: Financial Analysts Journal, 45. Jg., Nr. 4, S. 38–49

Hungenberg, H./Wulf, T. (2006): Grundlagen der Unternehmensführung. 2. Auflage, Berlin: Springer, ISBN 3–5402–8776–0

Hutzschenreuter, T. (2006): Unternehmenskrisen als Teil der Unternehmensentwicklung. In: **Hutzschenreuter/Griess-Nega** (2006), S. 3–18

Hutzschenreuter, T./Griess-Nega, T. (Hrsg.) (2006): Krisenmanagement: Grundlagen, Strategien, Instrumente. Wiesbaden: Gabler, ISBN 3-4090-3416-1

Institut der deutschen Wirtschaftsprüfer (Hrsg.) (2002): WP-Handbuch. 12. Auflage, Düsseldorf

Jakoby, S. (2000): Erfolgsfaktoren von Management Buyouts in Deutschland: eine empirische Untersuchung. Lohmar: Josef Eul, ISBN 3-8901-2784-3

Jensen, M. C. (1986): Agency Costs of Free Cash Flow, Corporate Finance, and Takeovers. In: American economic review, 76. Jg., Nr. 2, S. 323–329

Jensen, M. C. (1993): The modern industrial revolution, exit, and the failure of internal control systems. In: Journal of Finance, 48. Jg., Nr. 3, S. 831–880

Jensen, M. C./Meckling, W. H. (1976): Theory of the Firm: Managerial Behaviour, Agency Costs and Ownership Strucure. In: Journal of Financial Economics, 3. Jg., S. 305–360

Jepsen, T. (2007): Die Entlohnung des Managements beim (leveraged) management buy-out: Gestaltung aus ökonomischer und steuerlicher Sicht. Hamburg: Kovac, ISBN 3-8300-2889-X

Jesch, T. A. (2004): Private-Equity-Beteiligungen: Wirtschaftliche, rechtliche und steuerliche Rahmenbedingungen aus Investorensicht. Wiesbaden: Gabler

Jobsky, T. (2004): Mergers & Acquisitions bei Restrukturierung/Sanierung. In: **Buth/Hermanns** (2004), S. 390–413

Jobsky, T./Ziechmann, P. (2004): Beiträge zur Restrukturierung/Sanierung - Forschung & Entwicklung. In: **Buth/Hermanns** (2004), S. 150–163

John, O. W. (2003): Passives Asset Managemet. In: **Leser, H./Rudolf, M.** (Hrsg.): Handbuch Institutionelles Asset Management. Wiesbaden: Gabler, ISBN 3-4091-1893-4, S. 519–533

Jostarndt, P. (2006): Financial Distress, Corporate Restructuring and Firm Survival: An Empirical Analysis of German Panel Data. Wiesbaden: Deutscher Universitäts-Verlag, ISBN 978-3-8350-0590-7

Jozefowski, H. A. (1985): Sanierungsfinanzierung. Wien: Service-Fachverlag an der Wirtschaftsuniversität Wien, ISBN 3-85428-031-9

Judd, M. (2006): Hedge funds and private equity converge. In: International Financial Law Review, Nr. 25, S. 14–16

Jugel, A. (2004): Beiträge zur Restrukturierung/Sanierung - Logistik/Produktion. In: **Buth/Hermanns** (2004), S. 183–201

Jugel, S. (Hrsg.) (2003): Private Equity Investments: Praxis des Beteiligungsmanagements. Wiesbaden: Gabler, ISBN 3–4091–2296–6

Jünger, W. (2004): Beiträge zur Restrukturierung/Sanierung - Finanzen und Controlling. In: **Buth/Hermanns** (2004), S. 230–244

Jungwirth, C./Moog, P. (2004): Selection and support strategies in venture capital financing: high-tech or low-tech, hands-off or hands-on? In: Venture Capital: an international journal of entrepreneurial finance, 6. Jg., Nr. 2/3, S. 105–123

Kajüter, P. (2005): Kostenmanagement in der deutschen Unternehmenspraxis: Empirische Befunde einer branchenübergreifenden Feldstudie. In: Schmalenbachs Zeitschrift für betriebswirtschaftliche Forschung, 57. Jg., Nr. 1, S. 79–100

Kall, F. (1999): Controlling im Turnaround-Prozeß: Theoretischer Bezugsrahmen, empirische Fundierung und handlungsorientierte Ausgestaltung einer Controlling-Konzeption für den Turnaround-Prozeß. Frankfurt am Main: Peter Lang, ISBN 3–6313–4998–X

Kaplan, S. N. (1989): The Effects of Management Buyouts on Operating Performance and Value. In: Journal of Financial Economics, 24. Jg., Nr. 2, S. 217–254

Kaufmann, E. J. (2004): Interim: Management in der Krise. In: **Buth/Hermanns** (2004), S. 378–389

Kemper, W. (1982): Reduktion unternehmerischen Engagements: Eine betriebswirtschaftliche Untersuchung der Formen und Handlungsmöglichkeiten in der Bundesrepublik Deutschland. Universität zu Köln, Dissertation. Köln

Kern, W. (1974): Investitionsrechnung. Stuttgart: Poeschel, ISBN 3–7910–0160–4

Kestler, M./Striegel, A./Jesch, T. A. (2006): Distressed Debt Investments. Köln: RWS, ISBN 3–8145–0343–0

KfW (2003): Beteiligungskapital in Deutschland: Anbieterstrukturen,

Verhaltensmuster, Marktlücken und Förderbedarf. Fortschreitende Professionalisierungstendenzen in einem noch jungen Markt. Berlin

Kihm, A. (2006): Ursachen von Unternehmenskrisen. In: **Blöse/Kihm** (2006), S. 33–68

King, D. R. et al. (2003): Meta-analyses of post-acquisition performance: indications of unidentified moderators. In: Strategic Management Journal, 25. Jg., Nr. 2, S. 187–200

Kirchhoff, S. (2003): Fragebogen: Datenbasis, Konstruktion, Auswertung. Opladen: Leske + Budrich, ISBN 3–8252–2245–4

Kitzmann, J. (2005): Private Equity in Deutschland: Zur Performance von Management Buyouts. Wiesbaden: Deutscher Universitäts-Verlag, ISBN 3–8350–0048–9

Kleeberg, J. M. (1991): Die Eignung von Marktindizes für empirische Aktienmarktuntersuchungen. Wiesbaden: Gabler, ISBN 3–4091–4786–1

Klein, U. (2006): Einzelne Maßnahmen zur Überwindung der Unternehmenskrise. In: **Blöse/Kihm** (2006), S. 129–156

Klockenbrink, U./Wömpener, A. (2007): Krisenunternehmen als Marktchance für Private-Equity? In: Finanz-Betrieb, 9. Jg., Nr. 11, S. 641–649

Knecht, T. C. (2006): Steuerung von Zahlungsfähigkeit und Unternehmensliquidität: Ökonomische und rechtliche Implikationen in der Unternehmenssanierung. In: **Hommel/Knecht/Wohlenberg** (2006), S. 739–778

Koch, M. (1997): Eine empirische Studie über Möglichkeiten und Chancen von Management Buyouts in der Schweiz, Universität St. Gallen, Hochschule für Wirtschafts-, Rechts- und Sozialwissenschaften (HSG), Dissertation. St. Gallen

Koch, W. (1933): Die Krise des Industriebetriebes. Berlin: Junker & Dünnhaupt

Kokalj, L./Kayser, G. (2002): MBO und MBI als Nachfolgemodell für mittelständische Unternehmen. In: **Krimphove/Tytko** (2002), S. 567–592

Kotler, P. et al. (2007): Grundlagen des Marketing. 4. Auflage, München: Pearson Studium, ISBN 978–3–8273–7176–8

Kotler, P./Bliemel, F. (1999): Marketing-Management: Analyse, Planung, Umsetzung und Steuerung. 9. Auflage, Stuttgart: Poeschel, ISBN 3–7910–1310–6

KPMG (2004): KPMG Deutsche Treuhand-Gesellschaft Aktiengesellschaft Wirtschaftsprüfungsgesellschaft: Werte schaffen durch Restrukturierung von Portfoliogesellschaften: Auszüge einer Umfrage zur Restrukturierungspraxis bei Private Equity-Gesellschaften. Frankfurt am Main

Kraft, V. (2001): Private Equity-Investitionen in Turnarounds und Restrukturierungen. Universität St. Gallen, Hochschule für Wirtschafts-, Rechts- und Sozialwissenschaften (HSG), Dissertation. St. Gallen

Kraus, K.-J./Gless, S.-E. (2004): Unternehmensrestrukturierung/ -sanierung und strategische Neuausrichtung. In: **Buth/Hermanns** (2004), S. 115–146

Krecek, M. (2005): Venture Capital aus Investorensicht: Entscheidungstheoretische Analyse von Strukturen und Vertragsklauseln. Wiesbaden: Deutscher Universitäts-Verlag, ISBN 3–8350–0066–7

Kreuter, B. (2006): Selektion von Private Equity-Fonds und Dachfonds. In: **Busack/Kaiser** (2006b), S. 143–158

Krimphove, D./Tytko, D. (Hrsg.) (2002): Praktiker-Handbuch Unternehmensfinanzierung: Kapitalbeschaffung und Rating für mittelständische Unternehmen. Stuttgart: Schäffer-Poeschel, ISBN 3–7910–1950–3

Kromrey, H. (2006): Empirische Sozialforschung: Modelle und Methoden der standardisierten Datenerhebung und Datenauswertung. 11. Auflage, Stuttgart: Lucius & Lucius, ISBN 3–8282–0352–3

Krüger, W. (2006): Reorganisation in Unternehmenskrisen. In: **Hutzschenreuter/Griess-Nega** (2006), S. 353–392

Krystek, U. (1985): Reorganisationsplanung. In: Zeitschrift für Betriebswirtschaft, 55. Jg., Nr. 6, S. 583–612

Krystek, U. (1987): Unternehmungskrisen: Beschreibung, Vermeidung und Bewältigung überlebenskritischer Prozesse in Unternehmungen. Wiesbaden: Gabler

Krystek, U. (1990): Früherkennungssysteme als Instrument des Controlling. In:

Mayer, E. (Hrsg.): Handbuch Controlling. Stuttgart: Poeschel, ISBN
3-7910-0520-0, S. 419–442

Krystek, U. (1991): Gefahren bei der Rettung von Unternehmungen: Woran
Sanierungen scheitern können. In: Zeitschrift Führung + Organisation, 60. Jg.,
Nr. 5, S. 331–337

Krystek, U. (1992a): Frühwarnung vor Insolvenzrisiken: Controlling-Aufgabe auch im
Bankenbereich. In: **Spremann, K./Zur, E.** (Hrsg.): Controlling. Wiesbaden:
Gabler, S. 307–332

Krystek, U. (1992b): Unternehmungskultur und Akquisition. In: Zeitschrift für
Betriebswirtschaft, 62. Jg., Nr. 5, S. 539–565

Krystek, U. (2002): Unternehmenskrisen: Vermeidung und Bewältigung. In:
Pastors, P. M./PIKS (Hrsg.): Risiken des Unternehmens. München, Mehring:
Rainer Hampp, ISBN 3-8798-8669-5, S. 87–134

Krystek, U. (2006a): Frühwarnsysteme. In:
Hutzschenreuter/Griess-Nega (2006), S. 221–244

Krystek, U. (2006b): Krisenarten und Krisenursachen. In:
Hutzschenreuter/Griess-Nega (2006), S. 41–66

Krystek, U. (2006c): Unternehmenssanierung. In: **Schlienkamp** (2006), S. 73–102

Krystek, U. (2007): Strategische Früherkennung. In: Zeitschrift für Controlling &
Management, 51. Jg., Nr. 2, S. 50–58

Krystek, U./Moldenhauer, R. (2004): Krisenmanagement bei Gründungs- und
Wachstumsunternehmen: Lehren aus der New Economy. In:
Bickhoff et al. (2004), S. 221–245

Krystek, U./Moldenhauer, R. (Hrsg.) (2007): Handbuch Krisen- und
Restrukturierungsmanagemet: Generelle Konzepte, Spezialprobleme,
Praxisberichte. Stuttgart: Kohlhammer, ISBN 3-1701-9091-1

Krystek, U./Moldenhauer, R./Evertz, D. (2009): Controlling in aktuellen
Krisenerscheinungen: Lösung oder Problem? In: Controlling & Management,
53. Jg., Nr. 3, S. 164–168

Krystek, U./Müller-Stewens, G. (1993): Frühaufklärung: Die Sensibilisierung des

Managements gegenüber potentiellen Veränderungen des Umfeldes. Stuttgart: Schäffer-Poeschel

Krystek, U./Müller-Stewens, G. (2006): Strategische Frühaufklärung. In: **Hahn/Taylor** (2006), S. 175–193

Kucher, A. B. (2006): Die Akquisition von Krisenunternehmen aus der Sicht von Finanzinvestoren. Universität Rostock, Dissertation. Rostock

Kucher, A. B./Meitner, M. (2004a): Entwicklungen von Private Equity für Krisenunternehmen. In: Finanz-Betrieb, 6. Jg., Nr. 11, S. 713–719

Kucher, A. B./Meitner, M. (2004b): Private Equity for Distressed Companies in Germany. In: Journal of Private Equity, 8. Jg., Nr. 1, S. 55–62

Kudla, R. (2004): Marktlösungen für die Finanzierung in der Sanierung. In: **Bickhoff** et al. (2004), S. 287–306

Kudla, R. (2005): Finanzierung in der Sanierung: Innovative Lösungen für Krisenunternehmen. Wiesbaden: Deutscher Universitäts-Verlag, ISBN 3–8350–0025–X

Kühn, C. (2006): Capital Structure Decisions in Institutional Buyouts. Wiesbaden: Deutscher Universitäts-Verlag, ISBN 3–8350–0229–5

Küting, K. (1980): Unternehmerische Wachstumspolitik: Eine Analyse unternehmerischer Wachstumsentscheidungen und die Wachstumsstrategien deutscher Unternehmungen. Berlin: Schmidt, ISBN 3–5030–1837–9

Küting, K. (2005): Erkennung von Unternehmenskrisen anhand der angewandten Bilanzpolitik: Die angewandte Bilanzpolitik als Krisenindikator. In: Controlling, 17. Jg., Nr. 4/5, S. 223–231

Küting, K./Weber, C.-P./Boecker, C. (2006): Die Bilanzanalyse: Beurteilung von Abschlüssen nach HGB und IFRS. Stuttgart: Schäffer-Poeschel, ISBN 3–7910–2540–6

Kütz, M. (2004): Beiträge zur Restrukturierung/Sanierung - EDV. In: **Buth/Hermanns** (2004), S. 245–256

Lafrenz, K. (2004): Shareholder Value-orientierte Sanierung: Ansatzpunkte und

Wertsteigerungspotenzial beim Management von Unternehmenskrisen. Wiesbaden: Deutscher Universitäts-Verlag, ISBN 3-8244-8132-4

Lange, K. W./Schiereck, D. (2003): Nachfolgefragen bei Familienunternehmen: Unternehmensverkauf und Private Equity als Alternative zur Börse. Heidelberg: Finanz Colloquium Heidelberg, ISBN 978-3-9369-7403-4

Lehr, D. (2006): Kundenbindungsmanagement und Sanierungserfolg: Explorative Analyse der Wirkungszusammenhänge. Wiesbaden: Deutscher Universitäts-Verlag, ISBN 978-3-8350-9321-8

Leidig, G. (2004): Insolvenzfrüherkennung bei Geschäftspartnern. In: Der Betriebswirt, 45. Jg., Nr. 2, S. 15–20

Leist, E. (1905): Die Sanierung von Aktiengesellschaften: eine Darstellung der Rechtsbehelfe des deutschen Aktiengesetzes zur Wiederaufrichtung notleidender Gesellschaften unter Berücksichtigung der einschlagenden bilanz-, steuer- und börsenrechtlichen Vorschriften und derer des Schuldverschreibungsgesetzes vom 4. Dez. 1899. Berlin: Siemenroth

Leopold, G./Frommann, H./Kühr, T. (2003): Private Equity - Venture Capital: Eigenkapital für innovative Unternehmer. München: Vahlen, ISBN 3-8006-2805-8

Lerche, N. (2004): Unternehmenskauf aus der Insolvenz - rechtliche Rahmenbedingungen und praktische Aspekte. In: **Brühl (2004b)**, S. 365–394

Lerner, J./Schoar, A. (2006): Theorie und empirische Evidenz der Illiquidität bei Private Equity. In: **Busack/Kaiser (2006b)**, S. 43–66

Liebler, H./Schiereck, D./Schmid, M. (2004): Distressed debt investing. In: Bank-Archiv - Zeitschrift für das gesamte Bank- und Börsenwesen, 52. Jg., Nr. 9, S. 649–660

Löffler, C. (2005): Berücksichtigung von Steuern in der Unternehmensbewertung. In: **Schacht, U./Fackler, M. (Hrsg.):** Praxishandbuch Unternehmensbewertung. Wiesbaden: Gabler, ISBN 3-4091-2698-8, S. 363–388

Löffler, Y. (2001): Desinvestitionen durch Verkäufe und Börseneinführungen von Tochterunternehmen: eine empirische Untersuchung der Bewertung am deutschen Kapitalmarkt. Lohmar: Josef Eul, ISBN 3-8901-2919-6

Loitlsberger, E. (1976): Zur Bewertung unrentabler Unternehmungen - Teil 1. In: Der Gesellschafter - Zeitschrift für Gesellschafts- und Unternehmensrecht, 5. Jg., Nr. 2, S. 44–50

Loos, N. (2005): Value creation in leveraged buyouts. Universität St. Gallen, Hochschule für Wirtschafts-, Rechts- und Sozialwissenschaften (HSG), Dissertation. St. Gallen

Lucks, K./Meckl, R. (2002): Internationale Mergers & Acquisitions: Der prozessorientierte Ansatz. Berlin: Springer, ISBN 3-540-42810-0

Lüthy, M. (1988): Unternehmenskrisen und Restrukturierungen: Bank und Kreditnehmer im Spannungsfeld existentieller Unternehmenskrisen. Bern, Stuttgart: Haupt, ISBN 3-258-039348

Lützenrath, C./Peppmeier, K./Schuppener, J. (2006): Bankstrategien für Unternehmenssanierungen: Erfolgskonzepte zur Früherkennung und Krisenbewältigung. Wiesbaden: Gabler, ISBN 3-8349-0028-1

Lützenrath, C./Schuppener, J./Peppmeier, K. (Hrsg.) (2006): Distressed Debt und Non-Performing Loans: Handel und Workout von Not leidenden Firmenkundenkrediten in der Bankpraxis. Wiesbaden: Gabler, ISBN 3-8349-0246-2

Macharzina, K./Wolf, J. (2005): Unternehmensführung: Das internationale Managementwissen ; Konzepte - Methoden - Praxis. Wiesbaden: Gabler, ISBN 3-4096-3150-X

MacMillan, I. C./Kulow, D. M./Khoylian, R. (1989): Venture capitalists' involvement in their investments: Extent and performance. In: Journal of Business Venturing, 4. Jg., Nr. 1, S. 27–47

Mankiw, G. N. (2006): The Macroeconomist as Scientist and Engineer, Harvard University, Working Paper. Cambridge

Mannheimer, W. (1924): Die Sanierung: Ein Handbuch für die Praxis mit besonderer Berücksichtigung der Goldmarkumstellung. Berlin: Weiss

Markowitz, H. M. (1952): Portfolio Selection. In: Journal of Finance, 7. Jg., Nr. 1, S. 77–91

Matz, C. (2002): Wettbewerbsentwicklung im deutschen Private-Equity-Markt: Strategieoptionen für Beteiligungskapital-Gesellschaften. Wiesbaden: Deutscher Universitäts-Verlag, ISBN 3-8244-7428-X

Mayer, H. O. (2004): Interview und schriftliche Befragung: Entwicklung, Durchführung und Auswertung. München: Oldenbourg, ISBN 3-4862-7539-9

Meffert, H. (2000): Marketing: Grundlagen marktorientierter Unternehmensführung ; Konzepte, Instrumente, Praxisbeispiele. Wiesbaden: Gabler, ISBN 3-4096-9017-4

Meffert, H. (2006): Erfolgreiches Marketing in stagnierenden und schrumpfenden Märkten - Ergebnisse einer empirischen Untersuchung. Münster

Meffert, J./Bernhard, E. M. (2006): Kostensenkung in Unternehmenskrisen - wirkungsvolles Vorgehen bei einem Turnaround. In: Hutzschenreuter/Griess-Nega (2006), S. 247–278

Meier, D. (2006): Post-investment value addition to buyouts: analysis of European private equity firms. Wiesbaden: Deutscher Universitäts-Verlag, ISBN 3-8350-0228-7

Mellerowicz, K. (1952): Der Wert der Unternehmung als Ganzes. Essen: Girardet

Menke, T. (2006): Der Unternehmenskauf aus der Insolvenz. In: Mergers & Akquisitions Review, 16. Jg., Nr. 5, S. 216–220

Meyer, C. A. (2007): Working Capital und Unternehmenswert: Eine Analyse zum Management der Forderungen und Verbindlichkeiten aus Lieferungen und Leistungen. Wiesbaden: Deutscher Universitäts-Verlag, ISBN 3-8350-0862-5

Mills, R. (2006): Emerging trends in mergers and acquisitions and importance of private equity and hedge funds. In: Henley Manager Update, 18. Jg., Nr. 1, S. 27–38

Mitter, C. (2004): Investieren in Krisenunternehmen (Vulture Investing). In: Bank-Archiv - Zeitschrift für das gesamte Bank- und Börsenwesen, 52. Jg., Nr. 8, S. 593–601

Mitter, C. (2006): Distressed Investing und Unternehmenssanierung: Ein Vergleich zwischen den USA und Österreich unter besonderer Berücksichtigung der institutionellen Rahmenbedingungen. Wien: Linde, ISBN 3-7073-0968-1

Modigliani, F./Miller, M. H. (1963): Corporate income taxes and the cost of capital: A correction. In: American economic review, 53. Jg., Nr. 3, S. 433–443

Moldenhauer, R. (2004): Krisenbewältigung in der New Economy: Sanierungsansätze und Handlungsempfehlungen für Gründungs- und Wachstumsunternehmen. Wiesbaden: Deutscher Universitäts-Verlag, ISBN 3-8244-8105-7

Moxter, A. (1976): Grundsätze ordnungsmäßiger Unternehmensbewertung. Wiesbaden: Gabler, ISBN 3-4093-9092-8

MSCI Barra (2007): MSCI Standard Index Series Methodology: Index Construction Objectives, Guiding Principles and Methodology for the MSCI Standard Equity Index Series. New York

Mueller, J. M. (1997): Workout Investing for Fun and Profit. In: The Secured Lender, 53. Jg., Nr. 2, S. 8–18

Müller, C. (2007): Internes Rating bei privaten Banken. In: **Büschgen/Everling** (2007), S. 273–292

Müller, R. (1986): Krisenmanagement in der Unternehmung: Vorgehen, Maßnahmen u. Organisation. 2. Auflage, Frankfurt am Main: Lang, ISBN 3-8204-7479-X

Müller-Stewens, G./Lechner, C. (2003): Strategisches Management: Wie strategische Initiativen zum Wandel führen. 2. Auflage, Stuttgart: Schäffer-Poeschel, ISBN 3-7910-2051-X

Münstermann, H. (1966): Wert und Bewertung der Unternehmung. Wiesbaden: Gabler

Murphy, K. J. (1985): Corporate performance and managerial renumeration: An Empirical Analysis. In: Journal of Accounting and Economics, 7. Jg., Nr. 1/2/3, S. 11–42

Myers, S. C. (1984): The capital structure puzzle. In: Journal of Finance, 39. Jg., Nr. 3, S. 575–592

Nagy, R. (2002): Corporate Governance in der Unternehmenspraxis: Akteure, Instrumente und Organisation des Aufsichtsrates. Wiesbaden: Deutscher Universitäts-Verlag, ISBN 3-8244-0668-3

Näther, C. (1993): Erfolgsmaßstäbe der strategischen Unternehmensführung. Herrsching: Kirsch, ISBN 3-8823-2076-1

Natusch, I. (2005): Due Diligence aus der Sicht einer Beteiligungsgesellschaft. In: **Berens/Brauner/Frodermann** (2005), S. 785-804

Neukirchen, D. (1996): Steuerung von Management Buy-Out-Minderheitsbeteiligungen: Eine systemorientierte Betrachtung aus Sicht von Finanzinvestoren. Wiesbaden: Deutscher Universitäts-Verlag, ISBN 3-8244-6337-7

Nicolai, A./Kieser, A. (2002): Trotz eklatanter Erfolgslosigkeit: Die Erfolgsfaktorenforschung weiter auf Erfolgskurs. In: Die Betriebswirtschaft, 62. Jg., Nr. 6, S. 579-596

Nicolai, A./Kieser, A. (2004): Von Konsensgenerierungsmaschinen, Nebelkerzen und „the Operation called 'Verstehen'": Replik auf die Anmerkungen von Christian Homburg, Harley Krohmer und Wolfgang Fritz sowie Hans H. Bauer, Nicola Sauer zum Beitrag „Trotz eklatanter Erfolglosigkeit Erfolgsfaktorenforscher auf Erfolgskurs". In: Die Betriebswirtschaft, 64. Jg., Nr. 5, S. 631-635

Nieschlag, R./Dichtl, E./Hörschgen, H. (2002): Marketing. 19. Auflage, Berlin: Duncker & Humblot, ISBN 3-4281-0930-9

Nothardt, F. (2001): Corporate Turnaround and Corporate Stakeholders: An Empirical Examination of the Determinants of Corporate Turnaround in Germany with a Focus on Financial Stakeholder Theory. Universität St. Gallen, Hochschule für Wirtschafts-, Rechts- und Sozialwissenschaften (HSG), Dissertation. St. Gallen

Notz, A./Sättele, A. (2007): Arbeitsrechtliche Sanierungsmaßnahmen. In: **Crone, A. (Hrsg.)**: Handbuch modernes Sanierungsmanagement. München: Vahlen, ISBN 978-3-8006-3360-9, S. 255-287

Olderog, T./Wirtz, B. W. (2003): Faktoren des Markterfolges im Online-Handel. Wiesbaden: Deutscher Universitäts-Verlag, ISBN 3-8244-7885-4

Österreichische Finanzmarktaufsicht (2005): Hedge-Fonds: Bedeutung am Finanzplatz Österreich und regulatorischer Rahmen. Wien

Ott, W./Göpfert, B. (2005): Unternehmenskauf aus der Insolvenz: Ein Praxisleitfaden. Wiesbaden: Gabler, ISBN 3-409-12747-X

Pack, H. (2005): Due Diligence. In: **Picot** (2005), S. 287–319

Paffenholz, G. (2004): Exitmanagement: Desinvestitionen von Beteiligungsgesellschaften. Lohmar: Josef Eul, ISBN 3–8993–6256–X

Pankotsch, F. (2005): Kapitalbeteiligungsgesellschaften und ihre Portfoliounternehmen: Gestaltungsmöglichkeiten und Erfolgsfaktoren der Zusammenarbeit. Wiesbaden: Deutscher Universitäts-Verlag, ISBN 3–8350–0107–8

Papendick, U. (2003): Unter Geiern: Private Equity. In: Manager Magazin, 33. Jg., Nr. 8, S. 73–76

Papendick, U. (2004): Retter oder Räuber? Private Equity. In: Manager Magazin, 34. Jg., Nr. 9, S. 78–85

Paul, A. (2004): Going Private in der Restrukturierung. In: **Bickhoff et al.** (2004), S. 93–111

Paul, S. (2006): Basel II und Rating Herausforderungen für Kreditinstitute und Unternehmen. In: **Reichmann, T./Pyszny, U.** (Hrsg.): Rating nach Basel II. München: Vahlen, ISBN 3–8006–3232–2, S. 295–322

Pernsteiner, H. (2006): Sanierungsfinanzierung. In: **Hutzschenreuter/Griess-Nega** (2006), S. 463–488

Pernsteiner, H. (2007): Sanierungsfinanzierung. In: **Feldbauer-Durstmüller, B.** (Hrsg.): Krisenmanagement. Wien: Linde international, ISBN 978–3–7143–0082–6, S. 353–373

Perridon, L./Steiner, M. (1997): Finanzwirtschaft der Unternehmung. 9. Auflage, München: Vahlen, ISBN 3–8006–2154–1

Perridon, L./Steiner, M. (2007): Finanzwirtschaft der Unternehmung. 14. Auflage, München: Vahlen, ISBN 3–8006–3359–0

Pflügl, M. T. (2004): Wachstum durch Erwerb insolventer Unternehmen. In: **Guserl, R.** (Hrsg.): Handbuch Finanzmanagement in der Praxis. Wiesbaden: Gabler, ISBN 3–4091–2426–8, S. 727–751

Picot, A./Dietl, H./Franck, E. (2005): Organisation: eine ökonomische Perspektive. Stuttgart: Schäffer-Poeschel, ISBN 3–7910–2371–3

Picot, G. (Hrsg.) (2004): Unternehmenskauf und Restrukturierung: Handbuch zum Wirtschaftsrecht. 3. Auflage, München: Beck, ISBN 3-4065-1464-2

Picot, G. (Hrsg.) (2005): Handbuch Mergers & Acquisitions: Planung, Durchführung, Integration. 3. Auflage, Stuttgart: Schäffer-Poeschel, ISBN 3-7910-2363-2

Piehler, M. (2007): Kontraktgestaltung bei M&A-Transaktionen: Bedingte Zahlungsstrukturen zur Verbesserung des Einigungsbereiches. Wiesbaden: Deutscher Universitäts-Verlag, ISBN 3-8350-0910-9

Pike, R./Neale, B. (2006): Corporate finance and investment: Decisions & strategies. Harlow: Financial Times/Prentice Hall, ISBN 0-2736-9561-4

Plankensteiner, D./Rehbock, T. (2005): Die Bedeutung von Mezzanine-Finanzierungen in Deutschland. In: Zeitschrift für das gesamte Kreditwesen, 58. Jg., Nr. 15, S. 790-794

Poech, A./Achleitner, A.-K./Burger-Calderon, M. (2005): Private Equity in Familienunternehmen: Eine empirische Untersuchung zu psychologischen Aspekten der Transaktionsentscheidung. In: Finanz-Betrieb, 7. Jg., Nr. 5, S. 289-295

Porst, R. (2000): Question Wording - Zur Formulierung von Fragebogen-Fragen. Mannheim

Porter, M. E. (1987): From competitive advantage to corporate strategy. In: Harvard Business Review, 65. Jg., Nr. 3, S. 43-59

Poser, T. B. (2003): The impact of corporate venture capital: Potentials of competitive advantages for the investing company. Wiesbaden: Deutscher Universitäts-Verlag, ISBN 3-8244-7776-9

Posten, O. H. (2006): Mergers & Acquisitions. In: Schlienkamp (2006), S. 243-272

Povaly, S. (2006): Private Equity Exits: An analysis of divestment process management in relation to leveraged buyouts.Universität St. Gallen, Hochschule für Wirtschafts-, Rechts- und Sozialwissenschaften (HSG), Dissertation. St. Gallen

Prätsch, J./Schikorra, U./Ludwig, E. (2007): Finanzmanagement. 3. Auflage, Berlin: Springer, ISBN 978-3-5407-0785-1

Preqin (2007): Private Equity Intelligence (Prequin) - Private Equity Spotlight January 2007. London

Prester, M. (2002): Exit-Strategien deutscher Venture-Capital-Gesellschaften. Münster: Lit, ISBN 3-8258-5788-3

Raffée, H. (1995): Grundprobleme der Betriebswirtschaftslehre. 9. Auflage, Göttingen: Vandenhoeck & Ruprecht, ISBN 3-5250-3101-7

Rappaport, A. (1995): Shareholder value: Wertsteigerung als Maßstab für die Unternehmensführung. Stuttgart: Schäffer-Poeschel, ISBN 3-7910-0835-8

Rauscher, K.-N. (2004): Financial Due Dilligence bei Unternehmen in der Krise. In: **Brühl (2004b),** S. 231-246

Rechsteiner, U. (1994): Desinvestitionen zur Unternehmenswertsteigerung. Universität St. Gallen, Hochschule für Wirtschafts-, Rechts- und Sozialwissenschaften (HSG), Dissertation. St. Gallen

Reger, G. (2006): Kapitalherabsetzung und -erhöhung: Maßnahmen zur Sanierung des Eigenkapitals. In: **Hommel/Knecht/Wohlenberg** (2006), S. 807-839

Reilly, F. K./Brown, K. C. (2006): Investment analysis and portfolio management. Mason: Thomson/South-Western, ISBN 0-3244-0589-8

Reimers, N. (2004): Private Equity für Familienunternehmen: Nachfolgelösung und Wachstumsfinanzierung im deutschen Mittelstand. Wiesbaden: Deutscher Universitäts-Verlag, ISBN 3-8244-0796-5

Reißig-Thust, S. (2003): Venture-Capital-Gesellschaften und Gründungsunternehmen: Empirische Untersuchung zur erfolgreichen Gestaltung der Beziehung. Wiesbaden: Deutscher Universitäts-Verlag, ISBN 3-8244-7957-5

Reißig-Thust, S./Brettel, M./Witt, P. (2004): Vertragsgestaltung durch Venture Capital-Gesellschaften. In: Finanz-Betrieb, 6. Jg., Nr. 9, S. 636-645

Richter, F. (2005): Mergers & Acquisitions: Investmentanalyse, Finanzierung und Prozessmanagement. München: Vahlen, ISBN 3-8006-3207-1

Richter, N. (2006): Möglichkeiten und Grenzen des Distressed Debt Investing in Deutschland: Am Beispiel von Unternehmensverbindlichkeiten. Wiesbaden: Deutscher Universitäts-Verlag, ISBN 3-8350-0545-6

Richter, R./Furubotn, E. G. (2003): Neue Institutionenökonomik: Eine Einführung und kritische Würdigung. 3. Auflage, Tübingen: Mohr Siebeck, ISBN 3-1614-8060-0

Robbins, K./Pearce, J. A. (1992): Turnaround: Retrenchment and Recovery. In: Strategic Management Journal, 13. Jg., Nr. 4, S. 287-309

Roland Berger Strategy Consultants (2006): Restrukturierung in Deutschland 2006 – Studie. Düsseldorf

Roos, M./Arlt, M. (2003): Public to Private. In: **Jugel** (2003), S. 185-202

Ross, S. A./Westerfield, R. W./Jaffe, J. F. (2005): Corporate Finance. 7. Auflage, Boston: McGraw-Hill, ISBN 0-0712-3844-1

Rotch, W. (1968): The pattern of success in venture capital financing. In: Financial analysts' journal, 24. Jg., Nr. 5, S. 141-147

Rudolf, M./Witt, P. (2006): Bewertung von nicht-börslichen Beteiligungen. In: **Busack/Kaiser** (2006b), S. 233-251

Rudolph, B. (2006): Unternehmensfinanzierung und Kapitalmarkt. Tübingen: Mohr Siebeck, ISBN 3-1614-7362-0

Rudolph, B. (2009): Die internationale Finanzkrise: Grundsatzfragen und Verantwortung aus der Sicht der Kreditinstitute. In: **Grundmann/Hofmann/Möslein** (2009), S. 55-75

Sadtler, D. R. (1993): How Venture Capitalists Add Value? In: Journal of General Management, 19. Jg., Nr. 1, S. 1-16

Sahlman, W. A. (1990): The structure and governance of venture capital organizations. In: Journal of Financial Economics, 27. Jg., Nr. 2, S. 473-521

Schalast, C./Daynes, C. (2005): Distressed Debt-Investing in Deutschland: Geschäftsmodelle und Perspektiven. Hochschule für Bankwirtschaft, Arbeitsbericht Nr. 66. Frankfurt am Main

Schefczyk, M. (2004): Erfolgsstrategien deutscher Venture Capital-Gesellschaften: Analyse der Investitionsaktivitäten und des Beteiligungsmanagements von Venture Capital-Gesellschaften. 3. Auflage, Stuttgart: Schäffer-Poeschel, ISBN 3-7910-1993-7

Schefczyk, M. (2006): Finanzieren mit Venture Capital und Private Equity: Grundlagen für Investoren, Finanzintermediäre, Unternehmer und Wissenschaftler. 2. Auflage, Stuttgart: Schäffer-Poeschel, ISBN 3-7910-2507-4

Schefczyk, M./Gerpott, T. J. (1998): Beratungsunterstützung von Portfoliounternehmen durch deutsche Venture Capital-Gesellschaften: Eine empirische Untersuchung. In: Zeitschrift für Betriebswirtschaft, 68. Jg., Nr. 2, S. 143-166

Schendel, D./Patton, G. R./Riggs, J. (1976): Corporate turnaround strategies: A study of profit decline and recovery. In: Journal of General Management, 3. Jg., Nr. 3, S. 3-11

Schewe, G./Leker, J. (2000): Statistische Insolvenzdiagnose: Diskriminanzanalyse versus logistische Regression. In: **Hauschildt/Leker** (2000), S. 168-178

Schierenbeck, H. (2003): Ertragsorientiertes Bankmanagement - Band 1: Grundlagen, Marktzinsmethode und Rentabilitäts-Controlling. Wiesbaden: Gabler, ISBN 978-3-4098-5000-1

Schiller, B./Tytko, D. (2001): Risikomanagement im Kreditgeschäft: Grundlagen, neuere Entwicklungen und Anwendungsbeispiele. Stuttgart: Schäffer-Poeschel, ISBN 3-7910-1648-2

Schlienkamp, C. (Hrsg.) (2006): Kapitalmarktstrategie: Erfolgsfaktoren für börsennotierte Gesellschaften. Wiesbaden: Gabler, ISBN 3-4091-2288-5

Schmalenbach, E. (1915): Finanzierungen. Leipzig: G. A. Gloeckner

Schmalenbach, E. (1966): Die Beteiligungsfinanzierung. 9. Auflage, Köln u.a.: Westdt. Verl.

Schmid, T. M. (1993): Wachstumskrisen-Management: Konzeption zur erfolgreichen Bewältigung von Wachstumskrisen. Bern: Lang, ISBN 3-9067-5069-8

Schmidt, R. H. (2007): Die Transformation des deutschen Finanzsystems und der Corporate Governance deutscher Unternehmen. In: **Glaum, M./Hommel, U./Thomaschewski, D. (Hrsg.):** Internationalisierung und Unternehmenserfolg. Stuttgart: Schäffer-Poeschel, ISBN 978-3-7910-2678-7, S. 317-338

Schmidt, R. H./Terberger, E. (2003): Grundzüge der Investitions- und Finanzierungstheorie. Wiesbaden: Gabler, ISBN 3-4094-3700-2

Schnell, R./Hill, P. B./Esser, E. (2005): Methoden der empirischen Sozialforschung. 7. Auflage, München: Oldenbourg, ISBN 3-4865-7684-4

Schröder, C. (1992): Strategien und Management von Beteiligungsgesellschaften: Ein Einblick in Organisationsstrukturen und Entscheidungsprozesse von institutionellen Eigenkapitalinvestoren. Baden-Baden: Nomos-Verl.-Ges., ISBN 3-7890-2618-2

Schulte, G. (1999): Investition: Grundlagen des Investitions- und Finanzmanagements; Investitionscontrolling und Investitionsrechnung. Stuttgart: Kohlhammer, ISBN 3-1701-5187-8

Schulz, J. (2005): Welche Macht haben Ratingagenturen? In: **Achleitner, A.-K.** (Hrsg.): Versicherungsrating. Wiesbaden: Gabler, ISBN 3-4091-2716-X, S. 3-18

Schumpeter, J. A. (2005): Kapitalismus, Sozialismus und Demokratie. 8. Auflage, Tübingen: Francke, ISBN 3-8252-0172-4

Schuppener, J. (2006): Einführung - Markt, Teilnehmer und Marktentwicklung. In: **Lützenrath/Schuppener/Peppmeier** (2006), S. 9-26

Schweitzer, M./Küpper, H.-U. (2003): Systeme der Kosten- und Erlösrechnung. 8. Auflage, München: Vahlen, ISBN 3-8006-3009-5

SEC (2003): Securities and Exchange Commission (SEC): Implications of the Growth of Hedge Funds. Washington

Seppelfricke, P. (Hrsg.) (2007): Handbuch Aktien- und Unternehmensbewertung: Bewertungsverfahren, Unternehmensanalyse, Erfolgsprognose. 3. Auflage, Stuttgart: Schäffer-Poeschel, ISBN 978-3-7910-2615-2

Serfling, K. (2007): Möglichkeiten und Grenzen des Credit Ratings. In: **Büschgen/Everling** (2007), S. 709-746

Sharpe, W. F. (2007): Investors and markets: Portfolio choices, asset prices, and investment advice. Princeton, NJ: Princeton Univ. Press, ISBN 0-6911-2842-1

Shleifer, A./Vishny, R. W. (1997): A survey of corporate governance. In: Journal of Finance, 52. Jg., Nr. 2, S. 737-783

Siegler, K. (2004): Beiträge zur Restrukturierung/Sanierung - Einkauf. In: **Buth/Hermanns** (2004), S. 202–212

Siemes, M. (2003): Going Private unter Beteiligung von Finanzinvestoren in Deutschland. Wiesbaden: Deutscher Universitäts-Verlag, ISBN 3–8244–0673–X

Sievers, G. (2004): Wertorientierte Desinvestition. In: **Bickhoff et al.** (2004), S. 67–91

Sievers, G. (2006): Desinvestition von Unternehmensbeteiligungen in Krisensituationen: Untersuchung der Auswirkungen auf die Selektion von Desinvestitionsobjekten. Wiesbaden: Deutscher Universitäts-Verlag, ISBN 3–8350–0491–3

Slatter, S. (1984): Corporate Recovery: Successful Turnaround Strategies and their Implementation. Harmondsworth, Middlesex: Penguin, ISBN 0–1408–0233–9

Slatter, S./Lovett, D. (1999): Corporate Turnaround: Managing Companies in Distress. Überarbeitete Auflage, London: Penguin Books, ISBN 0–1402–7912–1

Söderblom, A. (2006): Factors Determining the Performance of Early Stage High-Technology Venture Capital Funds – A Review of the Academic Literature. Stockholm

Spielberger, K. (1996): Kauf von Krisenunternehmen: Bewertung und Übernahmetechnik. Wiesbaden: Deutscher Universitäts-Verlag, ISBN 3–8244–6406–3

Spremann, K. (2005): Modern Finance: Rendite, Risiko, Wert. München: Oldenbourg, ISBN 3–4865–7609–7

Spremann, K. (2006a): Bewertung von Unternehmen im Financial Distress. In: **Hutzschenreuter/Griess-Nega** (2006), S. 165–193

Spremann, K. (2006b): Portfoliomanagement. München: Oldenbourg, ISBN 3–4865–7939–8

Stadlbauer, K. (1991): Der Ablauf erfolgreicher Sanierungen. Graz: DBV

Standard & Poor's (2007): Annual 2006 Global Corporate Default Study and Ratings Transitions. New York

Literaturverzeichnis 255

Statistisches Bundesamt (2009): Insolvenzen. ⟨URL:
http://www.destatis.de/jetspeed/portal/cms/sites/destatis/Internet/
DE/Content/Statistiken/Zeitreihen/LangeReihen/Insolvenzen/
Content100/lrins01a,templateId=renderPrint.psml⟩ − Zugriff am 18.07.2009

Staubli, T. (2006): Private Equity für institutionelle Investoren. In:
Busack/Kaiser (2006b), S. 159–169

Stein, I. (2005): Venture Capital-Finanzierungen: Kapitalstruktur und
Exitentscheidung. Bad Soden am Taunus: Uhlenbruch, ISBN 3–9332–0754–1

Steiner, M./Bruns, C. (2002): Wertpapiermanagement: Professionelle
Wertpapieranalyse und Portfoliostrukturierung. Stuttgart: Schäffer-Poeschel, ISBN
3–7910–1992–9

Steiner, M./Starbatty, N. (2004): Bedeutung von Ratings in der
Unternehmensfinanzierung. In: **Achleitner/Everling** (2004), S. 15–35

Stienemann, M. (2003): Wertsteigerung durch Desinvestitionen. Göttingen: Cuvillier,
ISBN 3–8987–3742–X

Stier, W. (1999): Empirische Forschungsmethoden. 2. Auflage, Berlin: Springer, ISBN
3–5406–5295–7

Stowe, J. D. et al. (2007): Equity asset valuation. Hoboken (New Jersey): John
Wiley & Sons, ISBN 0–470–05282–1

Straubhaar, T. (2006): Hamburgisches WeltWirtschaftsInstitut (HWWI) -
Standpunkt: Getrennte Wege - Jahresbilanz 2006 für die deutsche
Wirtschaftspolitik. Hamburg

Strong, R. A. (2006): Portfolio construction, management, and protection. Mason:
Thomson/South-Western, ISBN 0–3243–1537–6

Stubner, S. (2004): Bedeutung und Erfolgsrelevanz der Managementunterstützung
deutscher Venture Capital Gesellschaften: Eine empirische Untersuchung aus Sicht
der Wachstumsunternehmen. Norderstedt: Books on Demand, ISBN
3–8334–1758–7

Subiotto, G. (2006): Are hedge funds in private equity concerning? In: International
Financial Law Review, 25. Jg., Nr. 4, S. 57–58

Tausend, C. (2006): Die Selektion von Venture Capital-Fonds durch institutionelle Investoren. Wiesbaden: Deutscher Universitäts-Verlag, ISBN 3-8350-0357-7

Thiemann, B. (2001): Kreditinstitute als Träger der Unternehmensfinanzierung. In: **Breuer, R.-E. (Hrsg.)**: Handbuch Finanzierung. 3. Auflage, Wiesbaden: Gabler, ISBN 3-4099-9641-9, S. 3-29

Thissen, S. (2000): Strategisches Desinvestitionsmanagement: Entwicklung eines Instrumentariums zur Bewertung ausgewählter Desinvestitionsformen. Frankfurt am Main: Lang, ISBN 3-6313-5801-6

Thommen, J.-P./Achleitner, A.-K. (2006): Umfassende Einführung aus managementorientierter Sicht. Wiesbaden: Gabler, ISBN 3-8349-0366-3

Thommen, J.-P./Richter, A. (2006): Veränderung der Organisationsstruktur (Redimensionierung). In: **Hommel/Knecht/Wohlenberg** (2006), S. 581-607

Tippelskirch, A. von (2006): Hybride Finanzierungsinstrumente in der Unternehmenssanierung: Einsatzbereiche und Bedeutung von Mezzanine. In: **Hommel/Knecht/Wohlenberg** (2006), S. 961-979

Töpfer, A. (1985): Personalmanagement in der Krise. In: **Schimke, E./Brandt, K. F./Töpfer, A. (Hrsg.)**: Krisenmanagement und Sanierungsstrategien. Landsberg am Lech: Verlag Moderne Industrie, ISBN 3-4783-2890-X, S. 77-84

Trautmann, S. (2006): Investitionen: Bewertung, Auswahl und Risikomanagement. Berlin: Springer, ISBN 3-5402-5803-5

Tyebjee, T. T./Bruno, A. V. (1984): A Model of Venture Capitalist Investment Activity. In: Journal of Management Science, 30. Jg., Nr. 9, S. 1051-1066

Ulrich, H. (1981): Die Betriebswirtschaftslehre als anwendungsorientierte Sozialwissenschaft. In: **Geist, M. N./Köhler, R. (Hrsg.)**: Die Führung des Betriebes. Stuttgart: Schäffer-Poeschel, ISBN 3-7910-0308-9, S. 1-25

Ulrich, H. (1984): Management. Bern: Haupt, ISBN 3-2580-3446-X

Urselmann, M. (1998): Erfolgsfaktoren im fundraising von Nonprofit-Organisationen. Wiesbaden: Deutscher Universitäts-Verlag, ISBN 3-8244-6698-8

Vater, D. (2003): Die Qualität deutscher Private-Equity-Unternehmen:

Optimierungsmöglichkeiten bei der Vergabe von Beteiligungskapital. Wiesbaden: Gabler, ISBN 3-8244-7781-5

Venohr, B. (2006): Restrukturierungsmethoden in den Querschnittsfunktionen. In: **Hommel/Knecht/Wohlenberg** (2006), S. 1127-1150

Voegele, A. R./Gras, S. (2006): Sanierungsmethoden im Einkauf: Stellgrößen, Maßnahmen, Erfolgsfaktoren. In: **Hommel/Knecht/Wohlenberg** (2006), S. 1101-1126

Volkart, R. (2006): Corporate Finance: Grundlagen von Finanzierung und Investition. Zürich: Versus, ISBN 3-0390-9046-1

Wagner, H.-P. (2009): Finanzmanagement und Globalisierung: Wie sich Unternehmen an die neuen Herausforderungen anpassen. Frankfurt am Main: Lang, ISBN 978-3-6315-8565-8

Waldecker, P. (1995): Strategische Alternativen in der Unternehmensentwicklung: Interne Entwicklung und Unternehmensakquisition. Wiesbaden: Deutscher Universitäts-Verlag, ISBN 3-8244-6237-0

Weber, B. (2007): Warum und für wen ist Private Equity interessant? In: **Bechtolsheim, C. von (Hrsg.):** Management komplexer Familienvermögen. Wiesbaden: Gabler, ISBN 978-3-8349-0262-7, S. 97-110

Weber, J./Schäffer, U. (2006): Einführung in das Controlling. Stuttgart: Schäffer-Poeschel, ISBN 978-3-7910-1504-0

Weber, P. (1980): Krisenmanagement. Bern: Lang, ISBN 3-2610-4769-0

Weber, T./Nevries, P. (2006): Der Einfluss von Private Equity-Gesellschaften auf die Portfoliounternehmen und die deutsche Wirtschaft. In: Finanz-Betrieb, 8. Jg., Nr. 2, S. 75-82

Wegner, C. (2007): Buyout-Wertsteigerungstypen: Eine empirische Untersuchung der Growth-Buyouts in Deutschland. München: Meidenbauer, ISBN 3-8997-5636-3

Weigand, J./Kreutter, P. (2006): Krisenvorsorge aus industrieökonomischer Perspektive. In: **Hutzschenreuter/Griess-Nega** (2006), S. 67-91

Weihe, R. (2006): Going Private im Mittelstand. In: Finanz-Betrieb, 8. Jg., Nr. 3, S. 133-140

Weiher, G. C. (1996): Das situative Desinvestitionsmodell: Entwicklung eines Instrumentariums zur Entflechtung diversifizierter Unternehmen. Universität St. Gallen, Hochschule für Wirtschafts-, Rechts- und Sozialwissenschaften (HSG), Dissertation. St. Gallen

Weinwurm, U. (2005): Die Anlageleistung von Investoren in Hedge Funds unter besonderer Berücksichtigung von Fund of Hedge Funds, Universität St. Gallen, Hochschule für Wirtschafts-, Rechts- und Sozialwissenschaften (HSG), Dissertation. St. Gallen

Weisel, E. (1982): Ansätze einer Theorie der Verursachung von Unternehmungsinsolvenzen. Thun, Frankfurt am Main: Deutsch, ISBN 3-8714-4696-3

Weitnauer, W. (2001): Rahmenbedingungen und Gestaltung von Private Equity Fonds. In: Finanz-Betrieb, 3. Jg., Nr. 4, S. 258–271

Werder, A. (2008): Führungsorganisation: Grundlagen der Corporate Governance, Spitzen- und Leitungsorganisation. 2. Auflage, Wiesbaden: Gabler, ISBN 3-8349-0678-6

Werder, A. (2009): Aktuelle Entwicklungen in der Corporate Governance. In: **Wagenhofer, A. (Hrsg.):** Controlling und Corporate Governance-Anforderungen. Berlin: Erich Schmidt, ISBN 978-3-5031-1613-3, S. 23–41

Wetzel, A./Rosen, R. von (2000): Aktienindizes. Frankfurt am Main: Dt. Aktieninst.

Wiederhold, P. (2008): Segmentberichterstattung und Corporate Governance: Grenzen des Management Approach. Wiesbaden: Gabler, ISBN 978-3-8350-0899-1

Wild, J. (1973): Organisation und Hierarchie. In: Zeitschrift für Organisation, 42. Jg., Nr. 1, S. 45–54

Wilden, P. (2004): Praxisorientierte Verfahren zur Früherkennung von Unternehmenskrisen und Insolvenzverfahren. In: **Buth/Hermanns** (2004), S. 1–29

Wirtz, B. W. (Hrsg.) (2006): Handbuch Mergers & Acquisitions Management.

Wiesbaden: Gabler, ISBN 3-4091-4317-3

Wirtz, B. W./Wecker, R. M. (2006): Struktur und Ablauf des Demerger-Managements. In: **Wirtz** (2006), S. 1167-1185

Witt, P. (2001): Konsistenz und Wandlungsfähigkeit von Corporate Governance-Systemen. In: **Albach, H. (Hrsg.):** Theorie der Unternehmung. Wiesbaden: Gabler, ISBN 3-4091-1883-7, S. 73-97

Witte, E. (1981): Die Unternehmenskrise: Anfang vom Ende oder Neubeginn? In: **Bratschitsch, R./Schnellinger, W. (Hrsg.):** Unternehmenskrisen. Stuttgart, S. 7-24

Wlecke, U. (2004): Entwicklung und Umsetzung von Restrukturierungskonzepten. In: **Brühl** (2004b), S. 33-68

Wlecke, U. (2005): Analyse, Restrukturierung und Sanierung des Kreditnehmers. In: **Jobe, C. J./Stachuletz, R. (Hrsg.):** Workout. Frankfurt am Main: Bankakademie-Verlag, ISBN 3-9375-1923-8, S. 169-225

Wöhe, G./Bilstein, J. (2002): Grundzüge der Unternehmensfinanzierung. 9. Auflage, München: Vahlen, ISBN 3-8006-2823-6

Wright, M./Robbie, K. (1996): The Investor-led Buy-out: A New Strategic Option. In: Long Range Planning, 29. Jg., Nr. 5, S. 691-702

Zemke, I. (1995): Die Unternehmensverfassung von Beteiligungskapital-Gesellschaften: Analyse des institutionellen Designs deutscher Venture Capital-Gesellschaften. Wiesbaden: Deutscher Universitäts-Verlag, ISBN 3-8244-6239-7

Ziechmann, P. (2004): Beiträge zur Restrukturierung/Sanierung - Vetrieb. In: **Buth/Hermanns** (2004), S. 164-182

Zimmermann, V./Bienz, C./Hirsch, J. (2005): Entwicklungstendenzen in der Vertragsgestaltung auf dem deutschen Beteiligungskapitalmarkt. Mittelstands- und Strukturpolitik, Ausgabe 33, KfW Bankengruppe, Frankfurt am Main

Zöller, M. (2006): Begriff der Krise und Begriffsabgrenzung. In: **Blöse/Kihm** (2006), S. 17-31

Zöllner, C. (2007): Interne Corporate Governance: Entwicklung einer Typologie. Wiesbaden: Deutscher Universitäts-Verlag, ISBN 978-3-8350-0884-7

Anhang

Deloitte.

Corporate Restructurings in Germany
Survey of active investments in low performing companies
Part of a PhD Project at the Technical University of Berlin, conducted in cooperation with Deloitte & Touche.

All Information gathered will be treated strictly confidential. Responses will only be analyzed and reported in a way that anonymity of the respondent is guaranteed. If you are interested in the results of this study, please provide your contact details or send us an e-mail at christian.grethe@tu-berlin.de. You will receive a copy when the study is completed.

» **Name** (optional) _____ » **Company** (optional) _____

» **E-Mail** (optional) _____

Important Note: The questions target *one* investment (portfolio company), namely the one realized (exited) most recently. If you have not realized any investments yet, consider the investment you are planning to realize next.

Entry Stage

1. **Type of Investment** – To which investment (portfolio company) do you refer to in this survey?

    » Investment realized (exited) most recently ☐   » Investment planned to be realized next ☐

2. **Industry** – In which industry was the portfolio company mainly operating?

    » Automotive ☐   » Mechanical Engineering ☐
    » Chemicals & Pharmaceuticals ☐   » Public Sector ☐
    » Communications ☐   » Real Estate ☐
    » Consumer & Retail ☐   » Resources & Utilities ☐
    » Financial Institutions ☐   » Travel & Logistics ☐
    » IT, Software, Media ☐   » Other (please specify) _____ ☐

3. **Sources** - From where did you buy the company?

    » Founder / Owner ☐   » Bank / Creditor ☐
    » Private Equity Company / Hedge Fund ☐   » Public Sector / Government ☐
    » Corporate Group (Spin-off) ☐   » Stock Exchange ☐
    » Liquidator / Insolvency Administrator ☐   » Other (please specify) _____ ☐

4. **Ownership** - How did you obtain it?

    » Via direct equity investment ☐   » Via mezzanine capital ☐
    » Via debt-to-equity swap ☐   » Other (please specify) _____ ☐

5. **Equity stake** – What was your highest stake in the company?

    0 – 24,9 % ☐   25 – 49,9 % ☐   50 – 74,9 % ☐   75 – 99,9 % ☐   100 % ☐

6. **Optional:** What amount did you invest? _____ Mio. €

Abb. 1: Fragebogen S. 1

Anhang

Restructuring Stage

7. Key investment figures – Please indicate the following at *investment* date?

» Sales » EBITDA » Free Cash Flow » Debt-Equity Ratio

_____ Mio. € _____ Mio. € _____ Mio. € _____

8. Market position – How was the performance of the company relative to competitors/ market at *investment* date?

Much worse 1 2 3 4 5 Much better

9. Poor performance of the company - What do you see as main causes?

No evidence 1 2 3 4 5 Strong evidence

- » Macroeconomic development
- » Trends in industrial sector
- » Product portfolio not in line with the market
- » Strategic misalignment
- » Operational inefficiencies within core/ primary activities
- » Operational inefficiencies within support/ secondary activities
- » "Incapable" top management
- » "Incapable" middle management
- » "Incapable" employees
- » Inefficient controlling and reporting systems
- » Insufficient financial management
- » Other (please specify) _____

10. Corporate finance – To what degree did you conduct the following activities?

Low degree 1 2 3 4 5 High degree

- » Disposal of non-essential assets
- » Optimizing working capital
- » Allocating new equity
- » Allocating acquisition debt
- » Reducing cost of capital (i.e. better terms, debt cancellation, etc.)
- » Other (please specify) _____

11. Corporate governance - To what degree did you implement the following?

Low degree 1 2 3 4 5 High degree

- » Close monitoring & controlling of management and performance
- » Incentives for top management (participation in value generation etc.)
- » Replacement of key management positions
- » Enforcing entrepreneurial spirit/ culture
- » Usage of interim managers
- » Other (please specify) _____
- » Management board – How many seats did you claim?   _____ seats of _____ total
- » Supervisory board - How many seats did you claim?   _____ seats of _____ total

12. Sales increase - To what degree did you initiate the following measures?

Low degree 1 2 3 4 5 High degree

- » Penetration of existing markets / new distribution channels
- » Development and launch of new products
- » Seeking new market opportunitites
- » Recalibration of incentive systems
- » Optimization of pricing
- » Other (please specify) _____

Abb. 2: Fragebogen S. 2

13. Cost cutting - To what degree did you introduce the following measures?

Low degree 1 2 3 4 5 High degree

- » Outsourcing (decrease level of vertical integration) ☐ ☐ ☐ ☐ ☐
- » Off shoring (relocation of business units to low cost countries) ☐ ☐ ☐ ☐ ☐

- » Reduction of procurement costs ☐ ☐ ☐ ☐ ☐
- » Reduction of production costs ☐ ☐ ☐ ☐ ☐
- » Reduction of distribution costs ☐ ☐ ☐ ☐ ☐
- » Reduction of research & development costs ☐ ☐ ☐ ☐ ☐
- » Reduction of corporate overhead ☐ ☐ ☐ ☐ ☐

- » Elimination of unprofitable products or customers ☐ ☐ ☐ ☐ ☐
- » (Re-) negotiation of salaries and/ or collective bargaining agreements ☐ ☐ ☐ ☐ ☐
- » Other (please specify) _____ ☐ ☐ ☐ ☐ ☐

14. Business portfolio - To what degree did you initiate the following actions?

Low degree 1 2 3 4 5 High degree

- » Organic growth through expansion of market share ☐ ☐ ☐ ☐ ☐
- » Organic growth through entering new markets ☐ ☐ ☐ ☐ ☐
- » Inorganic growth through mergers & acquisitions or joint-ventures ☐ ☐ ☐ ☐ ☐

- » Holding of market position in prevailing business segments ☐ ☐ ☐ ☐ ☐

- » Selling of business segments (sell-off, spin-off, etc.) ☐ ☐ ☐ ☐ ☐
- » Closing of business segments ☐ ☐ ☐ ☐ ☐

15. Your value contribution - Where does it come from?

Low degree 1 2 3 4 5 High degree

- » Strategic coaching / involvement ☐ ☐ ☐ ☐ ☐
- » Operational coaching / involvement ☐ ☐ ☐ ☐ ☐
- » Financial coaching / involvement ☐ ☐ ☐ ☐ ☐

- » Synergies with other portfolio companies ☐ ☐ ☐ ☐ ☐
- » Providing network to customers, consultancies etc. ☐ ☐ ☐ ☐ ☐
- » Access to additional financing ☐ ☐ ☐ ☐ ☐
- » Other (please specifiy) _____ ☐ ☐ ☐ ☐ ☐

16. Man-power - How much did you invest?

- » Personal meetings with top-management _____ meetings
- » Personal meetings with other stakeholders (customer, suppliers, employees, etc.) _____ meetings
- » Number of man-days spent in total during restructuring _____ man-days

17. Workload – How was the share of the following parties?

- » Management consultancies _____ %
- » Audit, tax, and financial advisory service companies _____ %
- » Own capacities _____ % ⎫
- » Incumbent management _____ % ⎬ 100%
- » Interim management _____ % ⎪
- » Other (please specify) _____ _____ % ⎭

18. Advising approach - How would you describe your involvement in the portfolio company?

Low ("hands-off") 1 2 3 4 5 High ("hands-on")
☐ ☐ ☐ ☐ ☐

19. Overall similarity of investments – Comparing this investment to others your firm has made, how similar is it (concerning restructuring needs, financing, etc.) ?

Very unique 1 2 3 4 5 Very similar
☐ ☐ ☐ ☐ ☐

Abb. 3: Fragebogen S. 3

Anhang

Exit Stage

20. Key Investment figures – Please Indicate the following at *divestment* date?

» Sales　　　　　» EBITDA　　　　　» Free Cash Flow　　　　　» Debt-Equity Ratio

_____ Mio. €　　_____ Mio. €　　_____ Mio. €　　_____

21. Market position– How was the performance of the company relative to competitors/ market at *divestment* date?

Much worse　1　2　3　4　5　Much better
☐　☐　☐　☐　☐

22. Exit-channels – Which did you use?

» Secondary Sale　☐　　　　» Liquidation　☐
» Trade Sale　☐　　　　» Going Public (via primary market)　☐
» Company Buy Back　☐　　　　» Share Sale (via secondary market)　☐
» Write-off　☐　　　　» Other (please specify) _____　☐

23. Holding period - How long was it?　　first (partial) exit after _____ years, last (total) exit after _____ years

24. Profitability - What internal rate of return (IRR) did you achieve?　　_____ % p.a.

25. Optional: What exit-value did you realize?　　_____ Mio. €

General Market Outlook

26. Do you agree with the following statements?

I disagree　1　2　3　4　5　I agree

» Market for fundraising will be more competitive　☐　☐　☐　☐　☐
» Competition for new investments/ target companies will rise　☐　☐　☐　☐　☐
» Active management involvement will be more important　☐　☐　☐　☐　☐
» Financial engineering will be more important　☐　☐　☐　☐　☐
» Market for restructuring investments will gain in importance　☐　☐　☐　☐　☐
» Rivalry between hedge funds and private equity companies will rise　☐　☐　☐　☐　☐
» Co-investments will be more important　☐　☐　☐　☐　☐
» Specialization will be more important　☐　☐　☐　☐　☐

Optional: Statistical Data of your Company

» Year of foundation　　_____
» Location of headquarter (country)　　_____
» Capital committed (all current funds)　　_____ Mio. €
» Capital invested (all current funds)　　_____ Mio. €
» Number of funds　　_____ total, there from _____ current
» Number of investments　　_____ total, there from _____ current
» Number of employees　　_____ total, there from _____ professional(s)
» What is your maximum investment size?　　_____ Mio. €
» What is your minimum investment size?　　_____ Mio. €

Do you have any additional comments?

_____
_____
_____

Thank you for your participation in this survey and your support of empirical research studies.

Abb. 4: Fragebogen S. 4